Stephan Eggersglüß, Görschwin Fey, Ilia Polian
Test digitaler Schaltkreise

Stephan Eggersglüß,
Görschwin Fey, Ilia Polian

Test digitaler Schaltkreise

DE GRUYTER
OLDENBOURG

Lektorat: Dr. Gerhard Pappert
Herstellung: Tina Bonertz
Titelbild: Baumann, DG

Bibliografische Information der Deutschen Nationalbibliothek
Die Deutsche Nationalbibliothek verzeichnet diese Publikation in der Deutschen Nationalbiblio-
grafie; detaillierte bibliografische Daten sind im Internet über http://dnb.dnb.de abrufbar.

Library of Congress Cataloging-in-Publication Data
A CIP catalog record for this book has been applied for at the Library of Congress.

© 2014 Oldenbourg Wissenschaftsverlag GmbH
Rosenheimer Straße 143, 81671 München, Deutschland
www.degruyter.com/oldenbourg
Ein Unternehmen von De Gruyter
Gedruckt in Deutschland
Dieses Papier ist alterungsbeständig nach DIN/ISO 9706.

ISBN   978-3-486-72013-6
eISBN   978-3-486-72014-3

Vorwort

Digitale Schaltkreise sind der Kern für Eingebettete Systeme. Damit sind sie ein Teil unserer täglichen Umgebung und finden in vielen sicherheitskritischen Bereichen Anwendung. Exemplarisch seien hier medizinische Apparaturen und die Automobilindustrie genannt. Ein wesentlicher Aspekt bei der Erstellung von Schaltungen und Systemen ist der Test der gefertigten Schaltkreise. Die durch den Test entstehenden Kosten betragen bis zu 50% der Gesamtkosten der Fertigung.

Dieses Buch ist als Lehrbuch zum Thema Test digitaler Schaltkreise vorgesehen. Es richtet sich an Studierende in den Bereichen Eingebettete Systeme, Technische Informatik, Elektrotechnik oder Systems Engineering sowie an Ingenieure in diesen Bereichen, für die ein Einblick in Testmethodik und -verfahren unerlässlich ist, um zuverlässige Systeme zu entwerfen. Zunächst wird eine allgemeine Einführung gegeben, die die Testmethodik im Überblick darstellt und in den Systementwurf einordnet. Darauf aufbauend werden die wichtigsten Basistechniken und deren Eigenschaften diskutiert sowie die jeweilgen Algorithmen dargestellt. Abschließend wird ein Überblick über aktuelle Themen im Bereich Hardware-Testen gegeben, die über den eigentlichen Inhalt dieses Buches hinausgehen.

Unser Dank gilt zahlreichen Personen, die direkt oder indirekt an der Entstehung dieses Buches beteiligt waren. Insbesondere danken wir unseren Mentoren und Doktorvätern Bernd Becker und Rolf Drechsler, die uns den akademischen Weg aufgezeigt haben. Weiterhin gilt unser Dank den Experten, die uns wertvolle Hinweise für Korrekturen und Inhalte dieses Buches gegeben haben, dies sind Said Hamdioui (TU Delft), John P. Hayes (University of Michigan, Ann Arbor), Sybille Hellebrand (Universität Paderborn), René Krenz-Baath (Hochschule Hamm-Lippstadt), Herrmann Obermair (Infineon Technologies, München), Janusz Rajski (Mentor Graphics, Wilsonville), Sudhakar M. Reddy (University of Iowa), Srikanth Venkataraman (Intel Corporation, Santa Clara), Heinrich Theodor Vierhaus (Brandenburgische Technische Universität Cottbus-Senftenberg) und Hans-Joachim Wunderlich (Universität Stuttgart).

Bremen   S. Eggersglüß, G. Fey
Passau   I. Polian

Inhaltsverzeichnis

1 Einleitung

Eingebettete Systeme übernehmen inzwischen zentrale Steueraufgaben in nahezu allen Bereichen unseres täglichen Lebens. Als Eingebettetes System werden Rechensysteme bezeichnet, die der Nutzer nicht direkt sieht oder als solche erkennt. Oft ist es einfach nur nützlich oder praktisch, dass wir über komplexe Eingebettete Systeme wie Smartphones verfügen, die wir täglich benutzen. An anderen Stellen, wie zum Beispiel der Energieversorgung oder im Transportwesen, würde ein Ausfall der Systeme fatale Auswirkungen haben. Der Nutzer verlässt sich dabei selbstverständlich auf fehlerfreies Funktionieren des Systems. Ebenso erwarten Hersteller Eingebetteter Systeme, dass die eingesetzten Komponenten zuverlässig arbeiten. *Integrierte Schaltkreise* – oft auch als Chips bezeichnet – sind die Hardware auf der alle Berechnungen stattfinden. Meist sind mehrere Integrierte Schaltkreise in einem einzigen Eingebetteten System oder einem sonstigen Rechensystem im Einsatz.

Die Fertigung Integrierter Schaltkreise ist ein hochkomplexer Prozess, der in einigen Fertigungsschritten auch statistischen Schwankungen unterliegt. Im Resultat entstehen grundsätzlich Fertigungsfehler, so dass nur ein gewisser Anteil der gefertigten Schaltkreise eingesetzt werden kann. Man spricht von der *Ausbeute* oder engl. *Yield*. Nach der Fertigung muss also untersucht werden, ob ein Chip zum Einsatz kommen kann. Dieser Schritt wird als *Fertigungstest* oder oft einfach nur als *Test* bezeichnet. Die *Diagnose* der Ursachen für Fehler in den gefertigten Chips wird dann genutzt, um den Fertigungsprozess selbst zu verbessern und so die Ausbeute zu erhöhen.

Das Ziel des Testens ist also, produzierte Schaltkreise zu prüfen und zu garantieren, dass sie die erwartete Funktion im praktischen Einsatz erfüllen. Gleichzeitig müssen die dafür anfallenden Kosten möglichst niedrig gehalten werden, da jeder Chip nach der Produktion separat getestet werden muss. So hat der Test eine unmittelbare Auswirkung auf den Preis eines Endproduktes. Dabei müssen fehlerhafte Chips so früh wie möglich entdeckt werden, da die Kosten zur Ersetzung mit jedem Fertigungsschritt steigen. Oft spricht man von der *rule of ten*: Wird ein fehlerhafter Chip erst nach dem Einbringen in ein Gehäuse ersetzt statt davor, steigert dies die Kosten etwa um den Faktor 10; die Auslieferung und Integration auf einer Platine und deren Auslieferung verursachen wieder einen Kostenfaktor von 10; die Integration der Platine in das System verursacht erneut 10-fache Kosten. Tatsächlich sind diese Parameter natürlich direkt vom jeweiligen Endprodukt abhängig.

Die *Testqualität* muss für das jeweilige Endprodukt angepasst sein. Die Auslieferung fehlerhafter Chips kann zum Reputationsverlust des Chip-Herstellers oder des Herstellers des Endproduktes führen und damit schließlich zu finanziellen Verlusten. Weiterhin muss bei Integrierten Schaltkreisen für sicherheitskritische Anwendungen Fehlerfreiheit garantiert werden. Bei Massenprodukten im Entertainment-Bereich kann eine niedrigere Qualität ausreichend sein. Oft kommen aber Integrierte Schaltkreise wie zum Beispiel Prozessoren in sehr unterschiedlichen Bereichen zum Einsatz. Dabei wird der Test auch genutzt, um zu bestim-

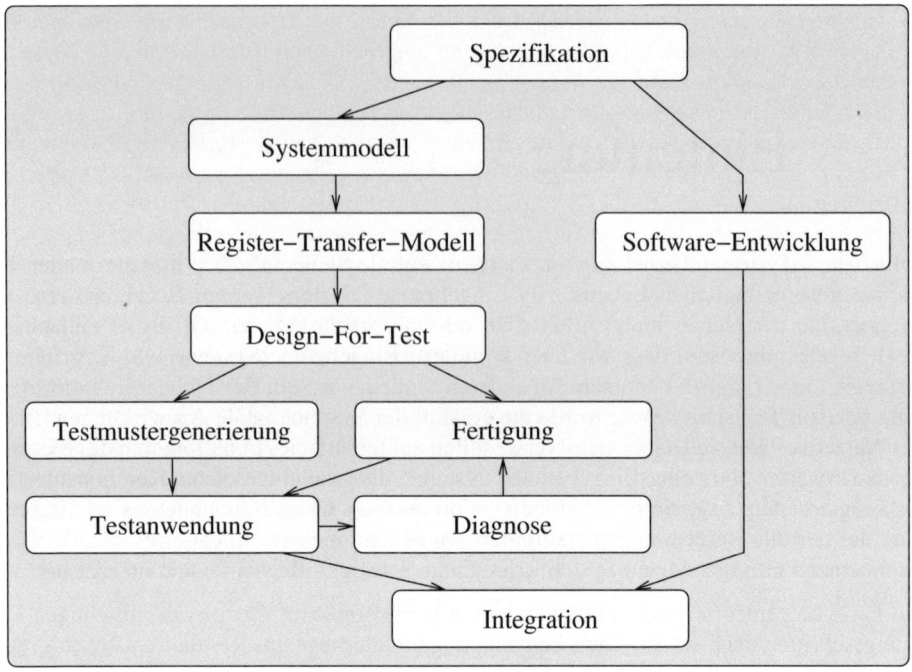

Abbildung 1.1: *Test im vereinfachten Entwurfsablauf*

men, für welche Endanwendung ein einzelner Chip geeignet ist. Ebenso können Parameter wie maximale Taktfrequenz, Speichergröße des Cache-Speichers etc. dabei bestimmt werden.

Im Prinzip findet der Test nach der Fertigung statt. Jedoch muss schon während des Entwurfs eines Integrierten Schaltkreises sichergestellt werden, dass die gewünschte Testqualität bei akzeptablen Kosten erreicht werden kann. Deshalb ist ein gutes Verständnis des Testens und der eingesetzten Methoden im Kontext des Entwurfsablaufs und beim Entwurf Eingebetteter Systeme unabdingbar.

1.1   Test im Entwurfsablauf

Der Test ist in den Entwurf von Integrierten Schaltkreisen eingebettet. Abbildung 1.1 stellt den Entwurfsablauf in Hinblick auf digitale Integrierte Schaltkreise und zugehörige Software stark vereinfacht dar. Ausgehend von einer Spezifikation wird das System realisiert. Dabei werden Software und Hardware im Sinne eines Hardware-Software-Co-Design meist parallel entwickelt. Zwischen beiden Entwicklungssträngen besteht eine Vielzahl von Abhängigkeiten, so zum Beispiel, wenn es um Schnittstellen zwischen Teilsystemen geht. Diese Abhängigkeiten sowie andere Teilbereiche wie die Platinen-Entwicklung oder analoge Bauteile, die in einem System ebenso integriert sind, zeigt die Abbildung nicht auf.

Für Integrierte Schaltkreise wird auf Basis der Spezifikation zunächst ein Systemmodell implementiert, welches die spätere Funktionalität simuliert und zum Teil bereits eine erste Abschätzung beispielsweise zur Performanz erlaubt. Im Anschluss wird der Schaltkreis auf Register-Transfer-Ebene modelliert, dabei wird eine zyklengenaue Modellierung erarbeitet, die alle notwendigen Speicherelemente und deren logische Transferfunktionen darstellt. Dieses Register-Transfer-Modell wird durch Synthesewerkzeuge automatisch auf ein Modell auf Gatterebene abgebildet. Auf dieser Entwurfsebene werden Techniken zum *Design-For-Test* (DFT) angewandt, das heißt, es werden Modifikationen vorgenommen, die das Testen unterstützen. Im Anschluss werden die Angaben zur Fertigung des Schaltkreises abgeleitet. Nach der Fertigung wird der produzierte Integrierte Schaltkreis getestet, um sicherzustellen, dass während der Produktion keine Fehler unterlaufen sind. So können Abweichungen im Fertigungsprozess zu *physikalischen Defekten* im Chip wie zum Beispiel Kurzschlüssen zwischen Leitungen führen. Diese Defekte können eine fehlerhaftes Verhalten auf funktionaler Ebene verursachen. Welche Tests auf den fertigen Schaltkreis anzuwenden sind, wird auf Basis des Modells auf Gatterebene zum Teil unter Berücksichtigung von detaillierten Informationen zum finalen Layout des Schaltkreises bestimmt. Dabei werden abstrakte *Fehlermodelle* genutzt, die die tatsächlichen physikalischen Defekte modellieren und algorithmisch gut handhabbar machen. Werden fehlerhafte Chips identifiziert, wird eine *Diagnose* der Fehlerursachen durchgeführt, um Rückschlüsse auf die Defekte zu schließen. Dies dient dazu die Fertigung selbst wieder zu optimieren.

Insgesamt ist der Entwurfsablauf in der Abbildung stark vereinfacht. Oft werden zum Beispiel Iterationen notwendig, falls sich zeigt, dass bestimmt Anforderungen nicht erfüllt werden oder Kosten nicht eingehalten werden können. Ebenso gibt es oft noch späte Änderungen in der Spezifikation, die zusätzliche Funktionalität erfordern, und zahlreiche weitere Wechselwirkungen gehen mit der Systementwicklung einher.

Der Fokus dieses Buches liegt auf dem Test von digitalen Integrierten Schaltkreisen nach der Produktion, den eingesetzten Modellen und Algorithmen.

1.2 Ziele

Ziel des Buches ist zu vermitteln, wie Integrierte Schaltkreise getestet werden und welche vorbereitenden Schritte dazu beim Entwurf notwendig sind. Wie oben gesagt ist das Ziel des Testens, die korrekte Funktion eines Integrierten Schaltkreises für den praktischen Einsatz zu garantieren. Dabei sind niedrige Kosten essentiell, da jeder einzelne eingesetzte Integrierte Schaltkreis getestet werden muss, so dass der Test eine direkte Auswirkung auf den Preis des Endproduktes hat.

Um den Testablauf zu erläutern, werden zunächst die benutzten Modelle, sowohl für Fehler als auch als Grundlage der Berechnungen eingeführt. Diese Modelle bringen notwendigerweise eine Abstraktion vom tatsächlichen Integrierten Schaltkreis und seinen physikalischen Parametern mit sich. Insofern dienen die Modelle einerseits der Vereinfachung, limitieren aber gleichzeitig die Möglichkeiten, die Genauigkeit und den Fokus der Tests, die dafür entwickelt werden. Ein detailliertes Verständnis für diese Abwägungen wird im Rahmen des Buches ebenfalls vermittelt. Zum Teil wird dazu aufgezeigt wie Modelle modifiziert und verfeinert werden können und was der Aufwand dafür ist. Aufbauend auf diesen Modellen werden die verschiedenen Algorithmen besprochen, die im Bereich des Testens von Bedeutung sind. Insbesondere umfasst dies auch Algorithmen zur Diagnose sowie DFT-Techniken. Darüber wird klar, welche Komplexität die zu Grunde liegenden Probleme aus Sicht der Informatik haben. Schließlich werden verschiedene aktuelle Themen besprochen, um einerseits eine Sensibilisierung gegenüber neueren Entwicklungen zu garantieren und eine Einschätzung von deren Einflüssen zu ermöglichen und andererseits um Trends und aktuelle Themen der Forschung aufzuzeigen.

Von Interesse ist dieses Buch damit für Studierende und Promovierende im Bereich der Eingebetteten Systeme, so zum Beispiel der Informatik, der Elektrotechnik und des Systems Engineering. Ebenso richtet sich das Buch an Mitarbeiter von Unternehmen, die in diesen Bereichen arbeiten und ein gutes Verständnis für die Hardware-Komponenten eines Eingebetteten Systems, deren Korrektheit und deren Zuverlässigkeit entwickeln wollen.

1.3   Allgemeiner Ablauf und Anforderungen

Der Entwurfsablauf wurde oben bereits kurz erläutert. Wie alle einzelnen Entwurfsschritte sind die kompakt dargestellte Testmustergenerierung und Testapplikation in der Praxis mehrschichtig.

Abbildung 1.2 stellt den Ablauf der Testmustergenerierung exemplarisch dar [DEF$^+$08]. Als Eingabe wird einerseits der Schaltkreis benötigt und andererseits ein Fehlermodell. Das Fehlermodell abstrahiert mögliche physikalische Defekte, so dass die Testmustergenerierung vereinfacht wird. Je nach Art des Fehlermodells wird der Schaltkreis für die Testmustergenerierung als Netzliste aus logischen Gattern, einer genaueren Darstellung, die weitere technische Paramter enthält, oder auf einer abstrakteren Darstellung modelliert. Meist werden Modelle auf Ebene einer Netzliste genutzt. Das Fehlermodell definiert mögliche Fehler, die auf das Schaltkreismodell angewandt werden. Ein Beispiel hierfür sind Haftfehler. Dabei wird angenommen, dass eine interne Signalleitung einen konstanten Wert annimmt aber nicht mehr von der Eingabe abhängt. Ziel der Testmustergenerierung ist nun, für möglichst alle Fehler gemäß des Fehlermodells Testmuster zu generieren. Ein Testmuster ist eine Eingabebelegung für den Schaltkreis unter der die Ausgabe bei Vorliegen des Fehlers von der Ausgabe im fehlerfreien Fall abweicht. Gleichzeitig soll die Gesamtzahl der notwendigen Testmuster möglichst klein sein, da die Anzahl der Testmuster direkt die Zeit bestimmt, die für die Testapplikation benötigt wird.

Abbildung 1.2 zeigt die Teilschritte, die unternommen werden, um eine Testmenge zu generieren. In professionellen Software-Werkzeugen für die Testmustergenerierung sind alle diese Schritte integriert und werden automatisiert durchgeführt. Zunächst werden Testmuster mit einem schnellen Algorithmus erzeugt, um die Vielzahl leicht entdeckbarer Fehler zu bestimmen. Welche Fehler von einem Testmuster entdeckt werden, wird mittels Fehlersimulation berechnet. Schwerer entdeckbare Fehler, für die der schnelle Algorithmus nicht ausreicht, werden dann bei der deterministischen Testmustergenerierung behandelt. Die eingesetzten Algorithmen erzeugen meist gezielt für einen bestimmten Fehler ein Testmuster. Auch für diese Testmuster werden mittels Testmustergenerierung wieder weitere entdeckte

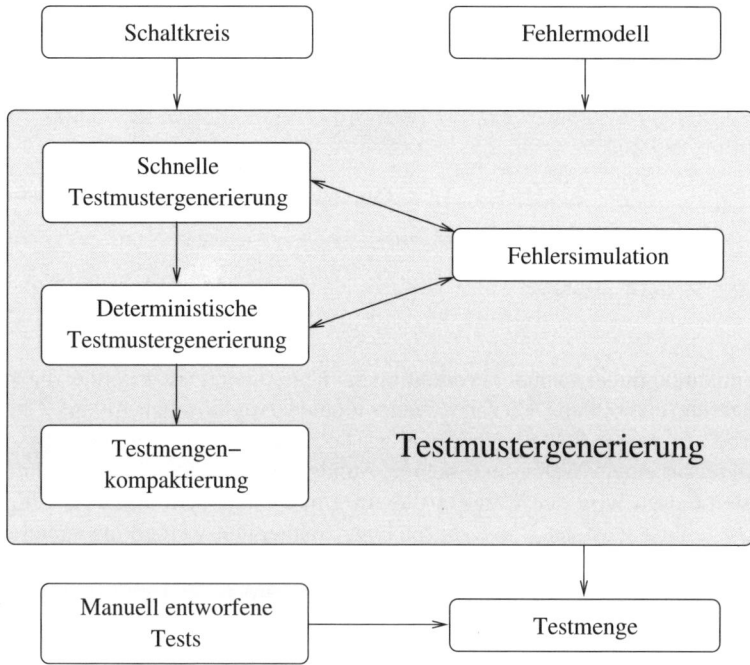

Abbildung 1.2: *Testschritte*

Fehler bestimmt. Alternativ kann mittels deterministischer Testmustergenerierung festgestellt werden, dass ein bestimmter Fehler nicht entdeckbar ist, also kein Testmuster für ihn existiert. Sowohl für die schnelle Testmustergenerierung als auch für die deterministische Testmustergenerierung können ähnliche Basisalgorithmen eingesetzt werden, wobei für die schnelle Generierung weniger Laufzeit je Fehler zur Verfügung gestellt wird. Schließlich wird die erzeugte Menge von Testmustern kompaktiert. Ein Beispiel für eine einfache Kompaktierung ist die Fehlersimulation aller Testmuster in umgekehrter Reihenfolge. Dabei zeigt sich oft, dass einzelne Testmuster nicht mehr benötigt werden, da die zugehörigen Fehler auch von den später generierten Testmustern entdeckt werden. Die automatisch generierten Tests in der Testmenge weisen bezüglich der genutzten Fehlermodelle eine hohe Qualität auf. Diese Fehlermodelle sind allerdings eine Abstraktion von tatsächlichen physikalischen Fehlern, deren vollständige Entdeckung somit nicht garantiert ist. Um die korrekte Funktionsweise des Schaltkreises im praktischen Einsatz zu garantieren, werden der automatisch erzeugten Testmenge oft noch manuell entworfene Tests hinzugefügt, die bestimmte Funktionalität des Schaltkreises explizit prüfen.

Der soeben beschriebene Ablauf ist exemplarisch; die genaue Konfiguration eines Testmustergenerators hängt von weiteren Parametern wie zum Beispiel dem Fehlermodell ab. Außerdem können in den Teilschritten unterschiedliche Algorithmen eingesetzt werden oder die Testmusterkompaktierung wird enger mit der deterministischen Testmustergenerierung verwoben.

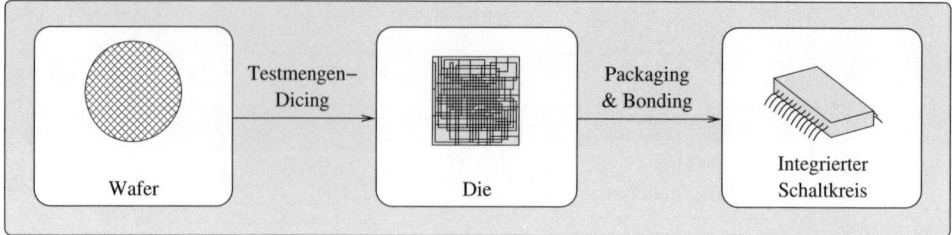

Abbildung 1.3: *Produktionsschritte*

Die Testapplikation findet nach der Produktion der Chips statt. Dabei werden die Tests mehrfach durchgeführt. Abbildung 1.3 zeigt wieder einen exemplarischen Ablauf. Chips werden aus den Scheiben großer Stäbe hochreinen, kristallinen Siliziums gefertigt; diese Scheiben heißen *Wafer*. Auf einem Wafer sind mehrere hundert bis tausend Chips aufgebracht. In einem nächsten Schritt wird der Wafer in die einzelnen Chips zerteilt. Diese Chips sind die *Dies*, die Zerteilung wird als *Dicing* bezeichnet. Schließlich werden die späteren Kontakte und das Gehäuse auf die Dies aufgebracht – man spricht von *Bonding* und *Packaging*. In jedem Fertigungsschritt können Tests ausgeführt werden. Ziel dabei ist es, fehlerhafte Chips möglichst kostengünstig auszusortieren. So muss zum Beispiel abgewogen werden, ob es kostensparender ist, einen Test vor dem Packaging durchzuführen, um so Kosten für den Fertigungsschritt einzusparen oder erst nach dem Packaging, dafür aber keine Zeit auf teuren Testern zu benötigen.

Meist wird auch ein sogenannter *Burn-in-Test* durchgeführt, der den Schaltkreis bestimmten Stressniveaus aussetzt. Zum Beispiel können Schaltkreise für längere Zeit auf hohe Temperaturen gebracht werden, beispielsweise mehrere Stunden bei 140 Grad Celsius. Auf diese Weise werden Alterungseffekte beschleunigt, die sich eigentlich erst während des Betriebes auswirken und zu Fehlern führen würden. Dadurch werden Chips identifiziert, die im praktischen Einsatz frühzeitig versagen und zu sogenannten *Early-Life-Time-Failures* führen würden. Auch hier liegt wieder die Beobachtung zu Grunde, dass frühzeitiges Versagen im Einsatz typischerweise zu hohen Kosten bei der Reparatur oder einem Renommee-Verlust bei Kunden führt. Der Aufwand für zusätzliche Test lohnt sich also wirtschaftlich betrachtet, weil dadurch an anderer Stelle Einsparungen erzielt werden.

Erweitert wird die Fragestellung nach möglichen Zeitpunkten für Tests im Bereich 3D-Integration. Dabei wird nicht nur ein Chip eingesetzt, sondern es werden Stapel (engl. *Stacks*) von Chips gebildet, die durch metallische Leiterbahnen, sogenannte *Through-Silicon-Vias* (TSVs), verbunden werden. Es kommen also weitere Fertigungsschritte hinzu vor beziehungsweise nach denen weiter Tests durchgeführt werden.

Die Kenngrößen der gefertigen Chips unterliegen Zufallsverteilungen. Angenommen, dass funktionstüchtige und nicht funktionstüchtige Chips sich in einer Kenngröße X unterscheiden, die einer Normalverteilung unterliegt, so ergibt sich die Abbildung 1.4. Dabei kann der problematische Wert einer Kenngröße durch eine andere Kenngröße kompensiert werden. Zum Beispiel kann ein logisches Gatter, welches zu langsam schaltet, hinter einem anderen Gatter liegen, das schneller als vorgesehen schaltet. Ein Test bezüglich der Kenngröße X

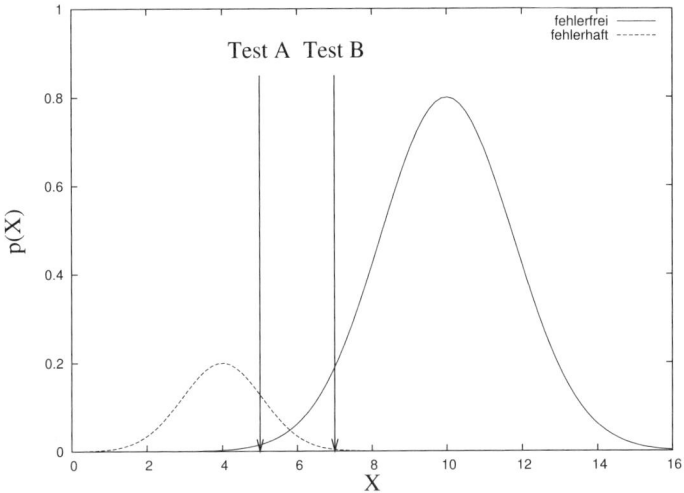

Abbildung 1.4: *Testergebnisse*

kann deshalb keine eindeutige Unterscheidung zwischen funktionstüchtigen und nicht funktionstüchtigen Chips treffen. Test A aus der Abbildung würde funktionsuntüchtige Chips passieren lassen, während Test B funktionstüchtige Chips aussortieren würde. Aufgabe beim Testen ist also, Daten zu erheben, die die Unterscheidung der beiden Klassen erlauben, um eine Ja/Nein-Entscheidung zu treffen, ob ein Chip funktionstüchtig ist oder nicht. Im Idealfall würde diese Entscheidung immer korrekt getroffen. Tatsächlich wird aber nicht die „normale Funktion in der normalen Umgebung" getestet, in der ein Chip eingesetzt wird, da dies zu aufwändig wäre. Stattdessen sind die Testmuster wie oben erläutert aus der Struktur abgeleitet und werden durch einige Funktionstests unterstützt. Insofern ist die Entscheidung nicht immer korrekt. Es kann dazu kommen, dass der Test zuviel Verhalten als fehlerhaft einstuft. Dabei werden Bauteile ausgefiltert, die eigentlich im normalen Betrieb einsetzbar wären. Man spricht in diesem Fall von *Overtesting*, in der Abbildung wäre dies bei Test B der Fall. Dies führt zu einer unerwünschten Reduktion der Ausbeute, wobei die Ausbeute definiert ist als die Zahl ausgelieferten Chips im Verhältnis zur Zahl aller gefertigten Chips. Ein zweiter Effekt von Overtesting ist, dass der Chip Stresssituationen ausgesetzt wird, die ebenfalls nicht im normalen Betrieb auftreten würden, zum Beispiel wenn sehr schnelle Schaltzyklen in Bereichen erzeugt werden, die unüblich sind. Dies kann zu einer Reduktion der Zuverlässigkeit führen.

Eine Möglichkeit der unnötigen Reduktion der Ausbeute entgegenzuwirken, ist es, erwartete Testergebnisse nicht fix vorzugeben, sondern während des Tests anzupassen. Man spricht dann vom *Adaptive Testing*. Die Idee beruht darauf, dass bei bekannten Variationen funktionstüchtige Dies unterschiedliche Testantworten geben können. Deshalb wird in Abhängigkeit der Testantworten gewählt, welche Tests als nächstes ausgeführt werden. Zum Beispiel kann so berücksichtigt werden, dass Kenngrößen einzelner Dies mit deren Lage auf dem Wafer korrelieren.

Die Infrastruktur, die für das Testen genutzt wird, muss ständig an neueste Bedürfnisse und Technologien angepasst werden. Ein Beispiel dafür ist die oben genannte 3D-Integration, die neue Hardware-Lösungen benötigt, um einen effektiven Test zu ermöglichen. Ein weiteres Beispiel sind neuartige Fehlermodelle. Reichte früher das oben genannte Haftfehler-Modell, welches im Prinzip nur bestimmte Kurzschlüsse modelliert, noch aus, so wird heute das zeitliche Verhalten mittels entsprechender Fehlermodelle überprüft. Gleichzeitig muss gerade bei neuen Fertigungstechniken im Detail verstanden werden, wo die Ursache für einen funktionalen Fehler liegt. Dabei ist die Entscheidung, ob es sich um einen physikalischen Defekt aus der Fertigung oder um einen Entwurfsfehler handelt nicht immer einfach. Fehlerhaftes zeitliches Verhalten kann zum Beispiel durch Veränderungen in der Struktur von Leiterbahnen verursacht werden, alternativ können aber auch Übersprecheffekte (engl. *Crosstalk*) zwischen nah aneinander liegenden Leiterbahnen das Zeitverhalten beeinflussen. Insgesamt liegt hier ein Diagnose-Problem zu Grunde, das heißt, nachdem ein Fehler durch einen Test entdeckt wurde, muss diagnostiziert werden, was die tatsächliche Fehlerursache ist, beispielsweise auf welcher Leitung eine zeitliche Verzögerung verursacht wird.

Insgesamt müssen die Testkosten so gering wie möglich gehalten werden. Technisch stehen für den Fertigungstest spezielle Geräte, sogenanntes *Automated Test Equipment* (ATE), zur Verfügung. Es können ganze Wafer, einzelne Dies oder fertige Integrierte Schaltkreise getestet werden. Die Anzahl der Testmuster bestimmt dabei unmittelbar die Zeit, die benötigt wird, um ein einzelnes Bauteil zu testen. Bei hohen Stückzahlen und hohen Kosten für ATE entfällt ein großer Anteil der Gesamtkosten eines Integrierten Schaltkreises auf den Test.

Aus diesem Grunde werden Testaspekte schon früh im Entwurf berücksichtigt. Dieses Vorgehen wird als *Design-For-Test* (DFT) bezeichnet. Dabei wird vorgesehen, dass beispielsweise durch zusätzliche Zugriffspunkte auf interne Signale die Testbarkeit eines Chips verbessert wird. Ebenso werden Konzepte für den eingebauten Selbsttest (engl. *Built-In-Self-Test*, BIST) von Hardware-Bausteinen genutzt. Wie oben erläutert schließt sich an den Test unter Umständen die Diagnose an. In Erweiterung der oben genannten Konzepte spricht man von *Design-For-Diagnosis* (DFD) oder *Built-In-Self-Diagnosis* (BISD). Um für die Diagnose Zugriff auf interne Speicher, die dem Nutzer normalerweise nicht zugänglich sind, zu ermöglichen, wird gesonderte Infrastruktur geschaffen. Verbreitet ist hier der JTAG-Standard. Da neben Test und Diagnose weitere Aspekte berücksichtigt werden müssen, wird schließlich von DFX gesprochen, wobei X nicht für die funktionalen Anforderungen sondern für Aspekte wie *Manufacturing*, *Reliability* oder *Yield* steht.

Je nach Struktur eines Bausteins können spezielle Testverfahren eingesetzt werden, um die Effektivität zu erhöhen oder die Kosten des Testverfahrens zu verringern. Funktionale Tests, die den Chip nicht in einem besonderen Testmodus, sondern im normalen Betrieb testen, benötigen wenig zusätzliche Infrastruktur. Die entsprechenden Testmuster zu generieren ist aber aufwändig. Hierzu existieren gesonderte Verfahren zur sequentiellen Testmustergenerierung. Ein anderes Beispiel sind Speicherbausteine. Diese sind hinsichtlich der eingesetzten Bauelemente hoch optimiert und aufgrund der Funktion strukturell regulär. Somit werden spezielle Testverfahren genutzt, die auf den Speichertest zugeschnitten sind.

Neuartige Herausforderungen an das Testen stellen Schaltkreise dar, die interne Fehlfunktionen vorhersehen und direkt korrigieren können. Nötig wird dies durch immer geringere Strukturgrößen, die in der Fertigung zwar machbar sind, wobei einzelne Schaltungselemente aber weniger zuverlässig arbeiten. Aufgabe des Testens ist hier, zu identifizieren, welche dieser Mechanismen zur Fehlerkorrektur bereits aktiv sind und welche Mechanismen erst während des praktischen Einsatzes aktiv werden müssen und dann dazu dienen die Lebenszeit eines Integrierten Schaltkreises zu verlängern.

1.4 Wichtige Konferenzen und wissenschaftliche Zeitschriften

Im Folgenden werden internationale Konferenzen und wissenschaftliche Zeitschriften genannt, die sich mit dem Themenbereich Testen von Schaltkreisen beziehungsweise mit dem erweiterten Thema Entwurfsautomatisierung für Schaltkreise beschäftigen. Ein offizielles Ranking zur Qualität der Konferenzen existiert nicht, ebenso muss berücksichtigt werden, ob eine Konferenz für einen Spezialbereich eine sehr hohe Wichtigkeit hat. Mit der Reihenfolge der Aufzählung wird im Folgenden eine grobe Priorisierung vorgenommen, die jedoch Schwankungen unterliegt und naturgemäß subjektiv geprägt ist.

Namhafte Konferenzen, die auf das Testen fokussieren, sind:

- International Test Conference (ITC)

- IEEE European Test Symposium (ETS)

- IEEE VLSI Test Symposium (VTS)

- IEEE Asian Test Symposium (ATS)

- Latin American Test Workshop (LATW)

Auch im erweiterten Bereich der Entwurfsautomatisierung spielt der Test ein wichtige Rolle, die gerade aus den oben genannten DFX-Themen heraus motiviert ist. Entwurfsautomatisierung ist Gegenstand der folgenden internationalen Konferenzen:

- Design Automation Conference (DAC)

- International Conference on Computer-Aided Design (ICCAD)

- Design, Automation and Test in Europe (DATE)

- IEEE International Conference on Computer Design (ICCD)

- Asia and South Pacific Design Automation Conference (ASP-DAC)

- International Conference on VLSI Design (VLSI Design)

- International Symposium on Quality Electronic Design (ISQED)

- IEEE Symposium on Design and Diagnostics of Electronic Circuits and Systems (DDECS)

Foren, die sich mit Spezialthemen im Bereich Testen beschäftigen sind:

- IEEE Symposium on Defect and Fault Tolerance in VLSI and Nanotechnology Systems (DFTS)

- IEEE International On-Line Testing Symposium (IOLTS)

- IEEE Mixed-Signal Test Workshop (IMSTW) beziehungsweise seit 2008 IEEE International Mixed-Signals, Sensors, and Systems Test Workshop (IMS3TW)

Die wichtigste wissenschaftliche Zeitschrift zum Thema Testen ist das

- Journal of Electronic Testing (JETTA), Springer

Im Bereich Entwurfsautomatisierung existieren weitere international anerkannte Journale:

- IEEE Transactions on Computer-Aided Design of Integrated Circuits and Systems (TCAD), IEEE

- IEEE Transactions on VLSI Systems (TVLSI), IEEE

- IEEE Transactions on Computers (TC), IEEE

- IEEE Design & Test (DT) (bis 2012 unter dem Namen IEEE Design & Test of Computers), IEEE

- IET Computers & Digital Techniques (CDT), IET

1.5   Aufbau des Buches

Dieses Buch ist wie folgt gegliedert. In Kapitel 2 werden die notwendigen Grundlagen eingeführt. Dazu gehören die genauere Abgrenzung der unterschiedlichen Entwurfsebenen, logische Grundgatter und Modelle für Schaltkreise. Klassische Fehlermodelle werden in Kapitel 3 vorgestellt. Bis heute finden sich diese klassischen Fehlermodelle im praktischen Einsatz und Algorithmen für die Testmustergenerierung bezüglich dieser Fehlermodelle stehen zur Verfügung. Um neuere Defektarten entdecken zu können, werden oft die existierenden Fehlermodelle erweitert. So können die effektiven verfügbaren Algorithmen weiter eingesetzt werden und müssen nur adaptiert werden. Algorithmen zur Fehlersimulation werden in Kapitel 4 vorgestellt. Es folgen in Kapitel 5 die Algorithmen zur Deterministischen Testmustergenerierung. In beiden Bereichen existieren Basisalgorithmen, die in nahezu jedem Software-Werkzeug zur Testmustergenerierung eingesetzt werden. Üblich ist die Betrachtung der Testmustergenerierung als kombinatorisches Boolesches Problem, da über Hardware-Infrastruktur der rein kombinatorische Teil von Schaltkreisen zugreifbar wird. Allerdings spielt auch die Sequentielle Testmustergenerierung eine wichtige Rolle, wenn die rein kombinatorische Betrachtung in der Praxis nicht möglich ist. Die Sequentielle Testmustergenerierung wird in Kapitel 6 separat betrachtet. Ohne *Design-For-Test* (DFT) sind die meisten heutigen Schaltkreise nicht mehr effizient testbar, so dass Kapitel 7 die üblichen Techniken dazu vorstellt. Wird der Test sogar in den Schaltkreis integriert, spricht man von *Built-In-Self-Test* (BIST). Verfahren dafür werden in Kapitel 8 erläutert. Ebenso wird die Diagnose von Fehlerursachen immer wichtiger und auf Grund diffiziler Defekte auch schwieriger. Kapitel 9 beleuchtet diesen Aspekt im Detail. Oft werden Integrierte Schaltkreise von der Fläche dominiert, die für Speicher eingesetzt wird. Techniken, die solche regulären Strukturen effizient testen werden in Kapitel 10 besprochen. Abschließend werden aktuelle Themen in Kapitel 11 diskutiert, die nicht in ganzer Tiefe in einem Lehrbuch Platz finden.

Über das Grundlagenkapitel 2, den Index und die Symboltabelle im Anhang A sind die Notationen bei Bedarf leicht zugreifbar. So ist ein leichter Einstieg in einzelne Kapitel möglich und das Buch kann auch als Nachschlagewerk dienen.

Durchgängig werden die relevanten wissenschaftlichen Originalarbeiten zitiert, in denen die jeweiligen Innovationen erstmals diskutiert wurden.

2 Grundlagen

In diesem Abschnitt werden die Grundlagen zur Modellierung von Schaltkreisen besprochen. Dabei steht die Darstellung auf Gatterebene im Vordergrund, die genau genug ist, um physikalische Defekte modellieren zu können, aber gleichzeitig abstrakt genug, um effektive Algorithmen realisieren zu können.

Im Folgenden werden zunächst Boolesche Gatter eingeführt, die die kleinste Einheit von Schaltkreisen auf Gatterebene bilden. Im Anschluss wird ein Schaltkreis formal als Graph definiert und es werden Notationen eingeführt, die zur Formulierung der Algorithmen notwendig sind. Zum Abschluss wird besprochen, inwiefern die Darstellung auf Gatterebene vom tatsächlichen Zeitverhalten in einem Schaltkreis abstrahiert.

2.1 Boolesche Gatter

Im Folgenden wird die Menge der Booleschen Werte mit $\mathcal{L}_\mathcal{B} = \{0, 1\}$ bezeichnet. In bestimmten Fällen muss zusätzlich ein unbekannter aber fester Wert modelliert werden, der mit X bezeichnet wird. Dazu wird die Modellierung auf die Wertemenge $\mathcal{L}_3 = \{0, 1, X\}$ in dreiwertiger Logik genutzt. Weitere Modellierungen mit zusätzlichen Werten, werden im Test ebenfalls eingesetzt. Diese werden später in den jeweiligen Abschnitten eingeführt.

Boolesche Gatter realisieren eine Funktion $f : \mathcal{L}_\mathcal{B}^n \to \mathcal{L}_\mathcal{B}^m$. Das Gatter hat in diesem Fall n Eingänge und m Ausgänge. Die gängigen Booleschen Gatter sind in Tabelle 2.1 aufgeführt. Die Tabelle gibt die Bezeichnung der unterschiedlichen Typen von Gattern an und beschreibt deren Funktion textuell und in Form eines oder mehrerer Boolescher Ausdrücke, wie sie in diesem Buch verwendet werden. Die üblichen Zeichen für die einzelnen Gatter nach ANSI-Norm sind in Abbildung 2.1 dargestellt. Neben den ANSI-Norm-Symbolen existieren weitere Standards zum Beispiel nach IEEE oder DIN. Mit Ausnahme des Fanout-Gatters haben alle diese Gatter genau einen Ausgang. Das Fanout-Gatter wird bei der Testmustergenerierung benötigt, um zwischen Fehlern auf den unterschiedlichen Zweigen unterscheiden zu können. Die Gatter (N)AND, (N)OR, (N)XOR haben in der Abbildung jeweils zwei Eingänge. Alternativ können die Gatter jeweils auch mehr Eingänge haben, im Folgenden wird zum Beispiel für ein AND-Gatter mit 4 Eingängen kurz AND4-Gatter geschrieben. Die Menge der für einen Schaltkreis genutzten Gatter wird als *Gatterbibliothek* bezeichnet.

Die bisher eingeführten Gatter realisieren kombinatorisches Verhalten, das heißt, der Ausgabewert ändert sich unmittelbar, wenn sich die Eingabe ändert. Dabei wird typischerweise vom exakten Zeitverhalten eines Schaltkreises abstrahiert, um ein einfaches auf logisch-funktionaler und algorithmischer Ebene gut handhabbares Modell zu erhalten. Flipflops stellen die technische Grundlage hierfür dar. In einem taktflankengesteuerten *Flipflop* werden

Tabelle 2.1: *Beschreibung der Gattertypen*

Gattertyp	Beschreibung	Gatterfunktion
Buffer	Realisiert die Identitätsfunktion eines Signals s	$f_{\text{ID}} = s$
Fanout	Realisiert die Identitätsfunktion eines Signals s. Anders als der Buffer wird das Signal nicht nur an einen Ausgang übertragen, sondern verzweigt sich auf mehrere Ausgänge $s_1, \ldots, s_n$ mit $n > 1$	$f_{\text{ID}} = s$
Inverter	Realisiert die logische Invertierung eines Signals s	$f_{\text{NOT}} = \neg s$ $f_{\text{NOT}} = \overline{s}$
AND-Gatter	Realisiert die logische UND-Funktion über eine Menge von $n \in \mathbb{N}$ Eingangssignalen $s_1, \ldots, s_n$	$f_{\text{AND}} = s_1 \wedge \ldots \wedge s_n$ $f_{\text{AND}} = s_1 \cdot \ldots \cdot s_n$
NAND-Gatter	Realisiert die invertierte logische UND-Funktion über eine Menge von $n \in \mathbb{N}$ Eingangssignalen $s_1, \ldots, s_n$	$f_{\text{NAND}} = \neg(s_1 \wedge \ldots \wedge s_n)$ $f_{\text{NAND}} = \overline{(s_1 \cdot \ldots \cdot s_n)}$
OR-Gatter	Realisiert die logische ODER-Funktion über eine Menge von $n \in \mathbb{N}$ Eingangssignalen $s_1, \ldots, s_n$	$f_{\text{OR}} = s_1 \vee \ldots \vee s_n$ $f_{\text{OR}} = s_1 + \ldots + s_n$
NOR-Gatter	Realisiert die invertierte logische ODER-Funktion über eine Menge von $n \in \mathbb{N}$ Eingangssignalen $s_1, \ldots, s_n$	$f_{\text{NOR}} = \neg(s_1 \vee \ldots \vee s_n)$ $f_{\text{NOR}} = \overline{(s_1 + \ldots + s_n)}$
XOR-Gatter	Realisiert die logische Antivalenz Funktion (Exklusives ODER) über eine Menge von $n \in \mathbb{N}$ Eingangssignalen $s_1, \ldots, s_n$	$f_{\text{XOR}} = s_1 \oplus \ldots \oplus s_n$
NXOR-Gatter	Realisiert die logische Äquivalenz-Funktion (invertiertes XOR) über eine Menge von $n \in \mathbb{N}$ Eingangssignalen $s_1, \ldots, s_n$	$f_{\text{NXOR}} = \neg(s_1 \oplus \ldots \oplus s_n)$ $f_{\text{NXOR}} = \overline{(s_1 \oplus \ldots \oplus s_n)}$

Werte am Eingang nur in einem kurzen Zeitfenster um die steigende oder fallende Taktflanke in den internen Zustand übernommen. Die Taktflanke wird dabei über ein dediziertes Taktsignal an alle Flipflops im Schaltkreis herangeführt. In Abbildung 2.2(a) ist das Symbol für ein speicherndes Element – ein *Flipflop* – dargestellt.

Das logische Verhalten eines Flipflops zeigt Abbildung 2.2(b). Der Signalwert von Eingang s_i wird bei der steigenden Flanke des Taktsignals clk als interner Zustand übernommen und am Ausgang s_o sichtbar. In ähnlicher Weise gibt es Speicherelemente, die auf die fallende Taktflanke oder beide Taktflanken reagieren. Das gewünschte Verhalten wird allerdings nur erreicht, wenn der Signalwert am Eingang für ein ausreichendes Zeitfenster um die Taktflanke stabil ist. Dafür muss bei der Realisierung des Schaltkreises Sorge getragen werden. Die entsprechenden Signalleitung zur Verdrahtung des Taktsignals führen zu signifikanten Randbedingungen beim Layout eines Chips.

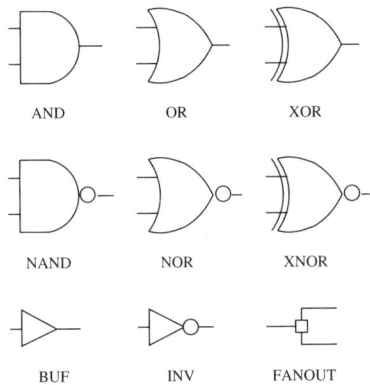

Abbildung 2.1: *Abbildung der Grundgatter*

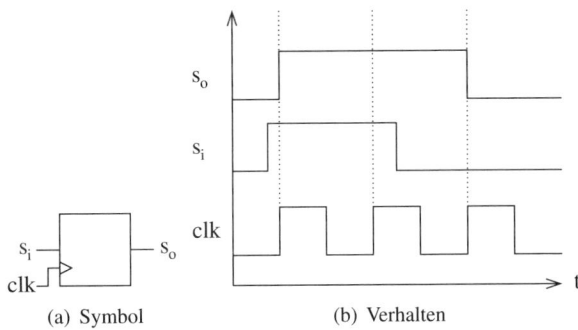

(a) Symbol (b) Verhalten

Abbildung 2.2: *Flipflop*

Zur tatsächlichen Realisierung auf einem Chip werden die Elemente der Gatterbibliothek mittels einer Technologiebibliothek (engl. *Technology Library*) auf Transistor-Ebene und damit auf eine zu fertigende Struktur abgebildet. Dabei werden den einzelnen Gattern auch Parameter, zum Beispiel Signal-Laufzeiten durch das Gatter oder Flächenbedarf, zugeordnet. Diese Informationen werden im Entwurfsablauf zum Beispiel benötigt, um das spätere Layout des Chips oder die erreichbare Taktfrequenz zu bestimmen.

Im Folgenden wird für Gatter lediglich die Funktionalität, wie sie in Tabelle 2.1 beschrieben ist, benötigt. Bei der physikalischen Realisierung eines Schaltkreises werden das XOR-Gatter und das NXOR-Gatter typischerweise zunächst durch andere Gatter ersetzt und dann mittels der Technologiebibliothek auf die tatsächliche Struktur abgebildet.

2.2   Schaltkreise

Eine *kombinatorische Schaltung* $C = (\mathcal{G}, \mathcal{S})$ ist gegeben durch einen gerichteten, azyklischen Graphen – den Schaltungsgraphen – bestehend aus

- einer Knotenmenge von Gattern $\mathcal{G}$ und

- einer Kantenmenge von Signalleitungen $\mathcal{S} \in \mathcal{G} \times \mathcal{G}$

sowie einer Zuordnung einer Booleschen Funktion zu jedem Gatter, gegeben durch f_g für $g \in \mathcal{G}$.

Ein *Gatter* $g \in \mathcal{G}$ ist ein Knoten im Schaltungsgraphen $C = (\mathcal{G}, \mathcal{S})$ mit einer Menge von k eingehenden Signalleitungen und l ausgehenden Signalleitungen. Die Signalleitungen werden im Graphen als Kanten repräsentiert. Jedes Gatter g realisiert eine logische Schaltungsfunktion f_g. Auf Gatter-Ebene liegt die Schaltungsfunktion typischerweise in Boolescher Logik $\mathcal{L}_B = \{0, 1\}$ vor. Die Anzahl verschiedener Gattertypen ist durch die genutzte Gatterbibliothek gegeben. Die in diesem Buch verwendeten Gattertypen samt ihrer Beschreibung und Funktion wurden in Tabelle 2.1 aufgeführt. Die Booleschen Funktionen der verwendeten Gatter sind jeweils symmetrisch, das heißt, der Funktionswert ist unabhängig von der Reihenfolge der Eingabewerte. In diesem Fall ist es nicht nötig, eine Reihenfolge unter den eingehenden Signalleitungen des Gatters zu definieren.

Ein Gatter ohne eingehende Signalleitungen ($k = 0$) ist ein *Primärer Eingang* (engl. *Primary Input*). Die Menge der primären Eingänge der Schaltung wird mit $\mathcal{I} \subset \mathcal{G}$ angegeben. Ein Gatter ohne ausgehende Signalleitungen ($l = 0$) ist ein *Primärer Ausgang* (engl. *Primary Output*). Die Menge der primären Ausgänge wird mit $\mathcal{O} \subset \mathcal{G}$ beschrieben. Für primäre Eingänge wird typischerweise der Buchstabe i versehen mit einem Index gebraucht, während für primäre Ausgänge der Buchstabe o verwendet wird, zum Beispiel i_1, i_2, i_3 und o_1, o_2, o_3. Ein Gatter mit mehreren ausgehenden Signalleitungen ($l > 1$) ist eine *Verzweigung* (engl. *Fanout*). Reguläre Gatter werden in diesem Buch typischerweise mit dem Buchstaben und einem Index notiert, zum Beispiel g_1, g_2, g_3. Für die Notation einer Signalleitung wird der Buchstabe s mit einem Index genutzt, zum Beispiel s_1, s_2, s_3.

Ein *Pfad* in der Schaltung $C = (\mathcal{G}, \mathcal{S})$ ist eine Menge von Gattern $p = \{g_1, \dots, g_j\} \subseteq \mathcal{G}$ mit $(g_k, g_{k+1}) \in \mathcal{S}$.

Mit dem Begriff *Netz* wird die Menge aller Signalleitungen bezeichnet, die durch ein einzelnes Gatter abgesehen von einem Fanout getrieben werden. Ein Gatter g treibt also das folgende Netz N gegeben als Menge von Signalen:

$$N = \{s \in \mathcal{S} \mid s = (g, g_1) \text{ oder } (s = (g_{j-1}, g_j) \text{ und es gibt einen Pfad}$$
$$p = \{g_1, \dots, g_j\} \text{ mit } g_k \text{ ist FANOUT für } k = 2, \dots, j-1)\}$$

Für jeden gerichteten azyklischen Graphen – also auch einen kombinatorischen Schaltkreis – existiert eine topologische Sortierung, die sich in Linearzeit, das heißt in $O(|\mathcal{G}|)$, berechnen lässt. Eine *topologische Sortierung* der Gatter eines Schaltkreises $C = (\mathcal{G}, \mathcal{S})$ ist eine partielle Ordnung $<_\mathcal{G}$ auf den Knoten für die gilt, wenn $(g_1, g_2) \in \mathcal{S}$ dann $g_1 <_\mathcal{G} g_2$. Analog

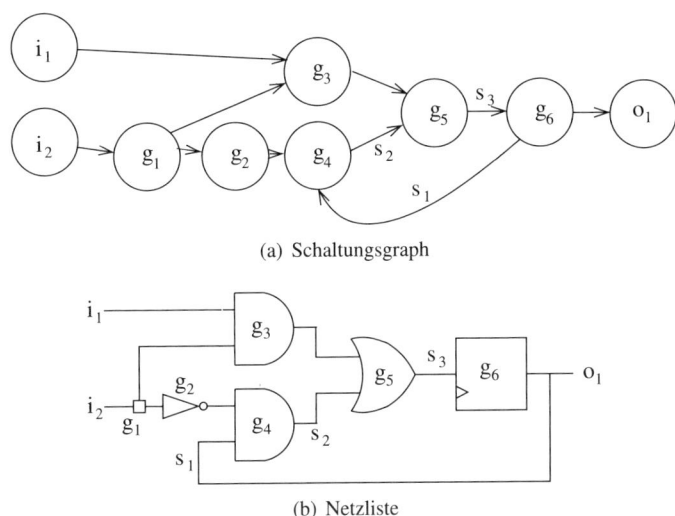

(a) Schaltungsgraph

(b) Netzliste

Abbildung 2.3: *Beispiel einer Schaltung*

lassen sich die Kanten topologisch sortieren. Eine *topologische Sortierung* der Signale eines Schaltkreises $\mathcal{C} = (\mathcal{G}, \mathcal{S})$ ist eine partielle Ordnung $<_{\mathcal{S}}$ auf den Kanten für die gilt, wenn $s_1 = (g_1, g_2) \in \mathcal{S}$ und $s_2 = (g_2, g_3) \in \mathcal{S}$, dann $s_1 <_{\mathcal{S}} s_2$.

Eine *sequentielle Schaltung* ist eine kombinatorische Schaltung erweitert durch Flipflops. In diesem Fall ist der Schaltungsgraph nicht mehr zyklenfrei, sondern kann Zyklen über Flipflops enthalten.

Beispiel 2.1

In Abbildung 2.3 ist ein einfacher Schaltkreis dargestellt. Der Schaltkreisgraph stellt nur die Konnektivität der Netzliste dar. Für eine bessere Übersicht sind nicht alle Kanten beziehungsweise Signale beschriftet.

Flipflops sind taktgesteuerte Elemente, deren gespeicherte Werte den Zustand $Z \in \mathcal{L}_B^k$ einer Schaltung repräsentieren, wobei k die Anzahl der Flipflops ist. Ein Flipflop nimmt in jedem Takt den von der kombinatorischen Logik berechneten Wert auf und propagiert diesen im nächsten Takt in die Schaltung. Der Folgezustand einer sequentiellen Schaltung berechnet sich aus dem aktuellen Zustand Z_t und der Belegung der primären Eingänge. Die kombinatorische Logik dient hierbei als Zustandsübergangsfunktion ζ, welche sowohl den Folgezustand als auch die Ausgabe berechnet:

$$\zeta : Z_t \times \mathcal{I}_t \rightarrow Z_{t+1} \times \mathcal{O}_{t+1}$$

Somit kann eine sequentielle Schaltung wie in Abbildung 2.4 auch als Mealy-Automat [Mea55] dargestellt werden.

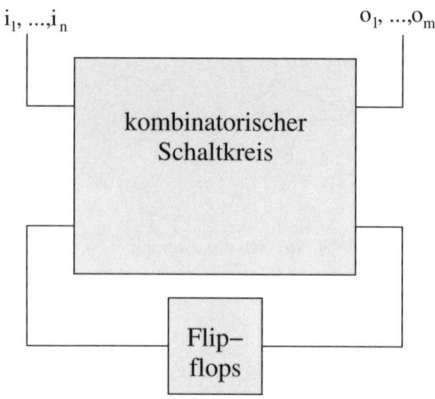

Abbildung 2.4: *Sequentielle Schaltung*

Aufgrund der großen Menge an Zuständen moderner Schaltungen wird heutzutage in der Praxis des Testens vom kompletten sequentiellen Verhalten oft abstrahiert und es wird nur ein zeitlicher Teilaspekt betrachtet. Dies wird durch den Einsatz von Scan-Ketten ermöglicht, welche es erlauben die Werte der Flipflops mit den benötigten Werten zu initialisieren. Die Technik und die hierdurch entstehenden Fragestellungen werden im Detail in Kapitel 7 diskutiert.

Das sequentielle Verhalten eines Schaltkreises muss für Fehlermodelle, die zeitbehaftete Fehler adressieren (wie in Kapitel 3 beschrieben), berücksichtigt werden. Ebenso ist es bei der Erzeugung funktionaler Testmuster, die bei normaler Operation an den Schaltkreis angelegt werden (wie in Kapitel 6 besprochen) notwendig, das sequentielle Verhalten zu berücksichtigen.

Die Modellierung des Zeitverhaltens reduziert sich in diesem Modell allerdings immer auf einzelne Taktschritte. In der Tat wird dabei vom detaillierten Zeitverhalten einzelner Signale und Gatter abstrahiert.

2.3   Zeitverhalten

Bisher wurde ein Schaltkreis auf logischer Ebene beziehungsweise als Automat modelliert. Auf logischer Ebene wird angenommen, dass alle Änderungen an Eingängen direkt an den Ausgängen sichtbar werden. Beim endlichen Automaten wird dies für den kombinatorischen Teil des Schaltkreises ebenfalls angenommen, wobei der endliche Automat von einem aktuellen Zustand direkt in einen Folgezustand übergeht. Alle Signalwerte haben dabei den Wert 0 oder 1 beziehungsweise in einzelnen Fällen wird der Wert einer Leitung zum Beispiel mit dem Wert X als unbekannt aber fest modelliert. Tatsächlich wird dabei natürlich vom exakten Zeitverhalten und vom exakten elektrischen Verhalten abstrahiert.

Das genaue Verhalten ist von der Größe einzelner Leitungen und Transistoren im Chip anhängig. Im Prinzip müsste für jede Signalleitung und jedes Gatter die genaue physikalische

Realisierung – unter Umständen mit Abweichungen vom Layout durch die Fertigung – bekannt sein, um das genaue Verhalten zu modellieren. Dann kann die *Schaltzeit* eines Gatters genau bestimmt werden. Diese beschreibt die Zeit, die benötigt wird bis eine Werteänderung an den Gattereingängen auch am Gatterausgang sichtbar wird. Ebenso kann dann die *Transferzeit* bestimmt werden. Diese beschreibt die Zeit, die eine Werteänderung benötigt, um von einem Gatterausgang den nächsten Gattereingang zu erreichen. Für die Simulation des genauen Verhaltens unter Berücksichtigung der physikalischen Realisierung werden Simulationswerkzeuge wie zum Beispiel *Spice* [NP73] oder dessen kommerziell verfügbare Nachfolger eingesetzt. Aufgrund der Größe und Komplexität des zu Grunde liegenden Modells ist dies aber nur für kleine Teile eines Schaltkreises und für kurze Zeiträume, die in der Simulation betrachtet werden, möglich.

Abstraktionen von diesem genauen Verhalten werden erreicht, indem Modelle für das Zeitverhalten, sogenannte *Timing Models*, eingesetzt werden. Üblich sind das *Multiple Delay Model*, das *Minmax Delay Model*, das *Unit Delay Model* oder das *Zero Delay Model*.

Im Multiple Delay Model [NB80] wird eine kleinste verwendete Zeiteinheit gewählt und alle Zeitangaben werden dann als Vielfaches dieser Zeiteinheit angegeben. Dabei wird jedem Gattertyp eine zeitliche Verzögerung für das Schalten von 0 auf 1 (engl. *Rise Delay*) beziehungsweise für das Schalten von 1 auf 0 (engl. *Fall Delay*) zugewiesen. Je nach Modell kann statt der Gatterbibliothek bereits eine Technologiebibliothek unterstellt werden, die für jedes Boolesche Gatter Realisierungen mit unterschiedlichen Eigenschaften bereitstellt – zum Beispiel um ein Gatter mit geringer Verzögerung bei großer Fläche zu realisieren. Ebenso kann die Schaltkreisstruktur analysiert werden, um zu entscheiden wieviele weitere Gattereingänge von einem Gatterausgang getrieben werden, um daran die Modellierung jeder Instanz eines Gatters anzupassen.

Im Minmax Delay Model werden nur die minimale und die maximale Verzögerung jedes Gatters angegeben. Die Signallaufzeiten durch die Schaltung können dann in Form von Intervallen modelliert werden.

Im Unit Delay Model bekommt jedes Gatter die Verzögerung *eine Zeiteinheit* zugewiesen. Dabei ist die Länge einer Zeiteinheit nicht festgelegt. Dieses Modell abstrahiert stark vom tatsächlichen Verhalten, kann aber in Simulationswerkzeugen eingesetzt werden, um Werteänderungen auf Ereignisse abzubilden, die dann verarbeitet werden.

Das Zero Delay Model wurde schon eingangs genannt. Es werden idealisierte Gatter angenommen, bei denen eine Werteänderung an den Eingängen unmittelbar am Ausgang sichtbar wird. Ebenso werden für Signale keine Verzögerungszeiten angenommen.

Im Entwurfsablauf wird die *Timing-Analyse* eingesetzt, um zu entscheiden, ob alle Werteänderungen im Schaltkreis schnell genug propagiert werden, so dass für eine bestimmte Taktfrequenz und Versorgungsspannung stabile Signalwerte während der relevanten Taktflanken an Flipflops anliegen. Ist dies der Fall, so kann vom detaillierten Zeitverhalten und elektrischen Verhalten abstrahiert werden, ohne die Funktion eines Schaltkreises zu verfälschen. Im Folgenden werden deshalb die detaillierten Zeitmodelle nicht eingesetzt. Stattdessen wird lediglich von der logischen Modellierung oder der Automatendarstellung unter Annahme des Zero Delay Models ausgegangen. Für die Testmustergenerierung ist dies in sehr vielen Fällen ausreichend, da geeignete Fehlermodelle eingesetzt werden, um die tatsächlichen physikalischen Effekte entsprechend zu abstrahieren. Ausnahmen, in denen eine genauere Modellierung eingesetzt wird, werden zusammen mit weiteren aktuellen Themen in Kapitel 11 besprochen.

3   Klassische Fehlermodelle

Digitale Schaltkreise werden typischerweise getestet, indem die Ausgaben eines Schaltkreises unter gegebenen Testmustern beobachtet werden. Das Ziel ist dabei, zu prüfen, ob *Defekte* auf physikalischer Ebene existieren, die das Verhalten des Schaltkreises beeinflussen und so zu einer Abweichung vom nominalen Verhalten führen. Klassische *Fehlermodelle* (engl. *Fault Models*) abstrahieren die Folgen physikalischer Abweichungen von den Fertigungsvorgaben, die zum Beispiel während der Fertigung auftreten und die genaue Größe einer Struktur betreffen können, auf die funktionale Ebene. Dadurch wird es möglich, Testmuster zu generieren, ohne ein detailliertes physikalisches Modell des Schaltkreises beziehungsweise des Fehlverhaltens zu Grunde zu legen. Stattdessen muss nur das funktionale Modell betrachtet werden, so dass die Generierung von Testmustern vereinfacht wird.

Gleichzeitig ergeben sich durch die Abstraktion Differenzen zwischen der Modellierung und dem tatsächlichen physikalischen Fehler sowie dem Effekt auf die Funktionalität des Schaltkreises. Diese Abweichung ist unproblematisch, wenn fehlerhafte Schaltkreise trotzdem zuverlässig identifiziert werden können. Ein Fehlermodell dient lediglich als Kriterium bezüglich dessen Testmuster generiert werden. Es muss separat sichergestellt werden, dass ein Fehlermodell in der Praxis effektiv ist, dass also Testmuster bezüglich dieses Fehlermodells tatsächlich nützlich sind, um fehlerhafte Schaltkreise zu identifizieren. Dazu werden Studien durchgeführt, die untersuchen wie effektiv welches Fehlermodell ist, um defekte Chips zu identifizieren [MFM95, MAKB96].

Die Abweichung zwischen tatsächlichem Verhalten und dem Fehlermodell kann allerdings dazu führen, dass existierende Fehlermodelle nicht mehr alle möglichen Fehlfunktionen neuer Technologien adäquat abbilden. Im Resultat reichen die generierten Testmuster für aktuelle Fertigungstechnologien nicht mehr aus, um zu garantieren, dass ein Chip tatsächlich fehlerfrei funktioniert. Daher werden neue Fehlermodelle entwickelt, die in der Lage sind, die realen Defekte adäquat abzubilden. Während dieses Kapitel gängige Fehlermodelle einführt, wird später in Abschnitt 11.1 ein Ausblick auf neuere Entwicklungen gegeben.

Im Folgenden wird für ein Fehlermodell das Symbol FM genutzt. Ein Fehlermodell FM definiert für einen gegebenen Schaltkreis C eine Menge von Fehlern.

Wird im Schaltkreis C ein Fehler f modelliert, so wird der entsprechende fehlerhafte Schaltkreis mit C_f bezeichnet. Eine Liste von Fehlern wird im Folgenden mit $F = \{f_1, \ldots, f_k\}$ bezeichnet.

Ein Testmuster t für einen Fehler f im Schaltkreis C_f ist eine Belegung der primären Eingänge und/oder der Zustandswerte eines Schaltkreises für einen oder mehrere Takte, die eine Abweichung der Ausgabe des fehlerhaften Schaltkreises C_f gegenüber dem fehlerfreien Schaltkreis C erzeugt. Eine Menge von Testmustern wird mit dem Symbol T bezeichnet.

Tabelle 3.1: *Einordnung der Fehlermodelle*

	strukturell	komponenten-basiert	statisch	dynamisch
Haftfehler		•	•	
Pfadverzögerungsfehler	•			•
Transitionsfehler		•		•

Existiert für einen Fehler f im Schaltkreis C ein Testmuster, so wird f als *testbar* bezeichnet. Existiert kein Testmuster, so wird der Fehler f als *untestbar* bezeichnet.

Fehlermodelle lassen sich nach unterschiedlichen Kriterien klassifizieren. Zunächst ist relevant, ob ein Fehler ständig in der Schaltung vorhanden ist oder auftreten und wieder verschwinden kann. Unabhängig vom Zeitpunkt ständig vorhandene Fehler werden als *permanente Fehler* bezeichnet. Dagegen treten *transiente Fehler* nur einmalig zu einem bestimmten Zeitpunkt auf, zum Beispiel wenn durch Umgebungsstrahlung ein Bit-Wert in einem Speicher invertiert wird. *Vorübergehende Fehler* (engl. *Intermittent Faults*) treten in Abhängigkeit von der Zeit auf oder bleiben verborgen. Hier können Umgebungseinflüsse – zum Beispiel eine bestimmte Betriebstemperatur – oder spezielle Operationsbedingungen – zum Beispiel bestimmte Signale, die in bestimmter zeitlicher Abfolge bestimmte Werteänderungen aufweisen und so zur Beschleunigung oder Verlangsamung der einzelnen Werteänderungen führen – die Ursache sein. Im Folgenden werden nur permanente Fehler betrachtet, die Gegenstand des Produktionstests sind, da sie aus Veränderungen eines Schaltkreises gegenüber der vorgesehenen Struktur auf physikalischer Ebene resultieren.

Eine weitere Unterscheidung stellt statische Fehler dynamischen Fehlern gegenüber. Statische Fehler ändern die kombinatorische Funktion eines Schaltkreises, sie werden oft auch als logische Fehler bezeichnet. Dynamische Fehler sind nur im sequentiellen Verhalten eines Schaltkreises zu beobachten. Hierzu zählen zum Beispiel *Verzögerungsfehler*.

Komponenten-basierte Fehlermodelle nehmen an, dass an einer bestimmten Komponente im Schaltkreis, zum Beispiel an einem Gatter oder einer Leitung, eine Veränderung vorliegt. Strukturelle Fehlermodelle legen die physikalische Struktur zu Grunde, um Fehler zu modellieren. So kommt es zum Beispiel zu Übersprechungseffekten (engl. *Crosstalk*), falls zwei Signalleitungen zu dicht nebeneinander liegen.

Bezüglich jedes Fehlermodells und auch bezüglich mehrerer Fehlermodelle wird schließlich unterschieden, ob nur ein einzelner Fehler oder mehrere Fehler gleichzeitig modelliert werden. Dabei wird oft eine Ein-Fehler-Annahme zu Grunde gelegt, um die Anzahl der modellierten Fehler gering zu halten.

In diesem Kapitel werden verschiedene Fehlermodelle eingeführt, die praktische Anwendung finden. Zu jedem Fehlermodell werden in Kürze die physikalischen Defekte diskutiert, die einen solchen Fehler verursachen können, und es werden Eigenschaften des Fehlermodells selbst diskutiert. In den Abschnitten 3.1, 3.2 und 3.3 werden das Haft-, das Pfadverzögerungs- sowie das Transitionsfehlermodell eingeführt. Eine Einordnung dieser Fehlermodelle bezüglich der oben genannten Klassen zeigt Tabelle 3.1. Inwiefern die Mehrfach-Entdeckung eines einzelnen modellierten Fehlers nützlich sein kann, bespricht Abschnitt 3.4. Im Anschluss werden im Abschnitt 3.5 Techniken besprochen, die zur Reduktion der Anzahl der zu betrachtenden Fehler genutzt werden. Diese Reduktion erlaubt eine starke Beschleunigung der Testmustergenerierung und resultiert gleichzeitig in einer geringeren Anzahl von Testmustern. Im Resultat wird die für den Test benötigte Zeit ebenfalls reduziert, was direkte Kostenersparnis ermöglicht.

3.1   Haftfehler

Haftfehler – oder *Stuck-At-Faults* in der englischsprachigen Literatur – verändern das Verhalten eines gegebenen Schaltkreises auf logischer Ebene [BF76]. Ein Haftfehler zwingt eine Signalleitung konstant auf den logischen Wert 0 oder den logischen Wert 1. Dementsprechend können zwei mögliche Haftfehler für jede Signalleitung modelliert werden, das heißt, für einen gegebenen Schaltkreis $\mathcal{C} = (\mathcal{G}, \mathcal{S})$ gibt es $2|\mathcal{S}|$ mögliche Haftfehler.

Für den Haftfehler, der die Leitung s auf den Wert $b \in \mathcal{L}_{\mathcal{B}}$ setzt, wird s/b geschrieben. Ein Haftfehler mit $b = 0$ wird als 0-Haftfehler bezeichnet (engl. *stuck-at-0*). Ein Haftfehler mit $b = 1$ wird als 1-Haftfehler bezeichnet (engl. *stuck-at-1*).

Physikalisch modellieren Haftfehler den Kurzschluss eines Schaltkreiselementes mit Versorgungsspannung oder Masse. Tatsächlich treten in produzierten Schaltkreisen nicht ausschließlich echte Haftfehler auf. Stattdessen verursachen Verunreinigungen zum Beispiel niedrig-ohmige – aber nicht widerstandsfreie – Verbindungen.

Weiterhin abstrahiert das Fehlermodell von der geometrischen Realisierung eines Netzes. In einem Schaltkreis wie er in Abschnitt 2.2 eingeführt wurde, wird ein Netz durch ein Fanout-Gatter mit einem Eingang und mehreren Ausgängen modelliert. Für ein Netz gibt es unterschiedliche Möglichkeiten, dieses geometrisch auf Leitungen abzubilden. Je nach Realisierung können dann nicht alle oder nur einige reale Haftfehler modelliert werden.

Beispiel 3.1

Abbildung 3.1 zeigt ein Fanout-Gatter in einem Schaltkreis sowie mögliche geometrische Realisierungen der entsprechenden Leitungen. Das Fehlermodell erlaubt die Modellierung der folgenden vier 0-Haftfehler: $s_1/0, s_2/0, s_3/0, s_4/0$. Nimmt man nun an, in der Realisierung aus Abbildung 3.1(b) läge ein Haftfehler vor, der die durch ‚A‘ bezeichnete Stelle auf den Wert 0 setzt, so korrespondiert dies zum Fehler $s_4/0$. Dieser Fehler ist also modellierbar. Tritt der Fehler aber an der durch ‚B‘ bezeichneten Stelle auf, so liegen sowohl s_2 als auch s_3 auf dem Wert 0. Das bedeutet im Modell müsste ein Zweifach-Fehler modelliert werden, bei dem $s_2/0$ und $s_3/0$ gleichzeitig gelten.

Betrachtet man schließlich die zweite Realisierung des Schaltkreises in Abbildung 3.1(c), so verursacht ein Haftfehler, der die Leitung an der Stelle ‚C‘ auf 0 setzt, den Zweifach-Fehler $s_3/0$ und $s_4/0$. Dieser Zweifach-Fehler kann in der ersten Realisierung nicht als Einzelfehler dargestellt werden.

Eine mögliche Lösung ist eine Verfeinerung des Schaltkreismodells. So erlaubt der Schaltkreis in Abbildung 3.1(d) die Modellierung aller Fehler aus der zweiten Reali-

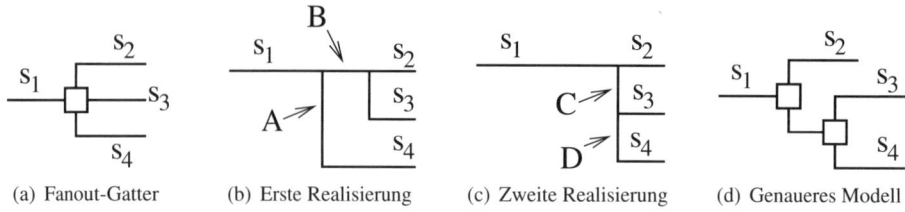

(a) Fanout-Gatter	(b) Erste Realisierung	(c) Zweite Realisierung	(d) Genaueres Modell

Abbildung 3.1: *Ein Fanout-Gatter mit möglichen Realisierungen und alternativer Modellierung*

sierung. Oft liegen aber die entsprechenden Layout-Daten zum Zeitpunkt der Testmustergenerierung noch nicht vor oder zur Vereinfachung werden Ungenauigkeiten in der Modellierung hingenommen.

Bezüglich des Haftfehlermodells wird typischerweise eine sehr hohe Fehlerüberdeckung durch die generierten Testmuster benötigt. Die Fehlerüberdeckung ist eine verbreitete Metrik, die die Güte einer Testmenge bezüglich eines Fehlermodells misst (siehe auch Kapitel 4). Je nach Anwendungsbereich wird über 99% Fehlerüberdeckung durch die Testmuster verlangt oder es wird gefordert, dass jeder Fehler testbar sein muss, was 100% Fehlerüberdeckung entspricht. Da die Anzahl modellierbarer Fehler linear in der Anzahl der Signalleitungen ist, ist eine explizite Behandlung aller Haftfehler möglich. Dabei kann ein Haftfehler s/b untestbar sein, das heißt, es gibt kein Testmuster. Das Entscheidungsproblem, ob für einen bestimmten Fehler ein Testmuster existiert, ist NP-vollständig [IS75]. Selbst wenn also die Signalleitung s auf den konstanten Wert b gelegt wird, verändert sich die Funktion des Schaltkreises nicht. Somit können alle Gatter, die nur die Signalleitung s treiben, entfernt werden und die Leitung s ersetzt werden, so dass insgesamt der Schaltkreis vereinfacht wird.

Beispiel 3.2

In Abbildung 3.2(a) ist der Haftfehler $s_1/0$ untestbar, da die Signalleitung s_1 statisch den Wert 0 annimmt. Im Resultat kann der Schaltkreis vereinfacht werden, indem die Gatter innerhalb der gestrichelten Form entfernt werden. Es ergibt sich der vereinfachte Schaltkreis aus Abbildung 3.2(b).

Diese Beobachtung lässt sich sogar ausnutzen, um bei der Logiksynthese einfachere Schaltkreise zu erhalten. Dazu wird redundante Logik eingefügt, die andere Bereiche des Schaltkreises untestbar und damit redundant macht, die dann entfernt werden können. Bei geeignetem Vorgehen kann der resultierende Schaltkreis kleiner in der Anzahl der Gatter sein. Man spricht bei solche einem Verfahren von *Redundancy Addition and Removal* [BBL89, EC95]. In der Praxis kann es auch vorkommen, dass solche redundanten Teile in einem Schaltkreis entstehen, wenn zum Beispiel zwei Teilschaltkreise gekoppelt werden oder stärkere Signaltreiber benötigt werden.

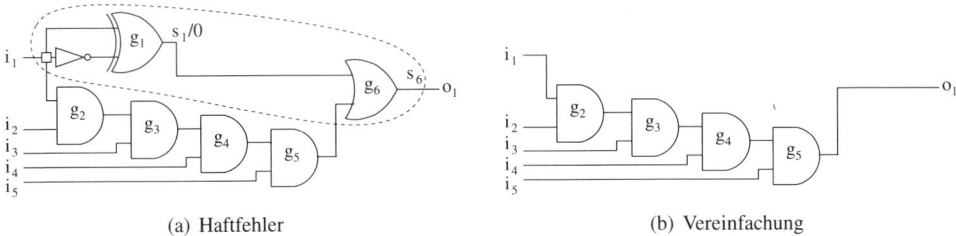

(a) Haftfehler   (b) Vereinfachung

Abbildung 3.2: *Untestbarer Haftfehler*

Die Optimierung von Schaltungen mit unentdeckbaren Fehlern kann zu nichttrivialen Folgen für die Entdeckbarkeit führen. So kann dadurch ein anderer entdeckbarer Fehler unentdeckbar werden, oder ein anderer unentdeckbarer Fehler kann entdeckbar werden. Außerdem können zwei unentdeckbare Fehler beim gleichzeitigen Auftreten einen entdeckbaren Doppelfehler bilden [ABF90].

In der Theorie sind auch mehrere gleichzeitig vorkommende Haftfehler von Bedeutung. Selbst wenn für alle einzelnen Haftfehler ein Testmuster generiert wurde, ist nicht garantiert, dass auch jeder Mehrfach-Haftfehler entdeckt wird. In der Praxis ist dies jedoch meist der Fall, so dass Mehrfach-Fehler nicht betrachtet werden, da sonst die Anzahl der zu modellierenden Fehler zu groß würde.

3.2   Pfadverzögerungsfehler

Pfadverzögerungsfehler – im Englischen als *Path Delay Faults* bezeichnet – modellieren Defekte, die dazu führen, dass Werteänderungen nicht mehr innerhalb der verfügbaren Zeit propagiert werden können, um die gewünschte Taktfrequenz zu erreichen [Smi85]. Dies wird in Abbildung 3.3 illustriert. Ein neuer Wert wird vom Ausgang eines Flipflops aus in die kombinatorische Logik propagiert, sobald eine entsprechende Taktflanke auftritt. Die mögliche Werteänderung muss dann innerhalb einer Taktperiode zur Neuberechnung der Nachfolgewerte führen. Beim Pfadverzögerungsfehlermodell wird für den Test, ob die Taktperiode eingehalten wird, ein ganzer Pfad in der Schaltung zugrunde gelegt. Einerseits kann also eine Vielzahl kleinerer Defekte entlang des Pfades dazu führen, dass die Taktperiode überschritten wird, oder ein einzelner größerer Defekt auf dem Pfad kann die Ursache sein.

Soll nun die Existenz eines Pfadverzögerungsfehlers getestet werden, muss entlang des Pfades eine Änderung der Signalwerte, das heißt eine steigende oder eine fallende Flanke, erzeugt werden. Hierzu müssen die Werte am Anfang des Pfades in zwei aufeinanderfolgenden Takten kontrolliert werden. Ein Pfad beginnt entweder an einem primären Eingang oder am Ausgang eines Flipflops. Ebenso endet ein Pfad an einem primären Ausgang oder am Eingang eines Flipflops. Im Falle von Flipflops definiert die entsprechende Test-Hardware, in welcher Weise Werte an diesen Stellen kontrolliert beziehungsweise beobachtet werden können.

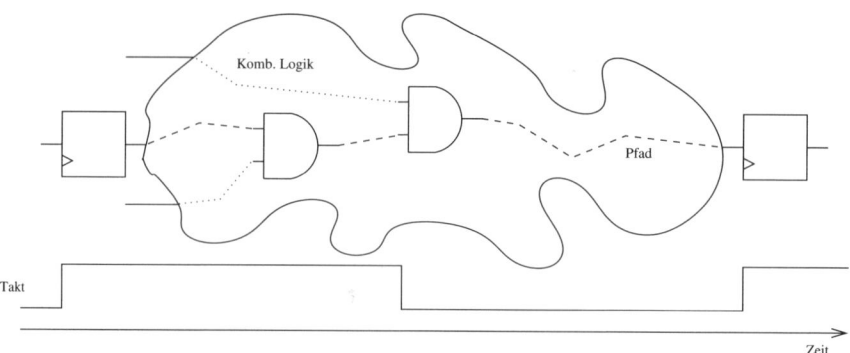

Abbildung 3.3: *Pfadverzögerungsfehler*

Das Testen eines Pfadverzögerungsfehlers ist technisch anspruchsvoll. Haftfehler führen unabhängig von der Zeit und damit unabhängig von der nominalen Taktfrequenz des zu testenden Schaltkreises zu Fehlverhalten. Pfadverzögerungsfehler dagegen führen nur bei einer hinreichend hohen Taktfrequenz zu Fehlverhalten. Somit muss es eine sehr genaue zeitliche Abstimmung bei der Testapplikation, das heißt dem Anlegen der Testmuster in den verschiedenen Takten, geben. Die zeitlichen Randbedingungen ergeben sich aus der nominalen Taktfrequenz, die bestimmt wie hoch der zeitliche Abstand zwischen den anzulegenden Werten in zwei aufeinanderfolgenden Takten ist. Für hohe Taktfrequenzen ist der notwendige kurze zeitliche Abstand durch ein externes Testgerät kaum realisierbar. Die Herausforderung besteht in der Applikation der Werte im zweiten Takt kurz nach der Anwendung der Werte aus dem ersten Takt. Hierzu existieren unterschiedliche Verfahren, die in Abschnitt 7.6 detailliert besprochen werden.

Im Folgenden wird angenommen, dass nur das kombinatorische Verhalten des Schaltkreises berücksichtigt werden muss, so dass ein primärer Eingang der Anfang des Pfades ist und am Ende des Pfades ein primärer Ausgang liegt. Welche Art der Testapplikation vorgenommen wird, muss dann bei der Generierung der Testmuster berücksichtigt werden.

Ein Pfadverzögerungsfehler bezüglich eines Pfades $p = \{g_1, \ldots, g_j\}$ mit $g_1 \in \mathcal{I}$ und $g_j \in \mathcal{O}$ mit einer fallenden Flanke an g_1 wird mit $p/d \downarrow$ bezeichnet.

Ein Pfadverzögerungsfehler bezüglich eines Pfades $p = \{g_1, \ldots, g_j\}$ mit $g_1 \in \mathcal{I}$ und $g_j \in \mathcal{O}$ mit einer steigenden Flanke an g_1 wird mit $p/d \uparrow$ bezeichnet.

Um entlang des Pfades eine Signaländerung zu erzeugen, muss nicht nur der Wert am Eingang des Pfades kontrolliert werden, sondern bei allen Gattern entlang des Pfades müssen auch die Eingänge kontrolliert werden, die nicht auf dem Pfad liegen, wie dies in Abbildung 3.3 angedeutet ist. Dabei wird von *Seiteneingängen* (engl. *Off-Path Inputs* oder *Side Inputs*) gesprochen.

Ein Test auf einen Pfadverzögerungsfehler besteht also aus zwei Vektoren, die die Werte der primären Eingänge in zwei aufeinanderfolgenden Takten bestimmen. Indem unterschiedliche Forderungen an den zeitlichen Werteverlauf an den Seitengängen gestellt werden, wird entschieden, ob es sich um einen *robusten* oder einen *nicht robusten* Test handelt [LR87].

Tabelle 3.2: Bedingungen für Seiteneingänge bei Tests für Pfadverzögerungsfehler

Gatter	robust $\downarrow$	robust $\uparrow$	nicht robust
AND/NAND	S1	X1	X1
OR/NOR	X0	S0	X0

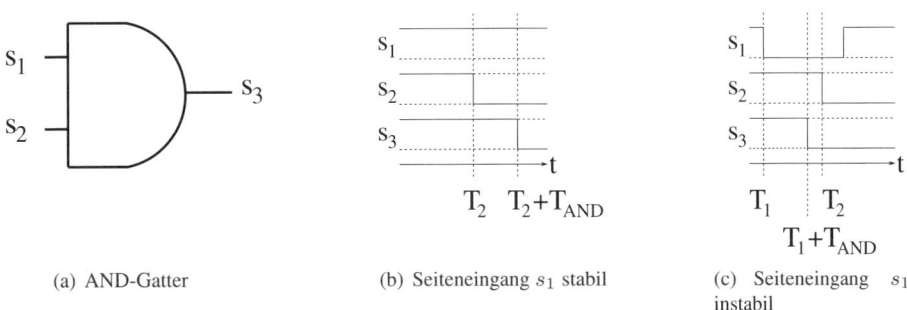

(a) AND-Gatter

(b) Seiteneingang s_1 stabil

(c) Seiteneingang s_1 instabil

Abbildung 3.4: *Signalverläufe an einem AND-Gatter*

Die zu Grunde liegende Idee ist, dass ein robuster Test einen Pfadverzögerungsfehler unabhängig von anderen Verzögerungen entdecken soll, während das Ergebnis eines nicht robusten Tests durch andere Pfadverzögerungsfehler beeinflusst werden kann. Insbesondere können zwei Pfadverzögerungsfehler einander bei einem nicht robusten Test maskieren, das heißt, das Testergebnis ist korrekt, obwohl ein Defekt vorliegt, der zu einem Fehler führen kann.

Tabelle 3.2 fasst die Bedingungen für die Seiteneingänge zusammen. Dabei bedeutet der Wert S1, dass das Signal in beiden Takten durchgängig auf dem Wert 1 liegen muss. Es darf keine kurzzeitigen Werteänderungen geben, die den Signalwert vorübergehend auf 0 setzen. Analog dazu muss beim Wert S0 durchgängig eine 0 am Eingang anliegen. Bei den Werten X0 beziehungsweise X1 muss der Wert des Eingangs nur im zweiten Takt auf 0 beziehungsweise 1 liegen. Durch weitere Abstufung für die Bedingungen an den Seiteneingängen lassen sich weitere Qualitätsniveaus definieren [KC98, ED11].

Beispiel 3.3

Abbildung 3.4(a) zeigt ein AND-Gatter mit Eingängen s_1, s_2 und dem Ausgang s_3. Es wird angenommen, dass der zu testende Pfad über s_2 und s_3 führt, dass eine fallende Flanke propagiert werden soll und dass das AND-Gatter eine Verzögerungszeit von T_{AND} entlang des Pfades verursacht. Sieht der zeitliche Verlauf der Signalwerte wie in Abbildung 3.4(c) aus, so wird die Werteänderung auf dem Pfad korrekt weitergeleitet, da am Seiteneingang s_1 konstant der nicht-kontrollierende Wert 1 anliegt. Die fallende Flanke

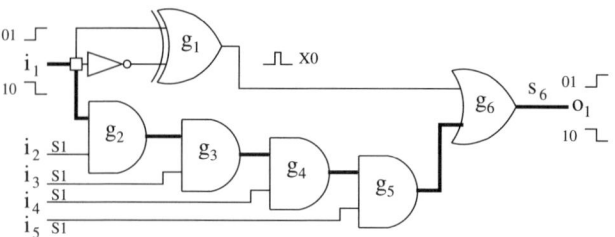

Abbildung 3.5: *Testbarkeit von Pfadverzögerungsfehlern*

tritt zum Zeitpunkt T_2 an s_2 auf, so dass die Werteänderung zum Zeitpunkt $T_2 + T_{\mathrm{AND}}$ an s_3 sichtbar ist und propagiert wird. Die Entdeckung einer Verzögerung entlang des Pfades ist also unabhängig vom zeitlichen Verhalten abseits des Pfades.

Liegt dagegen das Signalverhalten aus Abbildung 3.4(c) vor, so führt die vorübergehende Werteänderung auf dem Eingang s_1 dazu, dass am Ausgang s_3 der Wert 0 schon zum Zeitpunkt $T_1 + T_{AND}$ anliegt – also früher als die Werteänderung am getesteten Pfad. Die vorübergehende Werteänderung kann nun korrekt sein oder durch andere Fehler zeitlich verschoben sein. Ein Verzögerungsfehler entlang des getesteten Pfades könnte dadurch maskiert werden.

Die Situation aus dem obigen Beispiel kann auftreten, wenn Rekonvergenzen im Schaltkreis existieren, das heißt, es gibt mehr als einen Pfad von einem Gatter g_1 zu einem anderen Gatter g_2. Im Falle von Änderungen der Signalwerte, kann die Änderung dann mit unterschiedlichen Laufzeiten über die verschiedenen Pfade propagiert werden.

Beispiel 3.4

Abbildung 3.5 zeigt dazu ein Beispiel. Es soll der fett markierte Pfad von i_1 über die AND-Gatter g_2 bis g_5, und über das OR-Gatter g_6 zum Ausgang o_1 getestet werden. Die AND-Gatter haben als Seiteneingang des Pfades jeweils einen primären Eingang, der über zwei Takte auf den stabilen Wert $S1$ gesetzt werden kann. Um den Seiteneingang des OR-Gatters g_6 zu kontrollieren, muss das XOR-Gatter g_1 betrachtet werden. Dessen Ausgang hat statisch betrachtet immer den Wert 0. Von i_1 kann eine Werteänderung aber über zwei Pfade zu g_1 gelangen, was zu dem dargestellten Werteverlauf mit einem Glitch am Ausgang des XOR-Gatters führen kann. Dadurch lässt sich am Ausgang von g_1 nur der Wert $X0$ einstellen aber kein statischer Wert $S0$.

Für den robusten Test des Pfadverzögerungsfehlers mit fallender Flanke ist dies akzeptabel. Sollte auf dem getesteten Pfad ein Fehler vorliegen, so wird der Wert 0 zu spät an Ausgang o_1 sichtbar. Sollte auf einem Pfad über g_1 ein Fehler vorliegen, so kann es lediglich passieren, dass am oberen Eingang von g_6 zum falschen Zeitpunkt der Wert 1 anliegt und somit am Ausgang o_1 ebenfalls der fehlerhafte Wert beobachtet wird. Der Test wäre also konservativ, ein Fehler auf dem getesteten Pfad wird aber nicht maskiert.

Wird umgekehrt die steigende Flanke entlang des Pfades getestet, so wäre am oberen Eingang des Gatters g_6 der stabile Wert $S0$ notwendig. Dies ist aber im Beispiel nicht möglich. Ein Fehler auf einem Pfad über g_1 könnte jetzt dazu führen, dass der vorübergehende Wert 1 am Eingang von g_6 zur Beobachtung des Wertes 1 am Ausgang o_1 führt. In diesem Fall ist 1 der erwartete beobachtete Wert, so dass eine Verzögerung entlang des Pfades maskiert würde. In diesem Fall ist also nur ein nicht robuster Test des Pfades bezüglich der steigenden Flanke möglich.

Das letzte Beispiel zeigt einen sehr einfachen Fall, in dem ein Pfadverzögerungsfehler nicht robust testbar ist. Hier wäre eine Modifikation des Schaltkreises leicht möglich, um die Testbarkeit zu verbessern. Tatsächlich liegen aber oft komplexere Schaltungsstrukturen vor, die nicht leicht zu ersetzen sind, um eine bessere Testbarkeit zu erreichen. Weiterhin werden in der Praxis XOR-Gatter nicht beim Testen betrachtet, sondern auf die tatsächliche Realisierung durch AND-, OR- und NOT-Gatter abgebildet.

Auch eine zu schnelle Propagation von Werteänderungen kann zu Fehlverhalten führen. Damit ein Flipflop einen neuen Werte korrekt übernimmt, muss der Signalwert am Eingang über eine gewisse Zeit stabil bleiben. Bei einer sehr schnellen Propagation der Werteänderung kann dies nicht garantiert werden, man spricht von *Hold-Time Violations*.

Die Anzahl der modellierbaren Pfadverzögerungsfehler in einem Schaltkreis $\mathcal{C} = (\mathcal{G}, \mathcal{S})$ mit P Pfaden beträgt $2P$. Durch Rekonvergenzen kann die Anzahl der Pfade exponentiell in der Anzahl der Gatter sein, das heißt $P \in \mathcal{O}(2^{|\mathcal{G}|})$. Im Resultat würde das Testen aller Pfade zu sehr langen Testzeiten führen, die nicht akzeptabel sind. Hier ist die Beobachtung wichtig, dass es sich nur um ein Fehlermodell handelt. Im Gegensatz um Haftfehlermodell wird oftmals keine hohe Fehlerüberdeckung für Pfadverzögerungsfehler verlangt. Das Ziel ist lediglich, mögliche Verzögerungen, die zu einer Abweichung vom korrekten Verhalten des Chips führen könnten, zu entdecken. So gilt weiterhin, dass robuste Tests erwünscht sind, um die Entdeckung eines Fehlers zu garantieren. Die Fehlerüberdeckung kann dann allerdings gering ausfallen und wird erhöht indem für Verzögerungsfehler, die mit robusten Tests untestbar sind, auch nicht robuste Tests genutzt werden. Das Feststellen der Ursache fehlerhafter Ausgaben wird bei nicht robusten Tests allerdings schwieriger.

Entsprechend wird meist nur eine Teilmenge aller Pfade gewählt. Gängig ist es jene Pfade zu wählen, auf denen die benötigte Zeit für die Werteänderung am größten ist. Diese Pfade werden zum Beispiel durch eine Timing-Analyse identifiziert. Auf diese Weise können schon kleine Verzögerungsfehler oder entlang des Pfades verteilte minimale Verzögerungen getestet werden. Gerade bei sehr homogenen Schaltungen, so zum Beispiel bei arithmetischen Schaltkreisen, kann es allerdings wiederum eine sehr große Anzahl von Pfaden geben, die in diese Kategorie fallen. Das Transitionsfehlermodell schafft hier in der Praxis Abhilfe.

3.3 Transitionsfehler

Beim *Transitionsfehlermodell* (engl. *Transition Fault Model*) wird angenommen, dass an einem einzigen Gatter eine Verzögerung auftritt, die zur Verletzung des Zeitverhaltens führt

[WLRI87]. Dabei werden wiederum die steigende Flanke (engl. *Slow-To-Rise*) und die fallende Flanke (engl. *Slow-To-Fall*) am Gatterausgang unterschieden. Im Fehlermodell wird hier also angenommen, dass die Verzögerung an einem einzigen Gatter so groß ist, dass das zeitliche Verhalten des Schaltkreises fehlerhaft wird. Der praktische Test kann natürlich dazu führen, dass auch Verzögerungen entlang des oder der dabei gewählten Pfade für die Einstellung der Werteänderung am Gattereingang sowie der Propagation von dort zu einem Ausgang entdeckt werden. Dieses Fehlermodell ist mit dem *Gatterverzögerungsfehlermodell* (engl. *Gate Delay Fault Model*) verwandt, welches die Defektgröße beziehungsweise die Verzögerungszeit explizit in die Fehlererkennung mit einbezieht [IRW90].

Im Folgenden wird die Notation für Transitionsfehler eingeführt.

Gegeben sei eine Schaltung $C = (\mathcal{G}, \mathcal{S})$.

Ein Transitionsfehler, der bei einer fallenden Flanke an einem Gatter $g \in \mathcal{G}$ auftritt, wird mit $g/t \downarrow$ bezeichnet.

Ein Transitionsfehler, der bei einer steigenden Flanke an einem Gatter $g \in \mathcal{G}$ auftritt, wird mit $g/t \uparrow$ bezeichnet.

In einem Schaltkreis mit $|\mathcal{G}|$ Gattern gibt es also $2|\mathcal{G}|$ mögliche Transitionsfehler. Auch ein Test für einen Transitionsfehler legt die Werte in zwei aufeinander folgenden Takten fest, um eine Flanke am zu testenden Gatter zu erzeugen und zu propagieren. Weiterhin deckt auch hier ein Test für einen Transitionsfehler oft mehrere Fehler gleichzeitig ab, so dass alle Transitionsfehler bei vertretbarem zeitlichen Aufwand getestet werden können.

Bei der Auswahl der Tests können zusätzliche Kriterien zugrunde gelegt werden. So ist es zum Beispiel hilfreich, einen möglichst langen Pfad zu wählen, entlang dessen die Flanke über das zu testende Gatter propagiert wird. Hierdurch wird die Wahrscheinlichkeit erhöht, dass bereits kleine Verzögerungsfehler wie sie in Abschnitt 11.1 diskutiert werden, entdeckt werden. Da der Fehlereffekt immer entlang eines Pfades propagiert werden muss, lässt sich anhand eines einzelnen Testmuster nicht entscheiden, um welchen Verzögerungsfehler entlang dieses Pfades es sich handelt.

Beispiel 3.5

Man betrachte den Transitionsfehler $g_6/t \downarrow$ im Schaltkreis aus Abbildung 3.5. Dieser Fehler lässt sich zum Beispiel mit dem robusten Test für den oben besprochenen Pfadverzögerungsfehler für die fallende Flanke testen. Alternativ lässt sich der Transitionsfehler aber auch durch Propagation einer fallende Flanke über den Pfad i_1, g_5, g_6 testen. Dieser Pfad ist deutlich kürzer, so dass kleine Verzögerungsfehler eventuell nicht entdeckt würden.

Die Berechnung von Testmustern für Transitionsfehler lässt sich auf die Berechnung von Testmustern für Haftfehler zurückführen, so dass der Aufwand für die benötigten Algorithmen gering gehalten werden kann.

Beispiel 3.6

Für den Transitionsfehler $g_6/t \downarrow$ kann ein Testmuster wie folgt berechnet werden. Für ersten Takt werden Eingabewerte bestimmt, die den Ausgang von g_6 auf den Wert 1 zwingen. Diese Forderung ist schwächer als im ersten Takt einen Test für den Haftfehler $s_6/1$ zu fordern, da nur das Verhalten im fehlerfreien Fall spezifiziert wird aber keine Propagation des fehlerhaften Verhaltens zu einem Ausgang erzwungen wird. Für den zweiten Takt wird ein Testmuster für den Haftfehler $s_6/1$ bestimmt, das heißt, das Testmuster stellt den Wert 0 am Ausgang von g_6 ein und garantiert, dass die Werteabweichung an einem Ausgang beobachtet werden kann.

3.4 Mehrfach-Entdeckung

Bisher wurde angenommen, dass für jeden Fehler entsprechend des Fehlermodells nur mindestens ein Testmuster generiert werden soll. In der Praxis kann es nützlich sein, Mehrfach-Entdeckung aller Fehler durch die Testmuster zu fordern. Man spricht von einer *N-fach Entdeckungstestmenge* (engl. *N-detect Test Set*), wenn jeder testbare Fehler durch mindestens N Testmuster entdeckt wird. Dieses Vorgehen liegt in der Abweichung zwischen der Modellierung eines Fehlers im Fehlermodell und dem tatsächlichen physikalischen Verhalten beziehungsweise den tatsächlichen Defekten, die eingangs des Kapitels diskutiert wurde. Wenn für den gleichen Fehler mehrere unterschiedliche Testmuster generiert werden, können unterschiedliche tatsächliche Defekte damit entdeckt werden. Auf diese Weise wird die Effektivität des Tests deutlich erhöht [MFM95]. Nachteilig ist hingegen die Vergrößerung der Testmenge, was zu erhöhten Testkosten führt.

Beispiel 3.7

Man betrachte wieder den Fanout-Punkt aus Abbildung 3.1(a). Unterschiedliche Testmuster können den Propagationspfad eines Fehlers an s_1 unterschiedlich einstellen, so dass der Effekt über s_2, s_3 oder s_4 zu einem Ausgang geleitet wird. Je nach Realisierung werden dann unterschiedliche Teilnetze ebenfalls getestet, die bei nur einem einzelnen Testmuster nicht berücksichtigt würden.

3.5 Fehlerlistenreduktion

Bei einem gegebenen Fehlermodell FM (oder mehreren Fehlermodellen) lässt sich für einen Schaltkreis $\mathcal{C}$ die Liste aller Fehler $F_{\mathsf{FM}}^{\mathcal{C}}$ erstellen. Die Anzahl der Fehler in dieser Liste, das heißt $|F_{\mathsf{FM}}^{\mathcal{C}}|$, hat einen Einfluss auf die Anzahl der zu bestimmenden Testmuster sowie die letztliche Anzahl der Testmuster, um einen großen Anteil dieser Fehler zu testen. Deshalb werden typischerweise vor Beginn der Testmustergenerierung Fehler aus der Liste entfernt. Man bezeichnet dies als *Fehlerlistenreduktion* (engl. *Fault Collapsing*). Dabei wird garantiert, dass es ausreicht die Fehler in der reduzierten Liste zu testen, um auch alle ursprünglich modellierten Fehler zu testen. Eine effiziente Reduktion der Fehlerliste wird über die Konzepte Fehleräquivalenz und Fehlerdominanz gelöst.

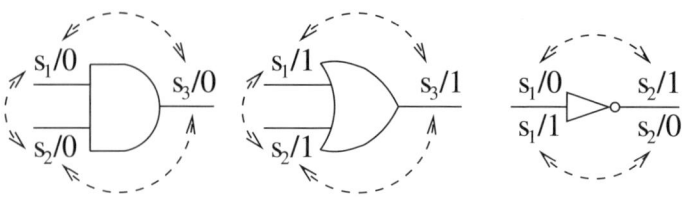

Abbildung 3.6: *Fehleräquivalenz an Grundgattern bezüglich des Haftfehlermodells*

3.5.1   Fehleräquivalenz

Die Äquivalenz von Fehlern ist wie folgt definiert: Seien f_1, $f_2 \in F$ zwei Fehler und seien T_1 die Menge aller möglichen Testmuster für f_1 sowie T_2 die Menge aller möglichen Testmuster für f_2. Die Fehler f_1 und f_2 heißen genau dann *äquivalent*, wenn $T_1 = T_2$ und beide Fehler unter allen Testmustern jeweils an den gleichen Ausgängen beobachtet werden.

Die Äquivalenz zweier Fehler bedeutet also, dass sie durch genau die gleichen Testmuster getestet werden können. Deshalb reicht es bei der Testmustergenerierung aus, ein Testmuster für einen der beiden Fehler zu berechnen. Damit wird gleichzeitig ein Testmuster für den zweiten Fehler erzeugt. Einer der beiden Fehler kann also aus der Fehlerliste entfernt werden.

Beispiel 3.8

Abbildung 3.6 stellt für einige Grundgatter die äquivalenten Haftfehler dar. Nun betrachte man das AND-Gatter mit Eingangssignalen s_1 und s_2 sowie dem Ausgangssignal s_3. Die Haftfehler $s_1/0$, $s_2/0$ und $s_3/0$ sind äquivalent. Für den Test aller drei Haftfehler ist es notwendig, die Leitungen s_1 und s_2 auf den Wert 1 zu setzen. Der erwartete Wert am Ausgang des AND-Gatters wäre dann 1, während alle drei Haftfehler den fehlerhaften Ausgangswert 0 zur Folge hätten. Wenn das AND-Gatter Teil eines größeren Schaltkreises wäre, müsste jedes Testmuster für die drei Fehler also die entsprechenden Eingangswerte am AND-Gatter einstellen und dafür sorgen, dass der fehlerhafte Ausgangswert des AND-Gatters auch an den Ausgängen des Schaltkreises beobachtet werden kann. Analoge Zusammenhänge können auch für andere Grundgatter oder Schaltungsstrukturen abgeleitet werden.

Im Allgemeinen ist die Entscheidung, ob zwei Fehler äquivalent sind, co-NP-vollständig: es muss entschieden werden, ob alle Eingaben zum gleichen Ergebnis bei beiden fehlerhaften Schaltkreisen führen. Aber schon aufgrund der oben gezeigten schnellen lokalen Analysen lassen sich äquivalente Fehler identifizieren und so die Fehlerliste schnell reduzieren.

Beispiel 3.9

Abbildung 3.7(a) stellt beispielhaft einen Schaltkreis mit allen Haftfehlern dar. Dabei steht $h1$ für den 1-Haftfehler und $h0$ für den 0-Haftfehler an der jeweiligen Signalleitung.

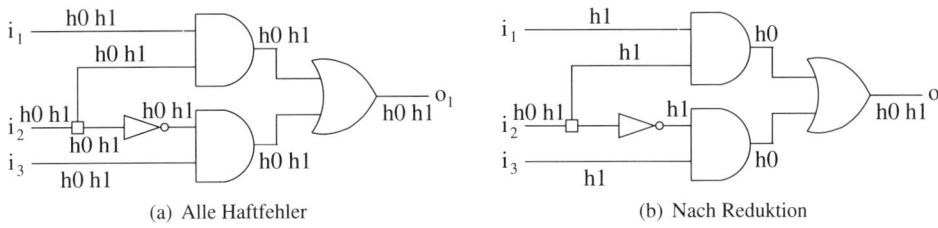

(a) Alle Haftfehler   (b) Nach Reduktion

Abbildung 3.7: *Reduktion durch Fehleräquivalenz*

Durch Berücksichtigung von Fehleräquivalenz reicht es aus, von allen äquivalenten Fehler jeweils nur einen zu betrachten. Dabei werden jeweils an Gattereingängen die Fehler gestrichen, die durch äquivalente Fehler an den Ausgängen berücksichtigt werden. Im Resultat müssen nur die in Abbildung 3.7(b) dargestellten Fehler getestet werden.

3.5.2   Fehlerdominanz

Auch wenn die Mengen aller Testmuster nicht gleich sind, lässt sich eine Reduktion der Fehlerliste durchführen. Das zweite Kriterium über den Mengen aller Testmuster ist die Fehlerdominanz.

Seien $f_1, f_2 \in F$ zwei Fehler und seien T_1 die Menge aller möglichen Testmuster für f_1 sowie T_2 die Menge aller möglichen Testmuster für f_2. Der Fehler f_1 *dominiert* f_2 genau dann, wenn $T_1 \supset T_2$ und beide Fehler unter jedem Testmuster aus T_2 an den gleichen Ausgängen beobachtet werden.

Bei Fehlerdominanz gilt also, falls der Fehler f_1 den Fehler f_2 dominiert, so ist jedes Testmuster für f_2 auch ein Testmuster für f_1. Bei der Testmustergenerierung reicht es damit aus, ein Testmuster für f_2 zu berechnen.

Die Ausnutzung von Fehlerdominanz zur Fehlerlistenreduktion ist im praktischen Einsatz problematisch. Wenn die Fehlerliste reduziert wird, ohne die genauen Beziehungen zwischen Fehlern später bei der Testmustergenerierung zu berücksichtigen, kann es zur falschen Klassifizierung von Fehlern kommen. Angenommen f_1 dominiert f_2, also $T_1 \supset T_2$, und weiterhin sei $T_2 = \emptyset$, das heißt, f_2 ist nicht testbar. Wird nun f_1 aus der Fehlerliste entfernt, so wird für diesen Fehler kein Testmuster generiert, obwohl f_1 unter Umständen testbar wäre.

Beispiel 3.10

Abbildung 3.8 stellt für zwei Grundgatter die dominierenden Haftfehler dar. Betrachtet wird wieder das AND-Gatter mit Eingangssignalen s_1 und s_2 sowie dem Ausgangssignal s_3. Der Haftfehler $s_3/1$ dominiert die beiden Haftfehler $s_1/1$ und $s_2/1$. Um den Fehler $s_1/1$ zu testen, muss s_1 den Wert 0 und s_2 den Wert 1 annehmen, damit ein fehlerhafter Wert an s_3 verursacht wird. Diese Einstellung führt auch zu einem Test von $s_3/1$. In der Abbildung bedeutet also der Pfeil von $s_1/1$ zu $s_3/1$ am AND-Gatter, dass der Fehler

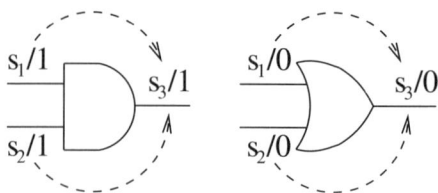

Abbildung 3.8: Fehlerdominanz an Grundgattern bezüglich des Haftfehlermodells

$s_1/1$ vom Fehler $s_3/1$ dominiert wird. Die analoge Argumentation gilt für die Dominanz von $s_3/1$ gegenüber $s_2/1$.

Auch hier gilt wie bei der Fehleräquivalenz die Verallgemeinerung der lokalen Analyse bezüglich aller Testmuster für die jeweiligen Fehler in einem größeren Schaltkreis. Ebenso lassen sich weitere lokale Dominanzbeziehungen für andere Grundgatter oder Schaltungsstrukturen ableiten.

3.6   Einordnung und weitere Themen

Die hier vorgestellten Fehlermodelle modellieren Fehlereffekte auf rein funktionaler Ebene. Alternativ existieren Verfahren, die parametrische Tests durchführen, zum Beispiel indem der Ruhestrom eines Schaltkreises (IDDQ) mit einem erwarteten Referenzwert verglichen wird.

Fehlermodelle sind die Grundlage, um eine effiziente Testmustergenerierung durchzuführen. In diesem Kapitel wurden grundlegende Fehlermodelle und deren Eigenschaften diskutiert. Eine wichtige Beobachtung ist, dass bestimmte physikalische Defekte direkt auf einen Fehler gemäß eines Fehlermodells abbildbar sind, dass aber auch viele andere physikalische Defekte entdeckt werden können. Insofern müssen die existierenden Fehlermodelle bezüglich jeder neuen Technologie überprüft werden, um festzustellen, ob fehlerhafte Schaltkreise weiterhin sicher identifiziert werden können. Ist dies nicht der Fall müssen Fehlermodelle angepasst oder neu entworfen werden. Einige weitere Fehlermodelle werden in kürze in Kapitel 11 diskutiert. Wie die hier eingeführten Fehlermodelle bei der Testmustergenerierung gehandhabt werden, wird in den kommenden Kapiteln erläutert.

4 Fehlersimulation

Fehlersimulation [SF62] ist ein Verfahren, welches die Qualität einer gegebenen Menge T von Testmustern systematisch bewertet. Es wird festgestellt, welche Fehler aus einer gegebenen Fehlerliste F durch mindestens ein Muster $t \in T$ entdeckt werden. Diese Fehler bilden die *Untermenge der durch T entdeckten Fehler* $F_{\det}(T) \subset F$. Der Anteil von entdeckten Fehlern unter allen Fehlern wird als *Fehlerüberdeckung* bezeichnet (engl. *Fault Coverage*), $FC(T)$.

$$FC(T) = \frac{|F_{\det}(T)|}{|F|} \tag{4.1}$$

Fehlersimulation wird zur Bewertung einer (automatisch oder manuell) erzeugten Testmenge T verwendet. Fehlerüberdeckung spielt in Abschätzungen der Testqualität eine zentrale Rolle. Dabei versteht man unter der Testqualität die Wahrscheinlichkeit, dass eine Schaltung, die den Test bestanden hat, auch tatsächlich keinen Fehler enthält.

Insbesondere wird Fehlersimulation während der (automatischen) Testerzeugung eingesetzt. Wurde ein Muster t erzeugt, so werden mittels Fehlersimulation alle Fehler identifiziert, die von t entdeckt werden. Für diese Fehler müssen keine weiteren Testmuster generiert werden; sie können daher von der weiteren Betrachtung im Rahmen der Testmustergenerierung ausgeschlossen werden (engl. *Fault Dropping*).

Die Testmustergenerierung kann gestoppt werden, wenn alle Fehler entdeckt worden sind und somit die Fehlerüberdeckung der erzeugten Testmenge 100% beträgt. In der Praxis wird oft eine geringere Fehlerüberdeckung vorgegeben, zum Beispiel 99.5%. In diesem Fall kann die Testerzeugung abgebrochen werden, sobald dieses Ziel erreicht ist.

Wir betrachten zunächst Fehlersimulation in kombinatorischen Schaltungen und dann die Erweiterung der Verfahren auf sequentielle Schaltungen. Die formale Problemformulierung lautet wie folgt: Gegeben eine kombinatorische Schaltung $\mathcal{C}$ mit n primären Eingängen, eine Fehlerliste $F = \{f_1, \ldots, f_k\}$ und eine Menge von Testmustern $T = \{t_1, \ldots, t_m\}$, $t_i \in \mathcal{L}_{\mathcal{B}}^n$, bestimme die Menge $F_{\det}(T) \subset F$ von Fehlern, die durch mindestens ein $t \in T$ entdeckt sind.

Nachfolgend wird zunächst das Basisverfahren zur Fehlersimulation von kombinatorischen Schaltungen erklärt. Es sind zahlreiche Optimierungen möglich. In diesem Kapitel werden die ereignisgesteuerten, die parallelen und die deduktiven Simulationstechniken vorgestellt. Schließlich wird auf die Fehlersimulation von sequentiellen Schaltungen eingegangen.

Algorithmus 1 Basisverfahren zur Fehlersimulation fsim_basic($\mathcal{C}, F, T$)

Input: Kombinatorische Schaltung $\mathcal{C}$, Fehlerliste F, Testmenge T
Output: Liste der entdeckten Fehler $F_{\det}(T) \subset F$
1: $F_{\det}(T) := \emptyset$;
2: **for all** $f \in F$ **do**
3:     Erzeuge Schaltung $\mathcal{C}_f$ durch Einbau von f in $\mathcal{C}$
4:     **for all** $t \in T$ **do**
5:         **if** $\text{sim}(\mathcal{C}, t) \neq \text{sim}(\mathcal{C}_f, t)$ **then**
6:             $F_{\det}(T) := F_{\det}(T) \cup \{f\}$;
7:         **end if**
8:     **end for**
9: **end for**
10: **return** $F_{\det}(T)$;

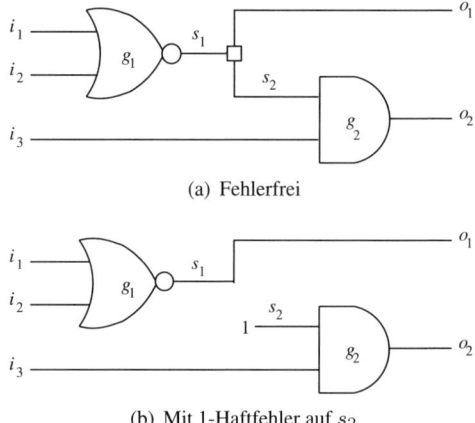

(a) Fehlerfrei

(b) Mit 1-Haftfehler auf s_2

Abbildung 4.1: Beispielschaltkreis

4.1   Basisverfahren zur Fehlersimulation

Das grundlegende Verfahren zur Fehlersimulation ist in Algorithmus 1 dargestellt. Die gesuchte Liste der entdeckten Fehler $F_{\det}(T)$ wird durch Überprüfung jedes einzelnen Fehlers aus F ermittelt. Erst wird der Fehler f in den Schaltkreis $\mathcal{C}$ eingebaut; das Ergebnis ist eine neue, von f beeinträchtigte Schaltung $\mathcal{C}_f$. Schließlich werden für jedes Testmuster t sowohl der ursprüngliche Schaltkreis $\mathcal{C}$ als auch der fehlerbehaftete Schaltkreis $\mathcal{C}_f$ simuliert. Stimmen die Simulationsergebnisse nicht überein, so ist f entdeckt und wird zur Menge $F_{\det}(T)$ hinzugefügt.

Beispiel 4.1

Abbildung 4.1(b) zeigt den Einbau eines 1-Haftfehlers auf Leitung s_2 in der Schaltung aus Abbildung 4.1(a). Die Simulation des Testmusters $i_1 i_2 i_3 = 001$ ergibt für beide

---

Algorithmus 2 Simulation eines Testmusters $\mathrm{sim}(\mathcal{C}, t)$

Input: Kombinatorische Schaltung $\mathcal{C} = (\mathcal{G}, \mathcal{S})$ mit n Eingängen $\mathcal{I}$, m Ausgängen $\mathcal{O}$ und
  M Signalleitungen, $\mathcal{S} = \{s_1, \ldots, s_M\}$ topologisch sortiert; Testmuster $t \in \mathcal{L}_\mathcal{B}^n$
Output: Testantwort der Schaltung $o = \mathrm{sim}(\mathcal{C}, t) \in \mathcal{L}_\mathcal{B}^m$
 1: **for** $s = s_1, \ldots, s_M$ **do**
 2:   **if** s ist der j.-te primäre Eingang der Schaltung **then**
 3:     $V[s] := t[j]$;
 4:   **else if** s ist ein Verzweigungsast des Verzweigungsstammes s^* **then**
 5:     $V[s] := V[s^*]$;
 6:   **else**
 7:     Sei g das Gatter, das s treibt, und seien $s_1^*, \ldots, s_k^*$ die Eingangsleitungen von g;
 8:     $V[s] := f_g(V[s_1^*], \ldots, V[s_k^*])$;
 9:   **end if**
10:   **if** s ist der q.-te primäre Ausgang der Schaltung **then**
11:     $o[q] := V[s]$;
12:   **end if**
13: **end for**
14: **return** o;

Schaltungen identische Ausgangswerte $o_1 o_2 = 11$; der 1-Haftfehler auf s_2 ist somit von diesem Muster nicht entdeckt.[1] Das Testmuster 111 hingegen liefert für die fehlerfreie Schaltung die Ausgangswerte 00 und für die Schaltung mit dem eingebauten Fehler die Ausgangswerte 01; dieses Testmuster entdeckt den Fehler.

Nun betrachten wir die algorithmische Umsetzung und Optimierung von Simulations- und Fehlersimulationsverfahren.

4.1.1 Simulation eines einzelnen Testmusters

Die Simulation eines einzelnen Testmusters, wie sie für die Simulation von $\mathcal{C}$ and $\mathcal{C}_f$ in Algorithmus 1 benötigt wird, ist im Algorithmus 2 dargestellt. Dieser geht von einer Schaltung aus, deren Signalliste $\{s_1, \ldots, s_M\}$ *topologisch sortiert* (siehe Abschnitt 2.2) ist. Das bedeutet für jedes Gatter g, dass seine sämtlichen Eingangsleitungen in der Liste vor seiner Ausgangsleitung vorkommen. Algorithmus 2 berechnet zu einem Testmuster t die logischen Werte V auf internen Leitungen des Schaltkreises und den Ausgangsvektor o. Dabei bezeichnet $t[j]$ den am j.-ten primären Eingang angelegten Wert, $V[s]$ steht für den Wert an der Signalleitung s, und in $o[q]$ wird der Wert am q.-ten primären Ausgang gespeichert.

Um diese Funktionalität umzusetzen, iteriert der Algorithmus einmal durch die sortierte Signalliste. Eine Signalleitung kann entweder der Ausgang eines primären Eingangs, der Ausgang eines anderen Gatters g oder ein Verzweigungsast sein. Diese drei Fälle werden in den

---

[1]Zur besseren Übersichtlichkeit identifizieren primäre Ein- und Ausgänge, die formal gesehen Gatter darstellen, mit den Signalleitungen, an welche sie angeschlossen sind. So bezeichnet i_1 sowohl den primären Eingang als auch die zugehörige Signalleitung; wir verzichten auf die Einführung einer Extra-Signalleitung s_j an dieser Stelle.

Zeilen 2–9 abgearbeitet. In den Zeilen 2 und 3 werden die Werte der primären Eingänge auf die entsprechenden Komponenten von t gesetzt. Bei Verzweigungsästen wird einfach der Wert $V[s^*]$ des zugehörigen Verzweigungsstamms s^* übernommen. Da die Signalliste topologisch sortiert ist, muss s^* vor s berechnet worden sein. Im Fall des Ausgangs eines Gatters g werden zunächst in Zeile 7 seine direkte Vorgänger (eingehende Signalleitungen) ermittelt. Die logischen Werte auf diesen Leitungen $V[s_1^*], \ldots, V[s_k^*]$ wurden bereits berechnet, weil die Signalliste in topologischer Reihenfolge durchgegangen wird. Auf diese Werte wird in Zeile 8 die Gatterfunktion f_g angewendet. In Zeile 10 wird noch überprüft, ob die gerade betrachteten Leitungen primäre Ausgänge der Schaltung sind und gegebenenfalls der Ausgangsvektor o modifiziert.

Beispiel 4.2

Wird die (fehlerfreie) Schaltung aus Abbildung 4.1(a) mit Algorithmus 2 für Testmuster $t = 111$ simuliert, so nehmen die internen Leitungen der Schaltung folgende Werte an:

$$V[i_1] = V[i_2] = V[i_3] = 1, V[s_1] = V[s_2] = V[o_1] = V[o_2] = 0.$$

Die Antwort der Schaltung o ist 00.

Werden ausschließlich Einzelhaftfehler betrachtet, so lässt sich die Erzeugung einer neuen Schaltung $\mathcal{C}_f$ in Zeile 3 von Algorithmus 1 vermeiden. Hat der zu simulierende Fehler Fehlerort s und Fehlerwert b, so muss das Simulationsverfahren Wertezuweisungen an s abfangen und stattdessen den Wert b zuweisen. Hierfür wird das oben beschriebene Simulationsverfahren abgeändert, um den Haftfehler gleich während der Simulation zu berücksichtigen. Dabei ist es möglich, dass der Wert auf einem Verzweigungsast sich vom Wert auf dem Verzweigungsstamm unterscheidet, wenn nämlich der Fehlerort der Verzweigungsast ist. So nehmen beispielsweise bei der Simulation des 1-Haftfehlers auf s_2 in der Schaltung aus Abbildung 4.1 unter Muster 111 der Verzweigungsstamm s_1 und der Verzweigungsast o_1 den Logikwert 0 und der (fehlerbehaftete) Verzweigungsast s_2 den Wert 1 an.

Algorithmus 3 simuliert ein Testmuster t in der Schaltung $\mathcal{C}$, welche den b^f-Haftfehler auf Signalleitung s^f enthält. Wir verwenden ab sofort für den Haftfehler mit Fehlerort s^f und Fehlerwert b^f die Kurzschreibweise s^f/b^f; der im vorigen Beispiel betrachtete 1-Haftfehler auf s_2 wird somit als $s_2/1$ bezeichnet. Die vom Fehler betroffene Leitung s^f kann entweder ein Verzweigungsstamm oder ein einzelner Verzweigungsast sein. Wie Algorithmus 2 geht Algorithmus 3 durch die Signalliste in topologischer Reihenfolge. Der einzige Unterschied verglichen mit Algorithmus 2 ist das Überschreiben des Fehlerorts s^f, durch den Fehlerwert b^f in den Zeilen 2 und 3.

Beispiel 4.3

Algorithmus 3 würde bei der Simulation von $s_2/1$ in der Schaltung aus Abbildung 4.1 unter Muster 111 die unterschiedlichen Werte auf den Verzweigungsästen des Ausgangs von g_1 wie folgt darstellen: $V[s_1] = 0$ repräsentiert den Verzweigungsstamm und $V[o_1] = 0$ und $V[s_2] = 1$ die beiden Verzweigungsäste.

Algorithmus 3 Simulation eines Musters t unter Annahme eines Haftfehlers $f = s^f/b^f$
sim-s@$(\mathcal{C}, t, s^f/b^f)$

Input: Kombinatorische Schaltung $\mathcal{C} = (\mathcal{G}, \mathcal{S})$ mit n Eingängen $\mathcal{I}$, m Ausgängen $\mathcal{O}$, $\mathcal{S} = \{s_1, \ldots, s_M\}$ topologisch sortiert; Testmuster $t \in \mathcal{L}_\mathcal{B}^n$, Fehlerort s^f, Fehlerwert b^f

Output: Testantwort der Schaltung $o = \mathrm{sim}(\mathcal{C}_f, t) \in \mathcal{L}_\mathcal{B}^m$

1: **for** $s = s_1, \ldots, s_M$ **do**
2:    **if** $s = s^f$ **then**
3:       $V[s] := b^f$;
4:    **else if** s ist der j.-te primäre Eingang der Schaltung **then**
5:       $V[s] := t[j]$;
6:    **else if** s ist ein Verzweigungsast des Verzweigungsstammes s^* **then**
7:       $V[s] := V[s^*]$;
8:    **else**
9:       Sei g das Gatter, das s treibt, und seien $s_1^*, \ldots, s_k^*$ die Eingangsleitungen von g;
10:      $V[s] := f_g(V[s_1^*], \ldots, V[s_k^*])$;
11:    **end if**
12:    **if** s ist der q.-te primäre Ausgang der Schaltung **then**
13:      $o[q] := V[s]$;
14:    **end if**
15: **end for**
16: **return** o;

Das Basisverfahren aus dem Algorithmus 1 simuliert jeden Fehler f aus der Fehlerliste F mit jedem Testmuster T aus Testmenge T. Die Effizienz der Fehlersimulation lässt sich steigern, indem für bestimmte Fehler und Muster bereits durchgeführte Berechnungen für weitere Fehler und Muster wiederverwendet werden. Wir betrachten nun zwei Techniken, welche dies leisten. *Ereignisgesteuerte Simulation* (engl. *Event-driven Simulation*) nutzt Ähnlichkeiten zwischen den einzelnen Mustern der Testmenge aus. *Fault Dropping* vermeidet Simulation von bereits entdeckten Fehlern für weitere Muster.

4.1.2   Ereignisgesteuerte Simulation einer Testmenge

Ereignisgesteuerte Simulation [Ulr69] ist im Algorithmus 4 für eine fehlerfreie Schaltung dargestellt. Eine Erweiterung auf fehlerbehaftete Schaltungen ist analog zu Algorithmus 3 möglich. Dieses Verfahren simuliert eine Testmenge aus L Mustern $t_1, \ldots, t_L$ und liefert dementsprechend L Testantworten $o^1, \ldots, o^L$. Wenn der Algorithmus Muster t_i simuliert, betrachtet er nur Stellen der Schaltung, an denen sich die Werte von denen unter Muster t_{i-1} unterscheiden. Nehmen etwa sämtliche Eingänge eines Gatters unter t_{i-1} und t_i identische Werte an, so kann bei der Simulation von t_i der Wert am Gatterausgang beibehalten werden, der Aufwand für seine Neuberechnung wird gespart.

Zur Umsetzung der ereignisgesteuerten Simulation wird eine *Ereigniswarteschlange* (engl. *Event Queue*) EQ vorgehalten. Diese enthält Gatter, an deren Ausgang Änderungen gegenüber dem vorherigen Testmuster möglich sind.[2] Nach der Simulation des ersten Musters t_1, die etwa mit Algorithmus 2 erfolgen kann, wird EQ in den Zeilen 3–9 von Algorithmus 4 mit Nachfolgern von primären Eingängen der Schaltung initialisiert, an denen sich t_2 von t_1 unterscheidet. Man beachte, dass auf diese Weise in EQ keine primären Eingänge enthalten sind.

Für die Gatter in EQ wird in den Zeilen 11–22 der Ausgangswert unter dem aktuellen Testmuster ermittelt. Dabei wird zuerst das Gatter $\tilde{g}$ mit dem kleinsten Index gemäß der topologischen Sortierung bearbeitet; dadurch wird sichergestellt, dass seine Eingangswerte (also die Ausgangswerte seiner Vorgängergatter) bereits korrekt berechnet worden sind. Der ermittelte Wert V_{tmp} wird in Zeile 16 mit dem Wert $V[s^*]$ unter dem vorherigen Muster verglichen. Nur falls diese nicht übereinstimmen, werden die Nachfolgegatter von $\tilde{g}$ in EQ aufgenommen und später betrachtet. Stimmen sie hingegen überein, so wird für seine Nachfolgegatter der bisherige Wert $V[s^*]$ erhalten. Gatter, deren Eingänge ihre Werte nicht ändern, werden nicht in EQ aufgenommen und somit auch nicht simuliert.

Beispiel 4.4

Man betrachte die ereignisgesteuerte Simulation der (fehlerfreien) Schaltung aus Abbildung 4.1(a) für die Testmenge $\{111, 101\}$. Nach der Simulation von 111 gilt für die Werte auf den Leitungen des Schaltkreises $V[i_1] = V[i_2] = V[i_3] = 1$ und $V[s_1] = V[s_2] = V[o_1] = V[o_2] = 0$. Bei Anlegen von 101 ändert sich i_2 als einziger Eingang; somit wird $V[i_2]$ von 1 auf 0 geändert und der direkte Nachfolger g_1 von i_2 in EQ eingefügt. EQ enthält also ein Element, g_1, welches sodann als $\tilde{g}$ betrachtet wird. $\tilde{g} = g_1$ ist ein NOR-Gatter mit Ausgang $s^* = s_1$ und direkten Vorgängern i_1 und i_2; sein Ausgangswert wird somit als

$$V_{tmp} = \neg(V[i_1] \vee V[i_2]) = \neg(1 \vee 0) = 0$$

bestimmt. Dieser Wert wird nun mit $V[s^*] = V[s_1] = 0$ verglichen. Da sich die beiden Werte nicht unterscheiden, wird kein weiteres Gatter in EQ eingefügt. Nun ist EQ leer, und die Simulation bricht ab.

Gatter g_2 wurde überhaupt nicht simuliert; sein Ausgang $V[o_2]$ entspricht seinem Ausgangswert unter dem vorherigen Testmuster 111. Dieser Wert ist jedoch nach wie vor korrekt, weil beide Eingänge von g_2 unter den beiden Mustern 111 und 101 identische Werte haben (wäre dies nicht der Fall, so wäre g_2 in EQ eingefügt worden) und der Ausgangswert eines Gatters durch seine Eingangswerte eindeutig bestimmt ist.

4.1.3   Simulation einer Testmenge mit Fault Dropping

Fault Dropping ist eine Technik, um die Fehlersimulation einer Fehlerliste $F = \{f_1, \ldots, f_k\}$ für eine Testmenge $T = \{t_1, \ldots, t_m\}$ zu beschleunigen. Fehler, die bereits von einem Muster entdeckt worden sind, werden nicht mit weiteren Mustern simuliert. Dafür werden zunächst alle Fehler aus F mit Muster t_1 simuliert; entdeckte Fehler werden aus F entfernt.

---

[2]Ereignisgesteuerte Simulation lässt sich auf komplexere Systeme als kombinatorische Schaltungen verallgemeinern, die einen Zeitbegriff und zyklische Abhängigkeiten aufweisen. Dafür sind weitere Datenstrukturen und eine aufwändigere Ablaufsteuerung notwendig [Ulr69].

Algorithmus 4 Ereignisgesteuerte Simulation einer Testmenge ed-sim($\mathcal{C}, T$)

Input: Kombinatorische Schaltung $\mathcal{C} = (\mathcal{G}, \mathcal{S})$ mit n Eingängen $\mathcal{I}$, m Ausgängen $\mathcal{O}$ Testmenge $T = \{t_1, \ldots, t_L\}$, $t_i \in \mathcal{L}_{\mathcal{B}}^n$
Output: Testantworten der Schaltung $o^1, \ldots, o^L$, $r_i = \text{sim}(\mathcal{C}, t_i) \in \mathcal{L}_{\mathcal{B}}^m$

1: Simuliere t_1, bestimme $V[s]$ für alle Signalleitungen s, gebe o^1 aus;
2: **for** $i = 2, \ldots, L$ **do**
3:    **for all** $inp \in \mathcal{I}$ **do**
4:       Sei inp der j.-te primäre Eingang der Schaltung;
5:       **if** $V[inp] \neq t_i[j]$ **then**
6:          $V[inp] := t_i[j]$;
7:          Füge alle direkten Nachfolger von inp in EQ ein;
8:       **end if**
9:    **end for**
10:    **while** EQ nicht leer **do**
11:       $\tilde{g} :=$ Gatter aus EQ mit kleinstem Index gemäß der topologischen Sortierung;
12:       Lösche $\tilde{g}$ aus EQ;
13:       Seien $s_1^*, \ldots, s_k^*$ die direkten Vorgänger von $\tilde{g}$;
14:       $V_{tmp} := f_{\tilde{g}}(V[s_1^*], \ldots, V[s_k^*])$;
15:       $s^* :=$ Ausgangsleitung von $\tilde{g}$;
16:       **if** $V_{tmp} \neq V[s^*]$ **then**
17:          $V[s^*] := V_{tmp}$;
18:          **if** s^* ist ein Verzweigungsstamm mit Verzweigungsästen $s_1^*, \ldots s_l^*$ **then**
19:             $V[s_1^*] := \cdots := V[s_l^*] := V_{tmp}$;
20:          **end if**
21:          Füge alle direkten Nachfolger von $\tilde{g}$ in EQ ein;
22:       **end if**
23:    **end while**
24:    **for** $q = 1, \ldots, m$ **do**
25:       Sei s^* der q.-te primäre Ausgang der Schaltung; $o^i[q] := V[s^*]$;
26:    **end for**
27:    Gebe o_i^* aus;
28: **end for**

Nur die in F verbliebenen Fehler werden mit t_2 simuliert; die von t_2 entdeckten Fehler werden wieder aus F entfernt. Dies wird für alle t_i bis t_m fortgesetzt; das Verfahren allerdings bricht vorzeitig ab, wenn F leer geworden ist und somit alle Fehler bereits entdeckt worden sind.

Beispiel 4.5

Fehlersimulation mit Fault Dropping für sämtliche Einzelhaftfehler in der Schaltung aus Abbildung 4.1(a) wird in Tabelle 4.1 gezeigt. Für jedes Muster wird die Anzahl der benötigten Simulationsläufe angegeben und die zu simulierenden Fälle (die fehlerfreie Schaltung sowie die noch unentdeckten Fehler) angegeben. Insgesamt sind 41 Simulationen notwendig; ohne Fault Dropping wären für jedes Testmuster 15 Simulationen und somit

Tabelle 4.1: *Simulation von* $T = (111, 101, 000, 001)$ *in Schaltung aus Abbildung 4.1(a) mit Fault Dropping*

Muster	Simulationen	Entdeckte Fehler
111	15 (fehlerfrei, $i_1/1$, $i_1/0$, $i_2/1$, $i_2/0$, $i_3/1$, $i_3/0$, $s_1/1$, $s_1/0$, $o_1/1$, $o_1/0$, $s_2/1$, $s_2/0$, $o_2/1$, $o_2/0$)	$s_1/1$, $o_1/1$, $s_2/1$, $o_2/1$
101	11 (fehlerfrei, $i_1/1$, $i_1/0$, $i_2/1$, $i_2/0$, $i_3/1$, $i_3/0$, $s_1/0$, $o_1/0$, $s_2/0$, $o_2/0$)	$i_1/0$
000	10 (fehlerfrei, $i_1/1$, $i_2/1$, $i_2/0$, $i_3/1$, $i_3/0$, $s_1/0$, $o_1/0$, $s_2/0$, $o_2/0$)	$i_1/1$, $i_2/1$, $i_3/1$, $s_1/0$, $o_1/0$
001	5 (fehlerfrei, $i_2/0$, $i_3/0$, $s_2/0$, $o_2/0$)	$i_3/0$, $s_2/0$, $o_2/0$

insgesamt 60 Simulationen nötig gewesen. Somit reduziert Fault Dropping den Simulationsaufwand in diesem Fall um ca. 32%.

Bei der Simulation komplexerer Schaltungen mit umfangreichen Testmengen erzielt Fault Dropping weitaus größere Performanzsteigerungen als im vorangegangenen Beispiel. Oft entdecken bereits die ersten 10 bis 20 Testmuster deutlich über 50% aller Fehler in der Schaltung. Fault Dropping vermeidet die Simulation dieser Fehler für die verbleibenden Testmuster.

4.2   Parallele Fehlersimulation

Ein Kernbestandteil von allen Fehlersimulationsalgorithmen ist die Auswertung von Gatterfunktionen f_g. Beinahe alle gängige Programmiersprachen stellen sogenannte logische Befehle wie AND, OR oder NOT zur Verfügung, die zu diesem Zweck eingesetzt werden können. Um etwa die Auswertung der Funktion eines AND-Gatters mit Eingängen i_1 und i_2 in der Programmiersprache C zu implementieren, können die logischen Werte auf den Eingängen (0 oder 1) in zwei Variablen v1 und v2 gespeichert werden; die C-Anweisung

```
vout = v1 & v2
```

schreibt den Ausgangswert in die Variable vout. Die meisten modernen Rechner arbeiten mit Maschinenwörtern, die aus mehreren Bits bestehen; die Anzahl W von Bits in einem Maschinenwort nennt man *Wortbreite*.[3] Logische Operationen auf diesen Rechnern verknüpfen grundsätzlich W-Bit-Wörter und keine einzelnen Bits. Um etwa die C-Anweisung vout = v1 & v2 auf einem 32-Bit-Rechner auszuführen, werden v1 und v2 in 32-Bit-Register geschrieben, wobei die höherwertigen Bits den Wert Null haben, wenn nur die ganzzahligen Werte 0 oder 1 in die Variablen geschrieben werden. Mit Hilfe eines architekturspezifischen Maschinenbefehls wird die bitweise UND-Verknüpfung berechnet. Das Ergebnis sind 32 Bits, von denen nur ein Bit die benötigte Information (den Wert am Gatterausgang) trägt und die übrigen 31 Bit trivialerweise den Wert 0 enthalten, der nicht weiter verwendet wird.

---

[3]In den Beispielen dieses Kapitels wird zur besseren Anschaulichkeit $W = 4$ angenommen. Die Wortbreite von typischen Rechnern beträgt 32, 64 oder 128, obwohl es auch Rechner mit kleinerer oder größerer Bitbreite gibt.

Parallele Fehlersimulation [SF62, Ses65] nutzt die bitweisen Operationen aus, um den Simulationsaufwand um bis zu Faktor W zu beschleunigen. Man unterscheidet zwischen der *musterparallelen* und der *fehlerparallelen* Fehlersimulation, die im Folgenden genauer dargestellt werden.

4.2.1 Musterparallele Fehlersimulation

Die *musterparallele Simulation* (engl. *Parallel Pattern Single Fault Propagation*, PPSFP) unterteilt die Testmenge auf einem W-Bit-Rechner in Pakete aus jeweils höchstens W Testmustern. Um etwa auf einem 32-Bit-Rechner 70 Testmuster $t_1, \ldots, t_{70}$ zu simulieren, reichen drei Pakete, die aus $t_1, \ldots, t_{32}, t_{33}, \ldots, t_{64}$ und $t_{65}, \ldots, t_{70}$ bestehen. Arbeitet das Basisverfahren zur Fehlersimulation (Algorithmus 1) mit einzelnen Testmustern $t \in T$, so behandelt musterparallele Fehlersimulation solche W-Bit-Pakete. Dabei werden in einem einzigen Durchlauf sämtliche Testmuster eines Pakets simuliert. Ein Paket $t_1, \ldots t_W$ wird zunächst in einer fehlerfreien Schaltung und dann in fehlerbehafteten Schaltungen simuliert; treten dabei Abweichungen vom fehlerfreien Fall auf, so ist der entsprechende Fehler durch mindestens ein Muster des Pakets entdeckt.

Das im vorigen Abschnitt beschriebene Simulationsverfahren (Algorithmus 2) hat einzelne logische Werte an Signalleitungen berechnet und diese in einem Feld V gespeichert; $V[s]$ hat dabei den logischen Wert (0 oder 1) auf der Signalleitung s bezeichnet. Musterparallele Fehlersimulation eines Pakets $t_1, \ldots t_W$ weist den Signalleitungen W-Bit-Wörter zu, die in einem Feld $\dot{V}$ gespeichert werden. $\dot{V}[s]$ bezeichnet das W-Bit-Wort auf der Signalleitung s; seine j.-te Komponente $\dot{V}_j[s]$ steht für den Wert auf der Leitung unter Testmuster t_j aus dem Paket.

Um eine kombinatorische fehlerfreie Schaltung mit Eingängen $i_1, \ldots, i_n$ unter einem Paket $t_1, \ldots, t_W$ zu simulieren, wird zunächst für jeden Eingang i_q das W-Bit-Wort $\dot{V}[i_q]$ zusammengesetzt. An der j.-ten Position dieses Wortes steht der Wert von Eingang i_q unter dem j.-ten Testmuster aus dem Paket. Insgesamt ist somit $\dot{V}[i_q] = t_1[q]t_2[q] \cdots t_W[q]$. Sind alle Eingangswörter gebildet, so werden wie im Algorithmus 2 in topologischer Reihenfolge W-Bit-Wörter an den Signalleitungen berechnet. Handelt es sich bei s um den Ausgang des Gatters g, so wird statt $V[s] := f_g(V[s_1^*], \ldots, V[s_k^*])$ nun $\dot{V}[s] := f_g(\dot{V}[s_1^*], \ldots, \dot{V}[s_k^*])$ verwendet. Das Symbol f_g steht hier für die Auswertung der Gatterfunktion, die direkt auf W-Bit-Wörtern arbeitet. Die W-Bit-Wörter an den Ausgängen der Schaltung werden ausgegeben.

Beispiel 4.6

Die fehlerfreie Schaltung aus Abbildung 4.1(a) soll auf einem 4-Bit-Rechner musterparallel für die Testmenge $\{t_1, t_2, t_3, t_4\}$ mit $t_1 = 111$, $t_2 = 001$, $t_3 = 000$, $t_4 = 011$ simuliert werden. Dies ist in Abbildung 4.2(a) dargestellt. Die drei 4-Bit-Wörter für die Eingänge der Schaltung berechnen sich aus den vier Testmustern wie folgt:

$$\dot{V}[i_1] = t_1[1]t_2[1]t_3[1]t_4[1] = 1000,$$

$$\dot{V}[i_2] = t_1[2]t_2[2]t_3[2]t_4[2] = 1001,$$

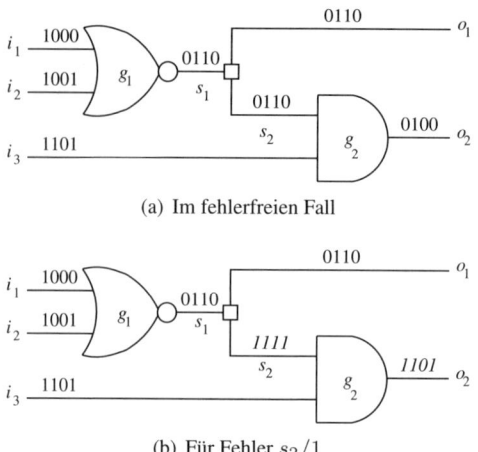

(a) Im fehlerfreien Fall

(b) Für Fehler $s_2/1$

Abbildung 4.2: *Musterparallele Simulation des Schaltkreises aus Abbildung 4.1(a)*

$$\dot{\mathbf{V}}[i_3] = t_1[3]t_2[3]t_3[3]t_4[3] = 1101.$$

Das Wort am Ausgangs s_1 des NOR-Gatters g_1 ist

$$\dot{\mathbf{V}}[s_1] = \mathrm{NOR}(\dot{\mathbf{V}}[i_1], \dot{\mathbf{V}}[i_2]) = \mathrm{NOR}(1000, 1001) = 0110.$$

Dasselbe Paket wird auch den beiden Verzweigungsästen von s_1 zugewiesen:

$$\dot{\mathbf{V}}[o_1] = \dot{\mathbf{V}}[s_2] = \dot{\mathbf{V}}[s_1] = 0110.$$

Das Wort am Ausgang o_2 des AND-Gatters g_2 ist

$$\dot{\mathbf{V}}[o_2] = \mathrm{AND}(\dot{\mathbf{V}}[s_1], \dot{\mathbf{V}}[i_3]) = \mathrm{AND}(0110, 1101) = 0100.$$

Man beachte, dass AND hier eine bitweise Operation ist, die in einem Maschinenbefehl für alle vier Bits parallel ausgeführt wird. Eine bitweise NOR-Operation steht auf vielen Rechnern nicht zur Verfügung und muss durch eine bitweise OR-Operation mit einer anschließenden bitweisen Inversion ersetzt werden. An den primären Ausgängen stehen die Wörter $\dot{\mathbf{V}}[o_1] = 0110$ und $\dot{\mathbf{V}}[o_2] = 0100$. Interessiert man sich etwa für die Ausgangswerte unter Testmuster t_1, so lassen sich diese Werte (00) an den ersten Positionen der beiden Wörter ablesen.

Die Erweiterung des Verfahrens auf die Simulation einer Schaltung mit einem Haftfehler geschieht analog zu Algorithmus 3. Ein Haftfehler s^f/b^f bewirkt unabhängig vom Testmuster, dass der Wert auf Leitung s^f auf b^f gesetzt wird. Um den Fehler einzubauen, wird das zum Fehlerort s^f gehörige W-Bit-Paket $\dot{\mathbf{V}}[s^f]$ durch das W-Bit-Wort $b^f b^f \cdots b^f$ überschrieben.

Beispiel 4.7

Soll die Schaltung aus Abbildung 4.1(a) mit Fehler $s_2/1$ auf einem 4-Bit-Rechner musterparallel für die Testmenge aus dem vorangegangenen Beispiel simuliert werden, so ist der Wert $\dot{\mathbf{V}}[s_1]$ auf dem Verzweigungsstamm von den Werten $\dot{\mathbf{V}}[o_1]$ und $\dot{\mathbf{V}}[s_2]$ auf den Verzweigungsästen zu unterscheiden. Für diese gilt zunächst analog zum vorherigen Beispiel

$$\dot{\mathbf{V}}[s_1] = \dot{\mathbf{V}}[o_1] = \dot{\mathbf{V}}[s_2] = 0110.$$

Da auf Leitung s_2 unter allen Mustern der 1-Haftfehler eingebaut werden muss, wird

$$\dot{\mathbf{V}}[s_2] = 1111$$

gesetzt. Das Wort am Ausgang o_2 von g_2 ist nunmehr

$$\dot{\mathbf{V}}[o_2] = \text{AND}(\dot{\mathbf{V}}[s_1], \dot{\mathbf{V}}[i_3]) = \text{AND}(1111, 1101) = 1101.$$

Die fehlerinduzierten Werte sind in Abbildung 4.2(b) kursiv dargestellt. Soll lediglich festgestellt werden, ob der Fehler durch die Testmenge entdeckt wird, so reicht es aus, die Ausgangswörter aus dem fehlerfreien Fall mit den jetzt berechneten Wörtern 0110 und 1101 zu vergleichen. Im vorherigen Beispiel wurden die fehlerfreien Ausgangswörter 0110 und 0100 bestimmt. Diese sind mit den nun ermittelten Wörtern nicht identisch, und somit ist der Fehler entdeckt. Für diese Entscheidung ist eine einfache, mit einem Maschinenbefehl effizient umsetzbare Vergleichsoperation hinreichend. Soll darüber hinaus festgestellt werden, welche Muster den Fehler entdecken und welche nicht, so muss auf die einzelnen Bits zugegriffen werden.

4.2.2   Fehlerparallele Simulation

Fehlerparallele Simulation (engl. *Single Pattern Parallel Fault Propagation*, *SPPFP*) stellt eine Alternative zu musterparallelen Techniken dar. Die vorhandene Bitbreite W des Maschinenwortes wird genutzt, um ein festes Testmuster t unter bis zu $W - 1$ Fehlern zu simulieren. Wie bei der musterparallelen Simulation werden W-Bit-Wörter verarbeitet. Allerdings wird nicht die Testmustermenge T, sondern die Fehlerliste $F = \{f_1, \dots, f_k\}$ unterteilt. Ein einzelner Simulationslauf berechnet für alle Signalleitungen ihre Werte im fehlerfreien Schaltkreis sowie in $W - 1$ Schaltkreisen mit Fehlern, ohne Einschränkung der Allgemeinheit $f_1, \dots, f_{W-1}$. Für jede Signalleitung s wird ein W-Bit-Wort $\tilde{\mathbf{V}}[s]$ berechnet. Das erste Bit von $\tilde{\mathbf{V}}[s]$ entspricht dem fehlerfreien Wert auf s, das zweite Bit entspricht dem Wert unter Fehler f_1, und allgemein dem j.-te Bit dem Wert unter Fehler f_{j-1}. Um festzustellen, welche Fehler vom Testmuster t entdeckt worden sind, muss man in allen Ausgangswörtern diejenigen Bits $j > 1$ identifizieren, die sich vom Bit 1 unterscheiden; für jedes solche j ist Fehler f_{j-1} entdeckt.

Fehlerparallele Simulation unterscheidet sich von der musterparallelen Version durch die Art der Initialisierung und des Fehlereinbaus. Da ein einziges Testmuster t simuliert wird, sind die Eingangswerte unter allen Fehlern zunächst identisch. Das W-Bit-Wort am Eingang i_j besteht aus W Wiederholungen des j.-ten Bits des Testmusters t: $\tilde{\mathbf{V}}[i_j] := t[j]t[j] \cdots t[j]$.

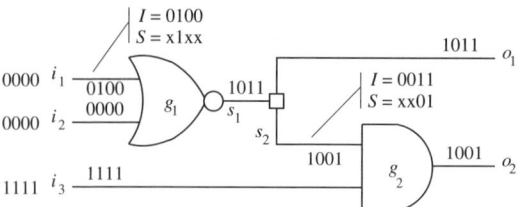

Abbildung 4.3: *Fehlerparallele Simulation des Schaltkreises aus Abbildung 4.1(a)*

Somit startet die Simulation, wobei die Werte der primären Eingänge entweder auf $00\ldots0$ oder $11\ldots1$ initialisiert sind. Der Fehlereinbau muss hingegen verschiedene Bitpositionen unterschiedlich behandeln, da sie verschiedenen Fehlern entsprechen. Ist f_j der b^f-Haftfehler auf Leitung s und wird Leitung s^f simuliert, so muss die $j+1$.-te Bitkomponente von $\tilde{\mathbf{V}}[s]$ auf b^f gesetzt werden.

Beispiel 4.8

Die Schaltung aus Abbildung 4.1(a) soll auf einem 4-Bit-Rechner mit Muster $t = i_1 i_2 i_3 = 001$ und Fehlerliste $(i_1/1, s_2/0, s_2/1)$ fehlerparallel simuliert werden. Dies ist in Abbildung 4.3 verdeutlicht. In dieser Abbildung sind die Werte I und S angegeben, die später im Text erklärt werden. Die 4-Bit-Wörter an den Eingängen sind

$$\tilde{\mathbf{V}}[i_1] = 0000, \tilde{\mathbf{V}}[i_2] = 0000 \text{ und } \tilde{\mathbf{V}}[i_3] = 1111.$$

Das erste Bit entspricht dem fehlerfreien Wert, das zweite Bit entspricht dem Wert unter Fehler $f_1 = i_1/1$, das dritte und vierte Bit entsprechen den Werten unter Fehler $f_2 = s_2/0$ beziehungsweise $f_3 = s_2/1$. Da Fehler f_1 Leitung i_1 auf 1 setzt, muss die zweite Bitposition (und nur diese) von $\tilde{\mathbf{V}}[i_1]$ auf 1 gesetzt werden: $\tilde{\mathbf{V}}[i_1] = 0100$. Nun lässt sich das Wort am Ausgang s_1 von g_1 durch eine bitweise NOR-Verknüpfung berechnen:

$$\tilde{\mathbf{V}}[s_1] = \tilde{\mathbf{V}}[o_1] = \tilde{\mathbf{V}}[s_2] = \mathrm{NOR}(0100, 0000) = 1011.$$

Da die Fehler f_2 und f_3 auf s_2 definiert sind, müssen Bits 3 und 4 von $\tilde{\mathbf{V}}[s_2]$ durch die Fehlerwerte überschrieben werden: $\tilde{\mathbf{V}}[s_2] = 1001$. Nun kann das Wort für den Ausgang o_2 von g_2 berechnet werden:

$$\tilde{\mathbf{V}}[o_2] = \mathrm{AND}(1001, 1111) = 1001.$$

Die Ausgangswörter sind somit $\tilde{\mathbf{V}}[o_1] = 1011$ und $\tilde{\mathbf{V}}[o_2] = 1001$. Die Ausgangswerte für den fehlerfreien Fall sind 11, für Fehler f_1, f_2 und f_3 sind sie 00, 10 und 11. Das Testmuster $t = 001$ entdeckt also f_1 und f_2, nicht aber f_3.

Um den Fehlereinbau zu automatisieren, werden zunächst alle Leitungen identifiziert, die in mindestens einem der zu simulierenden Fehler $f_1, \ldots, f_{W-1}$ vorkommen. An jeder solchen

Leitung l werden vor Beginn der Simulation zwei W-Bit *Masken* I_l und S_l berechnet. Maske I_l gibt die Fehler an, die auf l definiert sind. Bit j von I_l ist 1, wenn Fehler f_{j-1} entweder $l/1$ oder $l/0$ ist, ansonsten ist es 0. Maske S_l gibt den Fehlerwert auf l an. Bit j von S_l ist 1, wenn Fehler $f_{j-1} = l/1$ ist, es ist 0, wenn $f_{j-1} = l/0$, ansonsten ist dieser Wert beliebig. Auf jeder Leitung, für welche Masken I und S berechnet worden sind, wird nach der „regulären" Auswertung der Gatterfunktion die folgende Operation durchgeführt:

$$\tilde{\mathbf{V}}[l] = (\tilde{\mathbf{V}}[l] \wedge \neg(I_l)) \vee (I_l \wedge S_l).$$

Hier stehen $\wedge$, $\vee$ und $\neg$ für bitweise logische Operationen AND, OR und NOT. Durch diese Operation werden an den Bitpositionen j mit $I_l[j] = 1$ (und somit $\neg(I_l)[j] = 0$) die Werte aus S_l eingesetzt, an allen anderen Positionen ($\neg(I_l)[j] = 0$) werden die ursprünglichen Werte von $\tilde{\mathbf{V}}[l]$ beibehalten.

Beispiel 4.9

(Fortsetzung von Beispiel 4.8) In der Fehlerliste $(i_1/1, s_2/0, s_2/1)$ kommen Leitungen i_1 und s_2 vor, deswegen werden an diesen beiden Leitungen Masken definiert. Maske $I_{i_1} = 0100$ hat eine 1 auf der Position 2, die Fehler $f_1 = i_1/1$ entspricht. Maske $S_{i_1} = x1xx$ hat eine 1 auf Position 2, was dem Fehlerwert von f_1 entspricht; die übrigen Bitpositionen von S_{i_1} sind irrelevant. Der Initalwert von $\tilde{\mathbf{V}}[i_1] = 0000$ wird der folgenden Operation unterzogen:

$$\begin{aligned}
\tilde{\mathbf{V}}[i_1] &= (\tilde{\mathbf{V}}[i_1] \wedge \neg(I_{i_1})) \vee (I_{i_1} \wedge S_{i_1}) \\
&= (0000 \wedge 1011 \vee (0100 \wedge x1xx) \\
&= 0000 \vee 0100 = 0100.
\end{aligned}$$

An der zweiten Position wurde der Fehlerwert von $f_1 = i_1/1$ erzwungen. Die Masken für s_2 sind $I_{s_2} = 0011$, $S_{s_2} = xx01$. Der Fehlereinbau auf $\tilde{\mathbf{V}}[s_2] = 1001$ geschieht über die Operation

$$\tilde{\mathbf{V}}[s_2] = (\tilde{\mathbf{V}}[s_2] \wedge 1100) \vee (0011 \wedge xx01) = 1001.$$

Die Masken sind in Abbildung 4.3 eingezeichnet.

4.2.3 Erweiterungen der parallelen Fehlersimulation

Relevante kommerzielle Fehlersimulatoren machen von parallelen Techniken exzessiv Gebrauch. Dabei sind allerdings einige Punkte zu beachten, die in der bisherigen Darstellung ausgeklammert blieben.

Wechselwirkung mit ereignisgesteuerter Simulation: Es ist grundsätzlich möglich, das Prinzip der ereignisgeteuerten Simulation auf die parallele Simulation von Paketen zu übertragen. Der Effizienzgewinn ist allerdings geringer als bei nicht-parallelen Methoden. Wird ein Paket aus W Testmustern parallel simuliert, so reicht ein einziger Unterschied in einem der Muster, um die Fortsetzung der Simulation zu erzwingen. Dabei werden für die verbliebenen $W - 1$ Muster Gatterauswertungen ausgeführt, die möglicherweise redundant sind.

Integration in die Testmustergenerierung mit Fault Dropping: Wie bereits weiter oben ausgeführt, wird Fehlersimulation von Testmustergeneratoren zur Durchführung von Fault Dropping verwendet, also zur Identifikation von Fehlern, die von bereits erzeugten Tests erkannt sind und für die keine weiteren Testmuster generiert werden müssen. Wird zu diesem Zwecke W-Bit-musterparallele Fehlersimulation eingesetzt, so ist Fault Dropping erst nach der Erzeugung von W Mustern möglich, die ein Simulationspaket bilden können. Es ist nicht auszuschließen, dass einige der W erzeugten Testmuster nur Fehler entdecken könnten, die bereits von anderen Mustern überdeckt sind. Bei Fault Dropping auf der Basis einer nichtparallelisierten Simulation wären solche Muster möglicherweise nicht erzeugt worden.

In der Praxis nimmt man diese Problematik in Kauf, um die substantiellen Laufzeitvorteile der musterparallelen Simulation bei Fault Dropping nutzen zu können. Um die Generierung von überflüssigen Testmustern so weit wie möglich zu vermeiden, optimiert man die Auswahl von W Fehlern, für die (ohne zwischenzeitliches Fault Dropping) Testmuster erzeugt werden. Man fordert, dass die ausgewählten Fehler möglichst inkompatible Entdeckungsbedingungen haben; idealerweise sollte es keine Testmuster geben, die mehrere der W Fehler entdecken können. Zur Bewertung der Inkompatibilität werden Heuristiken eingesetzt. Dadurch kommt es zu geringfügig größeren Testmengen als beim Einsatz von Fault Dropping nach der Erzeugung jedes Testmusters.

Sequentielle Schaltungen: Wird eine sequentielle Schaltung unter einer Folge von Testmustern $t_1, \ldots, t_W$ simuliert, so ist das Simulationsergebnis unter Muster t_j vom aktuellen Zustand der Schaltung abhängig. Dabei werden die einzelnen Zustandsbits als Eingänge der Schaltung behandelt. Der Schaltungszustand hängt seinerseits von den Eingaben $t_1, \ldots, t_{j-1}$ in den vorherigen Berechnungsschritten ab. Somit ist es nicht ohne Weiteres möglich, musterparallele Simulation auf sequentielle Schaltkreise anzuwenden: Simulation von Muster t_j benötigt bereits das Simulationsergebnis vorangehender Testmuster, welches noch nicht feststeht, da diese ebenfalls gleichzeitig simuliert werden.

Es wurden zwar einige Erweiterungen vorgestellt, die dieses Manko beheben sollten [GK91], sie konnten sich jedoch nicht in industriellen Werkzeugen durchsetzen. Für sequentielle Schaltkreise werden fehlerparallele Techniken eingesetzt.

Mehrwertige Logik: Soll mit mehr als den beiden logischen Werten 0 und 1 simuliert werden, so reicht eine Bitposition zur Darstellung eines Wertes nicht mehr aus. Es ist dann notwendig, die Werte durch mehrere Bits zu kodieren und entsprechend mehr als ein Bit pro Wert zur Verfügung zu stellen. Somit lassen sich bei unveränderter Bitbreite W weniger Werte gleichzeitig simulieren, und die bitweisen Operationen können komplex werden. Soll zum Beispiel mit der dreiwertigen Logik {0, 1, X} simuliert werden, so werden mindestens zwei Bits pro Wert benötigt. Eine naheliegende Kodierung wäre $0 \equiv 00$, $1 \equiv 11$ und X $\equiv 01$. Allerdings können nun bitweise Operationen nicht mehr direkt angewandt werden. So liefert etwa die bitwese Inversion von X $\equiv 01$ die Wertekombination 10, die überhaupt keinem Logikwert entspricht. Es ist somit notwendig, für die benötigte konkrete mehrwertige Logik effiziente bitparallele Operationen für die Gatterauswertungen zu entwickeln.

Tabelle 4.2: *Tabellen für deduktive Fehlersimulation eines NOR2- und eines AND2-Gatters mit Eingängen s_1 und s_2 und Ausgang s_3*

s_1	s_2	s_3	NOR2 L_{s_3}	s_3	AND2 L_{s_3}
0	0	1	$L_{s_1} \cup L_{s_2} \cup \{s_3/0\}$	0	$(L_{s_1} \cap L_{s_2}) \cup \{s_3/1\}$
0	1	0	$(L_{s_2} \setminus L_{s_1}) \cup \{s_3/1\}$	0	$(L_{s_1} \setminus L_{s_2}) \cup \{s_3/1\}$
1	0	0	$(L_{s_1} \setminus L_{s_2}) \cup \{s_3/1\}$	0	$(L_{s_2} \setminus L_{s_1}) \cup \{s_3/1\}$
1	1	0	$(L_{s_1} \cap L_{s_2}) \cup \{s_3/1\}$	1	$L_{s_1} \cup L_{s_2} \cup \{s_3/0\}$

4.3 Deduktive Fehlersimulation

Deduktive Fehlersimulation [Arm72] wurde mit dem Ziel entwickelt, Vorteile der ereignisgesteuerten und der parallelen Methoden miteinander in Einklang zu bringen. Wie bei der fehlerparallelen Simulation wird pro Simulationslauf ein einzelnes Testmuster t verarbeitet. Allerdings werden sämtliche Fehler aus der Fehlerliste F gleichzeitig betrachtet.

Zunächst wird die fehlerfreie Schaltung unter t simuliert und für jede Leitung s der fehlerfreie Wert $V[s]$ berechnet. Deduktive Fehlersimulation bestimmt für jede Leitung s die Liste $L_s \in F$ aller Fehler, die sich unter t auf s auswirken, also auf s einen von $V[s]$ abweichenden Wert induzieren. Die Vereinigung von Listen L_{o_j} der Ausgänge o_j entspricht der Menge aller von t entdeckten Fehler.

Die Listen L_s werden zunächst für die Eingänge der Schaltung und dann in topologischer Reihenfolge für alle Gatterausgänge berechnet. Nimmt der Eingang i_j unter t den Wert a ein, so enthält die Liste einen einzigen Fehler: $L_{i_j} = \{i_j/\overline{a}\}$. Liste L_g am Ausgang eines Gatters g wird durch die Anwendung von Listenoperationen (Vereinigung, Schnitt oder Differenz) auf die Listen der Eingänge von g bestimmt. Welche Listenoperationen anzuwenden sind, hängt vom Gattertyp und von den fehlerfreien Werten an den Eingängen und dem Ausgang von g ab. Exemplarisch seien in Tabelle 4.2 solche Operationen für zwei Gattertypen dargestellt.

Betrachtet man etwa das NOR2-Gatter mit den Eingängen $s_1 = s_2 = 0$ und dem Ausgang $s_3 = 1$, so muss L_{s_2} alle Fehler enthalten, die s_3 auf 0 setzen. Jeder Fehler, der zu $s_1 = 1$ führt, führt zwingend zu $s_3 = 0$. Diese Fehler sind in der Liste L_{s_1} enthalten. Somit gehört jeder Fehler aus L_{s_1} auch zu L_{s_3}. Analog gehört jeder Fehler aus L_{s_2} ebenfalls zu L_{s_3}. Hinzukommt noch der Fehler $s_3/0$, welcher s_3 trivialerweise auf 0 setzt. Betrachtet man das AND2-Gatter mit $s_1 = 1$ und $s_2 = 0$, so muss L_{s_3} diejenigen Fehler enthalten, unter denen $s_3 = 1$ ist. Fehler aus L_{s_2} setzen zunächst $s_2 = 1$ und wären Kandidaten für die Aufnahme in L_{s_3}.

Allerdings kann ein Fehler s_2 auf 1 und zugleich s_1 auf 0 setzen; unter einem solchen Fehler wäre s_3 immer noch 0, so dass er nicht in L_{s_3} aufgenommen werden darf. Fehler, die den Wert von s_1 betreffen, müssen also von der Inklusion in L_{s_3} ausgeschlossen sein. Durch die Berechnung von Mengendifferenz $(L_{s_2} \setminus L_{s_1})$ werden genau die Fehler erfasst, die den Wert von s_2, aber nicht gleichzeitig den Wert von s_1 verändern.

Beispiel 4.10

Die Schaltung aus Abbildung 4.1(a) soll deduktiv mit Muster $t = i_1 i_2 i_3 = 001$ simuliert werden. Die Listen auf den Eingängen sind $L_{i_1} = \{i_1/1\}$, $L_{i_2} = \{i_2/1\}$, $L_{i_3} = \{i_3/0\}$. Laut der ersten Zeile von Tabelle 4.2 ist

$$L_{s_1} = L_{i_1} \cup L_{i_2} \cup \{s_1/0\} = \{i_1/1, i_2/1, s_1/0\}.$$

Für Verzweigungsast o_1, der gleichzeitig ein primärer Ausgang ist, kommt noch der Fehler $o_1/0$ hinzu:

$$L_{o_1} = \{i_1/1, i_2/1, s_1/0, o_1/0\}.$$

Für Verzweigung s_2 gilt dementprechend $L_{s_2} = \{i_1/1, i_2/1, s_1/0, s_2/0\}$. Um Gatter g_2 mit fehlerfreien Eingangswerten $s_2 = i_3 = 1$ und Ausgang o_2 zu simulieren, muss gemäß der letzten Zeile von Tabelle 4.2 die folgende Listenoperation ausgeführt werden:

$$L_{o_2} = L_{s_2} \cup L_{i_3} \cup \{o_2/0\} = \{i_1/1, i_2/1, i_3/0, s_1/0, s_2/0, o_2/0\}.$$

Die Gesamtmenge der entdeckten Fehler ergibt sich als

$$L_{o_1} \cup L_{o_2} = \{i_1/1, i_2/1, i_3/0, s_1/0, o_1/0, s_2/0, o_2/0\}.$$

Wie bei den parallelen Verfahren sind auch bei der deduktiven Fehlersimulation größere Veränderungen notwendig, um sie auf sequentielle Schaltungen oder mehrwertige Logiken anzuwenden. Insgesamt konnten sich deduktive Verfahren in der Praxis bislang nicht gegen parallele Verfahren durchsetzen. Ihr wesentlicher Nachteil ist die Notwendigkeit, große Mengen von Fehlern mit relativ ineffizienten Listenoperationen zu manipulieren.

4.4 Einordnung und weitere Themen

Für die hier betrachtete Simulation von Haftfehlern in kombinatorischen oder synchronen sequentiellen Schaltkreisen ohne einen expliziten Zeitbegriff stellen parallele Verfahren in Verbindung mit einigen Erweiterungen den aktuellen Stand der Entwicklung von industriellen Werkzeugen dar. Für kombinatorische Schaltkreise bietet die musterparallele Fehlersimulation Vorteile gegenüber der fehlerparallelen Variante, da sie mit insgesamt weniger Aufwand verbunden ist. Es müssen zwar ebenfalls Werte in W-Bit-Pakete zusammen geführt werden, eine anschließende Zuordnung von Bits zu den einzelnen Fehlern und der Vergleich mit dem Bit für den fehlerfreien Fall entfällt jedoch, genauso wie die Vorausberechnung und die Verarbeitung von Masken. Auch für Klassen von sequentiellen Schaltungen, die aus der Sicht von Testmethoden äquivalent zu kombinatorischen Schaltkreisen sind, insbesondere den sogenannten Full-Scan-Schaltungen (siehe Kapitel 7) sind musterparallele Verfahren in der Praxis effizienter. Fehlerparallele Methoden sind hingegen, wie bereits weiter oben ausgeführt, für allgemeine sequentielle Schaltungen geeignet. Sie lassen sich mit auch mit der Technik des *Critical Path Tracing* [AMM83] kombinieren.

Eine Weiterentwicklung der deduktiven Fehlersimulation stellt *Concurrent Fault Simulation* [UAA94] dar. Auch bei diesem Verfahren überwiegt insgesamt die hohe Komplexität der Umsetzung seine theoretisch durchaus vorhandenen Vorteile. Diese Aussage gilt im Kontext der hier betrachteten Simulation von einfachen Fehlermodellen in kombinatorischen und synchronen sequentiellen Schaltungen. Für Schaltungen und Systeme mit komplexerer Modellierung, wie zum Beispiel asynchrone oder Mixed-Signal Schaltkreise, sind andere Verfahren notwendig, die über den Rahmen dieses Buches hinaus gehen [MC93]. Ein weiterer recht neuer Trend ist der Einsatz von grafischen Koprozessoren (GPGPUs) zur Fehlersimulation [GK08, KSWZ10].

5 Deterministische Testmustergenerierung

Die *Deterministische Testmustergenerierung* ist eine Klasse von Verfahren, die für eine gegebene kombinatorische Schaltung C und einen Fehler f einen Test t generiert, der f detektieren kann, oder beweist, dass kein Test für f existiert. Das Verfahren wird oft auch als ATPG (von engl. *Automatic Test Pattern Generation*) bezeichnet. Im Gegensatz zur Zufallstestmustergenerierung werden Fehler im ATPG-Verfahren direkt adressiert, so dass der generierte Test t mindestens den adressierten Fehler f erkennt. Daher bietet das Verfahren bessere Möglichkeiten eine hohe Fehlerüberdeckung zu erreichen. Generell klassifizieren ATPG-Verfahren jeden betrachteten Fehler in zwei Kategorien:

- *Testbar* – Ein Fehler ist *testbar*, wenn mindestens ein Testmuster existiert, welches den Fehler erkennt. Zur Klassifizierung wird durch das ATPG-Verfahren ein Testmuster erzeugt.

- *Untestbar* – Es wurde bewiesen, dass kein Testmuster für den Fehler existiert.

Allerdings ist auch die Komplexität höher als bei Verfahren zur Zufallstestmustergenerierung, die größtenteils auf Fehlersimulation beruhen. Während die Komplexität der Fehlersimulation linear in der Anzahl der Netze ist, wurde für das ATPG-Problem in [IS75, FT82] gezeigt, dass es NP-vollständig ist. Daher ist die Wahrscheinlichkeit groß, dass kein Algorithmus existiert, der das Problem in Polynomialzeit lösen kann. Trotz der erhöhten Komplexität werden ATPG-Verfahren heute standardmäßig in der Chip-Fertigung zur Testmustergenerierung eingesetzt, um eine hohe Fehlerüberdeckung zu erreichen. Dies liegt nicht zuletzt an der Entwicklung von effektiven ATPG-Techniken und Heuristiken, die eine verlässliche Anwendung der Verfahren erlauben.

Historisch gesehen galt das Problem der Testmustergenerierung bereits mehrmals als gelöst [Goe81, DEF+08]. Doch mit der erhöhten Funktionalität und Größe der Schaltungen (nach *Moore's Gesetz*) sowie durch das Aufkommen von komplexeren Fehlermodellen stiegen auch die Anforderungen an die ATPG-Techniken. Aufgrund der Vielzahl an Fehlern, für die ein Test generiert werden muss, bleibt für jeden Fehler nur ein begrenzter Zeitraum. Findet der Algorithmus in diesem Zeitraum kein Testmuster beziehungsweise kann nicht beweisen, dass kein Testmuster existiert, wird der Fehler als *unklassifiziert* kategorisiert. In Anlehnung an die englische Sprechweise wird diese Kategorie oft auch als *aborted* bezeichnet.

- *Unklassifiziert* – Ein Fehler gilt als *unklassifiziert*, wenn das ATPG-Verfahren in einem gegebenen Zeitraum nicht in der Lage war, die Testbarkeit beziehungsweise Untestbarkeit aufzuzeigen.

Ein wichtiges Maß für die Beurteilung eines ATPG-Verfahrens A ist die *Fehlereffektivität* oder auch *ATPG-Effektivität* $\mathrm{AE}(A, C)$. Die Fehlereffektivität misst den prozentualen Anteil der vom ATPG-Verfahren als testbar oder untestbar klassifizierten Fehlern an der Gesamtmenge der Fehler einer Schaltung C:

$$AE(A, C) = \frac{|F_{\mathrm{det}}(A)| + |F_{\mathrm{unt}}(A)|}{|F|}$$

Die Fehlermenge $F_{\mathrm{det}}(A)$ gibt die von Verfahren A als testbar klassifizierten Fehler an, während analog die Fehlermenge $F_{\mathrm{unt}}(A)$ die Menge der von A als untestbar klassifizierten Fehler ist und F die Gesamtmenge aller Fehler bzgl. des betrachteten Fehlermodells in C darstellt.

Das Maß der Fehlereffektivität ist ähnlich dem Maß der Fehlerüberdeckung FC (siehe Kapitel 4 auf Seite 35). Der Unterschied besteht darin, dass die Fehlerüberdeckung primär zum Einschätzen der Testbarkeit der Schaltung beziehungsweise zum Bewerten der Testqualität herangezogen wird und die Anzahl der untestbaren Fehler „herausrechnet". Für die Fehlereffektivität und damit für das Einschätzen des ATPG-Verfahrens ist es wichtig zu wissen, wie verlässlich ein Ergebnis erreicht wird. Daher werden hier testbare sowie untestbare Fehler für die Bewertung herangezogen.

Neben der Fehlereffektivität gibt es weitere Beurteilungskriterien von ATPG-Verfahren. Gebräuchlich sind hier die absolute Laufzeit des Verfahrens und die Größe der erzeugten Testmenge. Diese beiden Kriterien sind immer in Zusammenhang mit der Fehlereffektivität zu betrachten, da in der Praxis alle Kriterien wichtig sind und ein möglichst guter *Trade-off* erzielt werden soll.

In diesem Kapitel werden die wichtigsten ATPG-Ansätze und Techniken zur Testmustergenerierung vorgestellt. Primär wird in diesem Kapitel das Haftfehlermodell zur Beschreibung genutzt. Zur Testmustergenerierung für andere Fehlermodelle, wie z.B. Transitionsfehlermodell oder Pfadverzögerungsfehlermodell, werden in der Praxis die hier vorgestellten Techniken zur Einstellung und Propagation von Werten genutzt.

5.1 Boolesche Differenz

Die theoretische Basis der Testmustergenerierung liefert die Formulierung als Boolesche Differenz [SHB68]. Zwei Schaltkreise besitzen die gleiche Funktionalität, wenn sie für alle Eingaben I die gleiche Ausgabe O liefern. Im Umkehrschluss bedeutet dies, dass eine ungleiche Funktionalität festgestellt wird, wenn zwei Schaltungen C_1, C_2 für eine gegebene Eingabe I unterschiedliche Ausgaben $O_1 \neq O_2$ liefern:

Gegeben sei ein fehlerfreier Schaltkreis $C : \mathcal{I} \rightarrow \mathcal{O}$ und ein auf C basierender Schaltkreis $C_f : \mathcal{I} \rightarrow \mathcal{O}$, der mit dem Fehler f behaftet ist. Die Formulierung als Boolesche Differenz basiert auf der Schaltungsfunktion f_C beziehungsweise f_{C_f}. Für eine beliebige Eingabe I lässt sich nun prüfen, ob diese einen Unterschied an der Ausgabe produziert, indem die *Boolesche Differenz* ausgewertet wird.

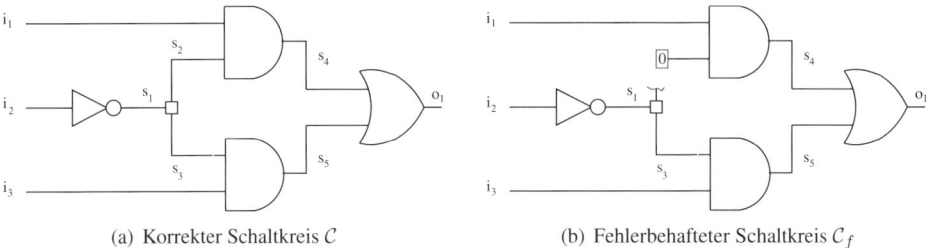

(a) Korrekter Schaltkreis $\mathcal{C}$ (b) Fehlerbehafteter Schaltkreis $\mathcal{C}_f$

Abbildung 5.1: *Beispiel-Schaltungen zur Booleschen Differenz*

Die Boolesche Differenz ist für eine Boolesche Funktion mit einem Ausgang definiert als

$$\mathrm{BD} = f_{\mathcal{C}}(I) \oplus f_{\mathcal{C}_f}(I),$$

wobei das Symbol $\oplus$ für die XOR-Operation steht. Ist das Ergebnis der Booleschen Differenz für eine Eingabe I der Boolesche Wert 1 kann ein Unterschied an der Ausgabe beobachtet werden und die Eingabe I kann als Testmuster t für den Fehler f benutzt werden. Ergibt die Auswertung den Booleschen Wert 0, so kann kein Unterschied an der Ausgabe beobachtet werden und die Eingabe I ist somit kein Testmuster für den Fehler f.

Für Schaltungen mit nur einem Ausgang o lässt sich die Boolesche Differenz durch die Auswertung der XOR-Funktion auf dem berechneten Wert des Ausgangs bestimmen. Das Symbol o bezeichnet hierbei den Ausgang des korrekten Schaltkreises $\mathcal{C}$, wobei o^f für den Wert des fehlerbehafteten Schaltkreises $\mathcal{C}_f$ steht:

$$\mathrm{BD} = o \oplus o^f$$

Sind dagegen mehrere Ausgänge $o_1, \ldots, o_m$ vorhanden, so müssen alle berechneten Ausgangswerte berücksichtigt werden:

$$\mathrm{BD} = \bigvee_{i=1}^{m} o_i \oplus o_i^f$$

Die Boolesche Differenz wird genau dann 1, wenn mindestens ein Ausgang unterschiedliche Werte annimmt.

Da die Aufgabe der Deterministischen Testmustergenerierung jedoch entweder die Generierung eines Tests oder die Erbringung des Beweises der Untestbarkeit ist, müssen in diesem Fall alle möglichen Eingaben der Schaltung ausgewertet werden. Dies ist jedoch nur für Schaltungen mit sehr wenigen Eingängen möglich. Moderne Schaltungen lassen sich auf diese Weise aufgrund zuvieler Testmuster und deshalb zu hoher Laufzeit nicht praktikabel testen. Daher muss die Formel für die Deterministische Testmustergenerierung durch symbolische Verfahren ausgewertet werden. Dies wird an dem folgenden Beispiel demonstriert.

Beispiel 5.1

Gegeben sei der in Abbildung 5.1(a) dargestellte Schaltkreis $\mathcal{C}$ mit der Schaltungsfunktion:[1]

$$f_\mathcal{C} = i_1 \cdot \bar{i}_2 + \bar{i}_2 \cdot i_3$$

Der fehlerbehaftete Schaltkreis mit Fehler $f = a/0$ ist in Abbildung 5.1(b) dargestellt. Da dieser die Verzweigung a konstant auf den Wert 0 setzt, ist die Schaltungsfunktion $\mathcal{C}_f$ wie folgt gegeben:

$$f_\mathcal{C} = i_1 \cdot 0 + \bar{i}_2 \cdot i_3$$

Damit ergibt sich folgende Funktion beziehungsweise Funktionsauswertung zur Testmustergenerierung mittels Boolescher Differenz:

$$\begin{aligned}
\text{BD} &= i_1 \cdot \bar{i}_2 + \bar{i}_2 \cdot i_3 \oplus i_1 \cdot 0 + \bar{i}_2 \cdot i_3 \\
&\Leftrightarrow \bar{i}_2 \cdot (i_1 + i_3) \oplus \bar{i}_2 \cdot i_3 \\
&\Leftrightarrow (\bar{i}_2 \cdot (i_1 + i_3) \cdot \overline{(\bar{i}_2 \cdot i_3)}) + ((\overline{\bar{i}_2 \cdot (i_1 + i_3)}) \cdot \bar{i}_2 \cdot i_3) \\
&\Leftrightarrow (\bar{i}_2 \cdot (i_1 + i_3) \cdot (i_2 + \bar{i}_3)) + ((i_2 + \overline{(i_1 + i_3)})) \cdot \bar{i}_2 \cdot i_3) \\
&\Leftrightarrow (\bar{i}_2 \cdot (i_1 \cdot i_2 + i_1 \cdot \bar{i}_3 + i_2 \cdot i_3)) + ((i_2 + \bar{i}_1 \cdot \bar{i}_3)) \cdot \bar{i}_2 \cdot i_3) \\
&\Leftrightarrow (i_1 \cdot \bar{i}_2 \cdot i_2 + i_1 \cdot \bar{i}_2 \cdot \bar{i}_3 + \bar{i}_2 \cdot i_2 \cdot i_3) + (\bar{i}_2 \cdot i_2 \cdot i_3 + \bar{i}_1 \cdot \bar{i}_2 \cdot \bar{i}_3 \cdot i_3) \\
&\Leftrightarrow i_1 \cdot \bar{i}_2 \cdot \bar{i}_3
\end{aligned}$$

Der Fehler $f = a/0$ wird daher durch folgenden Test detektiert.

$$t[1] = 1; t[2] = 0; t[3] = 0$$

Für die Auswertung der Funktionen bieten sich *Binäre Entscheidungsdiagramme* (engl. *Binary Decision Diagrams*, BDDs) an. BDDs sind eine Datenstruktur zur Repräsentation Boolescher Funktion, welche eine effiziente Auswertung ermöglichen [Ake78, Bry91, EFD05].

Aufgrund der Komplexität heutiger Schaltungsfunktionen konnte sich die Anwendung symbolischer Verfahren im Gebiet der Testmustergenerierung jedoch in der Praxis nicht durchsetzen. Allerdings kommt eine auf der Booleschen Differenz basierende Formulierung bei ATPG-Verfahren zum Einsatz, die auf dem Booleschen Erfüllbarkeitsproblem basieren. Diese Verfahren werden in Abschnitt 5.6 beschrieben.

5.2 D-Algorithmus

Die Klasse der strukturellen ATPG-Verfahren wurde in den 1960er Jahren von Roth durch den *D-Algorithmus* begründet [Rot66]. Auch wenn der D-Algorithmus durch zahlreiche Optimierungen über die Jahre verbessert wurde, blieb der Kern-Algorithmus erhalten und dominiert derzeit die ATPG-Verfahren aktueller Entwurfswerkzeuge. Daher werden die Grundfunktionen dieser Verfahren in diesem Abschnitt detailliert erläutert. Zunächst werden die

---

[1]Zur besseren Lesbarkeit bezeichnet im Folgenden $\cdot$ die UND-Verknüpfung, $+$ die ODER-Verknüpfung und $\oplus$ die XOR-Verknüpfung.

Tabelle 5.1: *Funktionstabellen für die Grundgatter AND, OR, NOT über $\mathcal{L}_5$*

AND	0	1	X	D	$\overline{D}$		OR	0	1	X	D	$\overline{D}$		NOT	
0	0	0	0	0	0		0	0	1	X	D	$\overline{D}$		0	1
1	0	1	X	D	$\overline{D}$		1	1	1	1	1	1		1	0
X	0	X	X	X	X		X	X	1	X	X	X		X	X
D	0	D	X	D	0		D	D	1	X	D	1		D	$\overline{D}$
$\overline{D}$	0	$\overline{D}$	X	0	$\overline{D}$		$\overline{D}$	$\overline{D}$	1	X	1	$\overline{D}$		$\overline{D}$	D

grundlegende fünfwertige Logik $\mathcal{L}_5$ und Implikationen darauf eingeführt. Daraufhin wird die Testmustergenerierung für verzweigungsfreie Schaltungen beschrieben. Darauf aufbauend werden dann die notwendigen Techniken für Schaltungen mit rekonvergenten Verzweigungen erklärt.

5.2.1 Fünfwertige Logik $\mathcal{L}_5$

Eine Grundlage des D-Algorithmus ist die Einführung so genannter *D-Werte*. Anstatt zwei Schaltungen $\mathcal{C}$ (korrekt) und $\mathcal{C}_f$ (fehlerbehaftet) zu betrachten, wird das Verhalten beider Schaltungen in einer fünfwertigen Logik $\mathcal{L}_5 = \{0, 1, X, D, \overline{D}\}$ repräsentiert.

Gegeben sei eine kombinatorische Schaltung $\mathcal{C} = (\mathcal{G}, \mathcal{S})$. Jedem Signal $s \in \mathcal{S}$ wird eine Variable über $\mathcal{L}_5$ zugewiesen. Hierbei haben die einzelnen Wertbelegungen von $\mathcal{L}_5$ folgende Bedeutung für eine Signalleitung s:

- 0 – Die Leitung s nimmt sowohl im korrekten Schaltkreis $\mathcal{C}$ als auch im fehlerbehafteten Schaltkreis $\mathcal{C}_f$ den Booleschen Wert 0 an.

- 1 – Die Leitung s nimmt sowohl im korrekten Schaltkreis $\mathcal{C}$ als auch im fehlerbehafteten Schaltkreis $\mathcal{C}_f$ den Booleschen Wert 1 an.

- X – Der Wert der Leitung s ist nicht festgelegt oder wird nicht benötigt (engl. *don't care*). Zu Anfang sind typischerweise alle Leitungen mit dem Wert X initialisiert.

- D – Der Wert der Leitung s unterscheidet sich in $\mathcal{C}$ und $\mathcal{C}_f$. In $\mathcal{C}$ wird der Boolesche Wert 1 angenommen und in $\mathcal{C}_f$ der Boolesche Wert 0.

- $\overline{D}$ – Der Wert der Leitung s unterscheidet sich in $\mathcal{C}$ und $\mathcal{C}_f$. Die Bedeutung des Wertes ist invertiert gegenüber der Bedeutung des Wertes D, das heißt, in $\mathcal{C}$ wird der Boolesche Wert 0 angenommen und in $\mathcal{C}_f$ der Boolesche Wert 1.

Für die Berechnung der Wertebelegungen der einzelnen Signale werden Funktionstabellen basierend auf $\mathcal{L}_5$ verwendet. Die Funktionstabelle zur Bestimmung einer Wertzuweisung ist abhängig von der Funktion des vorherigen Gatters. Tabelle 5.1 zeigt die Funktionstabellen für die Grundgatter mit der AND, OR und NOT Funktion. Tabellen für andere Grundgatter lassen sich analog dazu erstellen.

Die Funktionstabellen und die Berechnungen der D-Werte (D oder $\overline{D}$) basieren auf der Anwendung der Gatterfunktionen auf die beiden unterschiedlichen Schaltkreise (korrekt und fehlerbehaftet). Dies lässt sich am Beispiel der AND-Funktion erklären. Zum besseren Verständnis wird der Wert D für diese Erläuterung als $1/0$, beziehungsweise der Wert $\overline{D}$ als $0/1$ bezeichnet ($\mathcal{C}/\mathcal{C}_f$).

Beispiel 5.2

Liegen zwei D-Werte auf den Eingängen des AND-Gatters, bedeutet dies, dass in $\mathcal{C}$ auf beiden Eingängen der Wert 1 liegt und in $\mathcal{C}_f$ jeweils der Wert 0. Die getrennte Auswertung der AND-Funktion für beide Schaltungen resultiert in dem Wert 1 für $\mathcal{C}$ und in dem Wert 0 für $\mathcal{C}_f$. Dies entspricht in $\mathcal{L}_5$ dem Wert D.

$$D \cdot D = D$$
$$1/0 \cdot 1/0 = 1/0$$

Liegt allerdings auf einem Eingang der D-Wert und auf dem anderen Eingang der $\overline{D}$-Wert, so liegt sowohl in $\mathcal{C}$ als auch in $\mathcal{C}_f$ der kontrollierende Wert 0 auf einem Eingang. Daher wird in beiden Schaltkreisen der Wert 0 auf dem Ausgang angenommen und der Fehlerwert wird ausmaskiert.

$$D \cdot \overline{D} = 0$$
$$1/0 \cdot 0/1 = 0/0$$

Die Berechnungsregeln lassen sich für die anderen Grundgatter analog erklären.

5.2.2 Implikationen

Der D-Algorithmus und die auf diesem ATPG-Verfahren aufbauenden Verfahren basieren auf Implikationen auf der strukturellen Gatternetzliste. Daher wird hier der Begriff der *Implikation* mit Bezug auf Operationen in Schaltkreisen eingeführt.

Eine *Implikation* ist eine aussagenlogische Verknüpfung der Form $a \rightarrow b$ („wenn a dann b"). Ist der Vordersatz a wahr, so muss auch der Nachsatz b wahr sein, um die Implikation wahr werden zu lassen. In einer strukturellen Gatternetzliste werden Implikationen typischerweise aus der logischen Funktion eines Gatters oder einer lokal begrenzten Region des Schaltkreises gewonnen. Anhand von Implikationen können aus einer partiellen Belegung des Schaltkreises weitere Wertzuweisungen gefolgert werden. Liegen zum Beispiel auf allen Eingängen eines Gatters Werte an, so kann der Wert des Ausgangs *impliziert* werden.

Generell wird bei Implikationen auf Schaltkreisebene zwischen einer Vorwärtsimplikation und einer Rückwärtsimplikation unterschieden. Eine Implikation wird als *Vorwärtsimplikation* bezeichnet, wenn der zu implizierende Wert (Nachsatz) in der topologischen Sortierung der Schaltkreiselemente hinter allen Schaltkreiselementen des Vordersatzes liegt. Im Fall einer *Rückwärtsimplikation* liegt mindestens ein Element des Vordersatzes in der topologischen Sortierung hinter dem Nachsatz. Das folgende Beispiel zeigt die Gewinnung von Implikationen anhand eines Grundgatters und die Einordnung in die verschiedenen Implikationsarten.

Tabelle 5.2: *Implikationen – AND-Gatter mit Eingängen a, b und Ausgang c*

Vorwärtsimpl.			Rückwärtsimpl.		
$\overline{a}$	$\rightarrow$	$\overline{c}$	c	$\rightarrow$	a
$\overline{b}$	$\rightarrow$	$\overline{c}$	c	$\rightarrow$	b
$a \cdot b$	$\rightarrow$	c	$\overline{c} \cdot a$	$\rightarrow$	$\overline{b}$
			$\overline{c} \cdot b$	$\rightarrow$	$\overline{a}$
			$(c = D) \cdot (a = 1) \cdot (b = X)$	$\rightarrow$	$(b = D)$
			$(c = D) \cdot (b = 1) \cdot (a = X)$	$\rightarrow$	$(a = D)$
			$(c = \overline{D}) \cdot (a = 1) \cdot (b = X)$	$\rightarrow$	$(b = \overline{D})$
			$(c = \overline{D}) \cdot (b = 1) \cdot (a = X)$	$\rightarrow$	$(a = \overline{D})$

Beispiel 5.3

Sei g ein AND-Gatter mit den Eingängen a, b und dem Ausgang c und $\mathcal{L}_5$ die verwendete Logik. In der topologischen Sortierung liegen somit a und b vor c. Zusammengefasst sind die Implikationen in Tabelle 5.2 zu finden. Hierbei bedeutet a ($\overline{a}$), dass die Leitung a mit 1 (0) belegt ist. Zunächst werden die rein Booleschen Implikationen gezeigt. Die folgenden Vorwärtsimplikationen können aus der logischen Funktion des Gatters extrahiert werden. Liegt der kontrollierende Wert 0 auf mindestens einem Eingang a oder b, so kann der Wert 0 auf dem Ausgang c impliziert werden. Sind dagegen alle Eingänge a und b mit dem nicht-kontrollierenden Wert 1 belegt, so kann der Wert 0 auf dem Ausgang c impliziert werden.

Die folgenden Rückwärtsimplikationen können für dieses Gatter aufgestellt werden. Liegt der nicht-kontrollierende Wert 1 auf dem Ausgang des Gatters c, so müssen alle Eingänge a und b den nicht-kontrollierenden Wert 1 annehmen. Ist der Ausgang c mit dem kontrollierenden Wert 0 belegt und sind alle Eingänge bis auf einen mit dem nicht-kontrollierenden Wert 1 belegt, so kann der Wert 0 auf dem noch nicht belegten Eingang impliziert werden.

In $\mathcal{L}_5$ gelten die genannten Booleschen Implikationen ebenfalls. Allerdings ist zur Vorwärtsimplikationen von D-Werten immer die Belegung aller Eingangswerte notwendig. Diese können daher direkt aus der Funktionstabelle des Gatters abgelesen werden und werden daher nicht extra gelistet. Die möglichen Rückwärtsimplikationen sind in dem unteren Teil der Tabelle zu finden. Liegt ein D-Wert (entweder D oder $\overline{D}$) auf dem Ausgang des Gatters und der nicht-kontrollierende Wert 1 auf einem Eingang und ist der andere Eingang mit X belegt, so kann der entsprechende D-Wert auf dem unspezifizierten Eingang impliziert werden.

Generell lassen sich die Werte aller Signalleitungen in einer Schaltung alleine durch die iterative Anwendung von Implikationen bestimmen, wenn alle Eingänge der Schaltung zugewiesene Werte besitzen. Dies entspricht im Prinzip einer Simulation der Schaltung.

Der D-Algorithmus arbeitet auf Basis der fünfwertigen Logik und nutzt die darauf definierten Implikationstechniken. In den folgenden Abschnitten wird der Ablauf des D-Algorithmus für zwei verschiedene Arten von Schaltungen vorgestellt: *verzweigungsfreie Schaltungen* und *rekonvergente Schaltungen*.

5.2.3 Testmustergenerierung für verzweigungsfreie Schaltungen

Eine verzweigungsfreie Schaltung ist eine Schaltung, in der nie mehr als ein Pfad von einem Gatter g_1 zu einem anderen Gatter g_2 existiert, das heißt, die Schaltung besitzt keine Rekonvergenzen. Daher ist das Verfahren zur Testmustergenerierung generell einfacher als für Schaltungen mit Rekonvergenzen und es existiert ein effizienter Algorithmus, dessen Komplexität linear in der Anzahl der Signalleitungen ist. Jedoch kommen verzweigungsfreie Schaltungen in der Praxis nicht besonders häufig vor. Allerdings baut das Verfahren für rekonvergente Schaltungen auf den verwendeten Methodiken auf.

Ein essentielles Konzept des D-Algorithmus ist die D-Kette (engl. *D-chain*). Eine *D-Kette* in der Schaltung $\mathcal{C} = (\mathcal{G}, \mathcal{S})$ mit dem Haftfehler s^f/b^f mit $s^f \in \mathcal{S}, b^f \in \mathcal{L_B}$ ist eine Menge von Gattern $p = \{g_f, \ldots, g_j\} \subseteq \mathcal{G}$ mit $(g_k, g_{k+1}) \in \mathcal{S}$ mit $g_j \in \mathcal{O}$ für welche gilt: $\forall g \in p : V(g) \in \{D, \overline{D}\}$, wobei $V(g)$ für $g \in \mathcal{G}$ den Wert der ausgehenden Signalleitung beschreibt.

Die D-Kette beschreibt daher einen Pfad von der Fehlerstelle zu einem Ausgang, auf dem unterbrechungsfrei ein D-Wert, das heißt D oder $\overline{D}$, angenommen wird. Ziel des D-Algorithmus ist die Erstellung solch einer D-Kette durch eine Eingangsbelegung. Hierfür sind zwei generelle Schritte notwendig: Fehlereinstellung und Fehlerpropagation.

Unter *Fehlereinstellung* versteht man die Berechnung einer Eingangsbelegung, die den invertierten Fehlerwert an der Fehlerstelle g einstellt. Für den Fehler $s^f/0$ am Ausgang von Gatter g_f muss daher der logische Wert 1 am Gatterausgang von g_f anliegen. Der logische Wert 0 auf s^f ist für den Fehler $s^f/1$ notwendig. Durch die Fehlereinstellung wird der Unterschied zwischen fehlerfreier und fehlerbehafteter Schaltung verursacht und abhängig vom Fehlerwert wird ein D-Wert auf der Fehlerstelle angenommen.

Unter *Fehlerpropagation* versteht man das schrittweise Erstellen einer D-Kette von der Fehlerstelle zu einem Ausgang. Der D-Wert wird somit von der Fehlerstelle zu einem Ausgang propagiert, um diesen damit beobachtbar zu machen. Hierfür muss auf dem Seiteneingang der D-Kette der nicht-kontrollierende Wert des Gatters anliegen, da ansonsten der D-Wert von dem kontrollierenden Wert ausmaskiert wird. Die Werte auf den Seiteneingängen müssen zusätzlich eingestellt werden, das heißt, ähnlich zur Fehlereinstellung muss eine Eingabebelegung gefunden werden, welche die Belegung des Seiteneingangs mit dem benötigten Wert zur Folge hat.

Beispiel 5.4

Abbildung 5.2 illustriert die Arbeitsschritte der Fehlereinstellung und Fehlerpropagation. Um einen D-Wert an der Fehlerstelle zu erzeugen, muss das vorherige Gatter den invertierten Fehlerwert annehmen. Im Falle des Fehlers $s^f/1$ ist dies der Wert 0. Es muss nun eine Eingangsbelegung gefunden werden, die diesen Wert impliziert. Da es sich um ein NOR-Gatter handelt, genügt es, wenn eine Eingangsleitung des Gatters, zum Beispiel i_1, den Wert 1 besitzt. Da dies der kontrollierende Wert ist, ist der Wert der anderen Leitung i_2 nicht von Belang und kann mit X (*don't care*) belegt werden. Da es sich hier schon um primäre Eingänge handelt, ist die Fehlereinstellung damit abgeschlossen.

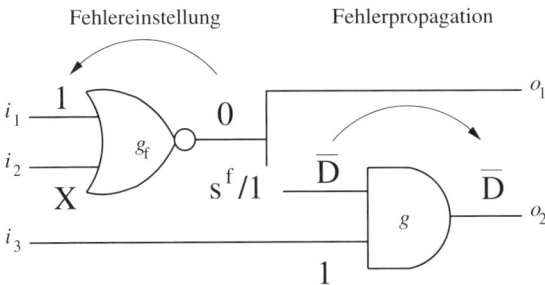

Abbildung 5.2: *Fehlereinstellung und Fehlerpropagation*

Im korrekten Schaltkreis würde die fehlerbehaftete Leitung den Wert 0 annehmen und im fehlerbehafteten Schaltkreis den Wert 1. Dies entspricht in $\mathcal{L}_5$ dem Wert $\overline{D}$. Es genügt jedoch nicht, dass der Fehler auf der Fehlerstelle sichtbar ist. Um den Fehler beobachtbar zu machen, muss dieser zu einem Ausgang propagiert werden. Dies geschieht durch das Erstellen einer D-Kette. Um den Wert $\overline{D}$ über das Gatter g zu propagieren, muss daher der nicht-kontrollierende Wert 1 des AND-Gatters g auf dem Seiteneingang liegen. Da es sich bei dem Ausgang des Gatters um den primären Ausgang o_2 handelt, ist die Fehlerpropagation abgeschlossen. Allerdings muss der Wert des Seiteneingangs noch eingestellt werden. Dies ist in diesem Beispiel bereits gegeben, da es sich um einen Eingang handelt.

Da der Fehler eingestellt wurde sowie eine D-Kette von der Fehlerstelle zu einem Ausgang erstellt wurde, fungieren die hierfür berechneten Eingangswerte als Test für den Fehler $s^f / 1$:

$$t[1] = 1; t[2] = X; t[3] = 1$$

Der Arbeitsschritt der Fehlereinstellung lässt sich auf ein generelles Verfahren zur Einstellung (*justify()*) eines Wertes reduzieren. Dieses wird in Algorithmus 5 beschrieben. Der Arbeitsschritt der Fehlerpropagation (*propagate()*) lässt sich durch die in Algorithmus 6 dargestellte Methode beschreiben.

Algorithmus 5 zur Einstellung eines Wertes, wie zum Beispiel des gewünschten Wertes an der Fehlerstelle, bekommt als Eingabe ein Gatter und einen auf dem Ausgang dieses Gatters einzustellenden Wert. Zunächst muss ermittelt werden, welcher Wert v auf den Eingängen des Gatters eingestellt werden muss. Hierfür muss berücksichtigt werden, ob das Gatter invertierend ist oder nicht. Der auf den Eingängen anzunehmende Wert ist gleich dem auf dem Ausgang gesetzten Wert, falls das Gatter nicht invertierend ist. Ist das Gatter invertierend, ist der invertierte Wert des Ausgangs zur Belegung der Eingänge zu berücksichtigen.

Ist der Wert v der kontrollierende Wert des Gatters, so reicht es aus, wenn ein Eingang des Gatters auf v gesetzt wird. Dieser kontrolliert das Gatter und setzt somit unabhängig von den anderen Eingängen den gewünschten Wert auf den Ausgang. Entspricht v dem nicht-kontrollierenden Wert des Gatters, so werden alle Eingänge des Gatters benötigt, um den gewünschten Wert zu setzen.

Algorithmus 5 Einstellung - justify(Gatter g, Wert b)

Input: Kombinatorische Schaltung $\mathcal{C} = (\mathcal{G}, \mathcal{S})$ mit Eingängen $\mathcal{I}$, Gatter $g \in \mathcal{G}$ und der auf
dem Gatter g einzustellende Wert $b \in 0, 1$
Output: Eingangsbelegung t_1 von $\mathcal{I}$, welche zur Belegung des Wertes b auf g führt
1: Setze g auf den Wert b;
2: **if** $g \in \mathcal{I}$ **then**
3:    **return** Eingangsbelegung t
4: **end if**
5: **if** g invertierend **then**
6:    $v := \overline{b}$;
7: **else**
8:    $v := b$;
9: **end if**
10: $k :=$ kontrollierender Wert von g;
11: **if** v = k **then**
12:    Wähle einen Eingang j von Gatter g;
13:    {Rekursiver Aufruf}
14:    justify(j, k);
15: **else**
16:    **for all** Eingänge j von Gatter g **do**
17:       justify($j, \overline{k}$);
18:    **end for**
19: **end if**
20: **return** Eingangsbelegung t_1

Da die Werte auf den Eingängen des Gatters ebenfalls eingestellt werden müssen, wird für jeden benötigten Wert auf den Eingängen die Methode rekursiv aufgerufen. Das Verfahren terminiert, wenn alle benötigten Werte rekursiv zu den Eingängen zurückverfolgt wurden. Das Ergebnis ist die Eingabebelegung t_1, welche den einzustellenden Wert an der gewünschten Stelle einstellt. Diese Rekursion führt garantiert zum Erfolg, weil eine Schaltung ohne Rekonvergenz betrachtet wird.

Das Verfahren zur Fehlerpropagation setzt auf dem Verfahren zur Einstellung von Werten auf. Der durch die Eingangsbelegung t_1 eingestellte Fehler muss durch das Erstellen einer D-Kette beobachtbar gemacht werden. Nach dem Setzen des eingestellten Fehlerwertes $d \in \{D, \overline{D}\}$ muss zunächst ermittelt werden, durch welche lokale Wertzuweisung der Fehlerwert d über das nachfolgende Gatter h geleitet werden kann. Hierfür wird der kontrollierende Wert des Gatters h abgefragt und alle anderen Seiteneingänge werden auf den nicht-kontrollierenden Wert von h gesetzt. Somit wird der Wert auf dem Ausgang von h durch g bestimmt. Man spricht auch von einer *Sensibilisierung* (engl. *Sensitization*) des Pfades. Um sicherzustellen, dass das zu berechnende Testmuster die Seiteneingänge korrekt einstellt, wird die oben beschriebene Prozedur justify() benutzt, um die benötigten Werte einzustellen.

Wurde die Sensibilisierung abgeschlossen, wird der Fehlerwert über die nachfolgenden Gatter propagiert, um die D-Kette zu erstellen. Hierfür wird die Prozedur rekursiv aufgerufen.

Algorithmus 6 Fehlerpropagation - propagate(Gatter g, Wert d)

Input: Kombinatorische Schaltung $\mathcal{C} = (\mathcal{G}, \mathcal{S})$ mit Eingängen $\mathcal{I}$ und Ausgängen $\mathcal{O}$, Gatter $g \in \mathcal{G}$ und der auf dem Gatter g durch t_1 eingestellte Fehlerwert $d \in D, \overline{D}$, Eingabebelegung t_1

Output: Eingangsbelegung t_2 von $\mathcal{I}$, welches eine D-Kette von Fehlerstelle zu einem Ausgang einstellt

1: Setze g auf den Wert d;
2: **if** $g \in \mathcal{O}$ **then**
3:     **return** Eingangsbelegung t_2
4: **end if**
5: $h :=$ direkter Nachfolger von g ;
6: $k :=$ kontrollierender Wert von h;
7: **for all** Eingänge j von Gatter h, $j \neq g$ **do**
8:     {Aufruf einer anderen rekursiven Funktion}
9:     justify($j, \overline{k}$);
10: **end for**
11: **if** ist h invertierend **then**
12:     $i := 1$;
13: **else**
14:     $i := 0$;
15: **end if**
16: {Rekursiver Aufruf}
17: propagate($h, d \oplus i$);

Sollte das Gatter invertierend sein, so muss hierbei berücksichtigt werden, dass der Fehlerwert beim Aufruf ebenfalls invertiert wird. Die Prozedur terminiert, wenn eine D-Kette zu einem primären Ausgang erstellt wurde.

Ein Test für Fehler $f = s^f/b^f$, wobei s^f das ausgehende Signal von g_f ist und d_b der zu propagierende D-Wert, lässt sich also durch das Aufrufen von justify(g_f, b) und propagate(g_f, d_b) erzeugen. Die während dieser Prozeduren gesetzten Eingangswerte bilden das für f generierte Testmuster.

5.2.4   Testmustergenerierung für rekonvergente Schaltungen

Der Großteil heute entworfener Schaltungen ist nicht verzweigungsfrei. Eine Schaltung $\mathcal{C}$ gilt als verzweigungsfrei, wenn sie keine rekonvergente Verzweigungen enthält, das heißt, es existiert nie mehr als ein Pfad von einem Gatter g_1 zu einem anderen Gatter g_2.[2] Besitzt eine Schaltung rekonvergente Verzweigungen, so spricht man von einer *rekonvergenten Schaltung*. Im Folgenden sind mit der Bezeichnung Schaltung generell rekonvergente Schaltungen gemeint. Das Verfahren ist aber auch auf verzweigungsfreie Schaltungen anwendbar. Rekonvergenzen erschweren die Testmustergenerierung, da Konflikte auftreten können. Ein

---

[2]Aus Sicht der Testmustergenerierung entspricht eine Schaltung, die ausschließlich nicht-rekonvergente Verzweigungen enthält, einer verzweigungsfreien Schaltung.

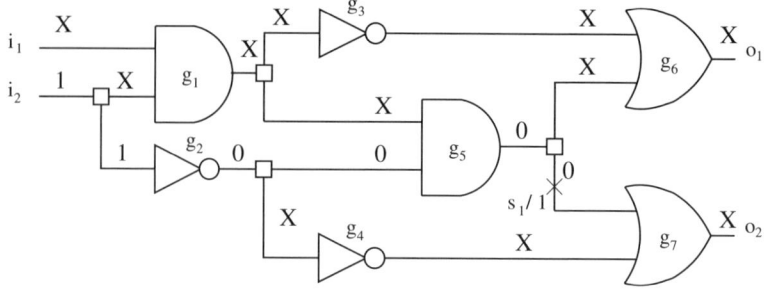

(a) Schaltkreisbelegung nach Fehlereinstellung

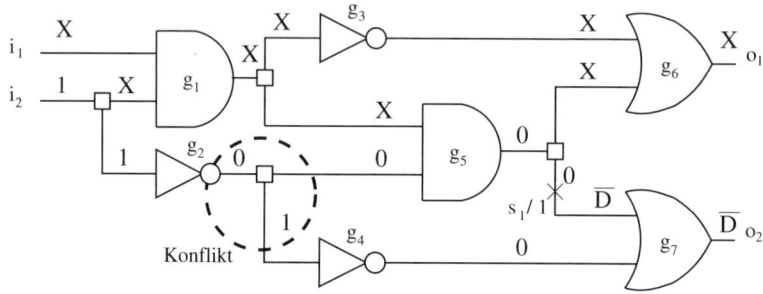

(b) Konflikt während der Fehlerpropagation

Abbildung 5.3: *Konflikt in rekonvergenter Schaltung*

Konflikt ist eine sich widersprechende Wertebelegung für eine Signalleitung. Folgendes Beispiel demonstriert die Problematik.

Beispiel 5.5

Gegeben sei die in Abbildung 5.3 dargestellte rekonvergente Schaltung. Diese enthält den Fehler $s_1/1$. Für die Testgenerierung wird zunächst die Fehlereinstellung durchgeführt. Beim Verarbeiten des Gatters g_5 wird eine Entscheidung getroffen. Wie in Zeile 12 von Algorithmus 5 beschrieben, muss ein Eingang gewählt werden, der als nächstes mit einem Wert belegt wird. Im Beispiel wurde heuristisch der von g_2 getriebene Eingang gewählt und dessen Wert entsprechend gesetzt. Die erhaltene Schaltkreisbelegung ist in Abbildung 5.3(a) dargestellt.

Nach Abschluss der Fehlereinstellung wird die Fehlerpropagation durchgeführt. Um den Fehler zu einem Ausgang zu leiten, muss der Fehlerwert $\overline{D}$ über das Gatter g_7 propagiert werden. Hierfür ist es notwendig, dass der nicht-kontrollierende Wert 0 auf dem Seiteneingang des Gatters g_7 angenommen wird. Um diesen Wert einzustellen, muss der Wert 1 auf dem Eingang des Inverters g_4 liegen. Dies steht allerdings im Widerspruch zum durch die Fehlereinstellung zugewiesenen Wert 0 auf dem Gatter g_2. Es existiert ein Konflikt.

Wertzuweisungen werden in zwei Arten unterschieden:

- Implikationen – Diese Art von Wertzuweisung wird aus der bisherigen Wertebelegung oder *Fehlerinjektion* gefolgert. Mit Fehlerinjektion wird die feste Wertebelegung an der Fehlerstelle bezeichnet, das heißt der einzustellende und der zu propagierende Wert.

- Entscheidung – Sind keine Implikationen möglich, muss eine Entscheidung getroffen werden. Entscheidungen sind wegweisend für den Suchverlauf, da „falsche" Entscheidungen in Bereiche führen können, in denen es keine Lösung gibt. Da wir im Vorfeld nicht wissen, welche Entscheidung „richtig" und welche „falsch" ist, werden die Entscheidungen typischerweise auf Basis von Heuristiken getroffen. Getroffene Entscheidungen können weitere Implikationen verursachen.

Ein Konflikt kann durch die Anwendung von *Backtracking* gelöst werden. Der Backtracking-Schritt betrachtet die zuletzt getroffene Entscheidung und macht diese zusammen mit den aus dieser Wertzuweisung resultierenden Implikationen rückgängig. Dann wird an dieser Stelle die Entscheidung geändert. Entscheidungen werden im D-Algorithmus an den folgenden Stellen getroffen:

- Verzweigungen – Erreicht der propagierte D-Wert eine Verzweigung während des Propagationsvorgangs, so muss entschieden werden, über welchen Zweig die Propagation fortgeführt werden soll. Die geschieht in Algorithmus 6 in Zeile 5.

- Kontrollierender Eingang – Liegt während der Einstellung eines Wertes der kontrollierende Wert auf dem Ausgang eines Gatters,[3] so muss entschieden werden, welcher Eingang mit dem kontrollierenden Wert belegt werden soll (Zeile 12 in Algorithmus 5).

Beispiel 5.6 demonstriert den Vorgang des Backtracking anhand des in Beispiel 5.5 festgestellten Konflikts.

Beispiel 5.6

Um den Konflikt in Beispiel 5.5 aufzulösen, wird Backtracking angestoßen und die zuletzt getätigte Entscheidung betrachtet. Bei der letzten Entscheidung handelt es sich um die Belegung des Eingangs des Gatters g_5 mit dem kontrollierenden Wert. Diese Entscheidung wird mitsamt den resultierenden Implikationen rückgängig gemacht, das heißt, die Signalleitungen werden wieder mit dem Wert X belegt. Da die Belegung dieses Eingangs zu keinem Erfolg geführt hat, wird nun der andere Eingang gewählt und der kontrollierende Wert wird auf diesem Signal eingestellt. Dies ist in Abbildung 5.4(a) illustriert.

Darauf folgend wird die Fehlerpropagation erneut angestoßen. Durch das Backtracking und das Ändern der getätigten Entscheidung kann nun der Schaltkreis konfliktfrei belegt

---

[3]Im Falle eines invertierenden Gatters handelt es sich hier um den invertierten kontrollierenden Wert.

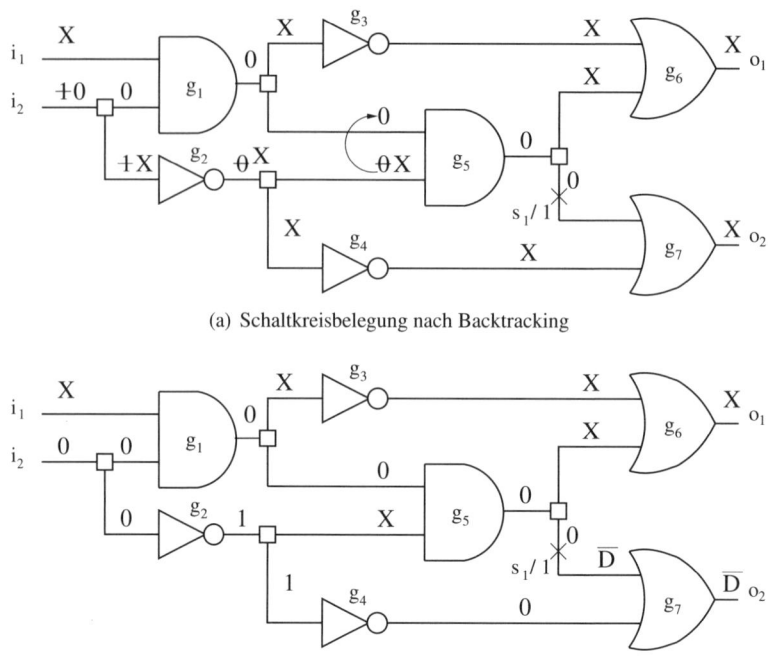

(a) Schaltkreisbelegung nach Backtracking

(b) Konfliktfreie Fehlerpropagation

Abbildung 5.4: *Backtracking und konfliktfreie Belegung*

werden wie in Abbildung 5.4(b) dargestellt wird. Aus der berechneten Belegung kann der Test für den Fehler $s_1/1$ extrahiert werden.

Wurden alle Entscheidungsmöglichkeiten an einem Gatter oder an einer Verzweigung geprüft und mündeten alle in Konflikten, so muss eine vorher getätigte Entscheidung für den Konflikt verantwortlich sein. Die Backtracking-Prozedur geht chronologisch durch den Entscheidungsverlauf und prüft jede Entscheidungsmöglichkeit. Wurden alle Möglichkeiten geprüft und führte jede der Entscheidungen zu einem Konflikt, so kann keine Belegung gefunden werden, welche den Fehler testet. Der Fehler ist untestbar.

Die Anzahl der Backtracking-Schritte wird typischerweise als Abbruchkriterium für die Testmustergenerierung herangezogen. Übersteigt die Anzahl der Backtracking-Schritte eine vom Anwender spezifizierte Anzahl, so gilt der Fehler als zu „schwierig" oder zu zeitaufwändig und wird als unklassifiziert kategorisiert. Die spezifizierte Anzahl an Backtracking-Schritten, deren Überschreiten einen Fehler als unklassifiziert einstuft, wird im Allgemeinen als *Backtrack-Limit* bezeichnet.

Zur effizienten und flexiblen Verwaltung des Suchverlaufs wird das Konzept der *D-Grenze* (engl. *D-frontier*) sowie der *J-Grenze* (engl. *J-frontier*) angewendet. Die D-Grenze besteht aus allen Gattern der Schaltung, auf denen ein D-Wert auf mindestens einem Eingang liegt und deren Ausgang den Wert X annimmt. Die J-Grenze besteht aus allen Gattern der Schaltung, deren Ausgangswert spezifiziert aber nicht an den Eingängen eingestellt ist, das heißt, nicht durch die Eingangswerte impliziert wird.

Zu Beginn der Suche wird das der Fehlerstelle nachfolgende Gatter der D-Grenze hinzugefügt. Während der Suche wird die D-Grenze durch Entscheidungen oder Implikationen in Richtung der Ausgänge geschoben. Abhängig von der Anzahl der Elemente in der D-Grenze werden folgende Aktionen durchgeführt:

- $|$D-Grenze$| = 0 \rightarrow$ Alle D-Werte wurden durch die vorhandene Belegung ausmaskiert. Es kann somit keine D-Kette mehr erstellt werden und Backtracking wird angestoßen (D-Konflikt).

- $|$D-Grenze$| = 1 \rightarrow$ Es existiert genau eine Möglichkeit eine D-Kette zu erstellen. Die Propagation des D-Wertes über das Gatter g in der D-Grenze wird durchgeführt (Implikation). Gatter g wird aus der D-Grenze entfernt und das nachfolgende Gatter h wird der D-Grenze hinzugefügt.

- $|$D-Grenze$| > 1 \rightarrow$ Es existieren mehrere Möglichkeiten zur Erstellung der D-Kette. Ein Element der D-Grenze g wird gewählt und der D-Wert wird über dieses Element propagiert (Entscheidung). Gatter g wird aus der D-Grenze entfernt und das nachfolgende Gatter h wird der D-Grenze hinzugefügt.

Beachtet werden muss hier, dass die D-Grenze nicht leer sein darf, um einen Test zu erzeugen. Vielmehr muss ein D-Wert auf einem primären Ausgang liegen, das heißt, eine D-Kette muss erzeugt werden.

Im Gegensatz zur D-Grenze wird die J-Grenze für die Einstellung der benötigten Werte verwendet und wird während der Suche in Richtung der Eingänge verschoben. Anfangs enthält die J-Grenze den zur Fehlereinstellung benötigten Wert. Jedes Element der J-Grenze steht für eine Einstellungsverpflichtung und muss im Gegensatz zur D-Grenze bearbeitet werden, bevor die Testgenerierung abgeschlossen werden kann. Abhängig vom Typ des Gatters und vom einzustellenden Wert auf dem Ausgang werden folgende Aktionen für jedes Gatter g der J-Grenze unternommen:

- Wenn die Auswertung der Eingangswerte von g weder X noch den Ausgangswert ergibt, so existiert ein Konflikt und Backtracking muss angestoßen werden (J-Konflikt). Dies kann vor allem durch rekonvergente Verzweigungen verursacht werden.

- Ergibt die Auswertung der Gatterfunktion von g unter der vorhandenen Belegung bereits den benötigten Ausgangswert, so wird g aus der J-Grenze entfernt.

- Treffen die beiden oben genannten Eigenschaften nicht zu, so muss mindestens ein Eingangswert mit dem Wert X belegt sein. Ein oder mehrere Eingänge von g, die mit dem Wert X belegt sind, werden auf Basis einer Heuristik gewählt (Entscheidung) und mit den benötigten Werten belegt. Diese Gatter werden der J-Grenze hinzugefügt und g wird entfernt, wenn die Auswertung der Gatterfunktion den benötigten Ausgangswert liefert.

Die J-Grenze wird sowohl durch die Bearbeitung der eigenen Elemente verändert als auch durch das Verschieben der D-Grenze. Wenn die D-Grenze verschoben wird, so entsteht typischerweise eine Einstellungsverpflichtung an dem Seiteneingang des Gatters. Dieser Seiteneingang wird der J-Grenze hinzugefügt.

Beispiel 5.7 illustriert den Gebrauch von D- und J-Grenze.

Beispiel 5.7

Abbildung 5.5 zeigt einen Zwischenstand des Suchverlaufs für einen Fehler auf dem Ausgang des Gatters g_5. Das nachfolgende Element ist eine Verzweigung, auf dem der Wert $\overline{D}$ problemlos propagiert werden kann. Wie in Abbildung 5.5(a) dargestellt, enthält die D-Grenze dadurch zwei Gatter: g_6, g_7. Beide haben einen D-Wert auf einem Eingang und den X-Wert auf dem Ausgang. Während der Fehlereinstellung wurde der benötigte Wert bis zu dem Gatter g_1 eingestellt. Das Gatter g_1 ist also Teil der J-Grenze.

Im weiteren Suchverlauf wird nun zunächst ein Element der J-Grenze gewählt, um diese in Richtung der Eingänge zu verschieben. Dies hat zur Folge, dass der Eingang i_2 mit dem Wert 0 belegt ist. Diese Belegung stellt den Wert 0 auf dem Ausgang von g_1 ein. Daher wird g_1 aus der J-Grenze entfernt. Da es sich bei i_2 um einen Eingang handelt, wird kein Element der J-Grenze hinzugefügt.

Um die D-Grenze in Richtung der Ausgänge zu verschieben, wird nun das Gatter g_7 ausgewählt. Um den Wert $\overline{D}$ auf dem Ausgang zu erzeugen, muss der Seiteneingang mit dem Wert 0 belegt werden. Da dieser Wert eingestellt werden muss, wird g_4 der J-Grenze hinzugefügt. Gatter g_7 wird aus der D-Grenze entfernt. Da ein D-Wert einen Ausgang erreicht hat, wird kein neues Element eingefügt, das heißt, eine D-Kette wurde erzeugt. Um einen Test zu generieren, müssen nun noch alle Elemente der J-Grenze bearbeitet werden. Dieser Zwischenstand ist in Abbildung 5.5(b) zu sehen.

Die komplette Prozedur der Testmustergenerierung mittels D- und J-Grenze ist in Algorithmus 7 beschrieben. Wie bereits erläutert wurde, wird die D-Grenze beziehungsweise die J-Grenze mit den entsprechenden Gattern an der Fehlerstelle initialisiert. Solange es noch ungeprüfte Möglichkeiten gibt, wird die D-Grenze in Richtung der Ausgänge verschoben und die Einstellungsverpflichtungen werden der J-Grenze hinzugefügt. Ist die D-Grenze leer und der Fehlereffekt ist an keinem Ausgang sichtbar, so muss Backtracking angestoßen werden.

Andernfalls müssen die benötigten Werte eingestellt werden. Hierfür wird die J-Grenze in Richtung der Eingänge verschoben. Tritt hier ein Konflikt auf, so wird Backtracking durchgeführt. Ist die J-Grenze leer und ist der Fehlereffekt an einem Ausgang sichtbar, so ist der Fehler testbar und die Belegung der Eingänge gilt als Test. Wurden alle potentiellen D-Ketten geprüft und mündeten alle in Konflikten, so ist der Fehler untestbar.

Ein besonders kritischer Bestandteil dieses Vorgangs ist das Backtracking. Die Schnelligkeit des Verfahrens wird maßgeblich durch die Anzahl der Backtracking-Schritte bestimmt, da in jedem der durchgeführten Backtracking-Schritte die Datenstrukturen umfassend aktualisiert werden müssen. Insbesondere die D- und J-Grenzen müssen an den wiederhergestellten

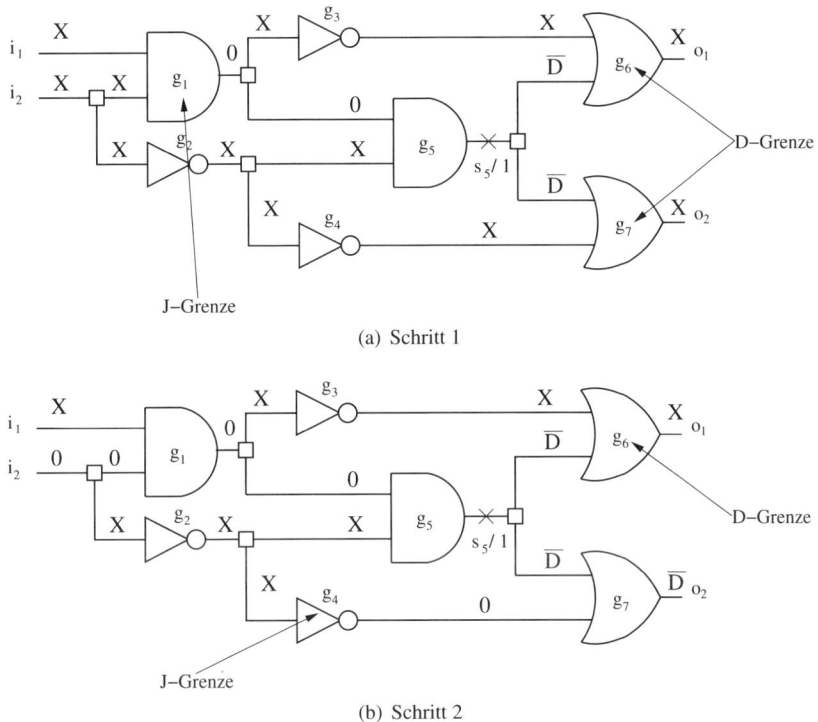

(a) Schritt 1

(b) Schritt 2

Abbildung 5.5: *D- und J-Grenze*

Suchverlauf angepasst werden. Daher ist eine wirkungsvolle Heuristik für zu treffende Entscheidungen maßgeblich für das schnelle Finden eines Tests. Oft basieren die zu treffenden Entscheidungen auf Testbarkeitsmaßen von Signalen, wie zum Beispiel SCOAP [GT80], oder Wertehäufigkeiten, wie zum Beispiel in PROTEST [Wun85].

Schwierigkeiten bereitet diesen Verfahren insbesondere der Nachweis der Untestbarkeit. Durch die notwendige Traversierung des gesamten Suchraums wird meist eine große Anzahl an Backtracking-Schritten durchgeführt, was sehr zeitaufwändig ist. Auch stellt das Aufkommen von weiteren Gattertypen den D-Algorithmus vor neue Herausforderungen. So hat das XOR-Gatter zum Beispiel keinen kontrollierenden Wert und kann daher vom originalen Algorithmus ohne Modifikationen nicht verarbeitet werden.

Der D-Algorithmus wurde daher durch leistungsstärkere Verfahren ersetzt. Die wesentlichen Verbesserungen dieser Verfahren werden in den folgenden Abschnitten vorgestellt.

5.3   PODEM – Path-Oriented Decision Making

Eine wesentliche Verbesserung von ATPG-Verfahren wurde 1981 von P. Goel vorgestellt [Goe81]. Es wurde gezeigt, dass der D-Algorithmus insbesondere für Schaltungen mit ho-

---

Algorithmus 7 D-Algorithmus

Input: Kombinatorische Schaltung $\mathcal{C}$, Fehler f auf Signalleitung $s^f = g_f \times h_f$ mit
 Fehlerwert v, Belegung $V[g_f] = \bar{v}$, D-Grenze = $\{h_f\}$, J-Grenze = $\{g_f\}$
Output: Klassifikation k, Test t
 1: **while** Noch nicht alle potentiellen D-Ketten geprüft **do**
 2:     Verschiebe D-Grenze;
 3:     Aktualisiere J-Grenze;
 4:     **if** D-Grenze = $\emptyset$ & Fehlereffekt nicht an Ausgang sichtbar **then**
 5:         Backtracking;
 6:     **else**
 7:         **while** J-Grenze $\neq \emptyset$ & kein Konflikt existiert **do**
 8:             Verschiebe J-Grenze;
 9:         **end while**
10:         **if** Konflikt existiert **then**
11:             Backtracking;
12:         **else if** Fehlereffekt an Ausgang sichtbar & J-Grenze = $\emptyset$ **then**
13:             **return** Testbar, $t = V[i_1], \ldots, V[i_n]$
14:         **end if**
15:     **end if**
16: **end while**
17: **return** Untestbar, $t = \emptyset$

---

hem Anteil von ECAT (engl. *Error Correction and Translation*)-Funktionalität Probleme
hatte. Zeitgleich stieg aufgrund des steigenden Bedarfs an Zuverlässigkeit der Anteil und die
Komplexität von ECAT-Funktionalität stark an.

Diese Art von Funktionalität zeichnet sich insbesondere durch einen hohen Anteil von XOR-
Bäumen mit rekonvergenten Verzweigungen aus. Die Behandlung von XOR-Gattern ist im
originalen D-Algorithmus nicht vorgesehen. Da XOR-Gatter keinen kontrollierenden Wert
besitzen, ist die Propagation und Einstellung für den D-Algorithmus sehr schwierig, da an
jedem XOR-Gatter Entscheidungen getroffen werden müssen. Die Einstellung von Werten
in diesen Bereichen führt typischerweise zu einer überaus hohen Anzahl an Backtracking-
Schritten, welche die Laufzeit des Verfahrens inakzeptabel macht. Den Grund hierfür zeigt
folgendes Beispiel.

Beispiel 5.8

Abbildung 5.6 zeigt ein Originalbeispiel aus der PODEM-Arbeit [Goe81]. Dieser Schalt-
kreis weist die Charakteristik von ECAT Schaltkreisen auf, das heißt rekonvergente
XOR-Bäume. Es soll ein Test für den Fehler $s_1/0$ generiert werden. Nachdem der Feh-
ler eingestellt wurde, wird eine D-Kette gesucht. Diese führt über die Signale s_8 und
o_1. Da XOR-Gatter keinen kontrollierenden Wert besitzen, müssen nun Werte auf den
Seiteneingängen zugewiesen werden. Hier werden zunächst die Werte

$$s_6 = 1; s_7 = 1$$

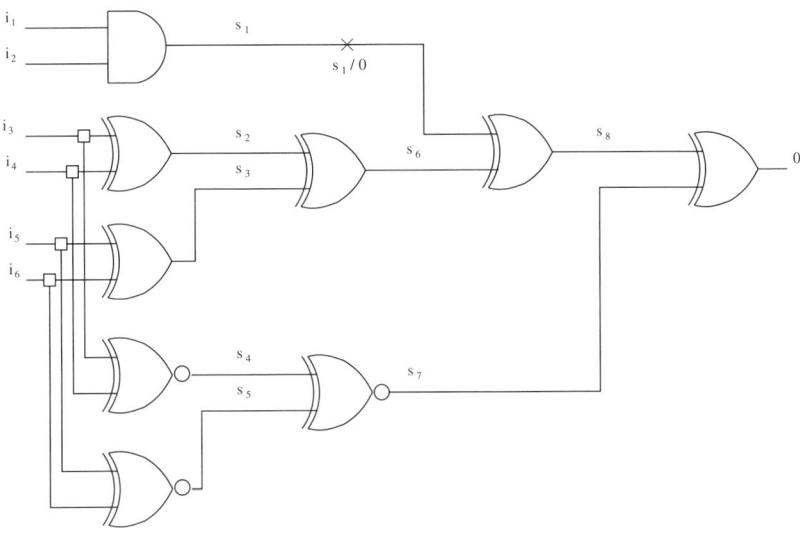

Abbildung 5.6: *Beispiel ECAT Schaltkreis [Goe81]*

gewählt. Um nachzuweisen, dass diese Wertekombination nicht einstellbar ist, müssen allerdings 2^3 verschiedene Belegungen auf den primären Eingängen geprüft werden. Dies entspricht der Hälfte aller möglichen Kombinationen (2^4 mögliche Kombinationen bei vier primären Eingängen). Erst nachdem diese Menge an Belegungen geprüft wurde, kann eine falsche Entscheidung korrigiert werden. Um den Fehler zu detektieren, muss entweder s_6 oder s_7 auf den Wert 0 gesetzt werden.

Testmustergenerierung für Schaltungen, die diese Art von Strukturen enthalten, kann demnach sehr zeitaufwändig sein, besonders da der originale ECAT Schaltkreis 72 Eingänge hat und dementsprechend 2^{36} verschiedene Eingangsbelegungen geprüft werden müssten, falls eine falsche Entscheidung getroffen wurde.

Anders als der D-Algorithmus fasst PODEM das Problem der Testmustergenerierung als ein Suchproblem über einen n-dimensionalen binären Zustandsraum auf, in dem n für die Anzahl der primären Eingänge steht. Die Formulierung ist ähnlich der Formulierung als Boolesche Differenz (siehe Abschnitt 5.1). Existiert eine Eingabebelegung I, welche die Gleichung

$$f_C(I) \oplus f_{C_f}(I) = 1$$

erfüllt, so kann diese als Test erachtet werden.

Anders als in der vorgestellten Methode zur Berechnung der Booleschen Differenz werden allerdings keine Booleschen Gleichungen manipuliert, sondern Enumerationstechniken auf Basis der Schaltkreisstruktur angewendet. Hierfür werden Implikations- und Einstellungstechniken ähnlich denen des D-Algorithmus verwendet mit dem Ziel die Anzahl der Backtracking-Schritte zu reduzieren. Um die Vollständigkeit des Verfahrens zu gewährleis-

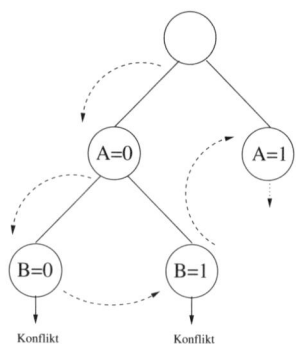

Abbildung 5.7: *Entscheidungsbaum und Backtracking*

ten, wird der Suchverlauf als ein binärer Entscheidungsbaum dargestellt. Ein beispielhafter Entscheidungsbaum ist in Abbildung 5.7 zu sehen.

Nachdem die Entscheidung $A = 0$ auf Basis einer Heuristik getroffen wurde, resultieren die nachfolgenden Belegungen jeweils in Konflikten. Der Backtracking-Vorgang ändert die Belegung des Konflikt verursachenden Belegung von $B = 0$ in $B = 1$. Da dies wiederum einen Konflikt verursacht, muss der Konflikt eine Entscheidungsebene höher gelöst werden und der Wert von A wird geändert.

Die wesentlichen Änderungen von PODEM gegenüber dem D-Algorithmus sind wie folgt:

- Entscheidungen – Während der D-Algorithmus Entscheidungen auf allen Signalleitungen zulässt, beschränkt sich PODEM auf Entscheidungen auf den primären Eingängen. Für einen Schaltkreis mit n Eingängen und k Signalleitungen, beträgt die Größe des binären Entscheidungsbaums für PODEM 2^n (D-Algorithmus: 2^k). Dies wirkt sich vorteilhaft auf Suchräume mit wenigen Lösungen aus, wie sie in ECAT Schaltkreisen vorkommen, da meist $n \ll k$ gilt.

- Implikationen – Dadurch, dass Entscheidungen nur auf den Eingängen getroffen werden, beschränkt sich PODEM auf Vorwärtsimplikationen. Rückwärtsimplikationen werden nicht durchgeführt. Hierdurch wird vermieden, dass Werte durch die XOR-Bäume eingestellt werden müssen, wie es der D-Algorithmus tun würde.

- Backtracing – Das Aufzählen und Prüfen von möglichen Eingabebelegungen ohne eine gute Heuristik ist allerdings wenig effektiv. „Schlechte" Entscheidungen würden zu einer großen Anzahl von Backtracking-Schritten führen. Der D-Algorithmus bezog seine Effektivität besonders aus strukturellen Informationen, beziehungsweise aus Wissen über notwendige interne Signalbelegungen. Um diesem Nachteil zu begegnen, wurde im PODEM-Algorithmus die Technik des *Backtracing* vorgestellt.

- X-Path Check – Während der D-Algorithmus die Einstellung der D-Kette noch vorantrieb, wenn der D-Wert an anderer Stelle bereits ausmaskiert wurde, bricht PODEM frühzeitig ab, wenn alle Pfade zu einem Ausgang blockiert sind.

Algorithmus 8 PODEM-Algorithmus

Input: Kombinatorische Schaltung $\mathcal{C}$ mit Eingängen $\mathcal{I}$, $V[\mathcal{I}] = X$, Fehler f auf Signalleitung $s^f = g_f \times h_f$ mit Fehlerwert v

Output: Klassifikation k, Test t

1: **while** Noch nicht alle möglichen Eingangsbelegungen geprüft **do**
2: Wähle Seiteneingang s eines Gatters der D-Grenze oder noch unbelegte Fehlerstelle
3: Wähle einzustellenden Wert v auf s
4: Objective $O := (s, v)$
5: Eingang $i_k :=$ Wähle unbelegten Eingang $i \in \mathcal{I}$ durch Backtracing(O);
6: $V[i_k] :=$ Setze durch Backtracing gewählten Wert $\{0, 1\}$;
7: Berechne Vorwärts-Implikationen der aktuellen Wertebelegung von $\mathcal{C}$;
8: X-Path Check;
9: **if** D-Konflikt existiert **then**
10:   Backtracking;
11: **else if** D-Kette existiert **then**
12:   **return** Testbar, $t = V[i_1], \ldots, V[i_n]$
13: **end if**
14: **end while**
15: **return** Untestbar, $t = \emptyset$

Das generelle Vorgehen von PODEM wird in Algorithmus 8 gezeigt. Zu Beginn werden
alle Signale mit dem Wert X initialisiert. Ein unbelegter Eingang i_k wird gewählt und
wird entweder mit 0 oder 1 belegt. Die Auswahl wird durch die weiter unten vorgestellte
Backtracing-Prozedur getroffen. Nun werden Vorwärts-Implikationen ausgeführt, um weitere interne Signalbelegungen zu erkennen. Dies geschieht solange bis entweder ein Konflikt
existiert, das heißt, eine D-Kette kann unter der aktuellen Belegung nicht zustande kommen,
da der D-Wert ausmaskiert wurde, oder bis eine D-Kette gefunden wurde (X-Path Check).

Im Falle eines Konfliktes wird Backtracking durchgeführt. Hier wird die letzte Belegung
eines Eingangs mitsamt den resultierenden Implikationen rückgängig gemacht. Wurden alle
möglichen Eingangsbelegungen geprüft, ist der Fehler untestbar. Wurde eine D-Kette gefunden, gilt die Eingangsbelegung als Testmuster für den Fehler.

Die zur Fehlereinstellung und Propagation benötigten Werte werden anders als im D-
Algorithmus nicht direkt eingestellt, sondern es werden so genannte *Objectives* erstellt. Ein
Objective $O = (s, v)$ besteht aus einer Signalleitung s und einem benötigten Wert v. Fol-
gende zwei Schritte werden ausgeführt:

1. Wähle initiales Objective O – Ein Objective ist eine notwendige Wertzuweisung, um
   die Erstellung einer D-Kette voranzutreiben. Dies umfasst sowohl den an der Fehlerstelle einzustellenden Wert als auch die Belegung der Seiteneingänge der D-Kette.

2. Wähle den mit Wert v zu belegenden Eingang i durch *Backtracing* – Der Eingang i
   und der Wert v sind derart zu bestimmen, dass die Wahrscheinlichkeit erhöht wird, das
   Objective O zu erfüllen.

Für die in Zeile 5 durchgeführte Bestimmung des Eingangs i und Wert v wird die in Algorithmus 9 dargestellte Backtracing-Prozedur angewendet. Dieser Prozedur wird das initiale Objective O übergeben. Ähnlich wie bei der Prozedur zur Einstellung von Werten (Algorithmus 5) wird zunächst der auf den Eingängen des Gatters benötigte Wert berechnet.

Ist dieser der kontrollierende Wert wird derjenige Eingang gewählt, der am *einfachsten* zu kontrollieren ist und noch mit X belegt ist. Wird der nicht-kontrollierende Wert benötigt, wird der am *schwersten* zu kontrollierende Eingang, der noch mit X belegt ist, gewählt. Existiert kein kontrollierender Wert wie zum Beispiel bei XOR-Gattern, so kann ein Eingang zufällig gewählt werden.

Der gewählte Eingang wird dann zusammen mit dem benötigten Wert der Backtrace() Funktion rekursiv als neues Objective übergeben. Entgegen der Prozedur zur Einstellung von Werten werden jedoch keine Werte an interne Signalleitungen zugewiesen. Erreicht die Funktion einen primären Eingang, so wird der Eingang zusammen mit dem aktuellen Objective Wert zurückgegeben. Dieser Eingang wird dann von PODEM als Zuweisung verarbeitet.

Die Auswahl der am leichtesten und am schwersten zu kontrollierenden Eingänge wird maßgeblich zur Reduzierung der Backtracking-Schritte eingesetzt. Wird nur die Belegung eines Eingangs benötigt (kontrollierender Wert), so wird der am einfachsten zu kontrollierende Eingang gewählt, da hier die Wahrscheinlichkeit am höchsten ist, dass kein Backtracking benötigt wird.

Werden hingegen Zuweisungen auf allen Eingängen (nicht-kontrollierender Wert) benötigt, so wird zunächst der am schwersten kontrollierbare Wert gewählt, um möglichst schnell einen Konflikt zu finden. Bei der Bestimmung des am einfachsten oder am schwersten zu kontrollierenden Eingangs handelt es sich um eine Heuristik, bei der verschiedene Maße, wie zum Beispiel die topologische Sortierung, Signalwahrscheinlichkeiten oder Testbarkeitsmaße wie SCOAP [GT80] verwendet werden können. Das folgende Beispiel zeigt einen Ablauf der PODEM-Prozedur.

Beispiel 5.9

Gegeben sei der Schaltkreis in Abbildung 5.8 mit Fehler $s_5/1$. Als initiales Objective O wird der Wert 0 auf der Fehlerstelle angenommen: $O = (s_5, 0)$ Die Backtracing-Prozedur betrachtet das Gatter g_5 und wählt den am einfachsten zu belegenden Eingang aus. Angenommen dieses ist der Ausgang von g_1. Da hier der Wert 0 erforderlich ist, wird die Backtracing-Prozedur rekursiv mit $(s_1, 0)$ und weiterhin mit $(i_1, 0)$ aufgerufen. Damit wurde der zu belegende Eingang gewählt. Die Vorwärtsimplikation führt zu einer Belegung des Seiteneingangs und Ausgangs des Gatters g_6 mit dem Wert 1. Damit ist der Pfad blockiert und der X-Path Check schlägt für eine mögliche D-Kette über dieses Gatter fehl. Da aber noch ein anderer möglicher Pfad existiert, tritt kein Konflikt auf.

Um eine D-Kette über g_7 zu erzeugen, muss der Seiteneingang mit dem Wert 0 belegt werden: das initiale Objective ist daher $(s_4, 0)$. Die Backtracing-Prozedur bestimmt die Belegung des Eingangs i_2 mit dem Wert 0. Die Vorwärtsimplikation dieses Wertes führt zur Erstellung der D-Kette. Damit wurde folgender Test generiert:

$$t[1] = 0; t[2] = 0$$

Algorithmus 9 Backtrace()

Input: Kombinatorische Schaltung $\mathcal{C}$ mit Eingängen $\mathcal{I}$, Objective $O = (s, v)$
Output: Primärer Eingang i, Wert v
 1: Gatter g := treibendes Gatter von s;
 2: **if** $g \in \mathcal{I}$ **then**
 3:     **return** g, v
 4: **end if**
 5: **if** g hat keinen kontrollierenden Wert **then**
 6:     Signal s := Zufälliger mit X belegter Eingang von g;
 7:     v := Wähle Wert aus $\{0, 1\}$;
 8:     **return** Backtrace($O := (s, v)$);
 9: **end if**
10: **if** ist g invertierend **then**
11:     $i := 1$;
12: **else**
13:     $i := 0$;
14: **end if**
15: k := kontrollierender Wert von g;
16: **if** $v = k \oplus i$ **then**
17:     {OR/NAND mit Objective-Wert 1, AND/NOR mit Objective-Wert 0}
18:     Signal s := der am *einfachsten* zu kontrollierende und mit X belegte Eingang von g;
19: **else**
20:     {OR/NAND mit Objective-Wert 0, AND/NOR mit Objective-Wert 1}
21:     Signal s := der am *schwersten* zu kontrollierende und mit X belegte Eingang von g;
22: **end if**
23: {Rekursiver Aufruf mit verändertem Objective}
24: **return** Backtrace($O := (s, v \oplus i)$);

5.4   FAN – Fanout-Oriented Test Generation

Der PODEM-Algorithmus leistete einen wesentlichen Beitrag zur Beschleunigung der Testmustergenerierung für Schaltungen mit vielen Rekonvergenzen. Die ansteigende Größe und Komplexität der Schaltungen und die damit ansteigende ATPG-Laufzeit erforderte allerdings eine Weiterentwicklung der Verfahren. Einen signifikanten Beitrag zur Beschleunigung von ATPG-Verfahren lieferte der FAN (*Fanout-Oriented Test Generation*)-Algorithmus [FS83]. In diesem Abschnitt werden die wesentlichen algorithmischen Verbesserungen dieses Verfahrens vorgestellt. Die übergeordneten Ziele von FAN, um eine Beschleunigung zu erreichen, sind wie folgt:

- Reduzierung der Backtracking-Schritte

- Reduzierung der Zeit zwischen den Backtracking-Schritten

Um diese Ziele zu erreichen, wurde der PODEM-Algorithmus maßgeblich durch die folgenden Techniken verbessert.

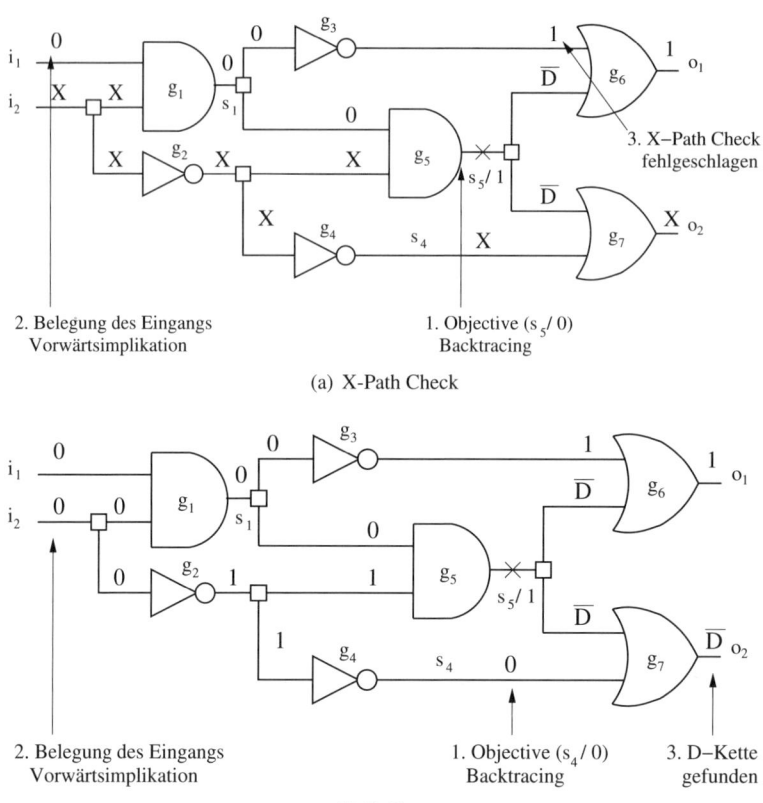

(a) X-Path Check

(b) D-Kette

Abbildung 5.8: *PODEM-Prozedur*

- *Unique Sensitization* – Enthält die D-Grenze nur ein einziges Gatter, so können die Belegungen zur Propagation des D-Wertes über dieses Gatter als Implikation behandelt werden. Hierdurch können Backtracking-Schritte vermieden werden, da mehr Signalbelegungen eindeutig bestimmt werden.

- *Multiple Backtracing* – Während PODEM immer nur einen Pfad zu einem Eingang zurückverfolgt hat, betrachtet FAN mehrere Pfade auf einmal. Dadurch können Konfliktsituationen bereits während des Backtracing gefunden und durch Entscheidungen vermieden werden.

- Entscheidungen auf *Headlines* – Die ausschließliche Belegung von Eingängen durch den PODEM-Algorithmus reduziert unnötige Backtracking-Schritte auf internen Signalen. Da die Konflikte aber zumeist durch Rekonvergenzen verursacht werden, versucht FAN die Konflikte frühzeitig durch Entscheidungen auf *Headlines* (siehe Abschnitt 5.4.2), das heißt den Ursprüngen von Rekonvergenzen, zu treffen.

Um die Anzahl der Backtracking-Schritte zu reduzieren, müssen Konflikte so schnell wie möglich gefunden werden. Während der PODEM-Algorithmus nur Vorwärtsimplikationen auf Basis der belegten Eingangswerte durchführt, belegt FAN alle Signale, die eindeutig bestimmt werden können so schnell wie möglich, das heißt, es werden sowohl Vorwärts- und Rückwärtsimplikationen durchgeführt. Hierdurch können Konflikte früher gefunden werden beziehungsweise vermieden werden. Dies wird in der Unique-Sensitization-Prozedur realisiert, welche im Folgenden beschrieben wird.

5.4.1 Unique Sensitization

Die Verringerung der Backtracking-Schritte während der Erstellung einer D-Kette ist das Ziel der Technik *Unique Sensitization*. Bisher wurde bei PODEM der X-Path Check durchgeführt. Dieser überprüft, ob es unter der aktuellen Belegung noch möglich ist, eine D-Kette zu erstellen, oder ob alle Möglichkeiten blockiert sind. Ist dies der Fall, so kann frühzeitig Backtracking angestoßen werden.

Der FAN-Algorithmus analysiert zusätzlich die D-Grenze unter der aktuellen Belegung. Ist nur ein einziges Element in der D-Grenze, so kann dies ausgenutzt werden. Unabhängig von anderen Wertebelegungen beziehungsweise von Schaltkreistypen kann die Sensibilisierung dieses Gatters als Implikation aufgefasst werden, da mit der aktuellen Belegung keine andere Möglichkeit existiert, eine D-Kette zu erstellen. Weiterhin können alle Seiteneingänge des Pfades bis zu einer Verzweigung impliziert werden, da auch hier keine andere Möglichkeit besteht. Zusätzlich wird geprüft, ob hinter der Verzweigung die Pfade wieder zusammengeführt werden, so dass alle möglichen D-Ketten durch dieses Pfadsegment hindurchlaufen. Dieses Pfadsegment wird in diesem Kontext auch als Dominator bezeichnet. Die Werte dieser dominierenden Gatter können ebenfalls direkt impliziert werden.

Das Finden von möglichst vielen Implikationen trägt maßgeblich dazu bei, dass durch die Wertebelegungen Konflikte frühzeitig erkannt werden, oder dass die Möglichkeiten einer Entscheidung eingeschränkt werden. Hierdurch werden Backtracking-Schritte eingespart.

Folgendes Beispiel aus [FS83] erläutert die Vorteile des Verfahrens.

Beispiel 5.10

Abbildung 5.9 zeigt ein Beispiel aus [FS83]. Angenommen Gatter g_2 ist das einzige Element der D-Grenze und die Backtracing-Prozedur des PODEM-Algorithmus würde als Entscheidung $i_1 = 0$ bestimmen, um den Seiteneingang s_1 auf den nichtkontrollierenden Wert zu setzen. Dann würde der Wert der Signalleitung s_7 durch die Vorwärtsimplikation des Wertes 0 über s_6 auf 1 gesetzt werden. Der vorausschauende X-Path Check des PODEM-Algorithmus würde zwar erkennen, dass alle Pfade zu einem Ausgang blockiert sind, allerdings muss trotzdem ein Backtracking-Schritt ausgeführt werden, um den Konflikt aufzulösen.

Der FAN-Algorithmus versucht hingegen so viele Belegungen wie möglich direkt zu setzen. Die Unique-Sensitization-Prozedur erkennt, dass die D-Kette über die Gatter g_2 und g_3 geführt werden muss. Weiterhin wird erkannt, dass eine rekonvergente Verzweigung existiert und alle potentiellen D-Ketten über die Signale s_7 und s_9 führen. Daher können

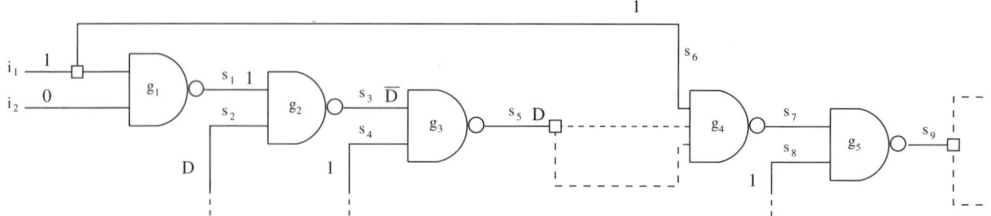

Abbildung 5.9: *Beispiel Unique Sensitization (aus [FS83])*

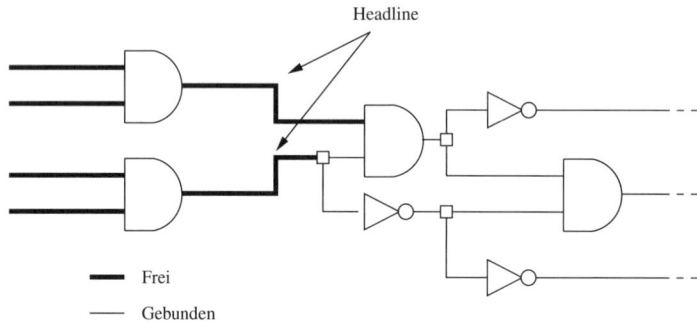

Abbildung 5.10: *Frei und gebundene Signale*

die Seiteneingänge dieser Gatter alle direkt auf den nicht-kontrollierenden Wert gesetzt werden, d.h $s_1 = 1, s_4 = 1, s_6 = 1, s_8 = 1$. Weiterhin werden mögliche weitere Implikationen gesucht, die nun aufgrund dieser Wertezuweisung durchgeführt werden können. Hier kann insbesondere der Wert $i_1 = 0$ durch die Belegung $s_6 = 1$ impliziert werden. Somit kann der Konflikt, der durch die PODEM-Prozedur verursacht wurde vermieden werden.

5.4.2   Multiple Backtracing

Zentrales Bestandteil des FAN-Algorithmus ist die *Multiple-Backtracing*-Prozedur, eine Weiterentwicklung der Backtracing-Prozedur, welche mit dem PODEM-Algorithmus eingeführt wurde. Multiple Backtracing unterteilt die Menge der Signale zunächst in *freie* und *gebundene* Signale. Ein Signal s gilt als frei, wenn kein Pfad existiert, der von einer Verzweigung zu s führt. Ein Signal s gilt als gebunden, wenn ein Pfad existiert, der von einer Verzweigung zu s führt. Der Begriff der *Headline* wird für solche freien Signale benutzt, die benachbart zu gebundenen Signalen sind.

Beispiel 5.11

Abbildung 5.10 zeigt einen Ausschnitt aus einem Schaltkreis. Die fett gezeichneten Signalleitungen bezeichnen die freien Signale, während die anderen Signalleitungen die

gebundenen Signale darstellen. An der Grenze dieser beiden Signaltypen sind die Headlines zu finden.

Schaltkreisteile bestehend aus freien Signalen sind verzweigungsfrei, das heißt, hier können Werte ohne Konflikte eingestellt werden. Alle Werte auf Headlines können demnach
konfliktfrei eingestellt werden. Daher bestimmt die Multiple-Backtracing-Prozedur keine
Eingänge, sondern Headlines als Entscheidungsort. Ähnlich wie die Backtracing-Prozedur
aus PODEM geht die Multiple-Backtracing-Prozedur von FAN von Objectives aus, die es
zu erfüllen gilt. Ein Objective (s, v) in PODEM ist als eine Signalleitung s versehen mit
einem Wert v definiert. Die Multiple Backtracing-Prozedur von FAN definiert ein Objective
allerdings als ein Tripel $(s, n_0(s), n_1(s))$. In diesem Tripel steht s für die zu belegende Signalleitung. Der Wert $n_0(s)$ gibt die Anzahl an, wie oft der Wert 0 auf der Signalleitung s
benötigt wird. Analog dazu steht der Wert $n_1(s)$ für die benötigte Anzahl des Wertes 1 auf
s. Ein initiales Objective welches den Wert 0 auf der Signalleitung s benötigt, wird daher als

$$(s, n_0(s), n_1(s)) = (s, 1, 0)$$

beschrieben, während ein Objective, welches den Wert 1 auf s benötigt, als

$$(s, n_0(s), n_1(s)) = (s, 0, 1)$$

dargestellt wird.

Im Gegensatz zur einfachen Backtracing-Prozedur werden in der Multiple-Backtracing-Prozedur mehrere initiale Objectives gleichzeitig bearbeitet. Dies wird zum Beispiel angewendet, wenn ein D-Wert über ein Gatter mit mehr als zwei Eingängen propagiert werden soll. Die initialen Objectives werden dann über die Seiteneingänge und den nicht-
kontrollierenden Wert des Gatters erstellt. Während der Multiple-Backtracing-Prozedur wird
das Tripel verwendet, um den Bedarf an 1en und 0en auf einer Signalleitung zu bestimmen.

Weiterhin existieren verschiedene Arten von Objectives:

- aktuelle und initiale Objectives – diese Art von Objectives werden an Basis-Gattern
  erstellt. Die Werte n_0 und n_1 werden vom Ausgang des Gattern auf die Eingänge übertragen. Wird der nicht-kontrollierende Wert auf den Eingängen eines Gatters benötigt,
  werden Objectives für alle Eingänge erzeugt. Wird der kontrollierende Wert hingegen
  benötigt, wird ein Objective für den am einfachsten einzustellenden Eingang gebildet.
  Der einfachste einzustellende Wert kann zum Beispiel über Signalwahrscheinlichkeiten oder andere Testbarkeitsmaße statisch bestimmt werden.

- Verzweigungs-Objectives – Erreicht die Prozedur eine Verzweigung, die keine Headline darstellt, so wird das Objective auf dem Verzweigungsstamm wie folgt erstellt.
  Sei s_0 der Verzweigungsstamm, während $s_1, \ldots, s_k$ die einzelnen Verzweigungsäste
  darstellen. Dann berechnen sich die Werte $n_0(s_0)$ und $n_1(s_0)$ durch folgende Formeln:

$$n_0(s_0) = \sum_{i=1}^{k} n_0(s_i)$$

$$n_1(s_0) = \sum_{i=1}^{k} n_1(s_i)$$

- Head-Objectives – Erreicht die Prozedur eine Headline, so wird an dieser Stelle gestoppt und das erstellte Objective für diese Signalleitung speziell einsortiert, da diese zum Schluss bearbeitet werden.

Zunächst werden die initialen beziehungsweise aktuellen Objectives abgearbeitet und zu den Verzweigungen zurückverfolgt, an denen Verzweigungs-Objectives erstellt werden. Ist die Menge an initialen und aktuellen Objectives leer, wird aus der Menge der Verzweigungs-Objectives jenes Objective $O(s, n_0(s), n_1(s))$ gewählt, dessen Signalleitung nicht von einem Pfad von der Fehlerstelle erreicht wird und sich am nächsten an einem Ausgang befindet.

Ist O konfliktfrei, wird O per Multiple Backtracing zu Verzweigungen zurückverfolgt. Ein Objective ist genau dann konfliktfrei, wenn entweder $n_0(s)$ oder $n_1(s)$ den Wert 0 innehat. Ist O allerdings konfliktbehaftet, das heißt $n_0(s) > 0$ und $n_1(s) > 0$, so muss sich für einen Wert entschieden werden. In diesem Fall wird der Wert gewählt, dessen Bedarf größer ist:

- $s = 1$ wenn $n_0(s) < n_1(s)$

- $s = 0$ wenn $n_0(s) \geq n_1(s)$

Da hier die Möglichkeit einer Inkonsistenz entsteht, wird der Wert so schnell wie möglich zugewiesen und nicht erst zu einem Eingang zurückverfolgt, um einen Konflikt möglichst schnell zu erkennen. Wenn eine Konfliktsituation auftritt, wird Backtracking angestoßen, in dem die zuletzt getroffene Entscheidung invertiert wird. Wurde diese bereits invertiert, so wird eine weitere Entscheidungsebene hoch gesprungen, das heißt eine weitere Entscheidung invertiert, beziehungsweise solange Entscheidungsebenen hoch gesprungen bis eine nicht invertierte Entscheidung gefunden wird.

Erst wenn alle Konflikte gelöst sind und die Menge an Verzweigungs-Objectives leer ist, werden die Head-Objectives abgearbeitet. Diese können per Definition konfliktfrei eingestellt werden. Sind alle Head-Objectives eingestellt, so ist ein Test gefunden.

Beispiel 5.12

Abbildung 5.11 zeigt ein Beispiel für die Erstellung der Multiple Backtrace Objectives. Ausgehend von den initialen Objectives $(s_9, 0, 1)$ und $(s_{10}, 1, 0)$ werden diese solange zurückverfolgt, bis Verzweigungs- oder Head-Objectives erreicht werden. In diesem Beispiel sind die Verzweigungs-Objectives $(s_1, 0, 1)$ und $(s_2, 0, 2)$ zugleich Head-Objectives. Am Verzweigungsstamm wird der Bedarf an 0en und 1en von den einzelnen Verzweigungsästen aufsummiert. Da beide Verzweigungs-Objectives konfliktfrei sind, werden alle Head-Objectives nun zu den primären Eingängen zurückverfolgt. Die Eingangsbelegung $i_1 = 0, i_4 = 0, i_5 = 1$, welche die initialen Objectives einstellt, kann schließlich von den Objectives abgelesen werden.

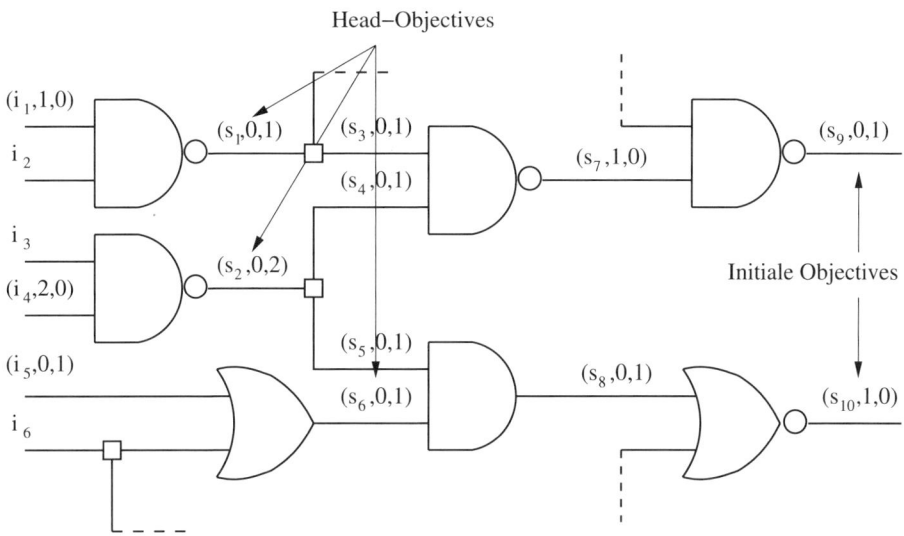

Abbildung 5.11: *Erstellung der Multiple Backtrace Objectives - Beispiel-Schaltung aus [FS83]*

5.5 Lernverfahren

Wie bereits im vorherigen Abschnitt erläutert, ist das schnelle Erkennen von Konflikten, das heißt das frühzeitige Durchführen von Backtracking-Schritten, essenziell für ein effizientes ATPG-Verfahren. Generell kann gesagt werden, desto mehr Signale mit Werten belegt werden, desto früher kann ein Konflikt erkannt werden. Je früher ein Konflikt erkannt wird, desto früher kann Backtracking angestoßen werden beziehungsweise kann vermieden werden.

In den bisher vorgestellten Implikationstechniken wurden Implikationen nur lokal an einem Gatter generiert beziehungsweise durchgeführt. Um diesen Prozess zu verbessern, wurden Lerntechniken eingeführt, die in der Lage sind, *indirekte Implikationen* zu erkennen. Diese lassen sich in *statische* und *dynamische* Lernverfahren einordnen. Beide Techniken werden folgend erläutert.

5.5.1 Statische Verfahren

Statische Verfahren zeichnen sich dadurch aus, dass sie als Vorverarbeitungsschritt durchgeführt werden, das heißt, bevor das eigentliche ATPG-Verfahren zur Testgenerierung durchgeführt wird. Die Verfahren analysieren die Struktur und Funktion des Schaltkreises und generieren auf den Ergebnissen *globale Implikationen*, welche während des ATPG-Verfahrens angewendet werden können. Anhand dieser Implikationen können mehr Wertzuweisungen getätigt werden und Konflikte frühzeitig erkannt werden. Somit kann das Backtracking früher angestoßen werden, als wenn nur lokale Implikationen zum Einsatz kommen würden.

Statische Lernverfahren wurden mit dem ATPG-Verfahren SOCRATES eingeführt [STS88], aus dem folgendes Beispiel zur Motivation stammt. Abbildung 5.12(a) zeigt einen Ausschnitt aus einem Schaltkreis, der eine Rekonvergenz enthält. Hier wurde der logische Wert

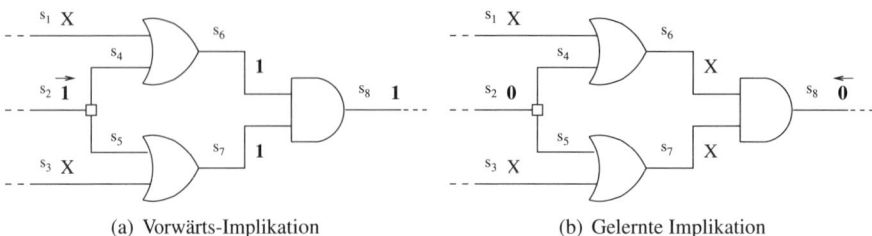

       (a) Vorwärts-Implikation   (b) Gelernte Implikation

Abbildung 5.12: *Statisches Lernen*

1 auf die Signalleitung s_2 gelegt. Durch lokale Implikationen können s_6 und s_7 sowie darauf folgend s_8 ebenfalls mit dem Wert 1 belegt werden. In Abbildung 5.12(b) ist eine andere Situation gezeigt. Hier wird der Wert 0 auf s_8 gelegt. Da hier der kontrollierende Wert auf dem Ausgang liegt, kann lokal keine Implikation durchgeführt werden. Allerdings kann durch eine Analyse der Struktur des Schaltkreises festgestellt werden, dass das Signal s_2 ebenfalls mit 0 belegt werden muss, um den Wert 0 auf s_8 einzustellen.

Solche eine globale Implikation kann durch das Anwenden des *Gesetzes der Kontraposition* gefunden werden:

$$(P \to Q) \leftrightarrow (\neg Q \to \neg P)$$

Das Gesetz sagt Folgendes aus. Lässt sich Q aus P folgern, so gilt dies für die negierten Ausdrücke in invertierter Reihenfolge. Die Ausdrücke P und Q lassen sich zur Anwendung in der Testgenerierung durch die Signalbelegungen ersetzen. Für die Schaltung in Abbildung 5.12 bedeutet dies:

$$(s_2 = 1) \to (s_8 = 1) \leftrightarrow (s_8 = 0) \to (s_2 = 0)$$

Die Prozedur, welche in Algorithmus 10 gezeigt ist, wird vorgeschlagen, um globale Implikationen dieser Art zu lernen. Jedes Signal im Schaltkreis wird betrachtet und nacheinander sowohl der Wert 0 als auch der Wert 1 angelegt. Die lokalen Implikationsmethoden werden genutzt, um alle Implikationen, welche allein durch diese Wertzuweisung hervorgerufen werden können, zu extrahieren. Für jede gefundene Implikation kann nun das Gesetz der Kontraposition angewendet werden, um weitere Implikationen zu finden. Dies ist allerdings nicht für alle Implikationen notwendig, da viele der auf diese Weise gelernten Implikationen auch von den lokalen Implikationsmethoden gefunden werden würden.

Sei $(s_i, v_i) \to (s_j, v_j)$ eine allein durch die Implikation des angelegten Wertes auf s_i gefundene Implikation. Dann werden zwei Bedingungen genutzt, um nützliche Implikationen zu identifizieren, für die das Gesetz der Kontraposition angewendet werden kann.

- Alle Eingänge des Gatters g von dem das Signal s_j der Ausgang ist müssen nicht-kontrollierende Werte angenommen haben.

- Es muss sich um eine Vorwärts-Implikation handeln.

Algorithmus 10 StatischesLernen()

Input: Kombinatorische Schaltung $\mathcal{C}$ mit Signalleitungen $\mathcal{S}$
Output: Menge an globalen Implikationen I^g der Form $(s_i, v_i) \rightarrow (s_j, v_j)$

1: Implikationen $I^g := \emptyset$;
2: **for** $k := 0; k \leq 1; k++$ **do**
3:   **for all** $s_i \in \mathcal{S}$ **do**
4:     $\forall s_i \in \mathcal{S} : V[s_i] := X$
5:     $V[s_i] := k$;
6:     Impliziere($V[s_i]$);
7:     **for all** $s_j \in \mathcal{S}$ mit $V[s_j] \neq X$ und $s_j \neq s_i$ **do**
8:       Gatter $g :=$ Gatter mit Ausgang s_j;
9:       **if** ist g invertierend **then**
10:         $n := 1$;
11:       **else**
12:         $n := 0$;
13:       **end if**
14:       $c :=$ kontrollierender Wert von g;
15:       {Liegt s_j in der topologischen Sortierung hinter s_i}
16:       **if** $(s_j > s_i)$ **then**
17:         {Liegen nicht-kontrollierende Werte auf den Eingängen}
18:         **if** $V[s_j] \oplus (c \oplus n) = 1$ **then**
19:           $I^g := I^g \cup ((s_j, \overline{V[s_j]}) \rightarrow (s_i, \overline{V[s_i]}))$;
20:         **end if**
21:       **end if**
22:     **end for**
23:   **end for**
24: **end for**
25: **return** I^g

Treffen beide Bedingungen zu, so kann folgende Implikation, die aus der Anwendung des Gesetzes der Kontraposition entsteht, extrahiert und gesichert werden:

$$(s_j, \overline{V[s_j]}) \rightarrow (s_i, \overline{V[s_i]})$$

Durch die Anwendung dieser globalen Implikationen können somit mehr Werte schneller zugewiesen werden. Dies führt zu einer Beschleunigung der Testgenerierung, da Konflikte schneller gefunden werden können und somit Teile des Suchraums, in denen keine Lösung liegt, schneller verlassen beziehungsweise gar nicht erst betreten werden.

5.5.2 Dynamische Verfahren

Durch statische Verfahren lassen sich globale Implikationen lernen, die in jedem ATPG-Aufruf genutzt werden können, um den Prozess zu beschleunigen und mit weniger Backtracking-Schritten zum Ziel zu kommen. Durch die Allgemeingültigkeit und die feste Struktur der globalen Implikationen ist deren Anzahl allerdings begrenzt. Daher wurden dynamische Lernverfahren entwickelt, um die Effektivität des Lernens zu erhöhen.

Dynamische Lernverfahren unterscheiden sich von statischen Lernverfahren dadurch, dass sie nicht als Vorverarbeitungsschritt ausgeführt werden, sondern während der Testgenerierung. Dies hat den Vorteil, dass zusätzlich Implikationen auf Basis der im Suchverlauf getätigten Wertzuweisungen gelernt werden können. Dynamische Lernverfahren können nach jeder Entscheidung beziehungsweise nachdem alle direkten Implikationen basierend auf dieser Entscheidung getätigt wurden, angewendet werden.

Ähnlich wie statische Lernverfahren basieren dynamische Lernverfahren ebenfalls auf Wertzuweisungen und Simulation. Da während des Suchverlaufs allerdings bereits Werte belegt wurden, wird nicht jedes Signal mit den Werten $0/1$ belegt, sondern es werden nur Signalleitungen gewählt, deren Wert noch mit X belegt ist. Der Unterschied besteht nun darin, dass bereits vorhandene Wertzuweisungen in das Lernverfahren mit einfließen. Die gelernten Informationen sind demnach in Abhängigkeit des Suchverlaufs und müssen unter Umständen wieder gelöscht werden. Dies muss geschehen, wenn der Suchalgorithmus einen Backtracking-Schritt ausführt, der über die Entscheidungsebene hinausgeht, in der die Implikation gelernt wurde.

Drei Konzepte wurden vorgestellt [SA89], anhand derer dynamische Informationen gelernt werden können:

1. *Dynamische globale Implikationen* – Hier kommt ähnlich wie im statischen Lernverfahren das Gesetz der Kontraposition zum Einsatz. Gegeben sei die Menge an Signalen $\mathcal{S}_X$, die mit dem Wert X belegt sind. Unter Berücksichtigung der aktuellen Signalbelegungen im Suchverlauf werden für jedes Signal $s \in \mathcal{S}_X$ die Booleschen Werte 0 und 1 angelegt. Lässt sich daraus eine nützliche Implikation ableiten, so wird diese wie oben beschrieben gelernt.

2. *Eindeutig bestimmbarer Signalwert* – Führt die Belegung des Signals $s_1 \in \mathcal{S}_X$ sowohl mit 0 als auch mit 1 zur Belegung des Signal $s_2 \in \mathcal{S}_X$ mit dem gleichen Wert v, so kann der Wert von s_2 unabhängig von der Belegung von s_1 eindeutig bestimmt werden: $(s_2 = v)$.

   Wird hingegen das Signal $s_1 \in \mathcal{S}_X$ mit dem Wert v belegt und führt dieses zu einem Konflikt mit einem Signal $s_2 \notin \mathcal{S}_X$, so kann gefolgert werden, dass s_1 mit dem invertierten Wert belegt werden muss: $(s_1 = \overline{v})$

3. *Frühzeitiges notwendiges Backtracking* – Führt die Belegung des Signals $s_1 \in \mathcal{S}_X$ sowohl mit 0 als auch mit 1 zu einem Konflikt mit dem Wert eines Signals $s_i \notin \mathcal{S}_X$, so befindet sich der ATPG-Prozess in einem Teil des Suchraums, der keine Lösung enthält, und es kann frühzeitig Backtracking angestoßen werden, damit dieser Suchraum verlassen wird.

Durch die Anwendung von dynamischen Lernverfahren kann die Anzahl der Backtracking-Schritte während der Testmustergenerierung signifikant reduziert werden. Das Verfahren bietet besonders für die Erkennung untestbarer Fehler beziehungsweise schwer zu testender Fehler große Vorteile, für welche typischerweise eine große Anzahl an Backtracking-Schritten benötigt wird.

Für einfach zu testende Fehler, die typischerweise die Mehrheit der gesamten Fehlermenge ausmachen, hat das dynamische Verfahren allerdings einen entscheidenden Nachteil. Der Aufwand für das dynamische Lernverfahren beziehungsweise dessen Laufzeit ist sehr hoch, da das Lernverfahren nach jeder Entscheidungsebene ausgeführt wird.

Der Nachteil von dynamischen Verfahren kann auf zweierlei Weise gemindert werden.

1. Anwendung eines mehrstufigen Verfahrens [SA89] – Erst wird das ATPG-Verfahren mit einer niedrigen Anzahl an Backtracking-Schritten gestartet. Hierbei bleibt dynamisches Lernen abgeschaltet. Wird diese Grenze erreicht ohne eine Lösung zu erreichen, bricht das Verfahren ab. Alle Fehler, für die keine Lösung gefunden werden konnte, werden dann mit dem ATPG-Verfahren mit angeschaltetem dynamischen Lernen nochmals adressiert, da es sich hier um schwer zu testende oder untestbare Fehler handelt.

2. Orientiertes Dynamisches Lernen [KP93] – Da die Anzahl der mit X belegten Signale typischerweise sehr hoch ist, müssen auf jeder Entscheidungsebene sehr viele und oft ergebnislose Lernversuche getätigt werden. Ein Großteil der Laufzeit wird oft von Implikationen und Backtracking-Schritten innerhalb der gelernten Strukturen verbraucht. Orientiertes Dynamisches Lernen begegnet diesem Nachteil, in dem eine aktive Zone des Suchverlaufs identifiziert wird. Lernversuche müssen dann in dieser sehr kleinen Zone getätigt werden, was den Aufwand stark reduziert.

5.6 Boolesche Erfüllbarkeit

Die oben beschriebenen strukturellen ATPG-Verfahren sind in der Lage schnell Testmuster für eine große Menge an leicht zu testenden Fehlern zu generieren. Doch haben sie oft Probleme mit untestbaren oder schwer zu testenden Fehlern. Daher kann es in diesem Fall zu einer niedrigeren Fehlerüberdeckung kommen. Komplementär zu den strukturellen ATPG-Verfahren, wurde ATPG basierend auf dem *Booleschen Erfüllbarkeitsproblem* (SAT, engl. *Boolean Satisfiability*) eingeführt [Lar92, SBS96, DEF$^+$08, CPL$^+$09]. Dieses Verfahren unterscheidet sich von den oben vorgestellten ATPG-Verfahren insofern, dass es nicht wie diese strukturellen Verfahren auf einer Gatter-Netzliste arbeitet, sondern auf einer Booleschen Formel in *Konjunktiver Normal Form* (KNF) (engl. *Conjunctive Normal Form*, CNF).

Der generelle Vorteil von SAT-basierter Testmustergenerierung ist die hohe Robustheit der darunter liegenden Lösungsalgorithmen. Mittels dieser ist SAT-basierte Testmustergenerierung oft in der Lage, Tests für schwer zu testende Fehler zu generieren, für welche die strukturellen Verfahren aufgrund von Ressourcen-Begrenzung oftmals keinen Test generieren konnten. Auch für den Beweis der Untestbarkeit eignen sich SAT-basierte ATPG-Verfahren besonders.

Der Nachteil der SAT-basierten Verfahren besteht in der relativ hohen Zeit, welche benötigt wird, um die Boolesche Formel zu erstellen. Hierdurch kommt es typischerweise bei leichten Probleminstanzen zu erhöhtem Aufwand. Dies wirkt sich meist in erhöhter Laufzeit der Testmustergenerierung aus. Oftmals ist die Laufzeit, welche zur Erstellung der KNF benötigt wird, bei leichten Fehlern sogar höher als die Laufzeit, welche für die Lösung der KNF aufgewendet werden muss. Daher ist eine sinnvolle Anwendungsweise, dass SAT-basierte Testmustergenerierung nur für solche Fehler verwendet wird, für die strukturelle Verfahren keine Lösung gefunden haben.

Eine Formel in KNF (oder kurz: eine KNF) Φ ist eine Konjunktion von n Klauseln. Eine Klausel ω ist eine Disjunktion von m Literalen. Ein Literal x ist eine Boolesche Variable in entweder positiver (x) oder negativer Form ($\overline{x}$). Um eine KNF Φ zu erfüllen, müssen somit alle Klauseln $\omega_1, \ldots, \omega_n$ erfüllt werden. Um eine Klausel ω zu erfüllen, muss mindestens ein enthaltenes Literal erfüllt werden. Ein positives Literal x gilt als erfüllt, wenn die zugehörige Boolesche Variable mit dem Wert 1 belegt ist. Die Belegung der Variable x mit dem Wert 0 erfüllt hingegen das negative Literal. Das SAT-Problem gehört der Klasse der NP-vollständigen Probleme an [Coo71]. Damit ist die Lösung eines beliebigen SAT-Problems vermutlich nicht deterministisch in Polynomialzeit möglich. Nichtsdestotrotz existieren Verfahren, welche für strukturierte Probleme, wie zum Beispiel Schaltkreis-Probleme, meist eine gute Performanz bieten.

Der Vorteil von SAT-basierten Verfahren ist die Anwendung von dedizierten Lösungsalgorithmen und Heuristiken durch so genannte SAT-Beweiser (engl. *SAT solver*). Beispiele für bekannte frei verfügbare SAT-Beweiser sind *zChaff* [MMZ+01], *MiniSat* [ES03], *PicoSat* [Bie08] und *clasp* [GKNS07]. Die Homogenität der KNF begünstigt die Anwendung von schnellen Implikationsverfahren und dynamischen Lerntechniken. Folgende Techniken gehören zu den wichtigsten Techniken, die für die Effektivität und Robustheit von SAT-Beweisern verantwortlich sind:

- *Boolean Constraint Propagation* (BCP) [MMZ+01] – Durch die Anwendung von BCP lassen sich Implikationen in Klauseln sehr schnell finden und verarbeiten. Dies ist insbesondere durch die Homogenität der SAT-Instanz begünstigt.

- *Nicht-chronologisches Backtracking* [MS99] – Während des Suchverlaufs wird ein Implikationsgraph aufgebaut, aus dem abzulesen ist, welche Implikation aus welcher Wertebelegung wann gefolgert wurde. Tritt ein Konflikt auf, so wird dieser Implikationsgraph analysiert, um den Grund für den Konflikt zu finden. Liegt dieser mehrere Entscheidungsebenen über der aktuellen Entscheidungsebene, so kann im Backtracking-Schritt direkt in diese Entscheidungsebene gesprungen werden. Auf diese Weise lassen sich viele unnütze Backtracking-Schritte, beziehungsweise Werteänderungen in den Entscheidungsebenen dazwischen, vermeiden.

- *Konflikt-basiertes Lernen* [MS99] – Der für das nicht-chronologische Backtracking verwendete Implikationsgraph wird auch für die Erstellung von Konfliktklauseln verwendet. Die Analyse liefert den eigentlichen Grund für den Konflikt, das heißt eine Menge an gleichzeitigen Wertebelegungen, welche aufgrund von BCP eine widersprüchliche Belegung einer Variablen erfordern. Um zu verhindern, dass der Suchalgorithmus im weiteren Verlauf wieder in den gleichen Konflikt hineinläuft, schließt die Konfliktklausel diese Wertekombination direkt aus. Konfliktklauseln werden im weiteren Suchverlauf vom Algorithmus aktiv eingebunden und erhöhen die Robustheit des Suchverfahrens signifikant.

Details zu einzelnen SAT Lösungstechniken lassen sich in [BHvMW09] nachschlagen.

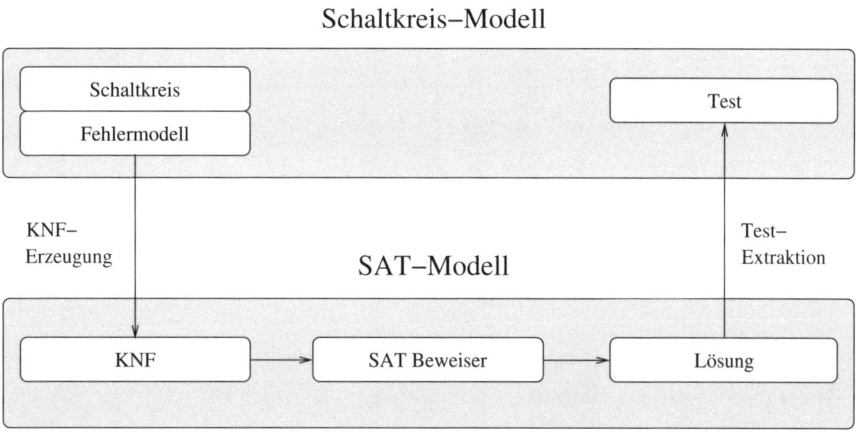

Schaltkreis–Modell

Abbildung 5.13: *Ablauf der SAT-basierten Testmustergenerierung*

Der generelle Ablauf von SAT-basierter Testmustergenerierung ist in Abbildung 5.13 darge-stellt. Gegeben sei der Schaltkreis C und der Fehler f. Das ATPG-Problem für Fehler f wird in eine KNF Φ_f transformiert. Die KNF Φ_f wird dann von einem SAT-Beweiser gelöst. Wenn Φ_f erfüllbar (SAT) ist, kann aus der erfüllenden Belegung ein Test für f extrahiert werden. Wenn Φ_f nicht erfüllbar ist (UNSAT), dann ist der Fehler f untestbar.

Eine essenzielle Rolle spielt somit die Problemformulierung als KNF. Diese basiert zum großen Teil auf der Schaltkreis-zu-KNF-Transformation, welche im Folgenden vorgestellt wird.

5.6.1   Schaltkreis-zu-KNF-Transformation

Das Vorgehen, um aus einem Schaltkreis eine KNF zu erzeugen, beruht auf der Tseitin-Transformation [Tse68] und wurde erstmals von Larrabee im Zuge von ATPG beschrieben [Lar92]. Demnach wird jedem Signal $s \in \mathcal{S}$ in C eine Boolesche Variable x_s (oder einfach s) zugewiesen. Die Belegung von x_s repräsentiert somit den Wert der Signalleitung s. Jedes Gatter $g \in \mathcal{G}$ wird nun in eine Menge an Klauseln Φ_g überführt. Die KNF Φ_C des Schalt-kreises ergibt sich schließlich aus der Konjunktion der Klauseln jedes Gatters $g_1, \ldots, g_k$:

$$\Phi_C = \bigwedge_{i=1}^{k} \Phi_{g_i}$$

Die Komplexität der Erzeugung einer KNF aus einem Schaltkreis ist also linear in der Anzahl der Gatter.

Die KNF Φ_g bildet die charakteristische Funktion des Gatters g ab. Dies geschieht entwe-der durch algebraische Umformungen oder durch den Gebrauch einer Wahrheitstabelle. Das folgende Beispiel demonstriert die Umformung anhand eines AND-Gatters mit Hilfe einer Wahrheitstabelle.

Tabelle 5.3: Wahrheitstabelle des AND-Gatters mit Eingängen s_1, s_2 und Ausgang s_3

s_1	s_2	s_3	$s_3 = (s_1 \wedge s_2)$
0	0	0	1
0	**0**	**1**	**0**
0	1	0	1
0	**1**	**1**	**0**
1	0	0	1
1	**0**	**1**	**0**
1	**1**	**0**	**0**
1	1	1	1

Beispiel 5.13

Sei g ein AND-Gatter mit den Eingängen s_1 und s_2 und dem Ausgang s_3. Die Wahrheitstabelle in Tabelle 5.3 zeigt alle möglichen Wertekombinationen an den Eingängen und dem Ausgang. In der rechten Spalte ist das Ergebnis der charakteristischen Funktion zu sehen. Der Wert zeigt, ob die Wertekombination eine gültige Belegung unter Berücksichtigung der Gatterfunktion darstellt.

Für die Erzeugung der KNF sind die ungültigen Wertekombinationen relevant, das heißt die Zeilen, in denen die charakteristische Funktion 0 ergibt. Aus jeder dieser Zeilen wird nun eine Klausel erzeugt, die diese Wertekombination aus der Lösungsmenge ausschließt. Dies geschieht, indem für 0-Einträge das positive Literal in die Klausel übernommen wird und für 1-Einträge das negative Literal:

$$(s_1 \vee s_2 \vee \overline{s}_3) \wedge (s_1 \vee \overline{s}_2 \vee \overline{s}_3) \wedge (\overline{s}_1 \vee s_2 \vee \overline{s}_3) \wedge (\overline{s}_1 \vee \overline{s}_2 \vee s_3)$$

Diese Menge von Klauseln lässt sich durch Umformungen minimieren, so dass für ein AND-Gatter mit zwei Eingängen folgende KNF entsteht:

$$(\overline{s}_1 \vee \overline{s}_2 \vee s_3) \wedge (s_1 \vee \overline{s}_2) \wedge (s_1 \vee \overline{s}_2)$$

Die KNF anderer Grundgatter lässt sich auf die gleiche Weise erzeugen. Das folgende Beispiel zeigt, wie ein Schaltkreis bestehend aus mehreren Gattern zu einer KNF transformiert wird.

Beispiel 5.14

Abbildung 5.14 zeigt einen aus Kapitel 4 bekannten kleinen Schaltkreis $\mathcal{C}$. Für die Umwandlung des Schaltkreises in eine KNF werden die folgenden Booleschen Variablen benötigt:

$$i_1, i_2, i_3, s_1, s_2, o_1, o_2$$

Für die KNF Erzeugung werden nun die beiden Gatter g_1 und g_2 sowie die Verzweigung transformiert. Für die Verzweigung s_1 kann die Identitätsfunktion als Gatterfunktion für die beiden Verzweigungsäste benutzt werden:

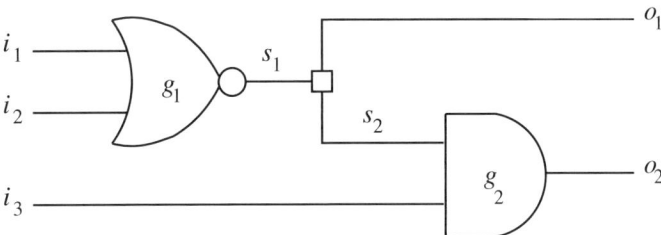

Abbildung 5.14: *Beispiel Schaltkreis zur KNF Erzeugung*

$$\Phi_{g_1} = (i_1 \vee i_2 \vee s_1) \wedge (\overline{i}_1 \vee \overline{s}_1) \wedge (\overline{i}_2 \vee \overline{s}_1)$$

$$\Phi_{g_2} = (\overline{i}_3 \vee \overline{s}_2 \vee o_2) \wedge (i_3 \vee \overline{o}_2) \wedge (s_2 \vee \overline{o}_2)$$

$$\Phi_{s_1} = (s_1 \vee \overline{o}_1) \wedge (\overline{s}_1 \vee o_1) \wedge (s_1 \vee \overline{s}_2) \wedge (\overline{s}_1 \vee s_2)$$

Die KNF $\Phi_{\mathcal{C}}$ des gesamten Schaltkreises ergibt sich somit durch die Konjunktion der Klauselmengen:

$$\Phi_{\mathcal{C}} = \Phi_{g_1} \wedge \Phi_{g_2} \wedge \Phi_{s_1}$$

Zur Vereinfachung der KNF kann Φ_{s_1} auch dadurch ersetzt werden, dass für den Verzweigungsstamm und für die Verzweigungsäste die gleiche Variable verwendet wird. Dies ist möglich, da hier immer der gleiche Wert vorliegt.

5.6.2 Testmustergenerierung mit Boolescher Erfüllbarkeit

Um die Vorteile von SAT-basierten Lösungsverfahren nutzen zu können, muss das ATPG-Problem für Fehler f in Schaltung $\mathcal{C}$ in ein SAT-Problem überführt werden. Für die Formulierung als SAT-Problem wird zunächst eine Schaltungsstruktur gebildet, welche die Funktion einer Booleschen Differenz für den Fehler f repräsentiert.

Folgendes Vorgehen kann genutzt werden, um eine so genannte *Miter*-Struktur zu bilden:[4]

1. Dupliziere den originalen Schaltkreis um $\mathcal{C}$ und $\mathcal{C}_f$ zu erhalten.

2. Injiziere Fehler f in $\mathcal{C}_f$. Hierfür wird die fehlerbehaftete Signalleitung abgetrennt und durch den statischen Fehlerwert ersetzt.

3. Verbinde alle Eingänge $i \in \mathcal{I}$ in $\mathcal{C}$ und $\mathcal{C}_f$, so dass der an den Eingängen angelegte Wert für $\mathcal{C}$ und $\mathcal{C}_f$ stets gleich ist.

---

[4]Die Miter-Struktur wurde in [Bra83] eingeführt um die Äquivalenz von Schaltkreisen zu prüfen.

4. Seien $o_1^{\mathcal{C}}, \ldots, o_n^{\mathcal{C}}$ die Ausgänge der korrekten Schaltung und seien $o_1^{\mathcal{C}_f}, \ldots, o_n^{\mathcal{C}_f}$ die Ausgänge der fehlerbehafteten Schaltung. Erstelle für jeden Ausgang $o_i \in \mathcal{O}$ der originalen Schaltung ein XOR-Gatter mit den Eingängen $o_i^{\mathcal{C}}$ und $o_i^{\mathcal{C}_f}$ und dem Ausgang o_i^{XOR}. Auf dem Ausgang des XOR-Gatters kann ein Unterschied zwischen dem korrekten und dem fehlerbehafteten Schaltkreis detektiert werden.

5. Erstelle ein OR-Gatter mit den Eingängen $o_1^{\text{XOR}}, \ldots, o_n^{\text{XOR}}$ und dem Ausgang o^{BD}.

Die Miter-Struktur wird nun mittels regulärer Schaltkreis-zu-KNF-Transformation in die KNF $\Phi_{\mathcal{C}}^f$ umgewandelt. Des Weiteren muss eine Bedingung auf den Ausgang der Miter-Schaltung gelegt werden, welche an diesem den Wert 1 verlangt. Dies hat zur Folge, dass mindestens ein Ausgang des neu erstellten OR-Gatters auf 1 gesetzt werden muss, das heißt, ein Unterschied im Verhalten von $\mathcal{C}$ und $\mathcal{C}_f$ wird forciert. Die finale KNF, welche auch als *SAT-Instanz* bezeichnet wird, wird also wie folgt erstellt:

$$\Phi_{\text{Test}}^f = \Phi_{\mathcal{C}}^f \wedge (o^{\text{BD}})$$

Die SAT-Instanz Φ_{Test}^f wird einem SAT-Beweiser übergeben. Ist die SAT-Instanz unerfüllbar, so ist der Fehler f untestbar. Findet der SAT-Beweiser eine Lösung, so kann aus dieser Lösung ein Test für den Fehler f extrahiert werden. Dies geschieht, in dem die Wertebelegung der mit den Eingängen assoziierten Variablen herangezogen wird.

Die Erstellung der SAT-Instanz mit Hilfe einer Miter-Schaltung ist eine einfache Vorgehensweise und lässt sich auf verschiedene Weise optimieren. Eine gängige Vorgehensweise zur Optimierung geschieht durch eine strukturelle Analyse. Da sich der Fehler nur auf bestimmte Teile der Schaltung auswirken kann, sind oft große Teile der duplizierten Schaltung redundant.

Sei f der zu betrachtende Fehler und s^f die fehlerbehaftete Signalleitung. Sei $\mathcal{G}_{s^f}^{\text{FS}}$ die Menge aller Gatter, die ausgehend von s^f über einen strukturellen (kombinatorischen) Pfad erreicht werden können. Die Menge $\mathcal{G}_{s^f}^{\text{FS}}$ wird auch als *Fehlerschatten* (engl. *fault shadow*) oder *output cone* bezeichnet. Der Fehler kann ausschließlich den in $\mathcal{G}_{s^f}^{\text{FS}}$ dargestellten Teil der Schaltung beeinflussen. Daher müssen nur jene Gatter dupliziert werden, welche in $\mathcal{G}_{s^f}^{\text{FS}}$ enthalten sind. Die Duplikation aller anderen Gatter ist nicht notwendig, da diese jeweils in $\mathcal{C}$ und $\mathcal{C}_f$ den gleichen Wert annehmen. Anstelle der verbundenen Eingänge in $\mathcal{C}$ und $\mathcal{C}_f$ treten nun die Seiteneingänge des Fehlerschattens. Die Seiteneingänge bestehen aus jenen Eingängen der Gatter in $\mathcal{G}_{s^f}^{\text{FS}}$, welche sich nicht selbst in $\mathcal{G}_{s^f}^{\text{FS}}$ befinden.

Eine weitere Optimierung der KNF Erstellung ist die Beschränkung auf den für Fehlereinstellung und Fehlerpropagation relevanten Teil des Schaltkreis. Gegeben sei Fehler f und der zugehörige Fehlerschatten $\mathcal{G}_{s^f}^{\text{FS}}$. Sei $\mathcal{G}_{s^f}^T$ die Menge aller Gatter für die ein Pfad zu einem Gatter $g \in \mathcal{G}_{s^f}^{\text{FS}}$ existiert. Die Menge $\mathcal{G}_{s^f}^T$ wird auch als *transitive fanin cone* oder *support* bezeichnet. Offensichtlich gilt $\mathcal{G}_{s^f}^{\text{FS}} \subset \mathcal{G}_{s^f}^T$. Ein Gatter, welches sich nicht in $\mathcal{G}_{s^f}^T$ befindet, kann weder die Fehlereinstellung noch die Fehlerpropagation beeinflussen und muss daher auch nicht in der KNF abgebildet werden.

Durch die Reduzierung auf den relevanten Teil der Schaltung lässt sich die Größe der SAT-Instanz signifikant verkleinern. Dies führt sowohl zur Einsparung von Laufzeit zur Erstellung

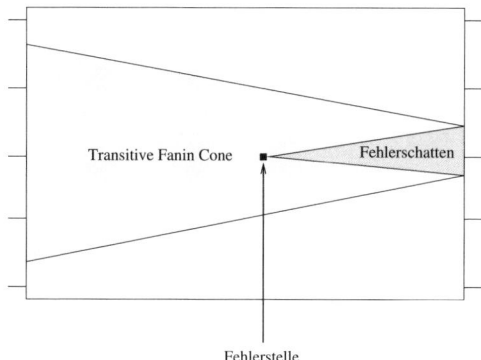

Abbildung 5.15: *Schematische Darstellung des für die KNF Erstellung relevanten Teils des Schaltkreises*

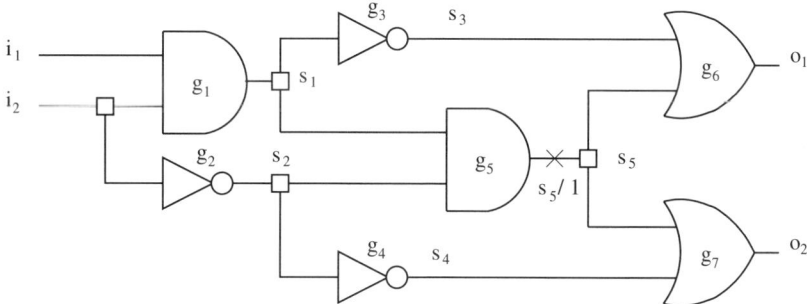

Abbildung 5.16: *Beispiel Schaltkreis zur SAT-basierten Testmustergenerierung*

der SAT-Instanz als auch typischerweise zur Reduzierung der Lösungszeit. Das folgende Beispiel zeigt die Erstellung einer SAT-Instanz für das ATPG-Problem.

Beispiel 5.15

Gegeben sei der Schaltkreis in Abbildung 5.16 mit dem Fehler $f = s_5/1$. Um eine SAT-Instanz für die Testmustergenerierung für diesen Fehler zu erstellen, werden zunächst folgende Gattermengen gebildet.

$$\mathcal{G}^{FS}_{s_5} = \{g_6, g_7\}$$

$$\mathcal{G}^{T}_{s_5} = \{g_1, g_2, g_3, g_4, g_5, g_6, g_7\}$$

Der *transitive fanin cone* besteht hier aus allen Gattern der Beispiel-Schaltung. Jeder Signalleitung wird eine Boolesche Variable zugewiesen. Der Einfachheit wegen wird für die Boolesche Variable der gleiche Name wie für die zugehörige Signalleitung verwendet. Des Weiteren wird zur Vereinfachung wie oben beschrieben der Wert der Verzweigungsäste durch die Boolesche Variable des Verzweigungsstamms repräsentiert.

Tabelle 5.4: SAT-basierte Testmustergenerierung - Beispiel KNF

$$\Phi_{g_1} = (\bar{i}_1 \vee \bar{i}_2 \vee s_1) \wedge (i_1 \vee \bar{s}_1) \wedge (i_2 \vee \bar{s}_1)$$
$$\Phi_{g_2} = (\bar{i}_2 \vee \bar{s}_2) \wedge (i_2 \vee s_2)$$
$$\Phi_{g_3} = (\bar{s}_1 \vee \bar{s}_3) \wedge (s_1 \vee s_3)$$
$$\Phi_{g_4} = (\bar{s}_2 \vee \bar{s}_4) \wedge (s_2 \vee s_4)$$
$$\Phi_{g_5} = (\bar{s}_1 \vee \bar{s}_2 \vee s_5) \wedge (s_1 \vee \bar{s}_5) \wedge (s_2 \vee \bar{s}_5)$$
$$\Phi_{g_6} = (s_3 \vee s_5 \vee \bar{o}_1) \wedge (\bar{s}_3 \vee o_1) \wedge (\bar{s}_5 \vee o_1)$$
$$\Phi_{g_7} = (s_4 \vee s_5 \vee \bar{o}_2) \wedge (\bar{s}_4 \vee o_2) \wedge (\bar{s}_5 \vee o_2)$$
$$\Phi_{g_6}^f = (s_3 \vee s_5^f \vee \bar{o}_1^f) \wedge (\bar{s}_3 \vee o_1^f) \wedge (\bar{s}_5^f \vee o_1^f)$$
$$\Phi_{g_7}^f = (s_4 \vee s_5^f \vee \bar{o}_2^f) \wedge (\bar{s}_4 \vee o_2^f) \wedge (\bar{s}_5^f \vee o_2^f)$$

$$\Phi_{o_1}^{XOR} = (o_1 \vee o_1^f \vee \bar{o}_1^{XOR}) \wedge (o_1 \vee \bar{o}_1^f \vee o_1^{XOR}) \wedge (\bar{o}_1 \vee o_1^f \vee o_1^{XOR}) \wedge (\bar{o}_1 \vee \bar{o}_1^f \vee \bar{o}_1^{XOR})$$
$$\Phi_{o_2}^{XOR} = (o_2 \vee o_2^f \vee \bar{o}_2^{XOR}) \wedge (o_2 \vee \bar{o}_2^f \vee o_2^{XOR}) \wedge (\bar{o}_2 \vee o_2^f \vee o_2^{XOR}) \wedge (\bar{o}_2 \vee \bar{o}_2^f \vee \bar{o}_2^{XOR})$$
$$\Phi_o^{BD} = (o_1^{XOR} \vee o_2^{XOR} \vee \bar{o}^{BD}) \wedge (\bar{o}_1^{XOR} \vee o^{BD}) \wedge (\bar{o}_2^{XOR} \vee o^{BD})$$
$$\Phi_{s_5^f} = (s_5^f)$$
$$\Phi_{o^{BD}} = (o^{BD})$$

Die duplizierten Gatter sowie die duplizierten Signalleitungen des fehlerbehafteten Teils sind mit einem hochgestellten f annotiert. Die KNF für die einzelnen Gatter ist in Tabelle 5.4 zu finden. Für die Generierung der KNF für den fehlerbehafteten Teil ist anzumerken, dass die Seiteneingänge des Fehlerschattens die Signale s_3 und s_4 sind, für die nur eine Variable benutzt wird.

Nachdem die Gatter des Schaltkreises in eine KNF transformiert wurden, werden die hinzugefügten XOR-Gatter an den Ausgängen sowie das OR-Gatter ebenfalls in eine KNF transformiert. Schließlich wird noch in $\Phi_{s_5^f}$ der Fehler injiziert, indem die Leitung fest auf den Fehlerwert gesetzt wird und $\Phi_{o^{BD}}$ repräsentiert die Bedingung, dass der Fehlereffekt mindestens an einem Ausgang sichtbar sein muss.

Wird diese SAT-Instanz nun einem SAT-Beweiser übergeben, wird dieser eine Lösung präsentieren, welche eine Belegung des Schaltkreises darstellt. Eine mögliche Lösung für die SAT-Instanz wäre

$$i_1, i_2, s_1, \bar{s}_2, \bar{s}_3, s_4, \bar{s}_5, s_5^f, \bar{o}_1, o_1^f, o_2, o_2^f, o_1^{XOR}, \bar{o}_2^{XOR}, o^{BD}$$

wobei das invertierte Literal die Belegung mit 0 darstellt und das nicht-invertierte Literal die Belegung mit 1 darstellt. Aus dieser Lösung lässt sich der Test für den Fehler f ablesen, indem die Belegung der Eingänge extrahiert wird:

$$t[1] = 1; t[2] = 1$$

Das Thema SAT-basierte Testmustergenerierung wird in den Fachbüchern [DEFT09, ED12] vertiefend behandelt.

5.7 Kompaktierung

Ein äußerst wichtiger Aspekt für die Testmustergenerierung ist die Kompaktierung der Testmenge. Die Anzahl an Testmustern ist ein wichtiger Faktor zur Senkung der Testanwendungskosten. Ein höhere Anzahl an Testmustern führt sowohl zu einer Erhöhung des Speicherverbrauchs im Testgerät als auch zu einer Erhöhung der Testzeit für jeden einzelnen Chip. Beide Faktoren treiben die Testkosten nach oben. Um den Anteil der Testkosten an den Fertigungskosten gering zu halten, wird Wert auf eine möglichst kompakte Testmenge gelegt. Die Kompaktierung darf allerdings nicht zu Lasten der Fehlerüberdeckung gehen. Eine kompaktierte Testmenge muss demnach ebenfalls die höchstmögliche Fehlerüberdeckung liefern.

Gegeben sei der Schaltkreis $\mathcal{C} = (\mathcal{G}, \mathcal{S})$. Für diesen Schaltkreis existieren $2|\mathcal{S}|$ mögliche Haftfehler. Eine Testmustergenerierung ohne jegliche Kompaktierung würde demnach für jeden dieser Fehler ein Testmuster generieren. Somit würde die Testmenge aus $2|\mathcal{S}|$ Testmustern bestehen (inklusive möglicher Duplikate). Bei heutigen Schaltkreisgrößen würde das zu mehreren Millionen Testmustern führen, was inakzeptabel ist.

Verschiedene Techniken werden angewendet, um die Anzahl an Fehlern, für welche ein Testmuster generiert werden muss, zu verkleinern. Durch die Anwendung der Konzepte von Fehlerdominanz und Fehleräquivalenz (siehe Abschnitt 3.5) lässt sich die Fehlerliste im Vorfeld der Testmustergenerierung reduzieren. Wurde während der ATPG-Phase ein Test t generiert, so wird vom Fehlersimulator nachfolgend geprüft, ob t weitere noch nicht von Tests abgedeckte Fehler detektiert. Ist dies der Fall, können diese Fehler als testbar klassifiziert werden. Alle vom Fehlersimulator erkannten Fehler können aus der Fehlerliste gestrichen werden. Dies verringert den Aufwand für die Testmustergenerierung, da weniger Fehler durch das „teure" ATPG-Verfahren abgedeckt werden müssen. Ebenso verringert die Fehlersimulation typischerweise die Anzahl der Testmuster.

Abgesehen von der Fehlerlistenreduktion und dem Gebrauch des Fehlersimulators existieren zwei Klassen von Verfahren zur Erhöhung der Kompaktheit einer Testmenge. Hierbei handelt es sich um Methoden zur *statischen Kompaktierung* sowie um Methoden zur *dynamischen Kompaktierung*.

- Methoden zur statischen Kompaktierung werden angewendet, wenn der Prozess der Testmustergenerierung abgeschlossen wurde. Hierbei wird versucht, die bestehende Testmenge T bei gleich bleibender Fehlerüberdeckung zu reduzieren. Die Verfahren sind demnach unabhängig von der Art der Testmustergenerierung.

- Methoden zur dynamischen Kompaktierung werden während der Testmustergenerierung angewendet. Dynamische Methoden modifizieren den Prozess der Testmustergenerierung, um kompakte Testmengen zu erzeugen. Typischerweise wird versucht, die Anzahl der Fehler, welche durch den aktuell generierten Test detektiert werden, zu maximieren.

5.7.1 Statische Kompaktierung

Statische Kompaktierung wird wesentlich durch zwei unterschiedliche Techniken bestimmt. Zunächst beschreibt der folgende Abschnitt wie die Testmenge durch das Kombinieren meh-

Tabelle 5.5: Intersektionsoperator

$\cap$	0	1	X
0	0	–	0
1	–	1	1
X	0	1	X

rerer Testmuster reduziert werden kann. Nachfolgend wird ein Verfahren zur schnellen Erkennung von redundanten Testmustern vorgestellt.

Zusammenführung durch Intersektion

Typischerweise wird vom ATPG-Verfahren kein vollständig spezifiziertes Testmuster erzeugt, sondern ein so genannter *Test Cube*. Im Gegensatz zu vollständig spezifizierten Testmustern ist ein Test Cube über die dreiwertige Logik $\{0, 1, X\}$ definiert. Im Folgenden wird die Bezeichnung Testmuster weiterhin für sowohl vollständig spezifizierte Testmuster als auch für Test Cubes verwendet.

Das Vorhandensein von X-Werten ermöglicht die Zusammenfassung von mehreren Testmustern zu einem neuen Testmuster und somit zu einer Reduktion der Testmenge. Zwei Testmuster t_1 und t_2 werden als *kompatibel* bezeichnet, wenn sie für jeden Eingang $i_k \in \mathcal{I}$ keinen gegensätzlichen Wert besitzen, das heißt, wenn gilt:

$$t_1[k] = t_2[k] \qquad \vee \qquad t_1[k] = X \qquad \vee \qquad t_2[k] = X$$

Im Umkehrschluss heißt dies, dass t_1 und t_2 *inkompatibel* sind, wenn es einen Eingang $i_k \in \mathcal{I}$ gibt, für den gilt:

$$t_1[k] \neq t_2[k] \qquad \wedge \qquad t_1[k] \neq X \qquad \wedge \qquad t_2[k] \neq X$$

Sind zwei Testmuster t_1 und t_2 kompatibel so können sie mittels einer *Intersektion* zu einem dritten Testmuster t_3 kombiniert werden. Da t_3 alle von t_1 und t_2 detektierten Fehler ebenfalls erkennt, werden t_1 und t_2 redundant und können aus der Testmenge entfernt werden. Um einen hohen Kompaktierungsgrad zu erreichen, ist generell eine große Anzahl an X-Werten in den generieren Testmustern erwünscht. Dies allein ist jedoch kein Garant für eine kompakte Testmenge.

Tabelle 5.5 zeigt die Funktion des Intersektionsoperators $\cap$. Bei der Kompaktierung ist die Reihenfolge der Durchführung von Intersektionen zu beachten. Dies verdeutlicht das folgende Beispiel:

Beispiel 5.16

Gegeben sind die folgenden Testmuster:

$$t_1 = 00XX; t_2 = 0X11; t_3 = XX01; t_4 = 011X$$

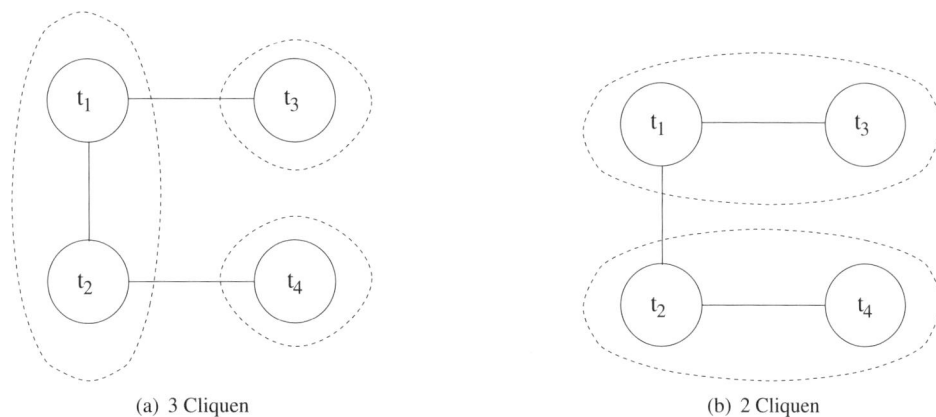

(a) 3 Cliquen   (b) 2 Cliquen

Abbildung 5.17: *Statische Kompaktierung als Cliquenproblem*

Da t_1 und t_2 kompatibel sind, lässt sich durch eine Intersektion das Testmuster $t_5 = t_1 \cap t_2$ erzeugen. Die Testmenge besteht daraufhin aus folgenden Testmustern:

$$t_3 = XX01; t_4 = 011X; t_5 = 0011$$

Diese Testmuster sind nicht kompatibel zueinander. Daher ist die Kompaktierung abgeschlossen. Würde man allerdings aus der ursprünglichen Testmenge zuerst die kompatiblen Testmuster t_1 und t_3 kombinieren, so kann man danach weiterhin die kompatiblen Testmuster t_2 und t_4 zusammenfügen: $t_6 = t_1 \cap t_3; t_7 = t_2 \cap t_4$. Hierdurch kann die folgende kompaktere Testmenge erzeugt werden:

$$t_6 = 0001; t_7 = 0111$$

Um die optimale Testmenge zu finden, das heißt die Testmenge mit der geringsten Anzahl an Testmustern, kann das Problem der Kompaktierung in ein *Cliquenproblem* transformiert werden. Als Cliquenproblem versteht man ein Problem, welches mit dem Finden von vollständigen Untergraphen (Clique) einhergeht. Für die Transformation in ein Cliquenproblem wird ein Graph $G = (V, E)$ erstellt.

Jeder Knoten $v_i \in V$ repräsentiert genau ein Testmuster t_i aus der zu kompaktierenden Testmenge. Die Kanten des Graphen repräsentieren die Kompatibilität der Testmuster. Sind zwei Testmuster t_i und t_j kompatibel, so existiert eine Kante $e = t_i \times t_j$ zwischen den beiden Knoten. Alle Testmuster, deren Knoten eine Clique in G darstellen, das heißt in einem vollständigen Untergraphen miteinander verbunden sind, können in einem einzigen Testmuster zusammengefasst werden.

Die minimale Testmenge kann daher gefunden werden, indem alle Knoten mit der minimalen Anzahl an Cliquen überdeckt werden.

Beispiel 5.17

Abbildung 5.17 zeigt zwei verschiedene vollständige Cliquenüberdeckungen für die Testmenge aus Beispiel 5.16. Hier ist zu sehen, dass die dortige „voreilige" Kombination von t_1 und t_2 zu einer Überdeckung des Graphen mittels dreier Cliquen führt. Durch eine andere Anordnung der Cliquen kann die Testmenge auf zwei reduziert werden.

Das dargestellte Cliquenproblem gehört allerdings zu den NP-vollständigen Probleme. Daher kann die Lösung besonders für große Testmengen einen erheblichen Laufzeit-Aufwand verursachen. In der Praxis wird daher oft auf ein *Greedy*-Verfahren zurückgegriffen, in dem solange zwei kompatible Testmuster heuristisch gewählt werden, bis keine weiteren kompatiblen Testmuster mehr gefunden werden.

Redundante Testmuster

Ein weiteres Verfahren zur Reduzierung der Testmenge ist die *Reverse-Order Fehlersimulation*. Das Ziel dieses Verfahrens ist die schnelle Entfernung von redundanten Testmustern. Ein Testmuster t gilt als redundant, wenn alle von dem Testmuster detektierten Fehler auch von mindestens einem anderen Testmuster der Testmenge detektiert werden. Das ATPG-Verfahren garantiert, dass jeder Fehler f von einem *ersten* Test gefunden wird. Dies schließt allerdings nicht aus, dass später Tests generiert werden, welche den bereits detektierten und aus der Fehlerliste entfernten Fehler ebenfalls detektieren. Typischerweise detektiert ein Test t_1 nicht nur einen sondern mehrere Fehler $f_1, \ldots, f_n$. Werden alle diese Fehler $f_1, \ldots, f_n$ während des ATPG-Verfahrens durch weitere Tests $t_2, \ldots, t_m$ ebenfalls detektiert, so kann t_1 entfernt werden.

Zur schnellen Erkennung werden daher die Tests nach Beendigung des ATPG-Verfahrens in umgekehrter Reihenfolge zur Erzeugung simuliert. Hierbei werden alle Fehler des Schaltkreises betrachtet. Wird ein Fehler von einem Test erkannt, so wird dieser aus der Fehlerliste gestrichen. Erkennt ein Testmuster *keinen* neuen Fehler, so ist dieses redundant und kann entfernt werden.

Die Reverse-Order Fehlersimulation erkennt allerdings nicht alle redundanten Testmuster einer Testmenge, da sie abhängig von der Reihenfolge arbeitet. Daher ist es möglich, dieses Vorgehen mit einer anderen (zufälligen) Reihenfolge des Tests zu wiederholen. Hierdurch können unter Umständen weitere Testmuster entfernt werden.

Beispiel 5.18

Gegeben seien die in Reihenfolge der Indizierung generierten Testmuster t_1, t_2, t_3, t_4, t_5 und die zugehörigen detektierten Fehler $f_1, f_2, f_3, f_4, f_5, f_6, f_7$. Die Zuordnung der erkannten Fehler ist wie folgt:

$$t_1 \rightarrow f_1, f_2, f_4$$
$$t_2 \rightarrow f_3, f_2$$
$$t_3 \rightarrow f_5, f_1, f_3$$

$$t_4 \rightarrow f_6, f_4, f_5$$
$$t_5 \rightarrow f_7, f_5, f_1$$

Werden nun diese Testmuster in umgekehrter Reihenfolge zur Erzeugung simuliert, so wird erkannt, dass Testmuster t_1 redundant ist, da f_1 bereits von t_5, f_2 schon von t_2 und f_4 bereits von t_4 erkannt wird. Daher kann t_1 entfernt werden. Wird nun die Reihenfolge der Simulation in t_4, t_5, t_2, t_3 geändert, so kann nun erkannt werden, dass der Test t_3 redundant ist und ebenfalls entfernt werden kann. Die finale Testmenge besteht daher aus t_2, t_4, t_5.

5.7.2 Dynamische Kompaktierung

Ein Nachteil der statischen Kompaktierung ist, dass diese auf bestehenden Testmengen operiert, deren Testmuster unabhängig voneinander erzeugt wurden. Dies kann sich negativ auf die Kompaktierung auswirken.

Man betrachte zwei Fehler f_1 und f_2. Beide Fehler lassen sich theoretisch gemeinsam durch einen Test detektieren. Wenn nun jeweils ein Test Cube t_1, welcher f_1 detektiert und ein Test Cube t_2, welcher f_2 detektiert, erzeugt wird, so lässt sich die Wahrscheinlichkeit einer erfolgreichen (statischen) Kompaktierung auf die Wahrscheinlichkeit zurückführen, dass alle sämtliche gesetzten Eingänge beider Tests harmonieren. Da es für jeden Fehler in den meisten Fällen mehrere mögliche Testmuster gibt, hängt es von den Entscheidungen des ATPG-Verfahrens ab, welche Eingänge wie belegt werden. Im schlimmsten Fall können also Entscheidungen getroffen werden, welche dazu führen, dass das Testmuster sich nicht mit anderen Testmustern zusammenführen lässt. Daher versuchen Methoden zur dynamischen Kompaktierung diesen Aspekt schon während der Testmustergenerierung zu berücksichtigen [GR79].

Wird ein Testmuster zur Erkennung eines Fehlers erzeugt, so enthält dieses typischerweise eine hohe Anzahl an X-Werten (Test Cube). Dynamische Kompaktierungsmethoden versuchen nun diese X-Werte derart zu spezifizieren, so dass andere Fehler ebenfalls detektiert werden. Dies hat den Vorteil gegenüber der statischen Kompaktierung, dass aus Sicht der Kompaktierung falsche Entscheidungen vermieden werden können und die Eingänge derart belegt werden können, dass auch andere Fehler entdeckt werden können. Algorithmus 11 zeigt ein einfaches Basisverfahren zur dynamischen Kompaktierung.

Zunächst wird aus der Fehlerliste der noch nicht detektierten Fehler ein primärer Fehler f_{Prim} gewählt. Für diesen Fehler wird durch ein ATPG-Verfahren ein Test Cube t erzeugt. Hierbei ist es wichtig, dass eine hohe Anzahl an X-Werten enthalten ist. Nachfolgend wird eine Testmenge sekundärer Fehler gewählt. Diese kann entweder alle noch nicht detektierten Fehler enthalten oder eine Menge an heuristisch gewählten Fehlern, die sich möglicherweise gut durch ein gemeinsames Testmuster testen lassen würden.

Das ATPG-Verfahren versucht nun Tests für die gewählten sekundären Fehler zu erzeugen unter Einhaltung der in t spezifizierten Werte. Das heißt, die im primären ATPG-Aufruf

---

Algorithmus 11 Basisverfahren zur dynamischen Kompaktierung

Input: Kombinatorische Schaltung $\mathcal{C}$, Fehlerliste F
Output: Testmenge T

    Sei F die Fehlerliste aller noch nicht detektierten Fehler;
    Testmenge $T := \emptyset$;
    while $F \neq \emptyset$ **do**
        Wähle primären Fehler f_{Prim};
        Test Cube $t := \text{ATPG}(f_{\text{Prim}})$;
        if $t = \emptyset$ **then**
            Markiere f_{Prim} als *untestbar*;
            $F := F \setminus \{f_{\text{Prim}}\}$;
        else
            Wähle sekundäre Fehlermenge $F_{\text{Sek}} \subset F$;
            for Alle Fehler f_i in F_{Sek} **do**
                {Sei t eine notwendige Bedingung für das ATPG-Verfahren}
                Test Cube $t_{\text{Sek}} := \text{ATPG}(f_i,t)$;
                if $t_{\text{Sek}} \neq \emptyset$ **then**
                    $t = t \wedge t_{\text{Sek}}$;
                end if
            end for
            {Erkennung aller von t detektierten Fehler in F}
            $F_{Det} := \text{Fehlersimulation}(F,t)$;
            {Streiche alle Fehler in F_{Det} aus F}
            $F := F \setminus F_{Det}$;
            $T := T \cup \{t\}$;
        end if
    end while
    return T

---

gewählten Eingangswerte dürfen nicht verändert werden. Ist unter diesen notwendigen Bedingungen ein gemeinsamer Test möglich, so wird dieser vom ATPG-Verfahren gefunden. Wurde für einen sekundären Fehler ein gemeinsames Testmuster gefunden, so wird für die nachfolgend betrachteten sekundären Fehler dieses Testmuster als notwendige Bedingung erachtet, da es den primären Fehler wie auch die bereits gefundenen sekundären Fehler detektiert.

Nachdem alle sekundären Fehler bearbeitet wurden, wird das generierte Testmuster finalisiert und die Fehlersimulation wird ausgeführt. Alle von diesem Testmuster gefundenen Fehler werden dann als testbar markiert und aus der Fehlerliste entfernt. Damit sind diese von der weiteren Bearbeitung ausgeschlossen. Schließlich wird das generierte Testmuster t der Testmenge hinzugefügt.

Es ist anzumerken, dass sekundäre Fehler nicht als untestbar markiert werden können, da das ATPG-Verfahren nur feststellen kann, dass es unter den hinzugefügten notwendigen Bedingungen diesen Fehler nicht erkennen kann.

Verfahren zur dynamischen Kompaktierung sind generell laufzeitintensiver als Verfahren zur statischen Kompaktierung. Allerdings versprechen diese in den meisten Fällen eine höhere Kompaktierung.

5.8 Einordnung und weitere Themen

Verfahren zur deterministischen Testmustergenerierung, sogenannte ATPG-Verfahren, sind ein über viele Jahre intensiv erforschtes Gebiet. Kommerzielle ATPG-Werkzeuge bestehen aus hoch-optimierten Algorithmen und Datenstrukturen, welche typischerweise auf strukturellen Gatter-Netzlisten agieren. Dadurch sind diese in der Lage für die meist große Menge an einfach zu testenden Fehlern sehr schnell eine kompakte Testmenge zu generieren. Soweit Einblicke in kommerzielle Werkzeuge bekannt sind, befinden sich aktuell hoch-optimierte Varianten der PODEM/FAN-Prozedur im Einsatz, die teilweise statische Lernverfahren nutzen. Es kommen sowohl statische als auch dynamische Verfahren zur Kompaktierung zum Einsatz.

Schwierigkeiten bereiten diesen Algorithmen die mit der Komplexität der Schaltungen steigende Anzahl an schwer zu testenden Fehlern. Insbesondere bei der Betrachtung des Transitionsfehlermodells kann es durch die Beschränkung der zeitlichen Ressourcen zu geringerer Fehlerüberdeckung beziehungsweise geringerer Testüberdeckung kommen. Oft ist eine Erhöhung der zeitlichen Ressourcen, beziehungsweise des Backtrack-Limits nicht möglich, da die Laufzeit der Testmustergenerierung an sich bereits sehr hoch ist. Zum Beispiel kann der gesamte Prozess der Testmustergenerierung für große Prozessoren zu Laufzeiten von mehreren Wochen führen.

Abhilfe schafft hier die Parallelisierung auf einem Cluster, in dem die Testgenerierung für einzelne Fehler auf verschiedene Kerne oder Maschinen verteilt wird. Dies kann allerdings zu Lasten der Kompaktheit der Testmenge führen.

Eine höhere Testüberdeckung kann durch den Einsatz von SAT-basierten ATPG-Verfahren erreicht werden. Diese konnten sich in der industriellen Praxis aufgrund der meist höheren Laufzeit jedoch noch nicht etablieren und gelten derzeit (im Gegensatz zu strukturellen ATPG-Verfahren) als aktueller Forschungsgegenstand.

Allgemein konzentriert sich die aktuelle Forschung im Bereich von ATPG-Verfahren vor allem darauf, wie sich mit wenig Aufwand die Qualität der Testmenge verbessern lassen kann. Mit Qualität der Testmenge ist vor allem die Fähigkeit gemeint, neue Defekttypen zu erkennen, die nicht oder nicht ausreichend durch die klassischen Fehlermodelle wie dem Haftfehlermodell oder dem Transitionsfehlermodell abgedeckt werden.

Typischerweise geht die Erhöhung der Qualität einer Testmenge mit einer signifikanten Erhöhung der Testmusteranzahl und damit einer Steigerung der Testkosten einher. Daher werden neue Verfahren in diesem Gebiet auch darüber bewertet, wie kompakt die erzeugten Testmengen sind.

6 Sequentielle Testmustergenerierung

Im letzten Kapitel wurden Algorithmen vorgestellt, die deterministisch Testmuster für kombinatorische Schaltkreise generieren können. Zwar werden in nahezu allen Anwendungsbereichen sequentielle Schaltkreise eingesetzt, also Schaltkreise, die einen internen Zustand speichern können, aber für den Test werden sogenannte Prüfketten eingesetzt, die die volle Kontrolle über den Zustand des Schaltkreises erlauben. Zur Realisierung der Prüfketten werden die Flipflops modifiziert, so dass in einem speziellen Testmodus der Wert über eine Art Schieberegister kontrolliert wird (eine genauere Diskussion hierzu liefert Abschnitt 7.2). Diese zusätzliche Hardware erleichtert zwar den Test, hat aber auch Nachteile. Offensichtlich führt die zusätzliche Hardware auch zu zusätzlichen Kosten bei der Fläche, weiterhin müssen auch Prüfketten und weitere Testinfrastruktur verdrahtet werden, so dass die Performanz des Schaltkreises beeinflusst wird. Ein zweites Problem ist das sogenannte *Overtesting*. Im Testmodus sind auch Zustände, das heißt Speicherkonfigurationen, und Abfolgen von Zuständen einstellbar, die während der normalen Operation nicht vorkommen können. Beim Testen werden also Situationen geprüft und eventuell Probleme festgestellt, die sich praktisch nicht auswirken würden.

Sowohl beim Zusatzaufwand als auch bei Overtesting schafft die sequentielle Testmustergenerierung Abhilfe. Statt den sequentiellen Schaltkreis zu modifizieren wird das tatsächliche sequentielle Verhalten betrachtet, um Testmuster zu generieren. Diese Testmuster können dann direkt über eine normale Eingabesequenz an den primären Eingängen des Schaltkreises appliziert werden. Man spricht von *funktionalen Tests*, da die Funktion im normalen Betriebsmodus überprüft wird.

Dass sequentielle Testmustergenerierung nicht immer eingesetzt wird, hat zwei wesentliche Gründe. In erster Linie ist die Einstellung eines vordefinierten Zustandes für den Schaltkreis nicht immer leicht möglich. Falls durch ein Reset-Signal alle Speicherelemente zurückgesetzt werden können, lässt sich relativ einfach ein vollständig definierter Zustand erzeugen. Dies ist allerdings nicht immer der Fall. Außerdem müsste dann jede Testsequenz vom Reset-Zustand aus starten. Dies hat lange Eingabesequenzen für jedes Testmuster zur Folge. Als einfaches Beispiel sei ein Zähler genannt, der vom Startwert null aufwärts zählt. Bei n Binärstellen werden 2^n Takte benötigt, bis der höchste Zählerwert, der alle Stellen auf 1 setzt, erreicht wird. Zweitens wird die Testmustergenerierung viel aufwändiger und damit für große Schaltkreise unpraktikabel.

Dennoch gibt es in der Praxis Fälle, in denen zusätzliche Hardware und resultierende Performanzeinbußen inakzeptabel sind, die aber klein genug sind, um mit sequentieller Testmustergenerierung behandelt zu werden. Ein Beispiel hierfür sind Speicher-Interfaces. Da

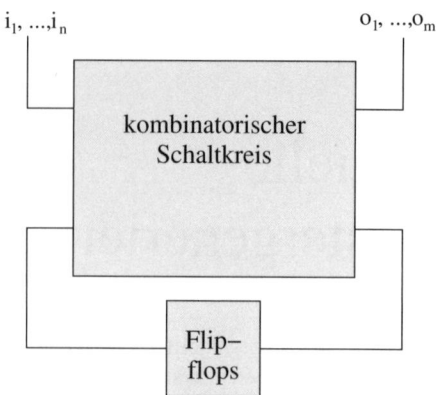

Abbildung 6.1: *Modell für sequentielle Schaltkreise*

der Speicherzugriff ohnehin oft einen Engpass darstellt, muss er so performant wie möglich realisiert werden.

In diesem Kapitel werden deshalb Algorithmen zur sequentiellen Testmustergenerierung vorgestellt. Bei entsprechender Modellierung lassen sich prinzipiell die gleichen Algorithmen wie im kombinatorischen Fall einsetzen. Aber durch Ausnutzung der Information, dass es es sich um einen sequentiellen Schaltkreis handelt, lässt sich die Effizienz steigern.

Das Kapitel ist wie folgt gegliedert: Die grundlegende Modellierung für die sequentielle Testmustergenerierung wird in Abschnitt 6.1 eingeführt. In Abschnitt 6.2 werden Algorithmen für die sequentielle Testmustergenerierung besprochen. Auf dieser Basis wird in Abschnitt 6.3 diskutiert, wie sich die Art des betrachteten Schaltkreises auf die sequentielle Testmustergenerierung und die Modellierung auswirkt.

6.1   Grundlegende Modellierung

Um die Betrachtung einfach zu halten, werden zunächst sequentielle Schaltkreise mit einem globalen synchronen Taktsignal betrachtet, das heißt, dass alle Flipflops gleichzeitig den neuen Wert, der am Eingang anliegt, als neuen internen Wert übernehmen. In diesem Fall trifft die Modellierung aus Abbildung 6.1 zu, die auch in den Grundlagen in Abschnitt 2.2 eingeführt wurde.

Wie üblich hat der Schaltkreis primäre Ein- und Ausgänge. Die gesamte kombinatorische Logik, das heißt, alle Gatter außer Flipflops, sind im kombinatorischen Schaltkreis zusammengefasst. Wichtig ist dabei, dass der kombinatorische Schaltkreis und damit der zu Grunde liegende Schaltkreisgraph ohne Flipflops zyklenfrei ist, da sonst speichernde Elemente realisiert werden könnten. Der Zustand Z des sequentiellen Schaltkreises ist dann in den speichernden Elementen, also in den Flipflops, gespeichert. Man spricht dabei auch vom *aktuellen* Zustand zum Zeitpunkt Z_t. Die neuen Werte der Flipflops, also der Zustand Z_{t+1} zum Zeitpunkt $t + 1$, und die Werte der primären Ausgänge werden aus dem aktuellen Zu-

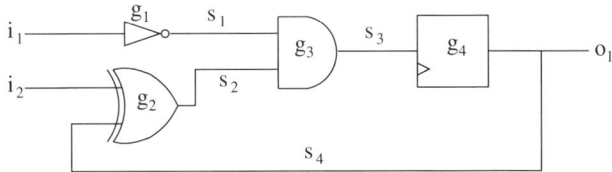

Abbildung 6.2: *Sequentieller Schaltkreis zur Berechnung der Parität*

Tabelle 6.1: *Testmuster für den Fehler $s_2/0$*

t	i_1	i_2	o_1	o_1'	Funktion
1	1	1	x	0	Einstellen
2	0	1	0	0	Kombinatorischer Test
3	0	0	1	0	Propagation

stand und den Werten der primären Eingänge berechnet. Diese Übergangsfunktion ζ wird durch die kombinatorische Logik realisiert, wie in Abschnitt 2.2 eingeführt:

$$\zeta : Z_t \times \mathcal{I}_t \to Z_{t+1} \times \mathcal{O}_{t+1}$$

Dabei ist zum Zeitpunkt t die Eingabe über die primären Eingängen $Z = (i_{1,t}, \dots, i_{n,t})$ und der Zustand über die Werte der Flipflops $Z_t = (pi_{1,t}, \dots, pi_{l,t})$ gegeben, wobei also $pi_{j,t}$ den Ausgabewert des j-ten Flipflops zum Zeitpunkt t bezeichnet. Der Nachfolgezustand beziehungsweise der aktuelle Zustand zum nächsten Zeitpunkt $t+1$ ist dann gegeben durch $Z_{t+1} = (pi_{1,t+1}, \dots, pi_{l,t+1}) = (po_{1,t}, \dots, po_{l,t})$, wobei $po_{j,t}$ den Eingabewert des j-ten Flipflops zum Zeitpunkt t bezeichnet. Im Prinzip wird der sequentielle Schaltkreis also als endlicher Automat betrachtet.

Ein Testmuster für einen Fehler in einem sequentiellen Schaltkreis besteht im Prinzip aus den gleichen drei Teilen wie im kombinatorischen Fall. Zunächst muss der richtige Zustand im Schaltkreis eingestellt werden, dann muss der kombinatorische Test für den entsprechenden Fehler ausgeführt werden und schließlich muss der Fehlereffekt zu einem primären Ausgang propagiert werden. Im sequentiellen Fall können Fehlereinstellung und Fehlerpropagation über mehrere Takte notwendig sein.

Beispiel 6.1

Angenommen im Schaltkreis aus Abbildung 6.2 liegt der Haftfehler $s_2/0$ vor, dann zeigt Tabelle 6.1 ein Testmuster. In der Spalte o_1 ist der Wert des Ausgangs im fehlerfreien Fall angegeben. Spalte o_1' gibt den Wert im fehlerhaften Fall an. Die Eingabe $i_1 = 1$ im ersten Takt dient dazu, den Zustand 0 einzustellen. Im zweiten Takt wird der kombinatorische Test durch $i_2 = 1$ und $s_4 = 0$ ein abweichender Wert an s_2 erzeugt und im Flipflop gespeichert. Die Propagation erfolgt dann im dritten Takt an Ausgang o_1.

Für ein endliches Zeitfenster lässt sich das sequentielle Verhalten durch eine kombinatorische Modellierung darstellen. Im Testbereich spricht man von *Time Frame Expansion* um

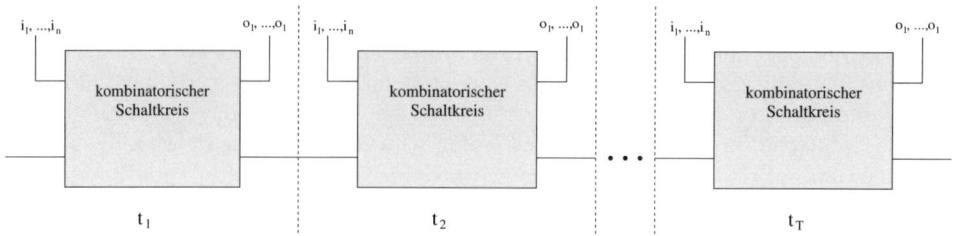

Abbildung 6.3: *Iterative Logic Array*

ein *Iterative Logic Array* (ILA) zu erzeugen [Kub68, PR71]. Aus der formalen Verifikation ist eine ähnliche Modellgenerierung für die Eigenschaftsprüfung für das *Bounded Model Checking* (BMC) [BCCZ99] bekannt; dort spricht man auch vom „Abrollen" (engl. *Unrolling*) des Schaltkreises. Abbildung 6.3 zeigt das entsprechende Modell. Ausgehend vom Zustand zum Zeitpunkt t_1 wird das Verhalten über τ weitere Takte modelliert. Dazu werden konzeptuell die Flipflops aufgetrennt. Die Eingänge der Flipflops zum Zeitpunkt t, die den Nachfolgezustand beschreiben, werden direkt mit den Ausgängen der Flipflops zum Zeitpunkt $t + 1$, die den aktuellen Zustand beschreiben, verbunden. Die Flipflops selbst werden dabei entfernt.

Im Prinzip entsteht so direkt ein neuer kombinatorischer Schaltkreis, der mit den bekannten Algorithmen zur Testmustergenerierung behandelt werden kann. Allerdings muss die Fehlermodellierung angepasst werden, da zum Beispiel ein permanenter Haftfehler, zu jedem Zeitpunkt vorhanden ist. Außerdem wird in diesem Modell angenommen, dass alle primären Eingänge direkt kontrollierbar sind – dass also beliebige Eingabesequenzen angelegt werden können. Ist dies nicht der Fall, müssen bei der Testmustergenerierung zusätzliche Randbedingungen eingebracht werden.

Der Zustand Z_0 im ersten Zeitpunkt der Modellierung ist zu bestimmen. Hierfür kann die Initialisierung des Schaltkreises oder die Testinfrastruktur genutzt werden. Falls der Schaltkreis keine Prüfketten besitzt, so muss die verfügbare Initialisierung des Schaltkreises genutzt werden. Oft gibt es eine Initialisierungssequenz, also Eingabesequenz, die den Schaltkreis in einen vordefinierten Zustand versetzt. Dabei wird vom Initialzustand oder vom Reset-Zustand gesprochen.

Auf diese Weise können tatsächlich nur Testsequenzen erzeugt werden, die auch im Betrieb auftreten können, sofern die primären Eingänge vollständig kontrolliert und frei gewählt werden können. Falls nicht alle Flipflops auf einen vordefinierten Wert gezwungen werden können, so muss das Verfahren zur Testmustergenerierung mit diesen unbekannten Werten umgehen können. Vom vordefinierten Initialzustand zu starten, kann dazu führen, dass das Testmuster aus einer sehr langen Eingabesequenz besteht, wie im Zählerbeispiel in der Einleitung dieses Kapitels gezeigt.

Falls keine Initialisierungssequenz existiert, so kann von einem unbekannten Zustand zum Zeitpunkt 0 ausgegangen werden. Ein Teil der Eingabesequenz des Testmusters sorgt dann für die Initialisierung der für den betrachteten Fehler relevanten Teile des Schaltkreises.

Eine Alternative ist das Pseudofunktionale Testen [LLC06]. Falls der Schaltkreis über Prüfketten verfügt oder einzelne Flipflops Teil von Prüfketten sind, so kann der Wert von diesen
Flipflops kontrolliert werden, so dass das Verfahren zur Testmustergenerierung dort beliebige Werte einsetzen kann. In diesem Fall können die Testmuster kürzer werden und der
zeitliche Aufwand für die Testmustergenerierung wird reduziert. Allerdings wird auch zusätzliche Hardware benötigt und es kann zu Overtesting kommen. Nichtsdestotrotz orientiert
sich der eigentliche Test weitgehend am realen sequentiellen Verhalten des Schaltkreises.

Beispiel 6.2

Man betrachte wieder den Schaltkreis in Abbildung 6.2 der die Parität über die Eingabesequenz berechnet. Eine Initialisierungssequenz für diesen Schaltkreis ist das Anlegen
von $i_1 = 1$ für einen Takt. Dadurch wird der Schaltkreis in den definierten Zustand
$g_4 = 0$ versetzt. Somit existiert eine Initialisierungssequenz, um den Schaltkreis in den
vordefinierten Zustand zu versetzen. Die Erzeugung von Testmustern kann dann immer
direkt von diesem Zustand aus beginnen.

Im Falle dieses Schaltkreises wird die Initialisierung über digitale Bauteile erreicht und
ist somit für die Modellierung in einem Testmustergenerator zugänglich. Deshalb besteht
für diese sequentielle Berechnung der Parität auch die Möglichkeit, einen unbekannten
Initialzustand, der mit dem Wert X in allen Flipflops beschrieben wird, zuzulassen und
dem Testmustergenerator die Berechnung der Initialisierungssequenz zu überlassen.

Diese Möglichkeit besteht nicht, falls der Schaltkreis nicht über die Digitallogik initialisiert wird, dies also nicht Teil des Modells ist. In diesem Fall muss eine entsprechende
Sequenz spezifiziert werden.

Im sequentiellen Fall besteht nicht nur die Möglichkeit, Ausgangswerte zu einem einzigen
Zeitpunkt zu beobachten. Stattdessen können auch Ausgabesequenzen beobachtet werden.
Mitunter ist dies notwendig, um bestimmte Fehler überhaupt testen zu können.

Beispiel 6.3

Im Beispiel aus Abbildung 6.2 kann der Haftfehler $s_2/0$ auch entdeckt werden, indem
kontinuierlich $i_1 = 0$ und $i_2 = 1$ angelegt werden. Im fehlerfreien Fall sollte sich dann
eine Ausgabesequenz ergeben, die abwechselnd die Werte 0 und 1 an o_1 zeigt. Im fehlerhaften Fall wird allerdings immer die Ausgabe 0 erzeugt. Eine Beobachtung des Ausgangs zu nur einem Zeitpunkt reicht in diesem Fall nicht aus, da der gegebenenfalls beobachtete Wert 0 gerade korrekt sein könnte. Es müssten in diesem Fall also mindestens
zwei Takte beobachtet werden, um einen Wechsel zwischen 0 und 1 zu sehen.

6.2   Algorithmen

Wie oben erwähnt können im Prinzip die Verfahren aus Kapitel 5 eingesetzt werden, um auf
dem ILA sequentielle Testmuster zu generieren. Dies wäre jedoch zu aufwändig, deshalb

werden optimierte Algorithmen eingesetzt. Ohne die Historie aller Verfahren im Detail dar-
zustellen, werden im Folgenden ein strukturelles Verfahren und ein Verfahren basierend auf
Boolescher Erfüllbarkeit (SAT) erläutert. Dabei wird jeweils dargestellt, wie ein Testmuster
für einen einzigen Fehler generiert werden kann. Um eine Testmenge für alle Fehler zu erzeugen, muss entsprechend iteriert werden, wie dies bereits in Abschnitt 5.7 erläutert wurde.
Wie aufsetzend auf Boolescher Erfüllbarkeit eine gesamte Testsequenz für Transitionsfehler
generiert werden kann, wird abschließend besprochen.

6.2.1 Strukturelle Verfahren

Strukturelle Verfahren zur Testmustergenerierung arbeiten direkt auf dem Schaltkreisgraphen. Um das sequentielle Verhalten zu berücksichtigen, wird das ILA genutzt. Im kombinatorischen Fall wird von strukturellen Algorithmen die fünfwertige Logik mit den Werten
$\{0, 1, X, D, \overline{D}\}$ verwendet. Dabei modelliert der Wert D den Fall, dass eine Signalleitung im
fehlerfreien Schaltkreis den Wert 1 und im fehlerhaften Schaltkreis den Wert 0 annimmt. Für
den sequentiellen Fall reicht diese Modellierung nicht aus. Es muss dargestellt werden, dass
ein Signal im fehlerfreien Fall den Wert 1 hat, im fehlerhaften Fall aber einen unbekannten
Wert X hat, da es nicht initialisiert wurde.

Deshalb wird im sequentiellen Fall die neunwertige Modellierung aus [Mut76] verwendet,
die in Tabelle 6.2 dargestellt ist. Diese Logik erweitert die fünfwertige Logik um die Werte
$G0$, $G1$, $F0$ und $F1$. Mit dem Wert $F1$ kann die eben beschriebene Kombination ausgedrückt werden – im fehlerhaften Fall liegt der unbekannte Wert X vor, im fehlerfreien Fall
liegt der bekannte Wert 1 vor. Analog modellieren die anderen neuen Werte unbekannte
Signalwerte im fehlerfreien oder fehlerhaften Schaltkreis. Mit der neunwertigen Logik $\mathcal{L}_9$
können dann die Bedingungen für das Einstellen abweichender Werte und Propagation des
Fehlereffektes im ILA annotiert werden.

Mit dieser Erweiterung kann zum Beispiel der D-Algorithmus (Algorithmus 7 auf Seite 70)
eingesetzt werden. Dabei wird das ILA zunächst mit einer Kopie des Schaltkreises initialisiert. Beim Abbruchkriterium für die Propagation des Fehlereffektes in Zeile 4 werden dann
nur primäre Ausgänge berücksichtigt, da im sequentiellen Fall keine Beobachtung am Eingang eines Flipflops – einem pseudoprimären Ausgang – möglich ist. Beim Verschieben der
D-Grenze über einen pseudoprimären Ausgang hinweg, muss das ILA um eine weitere Kopie des Schaltkreises ergänzt werden. Die gleiche Modifikation muss für die Einstellung der
Abweichung an der Fehlerstelle vorgenommen werden. Beim Verschieben der J-Grenze über
einen pseudoprimären Eingang hinweg wird also ebenfalls eine Kopie des Schaltkreises im
ILA vor dem pseudoprimären Eingang ergänzt.

Damit das Verfahren möglichst schnell terminiert, können die Entscheidungsheuristiken so
angepasst werden, dass die Fehlerpropagation an primäre Ausgänge und die Einstellung über
primäre Eingänge bevorzugt wird. Gleichzeitig müssen die Algorithmen auf die neunwertige
Logik angepasst werden. Wird zum Beispiel der Wert $F1$ an einer Leitung vorgefunden
und der Algorithmus impliziert den neuen Wert $\overline{D}$ an dieser Stelle, so ist dies konfliktfrei
möglich. Der bisher im fehlerhaften Fall unbekannte Wert X wird dadurch bekannt und mit
dem neuen Wert 0 überschrieben. In analoger Weise müssen auch die anderen zusätzlich
definierten Werte $G0$, $G1$ und $F0$ von den Algorithmen behandelt werden.

Tabelle 6.2: *Neunwertige Logik aus [Mut76]*

fehlerfrei	fehlerhaft		
	0	1	X
0	0	$\overline{D}$	$G0$
1	D	1	$G1$
X	$F0$	$F1$	X

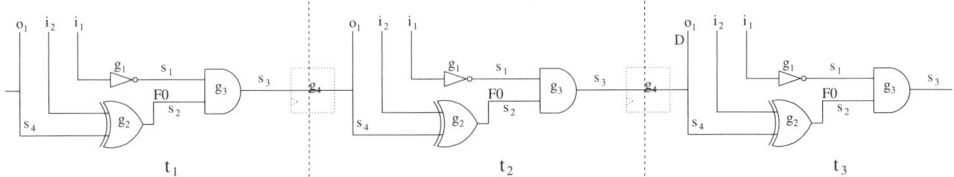

Abbildung 6.4: *ILA des Schaltkreises aus Abbildung 6.2 für drei Takte*

Beispiel 6.4

Man betrachte wieder den Schaltkreis in Abbildung 6.2 mit dem Haftfehler $s_2/0$. In Abbildung 6.4 ist das ILA für drei Takte zu sehen. Das Signal s_4 wird ein pseudoprimärer Eingang; das Signal s_3 wird ein pseudoprimärer Ausgang.

Analog zu den kombinatorischen Verfahren zur Testmustergenerierung werden auf diesem Modell zunächst die Randbedingungen formuliert, die an das Testmuster gestellt werden. Die Beobachtung des Fehlers soll im dritten Takt geschehen, der Pfad von der Fehlerstelle s_2 dorthin ist nicht invertierend. Deshalb wird die Bedingung $o_1 = D$ im dritten Takt gefordert. An der Fehlerstelle s_2 liegt der fehlerhafte Wert 0 in allen Takten vor, der Wert im fehlerfreien Fall ist zunächst unbekannt.

Ausgehend von $o_1 = D$ im dritten Takt wird $s_3 = D$ im zweiten Takt direkt gefolgert. Nun ist eine Heuristik notwendig, die entscheidet, dass an den Eingängen des AND-Gatters im zweiten Takt die Werte $s_2 = D$ und $s_1 = 1$ eingestellt werden. Dies erzwingt $i_1 = 0$ im zweiten Takt. Im Anschluss ist erneut eine Entscheidung notwendig, zum Beispiel $i_2 = 1$ und $s_3 = 0$ im zweiten Takt. Damit sind im zweiten Takt alle primären Eingänge fixiert, aber der Wert 0 auf s_4 muss über den Wert von s_3 im ersten Takt eingestellt werden. Dies ist unmittelbar durch $s_1 = 0$ im ersten Takt möglich und erzwingt $i_1 = 1$ im ersten Takt.

Damit lassen sich alle relevanten Bedingungen einstellen, so dass der Algorithmus terminiert.

Im gezeigten Beispiel wurde ohne genaue Begründung gewählt, wie, wann und welche Bedingungen gesetzt werden sollen. Strukturelle Verfahren variieren darin, welche Randbedingungen gefordert werden und wann welche Wahl während der Suche nach dem Testmuster getroffen wird. Beispielsweise kann der Pfad für die Propagation des Fehlereffektes zu Beginn festgelegt werden [Mar86], wie oben im Beispiel geschehen. Dann ist bekannt, ob der

Pfad invertierend oder nicht invertierend ist. Damit können die zu beobachtenden Werte am entsprechenden Ausgang bestimmt werden. Alternativ kann der Pfad unbestimmt bleiben. Stattdessen wird nur eine Abweichung am Ausgang gefordert [Che88a]. Dies lässt mehr Freiheitsgrade bei der Suche offen. Die eingesetzten Datenstrukturen müssen es dann erlauben, einen Unterschied zu markieren beziehungsweise zu forcieren, ohne die tatsächlichen Werte bereits anzugeben [Che88b]. Die genauere Bestimmung der Heuristiken für diese jeweiligen Entscheidungen lässt Raum für die Optimierung der strukturellen Algorithmen.

6.2.2   Modellierung mittels Boolescher Erfüllbarkeit

In Abschnitt 5.6 wurde bereits ein Verfahren zur Testmustergenerierung für kombinatorische Schaltkreise mittels Boolescher Erfüllbarkeit eingeführt. Im Prinzip werden für einen bestimmten Fehler je eine Instanz des korrekten Schaltkreises und des fehlerhaften Schaltkreises in eine für SAT-Beweiser geeignete Darstellung überführt. Findet der SAT-Beweiser eine erfüllende Belegung, so korrespondiert diese zu einem Testmuster. Beweist der SAT-Beweiser, dass es keine erfüllende Belegung gibt, so existiert auch kein Testmuster, der Fehler ist also untestbar. Diese Prinzip wird auch auf sequentielle Schaltkreise angewendet und orientiert sich an der oben eingeführten Modellierung als ILA.

Für den SAT-Beweiser ist die Modellierung mittels Boolescher Ausdrücke geeignet, ausgehend davon wird wie im kombinatorischen Fall eine Übersetzung in Konjunktive Normalform (KNF) durchgeführt (siehe auch Abschnitt 5.6). Auch bei dieser Modellierung können die oben genannten unterschiedlichen Möglichkeiten zur Initialisierung dargestellt werden. Im weiteren Verlauf dieses Abschnitts wird davon ausgegangen, dass es eine bekannte Menge von Startzuständen gibt, die durch einen Booleschen Ausdruck Z_0 beschrieben wird. Das heißt, der Boolesche Ausdruck $Z_0(z_0, \ldots, z_k)$ ist über den Variablen definiert, die den Wert der Flipflops darstellen und der Ausdruck ist genau dann erfüllt, wenn die Belegung der Variablen $z_0, \ldots, z_k$ einen der Initialzustände beschreibt. Der Übergang von einem Zustand Z_t in den nächsten Z_{t+1} wird durch die Boolesche Funktion ζ des kombinatorischen Schaltkreises beschrieben. Das Verhalten im fehlerfreien Fall für τ Takte wird wie dann wie folgt modelliert:

$$\alpha = Z_0 \wedge \bigwedge_{t=0}^{\tau} \zeta(Z_t, \mathcal{I}_t) \leftrightarrow (Z_{t+1}, \mathcal{O}_{t+1}) \tag{6.1}$$

Für die Modellierung des fehlerhaften Schaltkreises wird ein strukturell identischer Ausdruck gebildet. Im Fall eines Haftfehlers s/b muss lediglich die Modellierung der kombinatorischen Logik angepasst werden, indem die Variable s (die hier mit dem gleichen Symbol wie das entsprechende Signal bezeichnet wird) auf den Wert b festgelegt wird und indem die Abhängigkeit vom treibenden Gatter entfernt wird. Die resultierende Boolesche Funktion wird mit ζ' bezeichnet. Dann ergibt sich zur Modellierung des fehlerhaften Schaltkreises der folgende Ausdruck:

$$\alpha' = Z_0' \wedge \bigwedge_{t=0}^{\tau} \zeta'(Z_t', \mathcal{I}_t) \leftrightarrow (Z_{t+1}', \mathcal{O}_{t+1}')$$

In ζ' sind alle Ausdrücke mit einem Oberstrich $'$ gekennzeichnet, da in der logischen Modellierung neue Variablen eingesetzt werden, so dass unterschiedliche Wert im fehlerhaften und im fehlerfreien Fall dargestellt werden können. Lediglich die Werte der primären Eingänge $\mathcal{I}_t$ sind im fehlerfreien und fehlerhaften Fall durch identische Variablen repräsentiert, da jeweils identische Werte vorliegen. Damit kann eine unterschiedliche Ausgabe beider Versionen des Schaltkreises innerhalb von τ Takten modelliert werden:

$$\beta = \alpha \wedge \alpha' \wedge Z_0 \leftrightarrow Z_0' \wedge \bigvee_{t=0}^{\tau} \mathcal{O}_{t+1} \not\leftrightarrow \mathcal{O}_{t+1}'$$

Wichtig ist dabei die Beobachtung, dass in der fehlerfreien Modellierung α und der fehlerhaften Modellierung α' die gleichen Variablen für die primären Eingänge genutzt werden. Dadurch werden beide Schaltkreisversionen auf die gleichen Eingabesequenzen festgelegt. Eine erfüllende Belegung für den Ausdruck β stellt eine Eingabesequenz der Länge τ dar, die zu mindestens einem Takt eine Abweichung an einem der primären Ausgänge in $\mathcal{O}$ erzeugt, sofern der in α' modellierte Haftfehler vorliegt. Mehrwertige Logik muss hierbei nicht verwendet werden, da Werte im fehlerfreien und fehlerbehafteten Fall explizit modelliert werden können. Sollen auch unbekannte Werte behandelt werden, zum Beispiel, weil der Schaltkreis nicht initialisiert ist, so muss eine Kodierung bezüglich der drei möglichen Werte $\{0, 1, X\}$ vorgenommen werden.

Die Generierung dieser SAT-Instanz ist einfach und linear in der Anzahl der Takte τ, die betrachtet werden sowie in der Anzahl der Gatter des Schaltkreises. Allerdings kann die Anzahl der benötigten Takte τ sehr groß werden. Dieses Problem ist aus der Eigenschaftsprüfung bekannt, bei der die Gültigkeit einer (temporalen) Eigenschaft vom Initialzustand ausgehend entschieden werden muss.

Ein gängiger Ansatz hierzu ist, wie oben bereits erwähnt, BMC [BCCZ99]. Die Prüfung bleibt dabei aber unvollständig, da immer nur für eine Sequenz von τ Takten geprüft wird, ob eine Eingabesequenz existiert, die eine Eigenschaft widerlegt. Man spricht von einem Gegenbeispiel. Kann ein solches Gegenbeispiel bis zu τ Takten nicht gefunden werden, so ist es immer noch möglich, dass die Eigenschaft bei Betrachtung längerer Eingabesequenzen widerlegt wird. Praktisch ist die Länge der betrachteten Eingabesequenzen durch die Limitierung der Ressourcen hinsichtlich Rechenzeit und Speicherbedarf bestimmt.

Es existieren verschiedenste Ansätze, die die Rechenzeit durch Optimierungen verringern, indem zum Beispiel strukturelle Optimierungen [CGJ+00], Verbesserungen im Beweisalgorithmus [Sht01, SSS00] oder in den eingesetzten Beweisern vorgenommen werden [BBC+05, WFG+07]. Dadurch werden für τ größere Werte erzielt. Ein vollständiger Algorithmus ergibt sich aber erst, wenn entschieden werden kann, ob alle Zustände, die der Schaltkreis erreichen kann, tatsächlich betrachtet wurden [CGP01]. Durch eine Strategie bereits betrachtete Zustände zu speichern, wird dies beim Ansatz zur Eigenschafts-gerichteten Erreichbarkeit [Bra11] erreicht. Alternativ kann Interpolation im Beweisprozess eingesetzt werden, um eine Überapproximation der möglichen nach τ Schritten erreichten Zustände zu berechnen [McM03]. Dieser Ansatz wurde auch auf die Testmustergenerierung übertragen [SKC+12] und soll deshalb im Folgenden erläutert werden.

6.2.3   Einsatz von Interpolation

Das Verfahren aus [SKC$^+$12] liefert einen sequentiellen Testmustergenerator für kleine Verzögerungsfehler. Dabei wird eine durchgängige Eingabesequenz generiert, die alle Fehler testet, für die ein Testmuster generiert werden konnte. Den Kernalgorithmus stellt dabei das Verfahren aus [McM03] zur Eigenschaftsprüfung dar. Im Prinzip wird eine Eigenschaft formuliert, die ein Testmuster auf dem Schaltkreis beschreibt. Das Verfahren aus [McM03] nutzt sogenannte Craig-Interpolanten aus, um die SAT-Instanz aus Gleichung 6.1 zu vereinfachen. Für eine unerfüllbare SAT-Instanz $A \wedge B$, die aus den Teilinstanzen A und B besteht, existiert immer eine Craig-Interpolante χ mit folgenden Eigenschaften [Cra57]:

- χ ist nur auf Variablen definiert, die sowohl in A als auch in B vorkommen

- $A \rightarrow \chi$

- $\chi \wedge B$ ist unerfüllbar

Craig-Interpolanten lassen sich mittels eines SAT-Beweiser effizient berechnen, wenn Unerfüllbarkeit gezeigt wird.

Mit Craig-Interpolanten kann man die Eigenschaftsprüfung vereinfachen. Dazu wird die Transition von einem Zustand Z_t zum Nachfolgezustand Z_{t+1} durch die Transitionsrelation Θ ausgedrückt, in der nicht mehr berücksichtigt wird unter welche Eingabe ein bestimmter Zustandsübergang stattfindet und zu welcher Ausgabe dieser Zustandsübergang führt:

$$\Theta(Z_t, Z_{t+1}) = \exists \mathcal{I}_t \exists \mathcal{O}_{t+1} \ \zeta(Z_t, \mathcal{I}_t) \leftrightarrow (Z_{t+1}, \mathcal{O}_{t+1})$$

Damit wird Gleichung 6.1 vereinfacht zu:

$$\alpha = Z_0 \wedge \bigwedge_{t=0}^{\tau} \Theta(Z_t, Z_{t+1})$$

Mit dieser SAT-Instanz lässt sich dann prüfen, ob eine Menge von Zuständen, die durch den Booleschen Ausdruck P charakterisiert wird, im Takt τ erreichbar ist:

$$\text{BMC}_\tau = Z_0 \wedge \bigwedge_{t=0}^{\tau} \Theta(Z_t, Z_{t+1}) \wedge P \tag{6.2}$$

Wenn P nun eine Menge unerlaubter Zustände beschreibt, so ist Gleichung 6.2 die Prüfung einer Sicherheitseigenschaft. Sofern Gleichung 6.2 unerfüllbar ist, kann kein unerlaubter Zustand in τ Takten erreicht werden. Ein Eigenschaftsprüfer müsste nun beginnend von 0 alle Werte für τ prüfen bis kein neues Verhalten mehr beobachtet werden kann. Um Craig-Interpolanten einzusetzen wird Gleichung 6.2 für BMC_0 in die Teile $A = Z_0 \wedge \Theta(Z_0, Z_1)$ und $B = P$ zerlegt. Eine Craig-Interpolante χ_0 für $A \wedge B$ beschreibt nun eine Überapproximation der Zustände, die in einem Takt vom Startzustand unter irgendeiner Belegung der primären Eingänge erreichbar sind. In einem nächsten Schritt wird nun $A = \chi_0$ gesetzt und wieder $A \wedge B$ geprüft. Dieses Verfahren wird fortgesetzt bis gezeigt werden kann, dass

$\chi_i \to \chi_{i+1}$ gilt. Dann wurden keine neuen Zustände erreicht und der Algorithmus terminiert. Gleichzeitig ist damit bewiesen, dass keine Zustände aus P erreicht werden können.

Wird aber eine erfüllende Belegung gefunden, so kann dies zeigen, dass Zustände in P erreichbar sind. Da die Interpolanten aber die erreichbaren Zustände überapproximieren, muss dies auf Gleichung 6.2 validiert werden. Falls das Gegenbeispiel bestätigt wird, ist gezeigt, dass ein unerlaubter Zustand aus P tatsächlich erreicht werden kann. Falls 6.2 unerfüllbar ist, konnte kein echtes Gegenbeispiel gefunden werden und die Berechnung von Interpolanten wird gestärkt, indem nun mit $A = Z_0 \wedge \bigwedge_{t=0}^{\tau} \Theta(Z_t, Z_{t+1})$ und $B = P$ die Berechnung begonnen wird. Im Folgenden wird dieses Verfahren kurz mit MC bezeichnet. Dabei heißt $(t, Z') = \mathrm{MC}(Z_0, \Theta(Z_t, Z_{t+1}), P)$, dass über die Eingabesequenz t der Zustand Z' erreicht wird.

Algorithmus 12 zeigt, wie dieses Verfahren für die sequentielle Testmustergenerierung eingesetzt wird. Für einen Schaltkreis $\mathcal{C}$ wird eine Testsequenz berechnet, die alle testbaren Transitionsfehler testet. Der Algorithmus hat drei grundlegende Abschnitte:

1. Berechnung einer Initialisierungssequenz in Zeile 1

2. Berechnung der Testmuster in den Zeilen 2–13

3. Zusammensetzen aller Testmuster zu einer Testsequenz in den Zeilen 14–29

Die Berechnung der Initialisierungssequenz in Zeile 1 geht wie in Abbildung 6.5(a) gezeigt von unbekannten Werten in allen Flipflops aus, das heißt, der Zustand $Z_{=X}$ bedeutet, dass in der Modellierung alle Flipflops den unbekannten aber festen Wert X haben. Im Zielzustand $Z_{\neq X}$ müssen alle Flipflops einen bekannten Wert 0 oder 1 haben. Der Aufruf $(t_I, Z_0) = \mathrm{MC}(Z_{=X}, \Theta(Z_t, Z_{t+1}), Z_{\neq X})$ liefert also in t_I die Eingabesequenz t_I, die den Schaltkreis von einem unbekannten Zustand in den bekannten Zustand Z_0 überführt.

Ausgehend vom Zustand Z_0 wird dann in den Zeilen 2–13 ein Testmuster für alle Transitionsfehler f berechnet. Dabei wird zunächst die SAT-Instanz $S[\geq l]$ erstellt, die ein kombinatorisches Testmuster für f über einen strukturellen Pfad berechnet, der mindestens die Länge l hat. Die vorgelagerte binäre Suche nach dem größten l, für das die SAT-Instanz erfüllbar ist, ist im Algorithmus nicht explizit dargestellt. Ziel dieser binären Suche ist, den längsten strukturellen Pfad zu finden, auf dem der Fehlereffekt propagiert werden kann. Dabei wird angenommen, dass der längste strukturelle Pfad eine Näherung für die zeitlich am längsten dauernde Propagation im kombinatorischen Teil des Schaltkreise ist – also am wahrscheinlichsten zur Entdeckung des Fehlereffektes an einem primären Ausgang oder in einem Flipflop führt. Alternativ könnte hier eine SAT-Instanz eingesetzt werden, die einen Haftfehler anstelle des Transitionsfehlers modelliert. Diese SAT-Instanz $S[\geq l]$ wird als Eigenschaft für den Aufruf von MC in Zeile 4 genutzt.

Wie in Abbildung 6.5(b) gezeigt, werden der Anfangszustand Z_f^1 und der Endzustand Z_f^2 des kombinatorischen Testmusters gespeichert. Außerdem wird das Testmuster in die Eingabesequenz t_{If}, die von Z_0 zu Z_f^1 führt und das kombinatorische Testmuster t_f zerlegt. Dabei bezeichnet das Symbol $\cdot$ in $t_{If} \cdot t_f$ die Konkatenation beider Eingabesequenzen. Gegebenenfalls ist der Fehlereffekt nach dem Anlegen von t_f nur in einem Flipflop gespeichert aber nicht an einem primären Ausgang sichtbar. In diesem Fall wird eine Eingabesequenz t'

Algorithmus 12 Sequentielle Testmustergenerierung mit SAT und Interpolation

Input: Sequentielle Schaltung $\mathcal{C} = (\mathcal{G}, \mathcal{S})$ mit Zustandsvektor Z, Transitionsrelation Θ
Output: Testsequenz t

1: $(t_I, Z_0) := \text{MC}(Z_{=X}, \Theta(Z_t, Z_{t+1}), Z_{\neq X})$;
2: **for all** f ist Transitionsfehler **do**
3:     $S[\geq l] := $ SAT-Instanz für Testmuster von f auf einem Pfad mit Länge l oder länger;
4:     $(t_{If} \cdot t_f, Z_f^1) = \text{MC}(Z_0, \Theta(Z_t, Z_{t+1}), S[\geq l])$ für größtes l;
5:     **if** untestbar **next**
6:     $Z_f^2 := $ Zustand, in dem Fehlereffekt auftritt;
7:     **if** Fehler f ist nicht an einem primären Ausgang sichtbar **then**
8:         $\Theta'(Z_t, Z_{t+1}) := $ Modifizierte Transitionsrelation, die Fehlerpropagation garantiert;
9:         $P := $ Bedingung, die Beobachtung des Fehlers an primärem Ausgang garantiert;
10:         $(t', Z_f^2) := \text{MC}(Z_f^2, \Theta'(Z_t, Z_{t+1}), P)$;
11:         $t_f := t_f \cdot t'$;
12:     **end if**
13: **end for**
14: $P := \underline{0}$;
15: **for all** f ist Transitionsfehler **do**
16:     $P := P \vee Z_f^1$;
17: **end for**
18: $Z'' := Z_0$;
19: **while** $P \neq \underline{0}$ **do**
20:     $(t', Z') := \text{MC}(Z'', \Theta(Z_t, Z_{t+1}), P)$;
21:     **if** $|t'| < |t_I \cdot t_{If}|$ für f mit $Z_f^1 = Z'$ **then**
22:         $t := t \cdot t'$;
23:     **else**
24:         $t := t \cdot t_I \cdot t_{If}$;
25:     **end if**
26:     $t := t \cdot t_f$ für f mit $Z_f^1 = Z'$;
27:     $Z'' := Z_f^2$ für f mit $Z_f^1 = Z'$;
28:     $P := P \wedge \neg Z'$;
29: **end while**
30: **return** t;

---

zur Propagation des Fehlereffektes vom Zustand Z_f^2 zu einem primären Ausgang berechnet und dem Testmuster t_f hinzugefügt. Dabei muss die Transitionsrelation des Schaltkreises modifiziert werden, so dass in Θ' die Bedingungen für die Propagation des Fehlereffektes enthalten sind. Der neue Endzustand wird dann aktualisiert und wieder in Z_f^2 gespeichert. Dies wird in Abbildung 6.5(c) visualisiert und durch den Aufruf von MC in Zeile 10 realisiert.

Diese Informationen werden genutzt um alle Testmuster in den Zeilen 14–29 zu einer einzigen Testsequenz t zusammenzusetzen. Dabei wird ein Greedy-Algorithmus genutzt. Im Ausdruck P werden die Zustände Z_f^1 aller Fehler f vereinigt, also die Aktivierungsbedin-

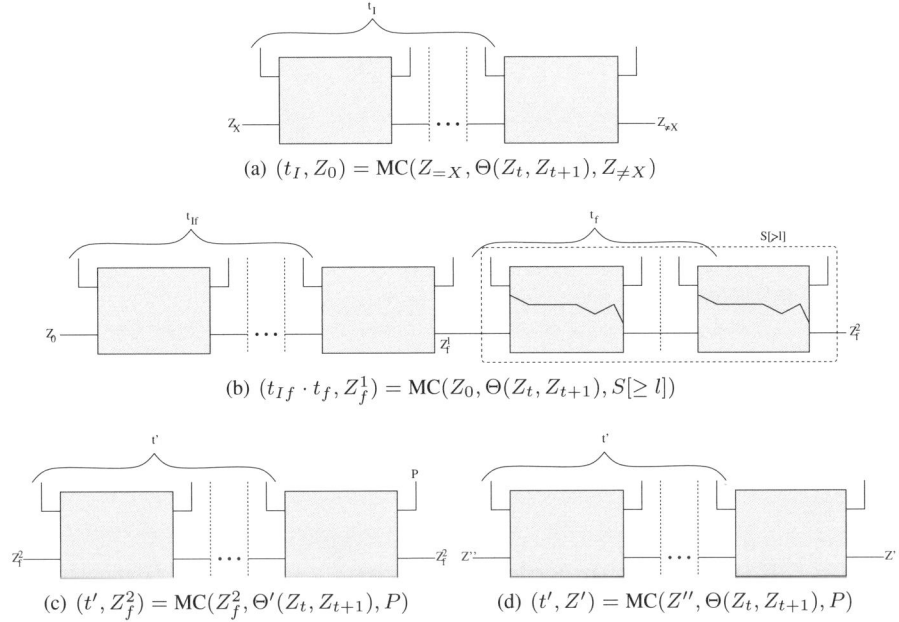

(a) $(t_I, Z_0) = \mathrm{MC}(Z_{=X}, \Theta(Z_t, Z_{t+1}), Z_{\neq X})$

(b) $(t_{If} \cdot t_f, Z_f^1) = \mathrm{MC}(Z_0, \Theta(Z_t, Z_{t+1}), S[\geq l])$

(c) $(t', Z_f^2) = \mathrm{MC}(Z_f^2, \Theta'(Z_t, Z_{t+1}), P)$ (d) $(t', Z') = \mathrm{MC}(Z'', \Theta(Z_t, Z_{t+1}), P)$

Abbildung 6.5: *Aufrufe von MC in Algorithmus 12*

gungen für alle Tests. Ausgehend von $Z'' = Z_0$ wird wieder mittels MC in Zeile 20 nach einer Sequenz t' gesucht, die den Test eines ersten Fehlers f erlaubt, dessen Anfangszustand noch in der Menge P enthalten ist. Abbildung 6.5(d) zeigt die Struktur dieses MC-Aufrufes. Der Test für f wird dann mit der bisherigen Testsequenz t konkateniert und führt zum Zustand $Z'' = Z_f^2$. Die Aktivierungsbedingung Z_f^1 wird aus P entfernt. In Zeile 21 wird unterschieden, ob die zuvor berechnete Initialisierungssequenz t_I zusammen mit der Sequenz t_{If} kürzer als t' wäre. In diesem Fall wird die kürzere Eingabesequenz gewählt, um Z_f^1 zu erreichen.

Der Ansatz wie bisher beschrieben garantiert nicht, dass Fehler, die im Schaltkreis tatsächlich vorhanden sind, auch entdeckt werden, da eine mögliche Maskierung des Fehlereffektes über die Zeit nicht berücksichtigt wird. Bei der Berechnung werden der Fehler und demzufolge dessen Effekt nur bei der Generierung des Testmusters in $S[\geq l]$ berücksichtigt. Bei der Berechnung von Initialisierungssequenz, Fehlerpropagation und Sequenzen zur Verbindung von Testmustern wird der Fehlereffekt nicht berücksichtigt. Eine Möglichkeit ist das Einfügen von X-Werten an der Fehlerstelle in allen betrachteten Berechnungen; dadurch wird das Verhalten an der Fehlerstelle als unbekannt modelliert und kann dementsprechend das Testergebnis nicht beeinflussen. Aus praktischer Sicht ist es allerdings unwahrscheinlich, dass der Fehler vollständig maskiert würde und während der gesamten weiteren Testsequenz nicht gefunden würde. Dementsprechend ist die Erweiterung der Modellierung nur in Ausnahmefällen notwendig.

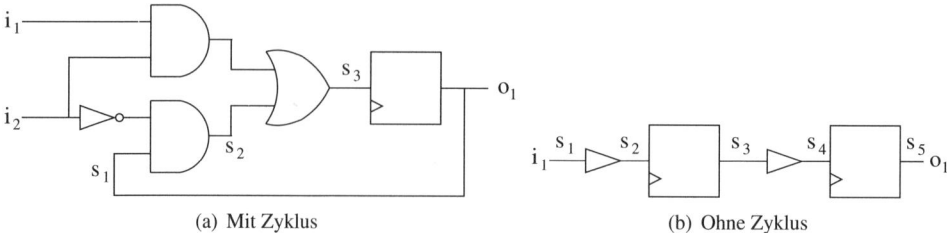

(a) Mit Zyklus   (b) Ohne Zyklus

Abbildung 6.6: *Schaltkreistypen*

Wie hier für die sequentielle Testmustergenerierung dargestellt, können ähnliche Ansätze eingesetzt werden um Fehlertoleranz eines Systems nachzuweisen [FSFD11, FFA$^+$12]. In diesem Fall werden anstelle von permanenten Fehlern, transiente Fehler betrachtet, die nur für kurze Zeit auftreten und zum Beispiel den Wert in einem Speicherelement verfälschen.

6.3   Klassen von Schaltkreisen

Der Aufwand für die sequentielle Testmustergenerierung hängt von der Anzahl der Takte ab, die durch ein Testmuster spezifiziert werden. Die Anzahl der spezifizierten Takte wiederum wird von der Art des Schaltkreises bestimmt, der betrachtet wird. Für bestimmte Klassen von Schaltkreisen lassen sich spezielle Charakteristika angeben oder das oben eingeführte Modell für die Testmustergenerierung muss erweitert werden.

6.3.1   Rückkopplungsfreie Schaltkreise

In digitalen Schaltkreisen hängt der nächste Zustand typischerweise vom vorhergehenden Zustand ab. Im kombinatorischen Teil dieser Schaltkreise existieren keine Zyklen. Jeder Zyklus im Schaltkreisgraphen enthält also mindestens ein Flipflop. In einem solchen Schaltkreis kann der aktuelle Zustand von einer beliebig langen Sequenz von Vorgängerzuständen abhängen. In *rückkopplungsfreien Schaltkreisen* existieren keine Schleifen im Schaltkreisgraphen. Jeder Pfad, der an einem primären Eingang beginnt, hat eine maximale Länge nach der ein primärer Ausgang erreicht wird, oder, mit anderen Worten, für den Schaltkreisgraphen lässt sich eine topologische Sortierung berechnen. Eine topologische Sortierung ist eine partielle Ordnung auf den Knoten des Schaltkreisgraphen in der ein Knoten vor allen seinen Nachfolgern liegt (siehe auch Abschnitt 2.2). Der Pfad mit der größten Anzahl von Flipflops von primäre Eingängen zu primären Ausgängen definiert die maximale Länge eines Testmusters.

Beispiel 6.5

Abbildung 6.6(a) zeigt im Prinzip einen 1-Bit-Speicher, der für $i_2 = 0$ seinen Speicherwert behält und bei $i_2 = 1$ den Wert von i_1 speichert. Dies ist ein einfacher Schaltkreis, der nicht zyklenfrei ist. Der Zyklus durch das Flipflop geht über die Signale s_1, s_2 und

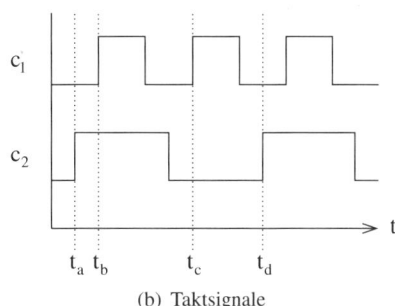

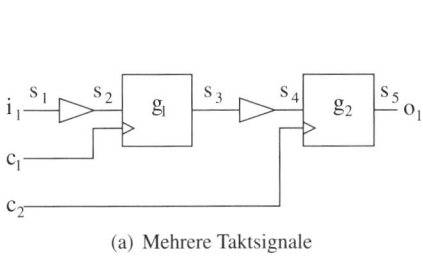

(a) Mehrere Taktsignale   (b) Taktsignale

Abbildung 6.7: *Schaltkreis mit mehreren Taktdomänen*

s_3. In diesem Schaltkreis kann der aktuelle Zustand beliebig lange gespeichert werden, so lange er nicht über die Eingabewerte überschrieben wird. Sind die primären Eingänge i_1 und i_2 frei kontrollierbar, so ist für diesen speziellen Schaltkreis die Testmustergenerierung einfach. Falls aber die Kontrollierbarkeit von i_1 und i_2 durch die Einbettung in einen größeren Schaltkreis eingeschränkt ist, muss der Schaltkreis eventuell über sehr viele Takte betrachtet werden oder bestimmte interne Fehler werden im sequentiellen Fall sogar untestbar.

Im Gegensatz dazu ist der Schaltkreis in Abbildung 6.6(b) zyklenfrei. Dabei handelt es sich um ein einfaches Schieberegister, dessen Inhalt in jedem Takt um eine Stelle geschoben wird. Der längste Pfad über die Signale s_1, s_2, s_3, s_4 und s_5 enthält zwei Flipflops. Nach spätestens zwei Takten ist der aktuelle Zustand vollständig überschrieben. Jede Eingabesequenz, die die Eingabe über drei Takte spezifiziert, determiniert den Wert aller Signale im Schaltkreis. Dementsprechend kann auch kein Testmuster länger sein. Für den speziellen Schaltkreis, der nur einen Eingang hat, reicht sogar die Spezifikation des Eingangs für einen Takt.

Eine große praktische Rolle spielen solche Strukturen zum Beispiel in Pipelines, die in Prozessoren eingesetzt werden um eine Parallelisierung der Teilschritte bei der Abarbeitung einzelner Befehle zu erreichen. Ähnliche Pipeline-Strukturen finden sich in vielen Schaltungen, die hocheffizient einen Datenstrom verarbeiten müssen.

6.3.2 Mehrere Taktsignale

Bisher wurde ein Modell genutzt, welches nur ein einziges Taktsignal modelliert. In den Darstellungen wurde deshalb kein Taktsignal gezeigt, sondern implizit angenommen, dass das gleiche Taktsignal mit allen Flipflops verbunden ist. In der Praxis gibt es jedoch unterschiedliche Gründe, warum in einem Schaltkreis mehrere Taktsignale eingesetzt werden. Zum Beispiel kann Energie gespart werden, wenn jeder Teil der Berechnung nur mit der minimal notwendigen Taktfrequenz stattfindet, anstatt alle Teile des Schaltkreises an das Maximum aller Schritte der Berechnung anzupassen.

Jeden Bereich des Schaltkreises, der durch ein Taktsignal betrieben wird, bezeichnet man als *Taktdomäne* (engl. *Clock Domain*). Sobald mehrere Taktsignale existieren, muss die Modellierung angepasst werden. Hierbei muss unterschieden werden, ob alle Taktsignale einen gemeinsamen Basistakt haben oder nicht.

Ein gemeinsamer Basistakt liegt zum Beispiel bei einem Frequenzteiler vor, der einen hochfrequenten Basistakt in unterschiedliche langsamere Taktsequenzen unterteilt. Dann gibt der Basistakt vor, zu welchen Zeitpunkten steigende oder fallende Flanken von Taktsignalen vorkommen können. Die Modellierung lässt sich also auf den Basistakt anpassen. Zum Beispiel kann die gesamte Logik, um die Taktsignale zu generieren, in das Modell aufgenommen werden. Die Modellierung für Flipflops muss entsprechend angepasst werden. Ist ein Flipflop auf die steigende Taktflanke sensitiv, so darf nur dann ein neuer Wert übernommen werden, wenn das entsprechende Taktsignal zuvor den Wert 0 hatte und nun den Wert 1 annimmt. Das Problem ist, dass die Größe der zu Grunde liegenden Probleminstanz deutlich zunimmt, da die Anzahl der zu betrachtenden Takte anhand des schnellen Basistaktes bestimmt werden muss.

Beispiel 6.6

Abbildung 6.7(a) zeigt ein Schieberegister bei dem die beiden Flipflops in verschiedenen Taktdomänen liegen. Angenommen Taktsignal c_1 hat die vierfache Frequenz von Taktsignal c_2 und steigende Taktflanken an c_2 können nur zeitgleich mit steigenden Taktflanken von c_1 auftreten. Dann reicht es aus, den gesamten Schaltkreis über vier Takte von Taktsignal c_1 zu modellieren. Dabei wird nur in jedem zweiten Takt eine Werteänderung in g_2 übernommen. Ein Freiheitsgrad ergibt sich hier durch die Entscheidung, wie beide Taktsignale synchronisiert werden. Die Modellierung kann so gewählt werden, dass Werteänderungen an g_2 im ersten und dritten oder im zweiten und vierten Takt oder aber beide Alternativen berücksichtigt werden.

Liegt kein gemeinsamer Basistakt vor, so können Taktflanken im Prinzip zu beliebigen Zeitpunkten auftreten. In der Praxis ist dies der Fall, sobald Taktsignale von unterschiedlichen Taktgeneratoren erzeugt werden. Eine Synchronisation dazwischen ist schwierig oder explizit nicht gewünscht, damit das Zeitverhalten für Teile des Schaltkreises über unabhängige Taktsignale bestimmt werden kann. Auch dann wird die Modellierung der Flipflops so angepasst, dass nur bei steigenden Taktflanken ein neuer Wert übernommen wird. Allerdings werden die Werte der Taktsignale nicht aus dem Modell heraus generiert, sondern werden zu primären Eingängen des Modells. Auf diesen primären Eingängen müssen dann Randbedingungen formuliert werden, die das realistische Verhalten abbilden.

Beispiel 6.7

Man betrachte wieder das Schieberegister aus Abbildung 6.7(a). Auch diesmal wird die Annahme gemacht, dass das Taktsignal c_1 die doppelte Frequenz von c_2 hat, allerdings diesmal unter der Annahme, dass keine Abhängigkeiten zwischen den Taktsignalen bekannt sind. In diesem Fall müssen alle möglichen Werteänderungen zwischen beiden Taktsignalen modelliert sein. Abbildung 6.7(b) zeigt die beiden Taktsignale. Während sich die Werte von Flipflops in der Taktdomäne von c_2 nur zu den Zeitpunkten t_a und t_d ändern können, können inzwischen zu den Zeitpunkten t_b und t_c Werteänderungen in Flipflops in der Taktdomäne von c_1 stattfinden. Beide dieser Werteänderungen müssen nun für die Berechnung des Zustandes bei t_d berücksichtigt werden. Deshalb muss das Modell die drei Zeitpunkte t_a, t_b und t_c beinhalten. Bezüglich eines Taktzyklus von c_2 muss eine ILA-Modellierung also drei Kopien des Schaltkreises enthalten.

Selbstverständlich sind gegenüber der oben aufgezeigten einfachen Vorgehensweise Verbesserungen möglich. In der Arbeit aus [CKY03] wird erläutert, wie die Abhängigkeiten zwischen verschiedenen Taktdomänen modelliert werden können. Wie oben gezeigt, kann das Modell im allgemeinen Fall sehr groß werden, da die Anzahl der modellierten Schritte ausreichen muss, um alle möglichen Kombinationen von Werteänderungen auf den Taktsignalen beziehungsweise in den Flipflops zu modellieren. Sind jedoch Zusammenhänge zwischen den Taktsignalen bekannt, kann das Modell vereinfacht werden. Pragmatischer ist das Vorgehen in [GG07], bei dem ausgehend von beobachtetem Verhalten ein Modell generiert wird. Dieser Ansatz setzt selbstverständlich voraus, dass das realistische Verhalten entsprechend modelliert werden kann. Beide Arbeiten zielen ursprünglich auf den Bereich der Verifikation ab.

6.4 Einordnung und weitere Themen

Die sequentielle Testmustergenerierung ist aufgrund der hohen Komplexität bis heute nicht großflächig im praktischen Einsatz. Für einzelne Teile von Schaltkreisen, in denen aus Performanzgründen keine zusätzlichen Elemente zur Verbesserung der Testbarkeit eingebracht werden können, spielt sie aber ein wichtige Rolle. Auch bei Schaltkreisen, die Daten-Sicherheit garantieren müssen, sind zusätzliche Angriffspunkte, die durch Test-Infrastruktur entstehen, unerwünscht. Hierunter fallen zum Beispiel Chips für Smart Cards. Schließlich existieren bestimmte Klassen von Schaltkreisen bei denen die sequentielle Testmustergenerierung direkt auf den kombinatorischen Fall zurückgeführt werden kann. Ist dies nicht der Fall, so müssen spezielle Algorithmen eingesetzt werden, die das sequentielle Verhalten modellieren und effektiv handhaben können. Hier ergeben sich enge Anknüpfungspunkte zur formalen Verifikation digitaler sequentieller Schaltkreise. Verifikationsalgorithmen sind weit entwickelt und werden oft zur Überprüfung des sequentiellen Verhaltens eingesetzt. Um eine hohe Effizienz zu erreichen ist die Ausnutzung der Struktur des logischen Problems unumgänglich, die gleichzeitig mit einer Anpassung der genutzten Basisalgorithmen einhergeht. Insofern ist die sequentielle Testmustergenerierung als theoretische Problemstellung sehr gut bekannt, praktisch aber bis heute nicht abschließend gelöst und bleibt somit weiterhin ein Forschungsthema.

7 Design-for-Test (DFT)

Unter *Design-for-Test* (DFT, deutsch: testgerechter Entwurf) versteht man unterschiedliche Techniken zur Reduktion mindestens einer Art von Testkosten durch Modifikationen der zu testenden Schaltung. Die meisten DFT-Ansätze setzen bei den folgenden Kostenarten an:

Testanwendungskosten: Diese setzen sich zusammen aus den Kosten des Speichers für die Testdaten im Testgerät und den Kosten der Testanwendungszeit. Weitere Gesichtspunkte sind Charakteristika des benötigten Testgeräts. Sollen etwa aktuelle Hochgeschwindigkeits-Schaltkreise mit ihrer Nominalfrequenz getestet werden, so muss das Testgerät die gleiche oder höhere Frequenz unterstützen. Einige DFT-Techniken erlauben in diesem Fall den Einsatz eines günstigeren Testgeräts (engl. *Low-cost Automatic Test Equipment*).

Kosten der nichterreichten Qualität: Mit Hilfe von DFT kann die gewünschte Fehlerüberdeckung erreicht werden. Wäre dies unterlassen worden, so fielen im Allgemeinen direkte Kosten (Vertragsstrafen wegen zu geringer Qualität) wie auch indirekte Kosten (Reputationsverluste) an. Werden die Produkte auf einem Markt mit stringenten Anforderungen an die Testqualität (etwa in Folge von notwendigen Zertifizierungen) angeboten, so könnte ungenügende Fehlerüberdeckung den Absatz verhindern oder ein Ausweichen auf andere Märkte mit kleineren Gewinnspannen erfordern.

Kosten der Testentwicklung: Einige Fehler können die Möglichkeiten vorhandener Testmustergenerierungs-Werkzeuge übersteigen. Dies kann daran liegen, dass die Werkzeuge ein bestimmtes Fehlermodell überhaupt nicht unterstützen oder nicht hinreichend skalierbar sind, also Schaltungen bestimmter Größe oder Komplexität nicht in vertretbarer Zeit verarbeiten können. Insbesondere bei sequentiellen Schaltkreisen mit unbekanntem Initialzustand ist bereits die Definition von Fehlerentdeckung nicht trivial, und automatische sequentielle Testmustergenerierung ist nur für mittelgroße Blöcke praktikabel. Eine Alternative ist manuelle Testentwicklung, die mit sehr hohem Aufwand und Problemen bei der Bewertung der erreichten Testqualität einher geht.

DFT fügt in der Regel neue Hardware zur Schaltung hinzu, welche die Testbarkeit erhöht und im Normalbetrieb deaktivert ist. Es ist auch möglich, zur Verbesserung der Testbarkeit eine Schaltung oder ihre einzelne Blöcke neu zu synthetisieren (*Synthesis for Testability*). Dies kommt insbesondere dann in Frage, wenn die Schaltung unentdeckbare Fehler enthält. Solche Fehler gehen oft mit hohen ATPG-Laufzeiten einher. Ein Defekt an einer redundanten Schaltungsstelle verändert zwar nicht die Funktion der Schaltung (und kann deswegen nicht erkannt werden), er kann jedoch zu unerwünschten Nebeneffekten, zum Beispiel hohen Leckströmen führen, die benachbarte Schaltungsteile beeinträchtigen und einen Frühausfall zu Folge haben könnten. Daher ist es aus der Testsicht zunächst sinnvoll, unentdeckbare

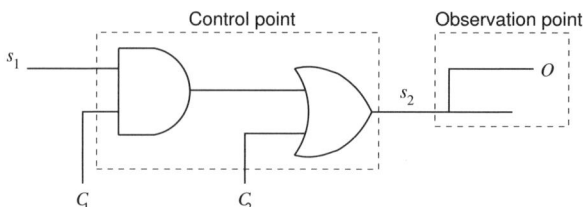

Abbildung 7.1: *Steuerungs- und Beobachtungspunkt*

Fehler zu vermeiden; dies wird durch Entfernung redundanter Strukturen und Neusynthese erreicht. Allerdings ist Neusynthese oft aufwändig und sollte vermieden werden, wenn die Schaltung bereits mit hohem Aufwand optimiert worden ist. Ferner werden durch einige Techniken zur Geschwindigkeitsoptimierung, zur Vermeidung von Hazards oder zur Verringerung der Leistungsaufnahme Redundanzen in die Schaltung eingeführt, so dass diese Ziele gegen die Testbarkeit abgewogen werden müssen. Insgesamt spielt Synthesis for Testability heute eine eher untergeordnete Rolle; unentdeckbare Fehler werden vielmehr durch die unten beschriebenen DFT-Maßnahmen wie etwa Testpunkte angegangen.

7.1 DFT für kombinatorische Schaltungen

Grundsätzlich kann für jeden entdeckbaren Fehler in einer kombinatorischen Schaltung ein Testmuster gefunden werden. Nichtsdestotrotz stellen sich einige Fehler in der Praxis für die vorhandenen Testmustergeneratoren als zu schwierig heraus. Um solche Fehler (sowie die beweisbar unentdeckbaren Fehler) zu entdecken, werden in die Schaltung *Testpunkte* eingefügt, um die Steuerbarkeit und/oder Beobachtbarkeit der betroffenen Schaltungsstellen zu erhöhen. Werden zum Test nicht ATPG-Muster sondern zufällige oder pseudozufällige Testdaten verwendet (dies ist oft im Kontext von Selbsttest der Fall, siehe Kapitel 8), so helfen der Schaltung hinzugefÃ$\frac{1}{4}$gte Testpunkte, die Fehlerüberdeckung auf ein akzeptables Niveau zu steigern.

Man unterscheidet zwischen *Steuerungspunkten* (engl. *Control Points*) und *Beobachtungspunkten* (engl. *Observation Points*). Ein kombinierter Steuerungs- und Beobachtungspunkt ist in Abbildung 7.1 zu sehen. Zu einer Leitung s_1 werden zwei Gatter mit zwei neuen primären Eingängen C_1 und C_2 sowie ein neuer primärer Ausgang O hinzu gefügt (die neuen Leitungen werden mit Großbuchstaben bezeichnet). Der Leitungsteil nach den eingefügten Gattern wird in Abbildung 7.1 als s_2 bezeichnet. Soll s_1 den Wert 1 annehmen (etwa um den Haftfehler $s_1/0$ zu aktivieren oder um die Propagation eines anderen Fehlers durch g zu vereinfachen), so wird $C_2 = 1$ gesetzt. Um auf s_1 den Wert 0 zu erzwingen, setzt man $C_1 = C_2 = 0$. Die neue Leitung s_2 kann nun statt der ursprünglichen Leitung s_1 verwendet werden. Ferner lässt sich der auf s_1 beziehungsweise s_2 anliegende Wert direkt am Ausgang O ablesen.

Jeder Testpunkt verursacht Kosten durch zusätzlich notwendige Gatter und Leitungen. Besonders schwerwiegend ist aber der Bedarf an neuen Ein- und Ausgängen: Während moderne Schaltungen durchaus mehrere Millionen Gatter haben können, ist die Anzahl ihrer verfügbaren Ein- und Ausgänge in der Regel drei- bis höchstens vierstellig. Werden nur ganz wenige Steuerungspunkte benötigt, so können zu ihrer Ansteuerung primäre Eingänge eingesetzt werden, die im Testmodus nicht verwendet werden. Entsprechend können Beobachtungspunkte an primäre Ausgänge angeschlossen werden, die im Testmodus nicht anderweitig belegt sind.

In der Praxis fügt man für jedes neue benötigte Signal (in der Abbildung 7.1 wären das C_1, C_2 und O) Flipflop in die Schaltung ein, um den entsprechenden Wert zu speichern. Diese neuen Flipflops werden zu einem Schieberegister zusammen geschlossen und an einen einzigen primären Eingang beziehungsweise Ausgang angeschlossen. Das Vorgehen ist identisch zur Definition von sogenannten Scan-Ketten in sequentiellen Schaltkreisen (vgl. Abschnitt 7.2), auch die dort diskutierten Optimierungen wie der Einsatz mehrerer Ketten sind auf diesen Fall übertragbar. Ist die Zahl der Beobachtungspunkte zu hoch, so können zu große Testdaten anfallen. Dann sind Methoden der Ausgangskompaktierung anwendbar, die im Abschnitt 8.2 beschrieben sind.

Diese Ausführungen machen deutlich, dass die Anzahl der Testpunkte in einer Schaltung möglichst klein gehalten werden sollte. Um Leitungen festzulegen, an denen Testpunkte hinzugefügt werden, sind unterschiedliche Vorgehensweisen denkbar. In der Vergangenheit wurden sogenannte Steuerbarkeits- und Beobachtbarkeitsmaße betrachtet, die auf approximativer Berechnung der Signalwahrscheinlichkeiten auf Leitungen der Schaltung basieren. Sie haben sich aber für einige Schaltungsklassen als nicht zielführend heraus gestellt. Eine praktikable Strategie fängt mit einer Testmenge an, die etwa von einem ATPG-Algorithmus mit einem moderaten Backtrack-Limit (siehe Beispiel 5.6 im Kapitel 5) erzeugt wurde und deswegen nicht jeden testbaren Fehler entdeckt. Zu jedem unentdeckten Fehler f_i werden einige Leitungen bestimmt, die sich für einen Testpunkt eignen. Aus allen solchen Leitungen für unterschiedliche Fehler wird eine minimale Menge von Testpunkten ausgewählt, die zur Entdeckung von allen gewünschten Fehlern hinreichend ist.

Ist der Haftfehler $f_i = s_i/v_i$ von keinem Testmuster aktiviert, so ist ein Steuerungspunkt von Nöten. Dieser kann direkt auf der Leitung s_i oder auf einer anderen Leitung platziert werden. In die Menge G_i werden alle Leitungen aufgenommen, die bei Vorhandensein eines Steuerungspunkts die Fehleraktivierung ($s_i = \overline{v_i}$) ermöglichen würden. Stehen für alle f_i die Leitungsmengen G_i fest, wird eine möglichst kleine Zahl von Leitungen ausgewählt, so dass aus jedem G_i mindestens eine Leitung vertreten ist. An den ausgewählten Leitungen werden Steuerungspunkte eingefügt. Wird f_i aktiviert, aber nicht zu einem Ausgang propagiert, so wird ein Beobachtungspunkt benötigt. Alle Leitungen, auf welche der Fehlereffekt von f_i durch mindestens ein Muster der Testmenge propagiert wird, werden in der Menge H_i gesammelt. Analog zum Vorgehen bei den Steuerungspunkten wird eine minimale Menge von Leitungen bestimmt, die mindestens ein Element jedes H_i enthält.

Beispiel 7.1

Die Schaltung aus Abbildung 7.2(a) wird mit drei Mustern $i_1 i_2 i_3 = 000$, 010 und 111 getestet. Man kann leicht nachvollziehen, dass alle Haftfehler bis auf die folgenden fünf entdeckt werden: $s_1/0$, $s_1/1$, $s_3/1$, $s_4/1$ und $s_5/1$. Fehler $s_1/0$ und $s_1/1$ sind ferner

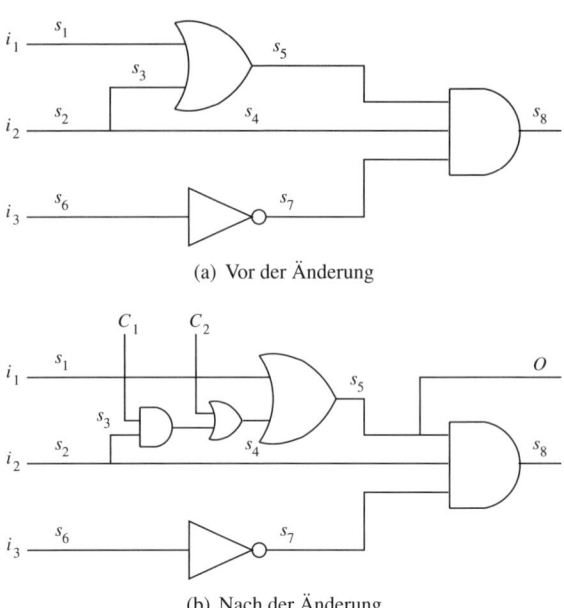

(a) Vor der Änderung

(b) Nach der Änderung

Abbildung 7.2: *Beispielschaltung für Testpunkte*

unentdeckbar, da für ihre Propagation einerseits $s_3 = 0$ und andererseits $s_4 = 1$ sein müssten und diese Leitungen Äste der gleichen Verzweigung sind.

Um die verbleibenden fünf Fehler zu entdecken, wird zunächst ein Beobachtungspunkt auf Leitung s_5 hinzugefügt. Dadurch werden bei der Anwendung des Testmusters 000 die Fehler $s_1/1$, $s_3/1$ und $s_5/1$ auf s_5 (beziehungsweise der neuen Ausgangsleitung O) entdeckt. Um die restlichen zwei Fehler zu entdecken, wird auf Leitung s_3 ein Steuerungspunkt wie in Abbildung 7.1 hinzu gefügt. In Abbildung 7.2(b) ist die resultierende Schaltung zu sehen. Setzt man bei der Anwendung von Testmuster 111 die neuen Eingänge $C_1 = C_2 = 0$, so erzwingt man auf s_3 den Wert 0 und kann so den Fehler $s_1/0$ entdecken. Bei der Anwendung von 000 kann man durch $C_2 = 1$ den Wert 1 auf s_3; dies führt zur Entdeckung von Fehler s_4.

In diesem Beispiel müsste man weiterhin alle drei Testmuster 000, 010 und 111 mit $C_1 = 1$ und $C_2 = 0$ anwenden, um vorhin entdeckte Fehler nicht zu verlieren. In der Praxis würde man für die modifizierte Schaltung mit fünf statt drei Eingängen und zwei statt einem Ausgang eine neue Testmenge erzeugen.

7.2   DFT für sequentielle Schaltungen

Speicherelemente führen in vielen Fällen zu Schwierigkeiten bei der Testmustererzeugung, da sie oftmals schlecht steuerbar und beobachtbar sind. Dies betrifft sowohl den Test von

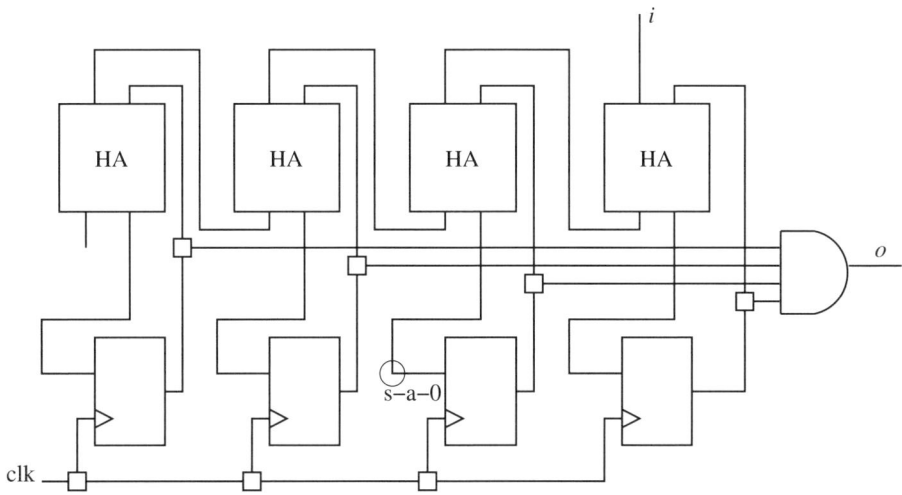

Abbildung 7.3: *4-Bit-Zähler, der ein AND4-Gatter treibt, mit einem 0-Haftfehler am Ausgang des zweiten Halbaddierers von rechts*

Fehlern in den Speicherelementen selbst als auch im kombinatorischen Teil der Schaltung. So können für die Abdeckung bestimmter Fehler spezifische Werte in den Speicherzellen, also bestimmte Zustände Z der Schaltung benötigt werden. Die Schaltung befindet sich aber nach dem Einschalten im Allgemeinen in einem zufälligen und unbekannten Zustand und muss durch die Anwendung bestimmter Folgen von Eingabebelegungen (Transfersequenzen) in den benötigten Zustand gebracht werden. Solche Transfersequenzen existieren nicht immer, und ihre Berechnung ist aufwändig.

Viele Schaltungen stellen einen sogenannten Hardware-Resetmechanismus zur Verfügung, welches die Schaltung in einen bestimmten Zustand Z_{reset}, versetzt, zum Beispiel jeder Speicherzelle der Schaltung den Wert 0 zuweist. Selbst wenn man von der Funktionsfähigkeit des Resetmechanismus' in der zu testenden Schaltung ausgeht, muss auch in diesem Fall eine Transfersequenz berechnet und angewendet werden, um die Schaltung vom Reset-Zustand in den gewünschten Zustand zu bringen.

Beispiel 7.2

Abbildung 7.3 zeigt einen 4-Bit-Zähler, der aus vier Speicherzellen, vier Halbaddierern und einem AND4-Gatter besteht, einen Eingang i und einen Ausgang o besitzt. Die Werte in den Speicherzellen werden als eine 4-Bit-Zahl interpretiert, die bei $i = 1$ um 1 hochgezählt wird und bei $i = 0$ unverändert bleibt. Am Ausgang o wird 1 angezeigt, wenn der Zustand $Z = 1111$ erreicht ist, also ein Überlauf bevorsteht. Um den 0-Haftfehler am Ausgang des AND4-Gatters zu testen, müssen die Speicherzellen alle auf 1 gesetzt werden. Ist der aktuelle Zustand des Zählers nicht bekannt, so gibt es keine Sequenz von Eingaben an Eingang i, um die Schaltung in den benötigten (oder überhaupt irgendeinen definierten) Zustand zu bringen. Steht ein funktionsfähiger Hardware-Resetmechanismus zur Verfügung, der alle Speicherelemente auf 0 setzt, muss daraufhin $2^4 - 1$ Takte lang hochgezählt, also die Eingabe $i = 1$ angewendet, werden. Für einen n-Bit-Zähler würde die Anzahl der Takte $2^n - 1$ betragen, was etwa für $n = 64$ keine realistische Testanwendungszeit erlauben würde.

Selbst wenn der benötigte Zustand erreicht werden konnte und die passende Eingabebelegung an den kombinatorischen Schaltungsteil angelegt worden ist, stellt die Beobachtung der Fehlereffekte ein weiteres Problem dar. Diese sind zunächst an den Ausgängen des kombinatorischen Teils sichtbar, die sich wiederum aus primären und pseudoprimären Ausgängen zusammen setzen. Primäre Ausgänge sind annahmegemäß mit dem Testgerät verbunden; somit führen die Fehlereffekte an den primären Ausgängen sofort zu Fehlerentdeckung. Pseudoprimäre Ausgänge sind die Eingänge von Flipflops, deren Werte nicht direkt sichtbar sind, sondern im Flipflop gespeichert werden. Fehlereffekte an den pseudoprimären Ausgängen sind hingegen nach außen nicht sichtbar sondern verfälschen den Zustand der Schaltung vom fehlerfreien Wert Z_{ff} auf einen Wert Z'.

Bei der Anwendung weiterer Eingaben durchläuft die fehlerfreie beziehungsweise die fehlerbehaftete Schaltung eine Sequenz von Zustandspaaren $Z_{\mathrm{ff},j}/Z'_j$, wobei der Fehler im kombinatorischen Teil weiterhin auf die Berechnung des fehlerbehafteten Zustands einwirkt. Die unterschiedlichen Zustände können sich nach einer Reihe von Eingaben in unterschiedlichen Werten an den primären Ausgängen und somit einer Fehlerentdeckung niederschlagen. Es ist aber auch möglich, dass die primären Ausgänge stets die gleichen Werte aufweisen, dann findet keine Fehlerentdeckung statt. Muss mit unbekannten Zuständen gerechnet werden, etwa bei der Abwesenheit oder der unbekannten Funktionsfähigkeit des Resetmechanismus', so kommt in jedem Berechnungsschritt eine Vielzahl von möglichen Ausgangswerten in Betracht, sowohl im fehlerfreien als auch im fehlerbehafteten Fall. In solchen Fällen ist bereits die Definition des Begriffs „Fehlerentdeckung" kompliziert.

Beispiel 7.3

Man nehme im Zähler aus Abbildung 7.3 einen 0-Haftfehler am Ausgang des zweiten Halbaddierers von rechts an. Befindet sich der Zähler im Reset-Zustand 0000 und wird die Eingabe $i = 1$ angewendet, so wirkt sich der Fehler nicht aus: $Z_{\mathrm{ff},1}/Z'_1 = 0001/0001$. Wendet man im zweiten Zeitschritt wieder $i = 1$ an, so nimmt der fehlerfreie Zähler den Wert 0010 an, im fehlerbehafteten Zähler wird jedoch durch den Fehler die 1 am Eingang der zweiten Speicherzelle durch eine 0 ersetzt; der Zustand ist 0000. Die Zustandsdifferenz $Z_{\mathrm{ff},2}/Z'_2 = 0010/0000$ ist aber nicht am primären Ausgang o bemerkbar, der für beide Zustände den Wert 0 annimmt. Dies gilt auch für die nachfolgenden Zustandspaare $Z_{\mathrm{ff},3}/Z'_3 = 0011/0001$, $Z_{\mathrm{ff},4}/Z'_4 = 0100/0000$, …, bis nach 15 Schritten $Z_{\mathrm{ff},15}/Z'_{15} = 1111/0001$ für einen Unterschied am Ausgang o des AND4-Gatters und eine Fehlererkennung sorgt.

Um die angerissenen Steuerbarkeits- und Beobachtbarkeitsprobleme der sequentiellen Elemente zu lösen, werden *Prüfketten* (engl. *Scan Chains*, auch Prüfpfade beziehungsweise Scan Paths genannt) eingesetzt. Dabei werden die Speicherzellen der Schaltung in eine oder

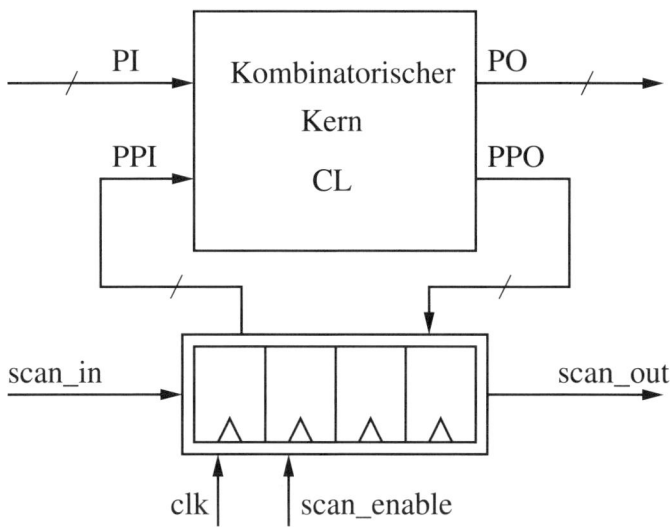

Abbildung 7.4: *Prinzip der internen Prüfpfade*

mehrere Schieberegister konfiguriert. Im Testmodus werden diese verwendet, um die benötigten Werte in die Speicherzellen einzuschieben und die Testantworten von dort hinauszuschieben. Im Normalbetrieb sind Prüfketten transparent (inaktiv). Im Folgenden werden die wichtigsten Arten und Einsatzszenarien von Scan Chains vorgestellt.

7.3   Interne Prüfpfade

Interne Prüfpfade (engl. *Integrated Scan*) sind in synchronen, sequentiellen Schaltungen einsetzbar, wie sie in Abschnitt 2.2 eingeführt worden sind und die aus kombinatorischer Logik CL und den Speicherelementen bestehen. Mit Hilfe dieser Technik wird die vollständige Steuerbarkeit und Beobachtbarkeit aller Speicherzellen hergestellt. Aus der Sicht der Testmustergenerierung kann der kombinatorische Teil einer mit sequentiellen Schaltung mit integrierten Prüfpfaden als eine kombinatorische Schaltung interpretiert werden, bei der keine Unterscheidung zwischen den primären und den pseudoprimären Ein- und Ausgängen notwendig ist.

Um interne Prüfpfade in eine sequentielle Schaltung mit k Speicherelementen $r_1, \ldots, r_k$ einzubauen, werden diese zu einem logischen Register zusammen geschlossen, der im Testmodus Schiebeoperationen durchführen kann. Hierzu wird die Schaltung wie folgt modifiziert. Es werden zwei zusätzliche primäre Eingänge `scan_enable` und `scan_in` und ein zusätzlicher primärer Ausgang `scan_out` hinzu gefügt. Vor den Dateneingang jeder Speicherzelle r_i wird ein Multiplexer geschaltet, der vom Signal `scan_enable` gesteuert wird. Der 0-Eingang des Multiplexers wird mit der Signalleitung s_i verbunden, die in der ursprünglichen Schaltung den Dateneingang von r_i gespeist hatte. Der 1-Eingang des

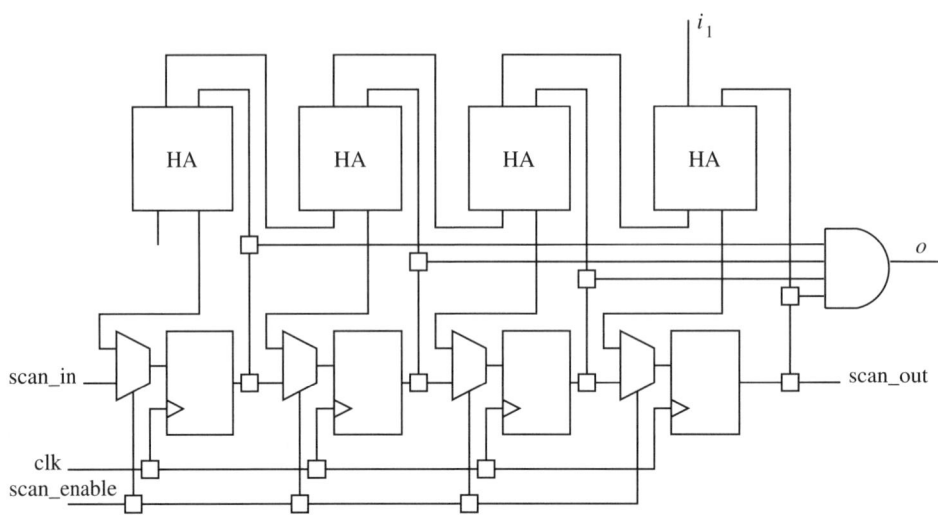

Abbildung 7.5: *Zähler aus Abbildung 7.3 mit einer Scan Chain*

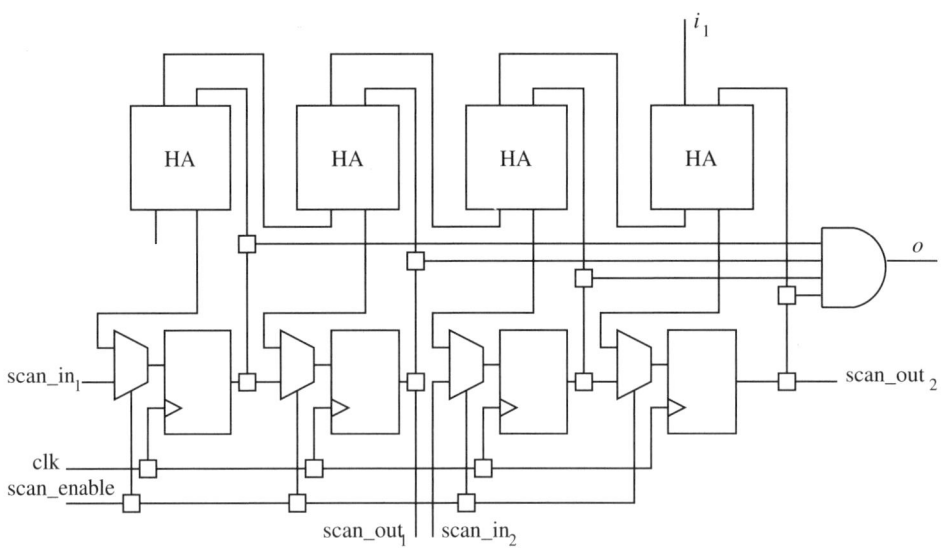

Abbildung 7.6: *Zähler aus Abbildung 7.3 mit zwei Scan Chains*

Multiplexers von Speicherelement r_1 wird an den neuen primären Eingang `scan_in` angeschlossen. Für jedes weitere r_i wird dieser Eingang mit dem Ausgang von r_{i-1} verbunden. Der Ausgang der letzten Speicherzelle r_k wird zum neuen primären Ausgang `scan_out` geleitet.

Somit erreicht man das folgende Verhalten der Schaltung. Ist `scan_enable` auf dem Wert 0, so wird jedes Speicherelement r_i von genau der gleichen Signalleitung s_i getrieben wie vor der Modifikation; der Schaltkreis verhält sich funktional genau wie vor dem Einsetzen der Scan Chain. Setzt man `scan_enable` auf Wert 1, so sind die Speicherzellen vom kombinatorischen Kern CL getrennt und bilden ein Schieberegister mit `scan_in` als Eingang und `scan_out` als Ausgang. Um die kombinatorische Logik einer Schaltung mit n primären Eingängen und k Speicherzellen durch die Anwendung eines Testmusters $a_1 \ldots a_n b_1 \ldots b_k$ zu testen, wendet man das folgende Verfahren an, welches $(2k + 1)$ Taktzyklen benötigt:

Taktzyklen 1 bis k: Der Eingang `scan_enable` wird auf 1 gesetzt. Im Taktzyklus j wird der Wert b_{n-j} am Eingang `scan_in` angewendet. Ist die Belegung der Speicherzellen vor der Testanwendung unbekannt ($r_1 \ldots r_k = XX \ldots X$), so ist diese Belegung nach einem Taktzyklus $b_k X \ldots X$, nach zwei Zyklen $b_{k-1} b_k X \ldots X$, und nach k Zyklen stehen die gewünschten Werte $b_1 \ldots b_k$ in den Speicherelementen.

Taktzyklus $k + 1$: An den n primären Eingängen werden die Werte $a_1 \ldots a_n$ angelegt. Damit wird auf den kombinatorischen Kern CL das benötigte Testmuster angewendet. Ferner wird `scan_enable` auf 0 geschaltet, so dass die Eingänge der Speicherzellen wieder mit CL verbunden sind. Die Werte an den primären Ausgängen von CL werden vom Testgerät ausgewertet, die Werte an den pseudoprimären Ausgängen in die entsprechenden Speicherzellen übernommen.

Taktzyklen $k + 2$ bis $2k + 1$: Bezeichne $c_1 \ldots c_k$ die erwarteten Testantworten an den pseudoprimären Ausgängen $r_1 \ldots r_k$. Der Eingang `scan_enable` wird wieder auf 1 gesetzt, und bei jeder Schiebeoperation wird ein Wert am Ausgang `scan_out` an das Testgerät übermittelt und dort mit der erwarteten Testantwort verglichen (im Taktzyklus $k + 1 + j$ wird der Wert c_{k-j} am `scan_out` erwartet).

Abbildung 7.4 deutet die Konstruktion an. Primäre Eingänge sind mit PI, primäre Ausgänge mit PO, pseudoprimäre Eingänge mit PPI und pseudoprimäre Ausgänge mit PPO bezeichnet. Abbildung 7.5 zeigt, wie eine Scan Chain in den Zähler aus Abbildung 7.3 eingesetzt wird.

Beispiel 7.4

Um den 0-Haftfehler am Ausgang des zweiten Halbaddierers von rechts im Zähler zu testen, soll auf die kombinatorische Logik (mit einem primären Ausgang und vier Speicherzellen) das Testmuster $a_1 b_1 b_2 b_3 b_4 = 11101$ angewendet werden. In der fehlerfreien Schaltung wird der Zustand 1110, in der fehlerbehafteten der Zustand 1100 erzeugt. Die nachfolgende Tabelle zeigt die Testanwendung (X steht für irrelevante Werte). Die Werte beziehen sich auf den Anfang des Taktzyklus', somit ist etwa der Wert 1, der im ersten

Taktzyklus auf `scan_in` angewendet wurde, erst im Taktzyklus 2 im Speicherelement übernommen.

Zyklus	i	scan_enable	scan_in	Zustand	scan_out
1	X	1	1	XXXX	X
2	X	1	0	1XXX	X
3	X	1	1	01XX	X
4	X	1	1	101X	X
5	1	0	1	1101	X
6	X	1	X	1110/1100	0/0
7	X	1	X	X111/X110	**1/0**
8	X	1	X	XX11/XX11	1/1
9	X	1	X	XXX1/XXX1	1/1

In der Ausschiebephase (ab Zyklus 6) werden sowohl der fehlerfreie als auch der fehlerbehaftete Zustand beziehungsweise der entsprechende Wert an `scan_out` dargestellt. Der Fehler wird in Zyklus 8 entdeckt.

Die hier vorgestellte Modifikation der Speicherelemente für den Scan-Betrieb beschränkt sich auf einen einzigen eingesetzten Multiplexer pro Speicherzelle. In der Praxis können noch weitere Anforderungen bestehen. So ist es oft notwendig, die Schiebeoperationen mit einer geringeren Taktfrequenz als die Nominalfrequenz der Schaltung durchzuführen, um exzessive Signallaufzeit-Anforderungen an die Verbindungsleitungen zwischen den einzelnen Speicherelementen zu vermeiden und keine übermässige Hitzeentwicklung aufgrund von unkontrollierter Aktivität während des Schiebens zu riskieren. Dies wird in der Regel durch die Definition eines zweiten Zeitgeber-Signals (Scan Clock) umgesetzt; die Speicherzellen haben dann zwei Zeitgeber-Eingänge und schalten zwischen ihnen gesteuert durch `scan_enable`.

In einigen Fällen werden in Speicherelemente weitere Bausteine, etwa zur Erkennung und Korrektur von transienten Fehlern, zur Identifikation von Alterung oder zur Erleichterung von dynamischen Tests (vgl. Abschnitt 7.6) integriert. Da die Speicherelemente einen signifikanten Anteil an der Fläche der meisten Schaltungen haben, werden sie einer intensiven Optimierung unterzogen. In den industriell eingesetzten Scan-Speicherzellen ist es oft gar nicht mehr möglich, die einzelnen Bestandteile (das eigentliche Speicherelement, den Multiplexer und gegebenenfalls weitere Blöcke) voneinander zu trennen.

Selbstverständlich können auch die Speicherzellen selbst sowie die Prüfketten-Zusatzlogik von Defekten betroffen sein. Zur Entdeckung solcher Defekte werden Verfahren in Anlehnung an Speichertest (siehe Kapitel 10) angewendet. So wird vor Beginn des Tests zuerst die Basisfunktionalität der Scan Chains überprüft. Zu diesem Zwecke werden bestimmte Muster (k 0-Werte, k 1-Werte, k sich abwechselnde Werte usw.) durch die Prüfkette durchgeschoben, ohne in den funktionalen Modus zu wechseln (`scan_enable` = 1). Mehr Details sind im Abschnitt 9.1.1 zu finden.

7.4   Reduktion der Testanwendungszeit

Wie bereits oben angedeutet, beträgt die Zeit zur Anwendung eines Testmusters auf eine Schaltung mit k Speicherelementen $2k + 1$ Taktzyklen. In diesem Abschnitt werden drei Möglichkeiten diskutiert, diese Zeit zu verringern: überlappende Testanwendung, hybride Testanwendung und Einsatz mehrfacher Scan Chains. Auf weitere, in der Literatur vorgeschlagene aber in der Praxis weniger wichtige Ansätze, wird hier nicht eingegangen.

Bei Anwendung von mehreren Testmustern kann das Hinausschieben der Testantwort von Muster j zeitgleich mit dem Einschieben des Musters $j + 1$ geschehen. So könnte man etwa im Beispiel 7.4 Zyklen 6 bis 9 dazu verwenden, über `scan_in` die Werte des nächsten Musters einzuschieben. Dann wäre die Testanwendung (`scan_enable` = 0) im Zyklus 10 möglich; würde man erst nach Abschluss der Verarbeitung des ersten Musters mit dem Einschieben beginnen, könnte die Testanwendung erst im Zyklus 14 geschehen. Bei m anzuwendenden Mustern beträgt die Gesamtanwendungszeit mit dieser „überlappenden" Technik $km + k + m$ Zyklen (statt $2km + m$ ohne die Verbesserung).

Es ist möglich, die Testanwendungszeit durch *hybride Testanwendung* [PR98] weiter abzusenken, indem ab Taktzyklus $k + 1$ nicht eine Belegung der primären Eingänge $(a_1 \ldots a_n)$ sondern mehrere solche Belegungen $(a_1^1 \ldots a_n^1)$, $(a_1^2 \ldots a_n^2)$, $(a_1^3 \ldots a_n^3)$ usw. angewendet werden. Damit könnten pro Einschiebeoperation mehr Fehler im kombinatorischen Kern entdeckt werden, da mehr Testmuster auf diesen angewendet werden. Andererseits ist es möglich, dass Entdeckungen durch die ersten Eingangsbelegungen im Zuge der weiteren Testanwendung invalidiert werden. Vor allem aber entsprechen die auf den kombinatorischen Kern angewendeten Testmuster ab der zweiten angelegten Eingabebelegung nicht länger den eingeschobenen Werten; sie können höchstens durch die Simulation der sequentiellen Schaltung ermittelt werden. Somit ist die einfache Rückführbarkeit der sequentiellen auf die kombinatorische Testmustergenerierung, das Hauptargument für interne Prüfpfade, für solche Testszenarien nicht gültig. In der heutigen industriellen Praxis sind solche hybriden Verfahren von untergeordneter Bedeutung.

Eine weitere Technik zur Senkung der Testanwendungszeit stellt der Einsatz von *mehreren Scan Chains* in der selben Schaltung dar. Jede Scan Chain SC_j ist mit eigenen Anschlüssen `scan_in`$_j$ und `scan_out`$_j$ ausgestattet, alle Scan Chains teilen sich jedoch das globale Signal `scan_enable`. Um N Scan Chains zu definieren, sind somit $N + 1$ zusätzliche Eingänge imf N zusätzliche Ausgänge notwendig. Abbildung 7.6 zeigt den Zähler aus Abbildung 7.3 mit zwei Scan Chains jeweils der Länge zwei. Die Testanwendungszeit richtet sich nach der Länge $L_{\max}$ der längsten Prüfkette, also der maximalen Anzahl von Speicherelementen in einer Scan Chain. Hatte die Testanwendungszeit im Grundszenario mit einer Prüfkette $km + k + m$ betragen, so beläuft sich diese nun auf $L_{\max}m + L_{\max} + m$ (die Technik der überlappenden Testanwendung ist auf den Fall mehrfacher Scan Chains anwendbar). Falls N Scan Chains verwendet werden können, sollten k Speicherelemente möglichst gleichmäßig auf diese verteilt werden, so dass $L_{\max} = \lceil r/N \rceil$ gilt. In der Praxis können aber Faktoren wie die Platzierung der einzelnen Speicherzellen auf dem Chip eine ungleichmäßige Verteilung erfordern. Im Idealfall jedoch bringt der Einsatz von N Prüfketten einen Testzeitgewinn um den Faktor N. Daher wird diese Technik von der Industrie massiv eingesetzt und spielt auch im Kontext der Testdatenkompression (Abschnitt 8.3) eine tragende Rolle.

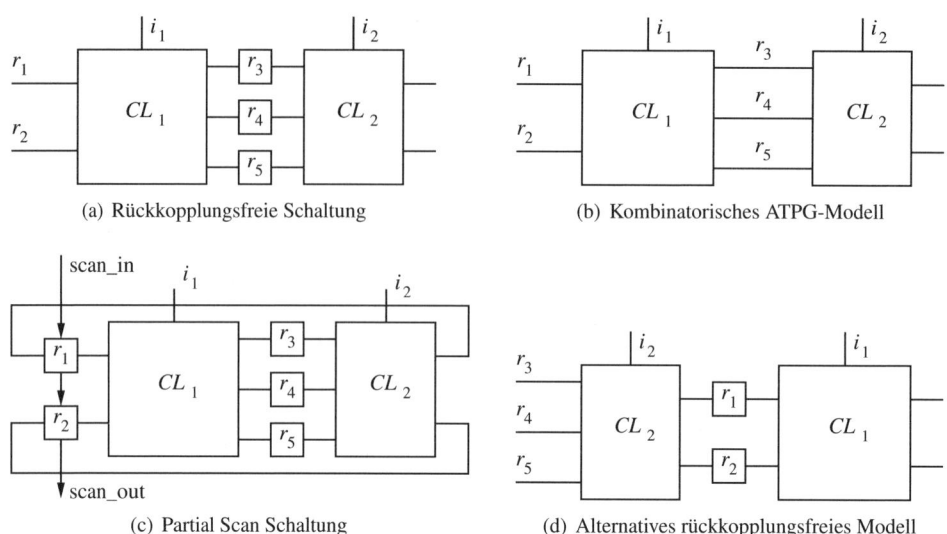

(a) Rückkopplungsfreie Schaltung   (b) Kombinatorisches ATPG-Modell

(c) Partial Scan Schaltung   (d) Alternatives rückkopplungsfreies Modell

Abbildung 7.7: *Verschiedene Schaltungstypen*

7.5   Partielle Prüfpfade

In der Praxis ist es nicht immer möglich, alle Speicherelemente einer sequentiellen Schaltung in eine Scan Chain aufzunehmen. Dies kann im Einzelfall am erhöhten Flächenbedarf einer Scan-Speicherzelle gegenüber einer Speicherzelle ohne diese Funktionalität liegen. Noch schwerwiegender ist die Problematik, Leitungen zu den benachbarten Speicherzellen verlegen zu müssen, um Schiebeoperationen zu ermöglichen. Vor allem in geschwindigkeitskritischen Teilen der Schaltung können solche Leitungen die aufwändigen Optimierungen in der physikalischen Nachbarschaft einer Speicherzelle massiv beeinträchtigen. Varianten von Integrated Scan, in welchen einige Speicherelemente Teil einer Prüfkette sind und andere nicht, nennt man *partielle Prüfpfade* (engl. *Partial Scan*) [Tri83, KW90]. Im Gegensatz dazu heißen Schaltungen mit vollständiger Zuordnung aller Speicherzellen zu Prüfketten *Full Scan* Schaltungen.

Schaltungen mit partiellen Prüfpfaden sind durch eine bessere Testbarkeit verglichen mit Schaltkreisen ganz ohne Scan Chains gekennzeichnet. Gegenüber Full Scan Schaltungen weisen sie den grundlegenden Nachteil auf, dass sie keine direkte Entsprechung zu einer kombinatorischen Schaltung besitzen und im Allgemeinen sequentielle Testmustergenerierung erfordern. Jedes Speicherelement, das nicht Teil einer Prüfkette ist, kann nicht als ein vollständig steuerbarer primärer Eingang oder ein vollständig beobachtbarer primärer Ausgang repräsentiert werden. Es gibt jedoch einige Situationen, in welchen zumindest eine Rückführung auf kombinatorische Testmustergenerierung möglich ist. Diese Situationen werden im Folgenden diskutiert. Falls bei der Entscheidung, welche Speicherelemente in die Scan Chains aufzunehmen sind, Flexibilität besteht, sollte man diejenige Speicherzellen auswählen, an denen eine solche Rückführung scheitert.

Eine *rückkopplungsfreie Schaltung* ist eine sequentielle Schaltung, die aus kombinatorischen Logikgattern und Speicherelementen besteht, aber keine Rückkopplungen (Schleifen) enthält (siehe auch Abschnitt 6.3.1). Eine wichtige Klasse von solchen Schaltkreisen sind Pipelines, die unter anderem in Hochleistungs-Mikroprozessoren vorkommen. Ein Beispiel ist in Abbildung 7.7(a) zu finden. Zwischen den zwei zusammenhängenden (und rückkopplungsfreien) kombinatorischen Blöcken CL_1 und CL_2 sind drei Speicherzellen zu finden, deren Wert jedoch vollständig vom Block CL_1 festgelegt wird. Um einen Fehler in CL_1 oder CL_2 zu finden, kann man kombinatorische Testmustergenerierung auf der Schaltung aus Abbildung 7.7(b) einsetzen, welche durch das simple Entfernen von Speicherzellen gewonnen wurde (siehe hierzu auch Kapitel 6). Dabei entsteht ein Testmuster $i_1 i_2 r_1 r_2$. Um dieses Muster zum Testen zu verwenden, muss man im ersten Taktzyklus die ermittelten Werte $i_1 r_1 r_2$ an Block CL_1 anlegen, welcher die Werte $r_3 r_4 r_5$ berechnen wird (falls der gesuchte Fehler in CL_1 ist, wird sein Effekt in einem dieser drei Flipflops festgehalten). Nun ist im zweiten Taktzyklus noch der Wert i_2 an CL_2 anzulegen. Zusammen mit den Werten $r_3 r_4 r_5$ wird er den Fehler zu einem der Ausgänge propagieren, an denen sie beobachtet werden können.

Abbildung 7.7(c) zeigt eine sequentielle Schaltung mit Rückkopplungen. Durch Aufnahme von Speicherzellen r_1 und r_2 in eine Prüfkette werden die beiden Eingänge von CL_1 steuerbar und die beiden Ausgänge von CL_2 beobachtbar; man erhält also genau die Situation von Abbildung 7.7(a). Die Prüfketten der Schaltung in der Abbildung 7.7(c) sind partiell, weil sie drei der Speicherelemente nicht enthalten. Um sie zu testen, muss man, wie oben ausgeführt, kombinatorische ATPG für die Schaltung aus Abbildung 7.7(b) durchführen und die ermittelten Werte an die Eingänge der Schaltung anlegen. Der einzige Unterschied besteht darin, dass die Werte r_1 und r_2 nicht direkt angelegt sondern über die Prüfkette eingeschoben und die Ausgangswerte über ebendiese hinausgeschoben werden.

Allgemein kann die Strategie zur Auswahl von Speicherelementen für partielle Prüfketten darin bestehen, Rückkopplungen in der Schaltung aufzulösen. Wird ein Speicherelement ausgewählt, so ist es aus der ATPG-Sicht mit einem Paar von primärem Ein- und Ausgang gleichzusetzen und kann einfach entfernt werden. Dadurch werden alle Rückkopplungsschleifen, die durch dieses Element gehen, aufgelöst. Man kann die Auswahl fortsetzen, bis die Schaltung keine Rückkopplungen mehr hat. Dabei kann man sich bei der Auswahl etwa von der möglichst hohen Anzahl von aufgelösten Rückkopplungen leiten lassen; dies wird tendentiell zu einer geringeren Anzahl der ausgewählten Speicherzellen führen. Man kann aber auch die (geschätzte) Schwierigkeit, eine Speicherzelle in eine Scan Chain aufzunehmen, mit berücksichtigen. Sind etwa r_1 und r_2 in Abbildung 7.7(c) besonders schwer zugänglich, so kann man alternativ eine Prüfkette aus r_3, r_4 und r_5 definieren. Das sich daraus ergebende rückkopplungsfreie Modell ist in Abbildung 7.7(d) dargestellt.

7.6 Scan-basierter Test für Verzögerungsfehler

Ein Test auf Verzögerungsfehler im kombinatorischen Kern CL einer Schaltung besteht in der Anwendung von zwei Testmustern auf CL in aufeinander folgenden Taktzyklen und der Beobachtung der Testantwort im dritten Zyklus. Dies ist mit der Standardversion von Integrated Scan nicht kompatibel: es ist zwar möglich, zwei beliebige Belegungen von Spei-

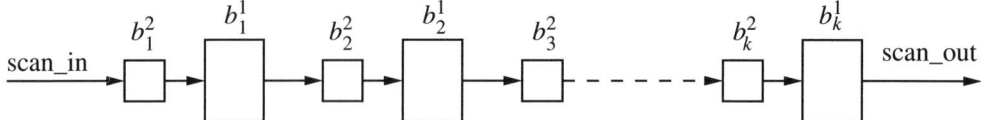

Abbildung 7.8: *Enhanced Scan mit Dummy-Speicherzellen*

cherelementen in diese hineinzuschieben, zwischen den entsprechenden Zeitpunkten finden jedoch Schiebeoperationen statt. Im Folgenden betrachten wir drei bekannte Verfahren zum Scan-basierten Test von Verzögerungsfehlern. Bei allen diesen Verfahren findet nicht ein sondern es finden zwei funktionale Taktzyklen statt, die Testanwendungszeit von m Testpaaren beträgt somit (beim Einsatz einer Prüfkette und Überlappungstechnik) $mk + 2m + k$ Taktzyklen. Zur Illustration betrachten wir die Anwendung eines Testpaars $a_1^1 \ldots a_n^1 b_1^1 \ldots b_k^1$ / $a_1^2 \ldots a_n^2 b_1^2 \ldots b_k^2$ auf eine Schaltung mit n primären Eingängen und k pseudoprimären Eingängen. Zumindest die Anwendung des zweiten Musters und die anschließende Auswertung der Testantwort müssen dabei mit Nominaltaktfrequenz erfolgen. Finden Schiebeoperationen grundsätzlich mit reduzierter Taktfrequenz statt, so muss ein schnelles Schalten zwischen dem verlangsamten Betrieb und der vollen Geschwindigkeit gewährleistet sein.

Launch-on-Capture (LOC): Bei diesem Verfahren [SP94], auch *Functional Justification* sowie *Broadside Test* genannt, wird das erste Testmuster an den primären Eingängen angelegt ($a_1^1 \ldots a_n^1$) beziehungsweise in die Scan Chain eingeschoben ($b_1^1 \ldots b_k^1$). Das zweite Muster wird mit Hilfe des kombinatorischen Kerns CL gewonnen: die Schaltung wird einfach für einen weiteren Taktzyklus im funktionalen Modus betrieben (scan_enable = 0). So entsteht das zweite Testmuster als $b_1^2 \ldots b_k^2 = \zeta(a_1^1, \ldots, a_n^1, b_1^1, \ldots, b_k^1)$, wobei ζ die Zustandsübergangsfunktion der Schaltung bezeichnet; die Werte $a_1^2 \ldots a_n^2$ werden einfach an den primären Eingängen angelegt. Mit Launch-on-Capture können nicht beliebige Testpaare angewendet werden, die Anforderung $b_1^2 \ldots b_k^2 = \zeta(a_1^1, \ldots, a_n^1, b_1^1, \ldots, b_k^1)$ muss deshalb bereits bei der Testmustergenerierung berücksichtigt werden.

Launch-on-Shift (LOS): Bei dieser Variante [SP93], die auch *Skewed-load* heisst, wird für die Erzeugung des zweiten Musters wird die Schiebefunktionalität der Scan Chain genutzt. Nach dem Einschieben des ersten Musters ($b_1^1 \ldots b_k^1$) wird noch ein Taktzyklus im Scan-Modus (scan_enable = 1) ausgeführt. Damit können beim Einsatz einer Prüfkette die folgenden zwei alternativen Muster gewonnen werden: $b_1^2 \ldots b_k^2 = 0 b_1^1 \ldots b_{k-1}^1$ und $b_1^2 \ldots b_k^2 = 1 b_1^1 \ldots b_{k-1}^1$, je nach dem Wert, der an scan_in angelegt ist.[1] Die Werte der primären Eingänge des zweiten Musters sind auch hier frei wählbar.

Enhanced Scan: Zwischen den einzelnen Speicherelementen werden zusätzliche „Dummy-Speicherzellen" eingefügt [DS91]. Die Testdaten werden in der Reihenfolge b_k^1; b_k^2; b_{k-1}^1; b_{k-1}^2; $\ldots$; b_2^1; b_2^2; b_1^1; b_1^2 an scan_in angewendet. Nach $2k - 1$ Schiebeoperationen stehen die Werte $b_1^1 \ldots b_k^1$ in den eigentlichen Speicherelementen und die

---

[1] Der Einsatz mehrerer Scan Chains wird in [PB03] diskutiert.

Werte $b_1^2 \ldots b_k^2$ in den Dummy-Speicherzellen (Abbildung 7.8). Im darauf folgenden Taktzyklus werden die Werte aus den Dummy-Elementen in die Speicherzellen übernommen, und das Testpaar wird angewendet.[2]

Beispiel 7.5

Es soll untersucht werden, welche Testpaare $i_1^1 r_1^1 r_2^1 r_3^1 r_4^1 / i_1^2 r_1^2 r_2^2 r_3^2 r_4^2$ auf den Zähler aus Abbildung 7.3 mit LOC, LOS und Enhanced Scan angewendet werden können, wenn das erste Muster des Paars als $i_1^1 r_1^1 r_2^1 r_3^1 r_4^1 = 11011$ fest steht. Mit LOC sind die Werte in den Speicherelementen des zweiten Musters festgelegt: $r_1^2 r_2^2 r_3^2 r_4^2 = \zeta(1, 1011) = 1100$, lediglich der einzige primäre Eingang i_1 kann frei auf 0 oder 1 gesetzt werden. Die beiden Optionen sind somit 01100 und 11100. Bei LOS werden die Werte 1011 um eine Position nach rechts verschoben, wobei der nachgeschobene Wert über `scan_in` frei gewählt werden kann. Da auch hier der primäre Eingang i_1 wählbar ist, gibt es vier mögliche zweite Muster 00101, 01101, 10101 und 11101. Bei Enhanced Scan sind schließlich alle 32 5-Bit-Testmuster möglich.

Alle drei Methoden sind mit Vor- und Nachteilen verbunden. LOC und LOS schränken die Wahl von anwendbaren Testpaaren drastisch ein. Im Fall von LOC kann man argumentieren, dass nichtanwendbare Testpaare auch im Normalbetrieb nicht auftreten könnten. Die Schaltung berechnet nämlich die Zustandsübergangsfunktion ζ; wenn ein Fehler unter LOC-Annahmen nachweislich unentdeckbar ist, so bedeutet das, dass keine mit ζ verträgliche Transition existiert, für die sich dieser Fehler manifestiert. Wird ein solcher Fehler (durch LOS oder Enhanced Scan) dennoch entdeckt, so kann es sich um *Overtesting* handeln [Rea01, PF07], es würde also eine Schaltung aussortiert, die nie ausfallen würde.

Folgt man dieser Argumentation nicht, so bieten LOS und vor allem Enhanced Scan Möglichkeiten, die Fehlerüberdeckung zu steigern. Bei LOS kann eine Veränderung der Reihenfolge der Speicherelemente in der Prüfkette zu Erkennung von zusätzlichen Fehlern führen [CDK91]. In der Praxis ist eine Umordnung der Prüfkette allerdings mit Schwierigkeiten verbunden und oft nicht oder unter restriktiven Nebenbedingungen möglich. Auch die Einführung von mehreren Scan Chains erhöht die Steuerbarkeit und verbessert die Fehlerüberdeckung. Ein wesentlicher Nachteil von LOS und Enhanced Scan sind harte Anforderungen an die Geschwindigkeit der Schiebeoperation während eines Takts. Bei Enhanced Scan ist außerdem zusätzlicher Aufwand für die (im Normalbetrieb nutzlosen) Dummy-Speicherzellen sowie die Erhöhung der Testanwendungszeit zu bedenken. Es ist möglich, Dummy-Speicherzellen nicht überall in der Prüfkette sondern an sorgfältig ausgewählten Positionen einzufügen [LKS93]. Dies (wie übrigens auch die Reihenfolgeänderung der Speicherelemente bei LOS) würde aber eine Neuauslegung der Prüfkette nach jeder Änderung der Testmenge erfordern.

Es sind nicht besonders viele Daten über erreichbare Testqualität mit den unterschiedlichen Anwendungsarten von Testpaaren veröffentlicht. Die verfügbaren Daten sind nicht statistisch signifikant und kommen mit Einschränkungen einher. So wurde in der Studie der Firma LSI Logic und der Portland State University [MBD03] ein Testgerät verwendet, welches

---

[2]Alternativ kann man die Speicherelemente so ausbauen, dass sie zwei Werte vorhalten können. Dann wird erst das zweite und dann das erste Muster eingeschoben und beide in aufeinanderfolgenden Taktzyklen angewendet.

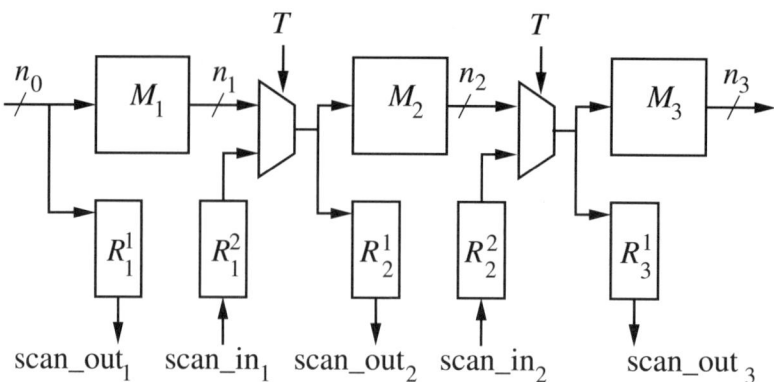

Abbildung 7.9: *Boundary Scan*

die Eingänge der Schaltung nicht mit der Nominaltaktfrequenz bedienen konnte, so dass keine Wertewechsel an den primären Eingängen induziert wurden. Nichtsdestotrotz wurden sowohl für LOC als auch für LOS und eine weitere Art der Testanwendung ohne DFT Defekte identifiziert, die nur von dieser gefunden worden sind (Enhanced Scan wurde nicht untersucht).

7.7   Boundary Scan

Boundary Scan[3] wird sowohl auf der Chip- als auch auf der Board-Ebene eingesetzt, um einzelne Module während des Tests zu isolieren und diese sowie Verbindungsleitungen zwischen ihnen getrennt vom Rest des Systems zu testen. In der Praxis werden vielfältige, aufwändige, zum Teil standardisierte Boundary-Scan-Lösungen verwendet. Hier sollen die Grundprinzipien dieser Technik auf der Grundlage einer konkreten Ausprägung vermittelt werden.

In Abbildung 7.9 ist ein System mit drei Modulen M_1, M_2 und M_3 abgebildet. Die Anzahl der Ein- und Ausgänge von Modul M_i sei n_{i-1} beziehungsweise n_i. Die Werte an den Eingängen werden in ein Register R_i^1 geschrieben, das aus n_{i-1} Speicherzellen besteht; dieses Register hat, ähnlich wie eine Prüfkette bei Integrated Scan, einen Schiebemodus, bei dem sein Inhalt seriell am Ausgang scan_out$_i$ ausgegeben wird.

Der n_i-Bit-Ausgang von M_i ist mit einem Multiplexer verbunden, der auch an ein weiteres Schieberegister R_i^2 angeschlossen ist, welcher über Eingang scan_in$_i$ Werte vom Testgerät aufnehmen kann. Der Multiplexer wird vom Signal T gesteuert, im Normalbetrieb ($T = 0$) werden die Werte am Ausgang von Modul M_i über die Verbindungsleitungen zu den Eingängen von Modul M_{i-1} weiter geleitet.

---

[3]Es hat sich für diesen Begriff keine deutsche Übersetzung eingebürgert; in älteren Publikationen findet sich gelegentlich die Wortwahl „Randprüfpfad".

Um die Verbindungsleitungen zwischen Modulen M_i und M_{i+1} zu testen, lädt man die Testdaten seriell in Register R_i^2 und liest sie, ebenfalls seriell, aus Register R_{i+1}^1 wieder aus. Nachdem die Funktionsfähigkeit der Verbindungsleitungen fest steht, können die Module selbst getestet werden. Um Modul M_i zu testen, lädt man die Daten seriell in Register R_{i-1}^2 des vorangegangenen Moduls und liest die Testantworten aus dem Register R_{i+1}^1 des nachfolgenden Moduls wieder aus.

7.8 Einordnung und weitere Themen

DFT-Techniken werden nahezu flächendeckend eingesetzt. Bei einer Entscheidung für oder gegen ein bestimmtes Verfahren sind seine Vor- und Nachteile abzuwägen. Zu den Vorteilen einer DFT-Lösung zählen in der Regel eine verbesserte Fehlerüberdeckung, schnellere und einfachere Testmustergenerierung und/oder günstigere Testanwendung. Zu ihren Nachteilen können der zusätzliche Flächenbedarf für die DFT-Hardware (zum Beispiel Testpunkte), Geschwindigkeitseinbußen für Logik auf zeitkritischen Pfaden der Schaltung (zum Beispiel Multiplexer bei Scan-Ketten), oder die hohen Kosten für die benötigten Werkzeuge sowie der Aufwand für die Schulung ihrer Anwender zählen.

Solche Abwägungen können für einzelne Produkte (Schaltungen), Produktgruppen (zum Beispiel sicherheitskritische Automobil-Elektronik im Vergleich zu Unterhaltungselektronik) oder sogar unternehmensweit (zum Beispiel Einsatz von Full Scan in sämtlichen Produkten) vorgenommen werden. Für Letzteres könnte etwa die Vereinheitlichung der Entwurfsabläufe mit einfacher Mobilität der Mitarbeiter zwischen den einzelnen Projekten sprechen.

Gleichzeitig findet man bei komplexen, über Jahrzehnte gewachsenen Entwürfen durchaus auch unterschiedliche Entwurfsstile und somit auch unterschiedliche DFT-Techniken in verschiedenen Teilen der Schaltung. So könnten neuere Blöcke über Full Scan verfügen, ältere, handoptimierte Module über Partial Scan und einige wenige Logikteile ohne jegliches DFT sequentiell getestet werden. Auch wenn die Gründe für solche Divergenzen plausibel sein mögen, steigern sie die Komplexität der Schaltung und erschweren die Wartbarkeit und die Integration in künftige Produkte.

DFT-Maßnahmen erlauben generell die Anwendung von Testmustern, die im regulären Betrieb nicht vorkommen können. Dies hat komplexe Auswirkungen auf den Stromverbrauch während des Tests, die bei der Auswahl der geeigneten DFT-Technik bedacht werden sollten. Der Stromverbrauch beim Testen einer Schaltung unterscheidet sich in der Regel von ihrem Stromverbrauch im regulären Betrieb.

Oftmals liegt er beim Testen deutlich höher. In CMOS-Schaltungen wird der Stromverbrauch maßgeblich durch die Schaltaktivität, also die Anzahl von Wertewechseln auf den Leitungen der Schaltung, bestimmt. DFT erlaubt die Anwendung beliebiger Testmuster, die vergleichsweise viele Wertewechsel induzieren. Es ist gerade die Zielsetzung von effizienten Testmethoden, mit möglichst wenigen Mustern die komplette Funktionalität der Schaltung zu testen. Im Normalbetrieb verarbeiten viele Schaltungen hingegen korrelierte Eingangswerte, etwa Pixel eines Bildes oder Meßwerte eines Sensors. Bei diesen Berechnungen kommt es selten zu größeren Abweichungen, und die Schaltaktivität ist niedrig.

Für die Testanwendung hat die erhöhte Energieaufnahme potentiell gravierende Folgen. Es ist zwar grundsätzlich unwahrscheinlich, dass die Stromversorgung des Testgeräts mit dem Energiebedarf der getesteten Schaltung überfordert ist. Beim heute aktuellen massiv-parallelen Test muss das Testgerät aber Hunderte von Schaltungen mit Strom versorgen. Gerade in einem solchen Fall muss mit hohem elektrischen Rauschen aufgrund von Mechanismen wie *IR drop* und *Ldi/dt noise* gerechnet werden, welche die Verzögerung der Gatter beeinträchtigen und so insbesondere den Verzögerungstest invalidieren können [Pol10]. Weiterhin zu bedenken ist die Hitzeentwicklung in Folge der erhöhten Energieaufnahme. Diese ist gerade in modernen 3D-Schaltungen mit ihrer begrenzten Wärmeabfuhr kritisch. Sowohl die Scan Chains als auch die im Kapitel 8 behandelten BIST-Blöcke. sind buchstäblich heiße Kandidaten für sogenannte *Hot Spots* auf dem Chip, vor allem wenn sie mit der Nominalfrequenz der Schaltung betrieben werden. Es sind Methoden bekannt, um die Schaltaktivität während der Testanwendung zu kontrollieren, die im Abschnitt 11.2 thematisiert sind.

Eine weitere Herausforderung beim Einsatz von DFT stellt die Diagnosefähigkeit der Schaltung dar. Bei der *Diagnose* (vgl. Kapitel 9) wird von den Testantworten auf den aufgetretenen Fehler geschlossen, um die Ursache für den Ausfall zu identifizieren. Die Defekte können auch die DFT-Logik selbst betreffen, und die Diagnoseprozedur muss solche Defekte von Defekten in der „eigentlichen" Schaltung unterscheiden können. Dies ist vor allem für die Scan Chains relevant, die einen signifikanten Anteil der Schaltungsfläche beanspruchen.

Eine in letzter Zeit stark beachtete Konsequenz des Einsatzes von DFT kommt in bestimmten sicherheitskritischen Anwendungen und vor allem in kryptografischen Schaltungen zum Tragen. In solchen Schaltungen stellen Scan Chains und andere DFT-Strukturen einen unerwünschten Zugriffsmechanismus dar, über den ein Angreifer vertrauliche Daten, etwa geheime Schlüssel, einfach auslesen kann [HFB+04]. Dies kann dadurch verhindert werden, dass Scan Chains nach Abschluss der Testanwendung dauerhaft deaktiviert werden, indem etwa die Verbindung zu den Steuersignalen `scan_in` und `scan_out` irreversibel physikalisch zerstört wird [YWK06]. Kommt dies nicht in Betracht oder rechnet man mit der Fähigkeit des Angreifers, die Verbindung wieder herzustellen, so kann man bei Wechseln zwischen dem Testmodus und dem Normalbetrieb sämtliche verwendeten geheimen Schlüssel neu generieren. Da viele kryptografische Module von überschaubarer Größe und recht leicht testbar sind, besteht auch die Möglichkeit, bei diesen Blöcken auf DFT gänzlich zu verzichten und sequentiellen Test anzuwenden.

8   Selbsttest und Testdatenkompression

Eingebauter Selbsttest (engl. *Built-in Self Test*, BIST) umfasst Techniken zum Testen eines Schaltungsblocks durch Strukturen, die sich ebenfalls auf dem Chip befinden. Der konzeptuelle Aufbau einer BIST-Lösung ist in Abbildung 8.1 zu sehen. Der zu testende Block wird CUT (engl. *Circuit Under Test*) genannt, manchmal trifft man in der Literatur auch die Bezeichnungen *Module Under Test* oder *Block Under Test*. Der Block TPG (engl. *Test Pattern Generator*) ist für die Erzeugung von Testmustern verantwortlich, die auf dem CUT angewendet werden. Der Block TRE (engl. *Test Response Evaluator*) verarbeitet die Testantworten vom CUT, um festzustellen, ob diese für jedes angewendete Testmuster den erwarteten Testantworten einer fehlerfreien Schaltung entsprechen. Da die Testdatenvolumina bei BIST in der Regel hoch sind, speichert TRE nicht die vollständigen erwarteten Testantworten ab, sondern berechnet aus den beobachteten Testantworten eine kleinere *Signatur*. Diese wird dann mit einer im Voraus berechneten Signatur der fehlerfreien Schaltung verglichen.

8.1   Eingebauter Selbsttest

BIST kann sowohl beim Fertigungstest als auch im laufenden Betrieb, etwa bei jedem Einschalten des Systems oder nach Ablauf eines bestimmten Zeitintervalls, eingesetzt werden. Im ersten Fall ist ein Testgerät (engl. *Automatic Test Equipment*, ATE) notwendig, um die Schaltung mit Strom und dem Zeitgebersignal zu versorgen. Es ist in diesem Fall sinnvoll, die Signatur an das Testgerät zu übertragen und ihre Auswertung dort vorzunehmen. Dies stellt eine Abweichung vom Grundkonzept von BIST dar, reduziert aber die Komplexität vom TRE. Die Anforderungen an das Testgerät sind deutlich niedriger als bei der konventionellen Testanwendung: es ist kein Speicher für die Testmuster und die Testantworten notwendig, sondern allenfalls ein kleiner Speicher für die Signaturen der einzelnen getesteten Blöcke. Ferner kann die Testanwendung auf dem Chip mit der nominalen Testfrequenz erfolgen, ohne dass das Testgerät entsprechend schnelle Kommunikationskanäle bereitstellen muss (die Übertragung der Signatur kann mit niedrigerer Geschwindigkeit erfolgen). Dies reduziert einerseits die Testanwendungszeit und ermöglicht andererseits die Entdeckung von Verzögerungsfehlern. Außerdem werden die Testmuster lokal angewendet, was die Anforderungen an Zugangsmechanismen, etwa Scan Chains, reduziert.

Wird BIST im laufenden Betrieb eingesetzt, so spricht man von *On-line Test*. Dabei steht kein Testgerät zur Verfügung; die Strom- und Taktsignalversorgung muss vom System übernommen werden, und die Signaturen müssen entweder vom TRE oder von einem anderen Systemmodul ausgewertet werden. Man unterscheidet zwischen *Concurrent* und *Non-*

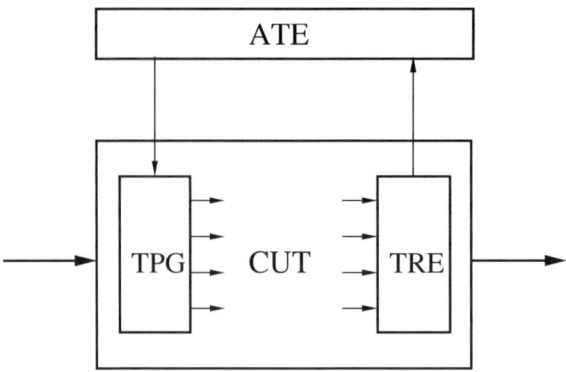

Abbildung 8.1: *Built-in Self Test (ATE: Automatic Test Equipment, Testgerät; CUT: Circuit Under Test, zu testender Schaltkreis; TPG: Test Pattern Generator; TRE: Test Response Evaluator)*

concurrent On-line Test. Beim Concurrent On-line Test werden die regulären Eingaben des Systems als Testmuster verwendet. Dabei können etwa fehlererkennende Kodierungen zum Einsatz kommen. So kann der CUT mit der Logik ausgestattet sein, um ein Paritätsbit zu berechnen, so dass die Anzahl der 1-Werte an allen Ausgängen der Schaltung inklusive dieses Bits ungerade ist; wird eine gerade Anzahl von 1-Werten beobachtet, so wurde ein Fehler entdeckt. Beim Non-concurrent On-line Test wird der CUT für die Dauer die Testanwendung in einen speziellen Modus versetzt, in dem er nicht für seine regulären Aufgaben zur Verfügung steht. Das System kann beispielsweise die Testanwendung initiieren, wenn der CUT ohnehin nicht benötigt wird.

Der grundsätzliche Vorteil von On-line Test gegenüber dem Einsatz von BIST im Fertigungstest liegt in der Überdeckung von Fehlern, die etwa aufgrund von Alterungseffekten nach dem Fertigungszeitpunkt aufgetreten sind. Außerdem können einige Defekte Abhängigkeiten von Umgebungsparametern wie der Temperatur aufweisen. Stimmen die Bedingungen beim Fertigungstest und während des Systemeinsatzes nicht überein, so könnten solche Defekte beim Fertigungstest unentdeckt bleiben und sich erst im Betrieb manifestieren. Concurrent Test bietet den Vorteil, dass die Fehler sofort nach ihrem Auftreten oder kurz darauf entdeckt werden können. Andererseits kann die Fehlerüberdeckung begrenzt sein, da nur reguläre Eingaben der Schaltung als Testmuster verwendet werden. Beim Non-concurrent Test können hingegen speziell erzeugte Testmuster eingesetzt werden. Dabei gehen die größere Anzahl und die höhere Qualität von Testmustern mit erhöhter Komplexität von TPG und TRE einher. In der Praxis geht man einen Kompromiss zwischen der Fehlerüberdeckung und den Implementierungskosten ein. Kann eine adäquate Fehlerüberdeckung nicht mit vertretbarem Aufwand erreicht werden, so kommt eine Verbesserung der Testbarkeit vom CUT durch das Einfügen von Testpunkten (vgl. Abschnitt 7.1) in Frage.

BIST wird in der Regel auf kombinatorische Blöcke angewendet; im Fall von sequentieller Logik werden alle Speicherelemente vom CUT in eine oder mehrere Scan Chains (vgl. Abschnitt 7.2) organisiert. Die Ausgänge vom TPG treiben somit entweder die primären Eingänge vom CUT oder die Eingänge `scan_in` der Scan Chains vom CUT, und die Eingänge vom TRE sind mit den primären Ausgängen sowie den Ausgängen `scan_out` der Scan Chains vom CUT verbunden. In der Praxis werden an den primären Ein- und Ausgängen vom CUT oft neue Speicherelemente definiert, die in die Scan Chains integriert werden. Auf diese Weise ist keine unterschiedliche Behandlung von primären und pseudoprimären Eingängen nötig.

Sowohl für TPG als auch für TRE wurde in der Literatur eine Vielzahl von Umsetzungsoptionen vorgeschlagen. Die wesentlichen Klassen von TPGs sind unten aufgelistet, und eine Auswahl der wichtigsten Techniken wird in den nachfolgenden Abschnitten im Detail diskutiert. Die TREs werden im Abschnitt 8.2 erörtert.

Für die Erzeugung von Testmustern kommen folgende Bausteine in Frage:

Speicher Die Testmuster werden in einem nichtflüchtigen Speicher auf dem Chip, etwa einem Flash-Speicher, vorgehalten. Bei n Eingängen der Schaltung und m Testmustern sind somit $n \cdot m$ Speicherbits und die Logik, um diese nacheinander auszulesen, notwendig. Diesen vergleichsweise hohen Implementierungskosten steht die einfache Nutzbarkeit dieser Technik gegenüber. In der Praxis ist dieser Ansatz nur für sehr kleine Schaltungen möglich.

Testmengenspezifische Schaltung Ist die Testmenge $t_1, \ldots, t_m$ gegeben, so lässt sich eine sequentielle Schaltung mit einem m-Bit-Zustand und der Übergangsfunktion $\zeta(t_1) = t_2, \zeta(t_2) = t_3$ usw. definieren, welche genau die Testsequenz $t_1, \ldots, t_m$ erzeugt. Diese Option ist ebenfalls nur für kleinere Schaltungen praktikabel, da die gängigen Synthesewerkzeuge nur Instanzen mit kleinen n und m verarbeiten können.

Erschöpfende Testerzeugung (engl. *Exhaustive Testing*) Auf eine Schaltung mit n Eingängen werden alle möglichen 2^n Testmuster angewendet. Dies kann etwa mit einem Zähler bewerkstelligt werden. Dies ist natürlich nur für CUTs mit einer begrenzten Anzahl von Eingängen möglich. Es existieren Techniken, um einen Block in Teile mit einer kleineren Zahl von Eingängen zu zerlegen, die unabhängig voneinander getestet werden können [McC84]. Solche Techniken sind aber nicht universell einsetzbar.

Pseudozufällige Sequenzen [BMS87] Es werden mit Hilfe spezieller Generatoren Sequenzen erzeugt, die bestimmte Charakteristika von Zufallszahlen aufweisen. Der Anfang dieser Sequenzen wird zum Testen verwendet. Beispielsweise können aus den ersten $10.000n$ Bits der Sequenz 10.000 Testmuster geformt werden, die auf den CUT angewendet werden. Als Generatoren kommen vor allem lineare rückgekoppelte Schieberegister (engl. *Linear Feedback Shift Register*, LFSR) und zelluläre Automaten (engl. *Cellular Automata*) [Gol81] in Frage, die eine günstige Implementierung in Hardware besitzen. Ihr Nachteil besteht darin, dass einige Fehler spezifische Testmuster benötigen, die nur mit einer geringen Wahrscheinlichkeit am Anfang der pseudozufälligen Sequenz vorkommen und so nicht überdeckt werden können. LFSRs werden im Abschnitt 8.1.1 diskutiert.

Gewichtete pseudozufällige Sequenzen [SLC75, Wun95] Testmuster aus pseudozufälligen Sequenzen beinhalten in der Regel eine in etwa gleiche Anzahl von 0- und 1-Werten. Einige Fehler benötigen aber zur Entdeckung Testmuster mit einer erhöhten

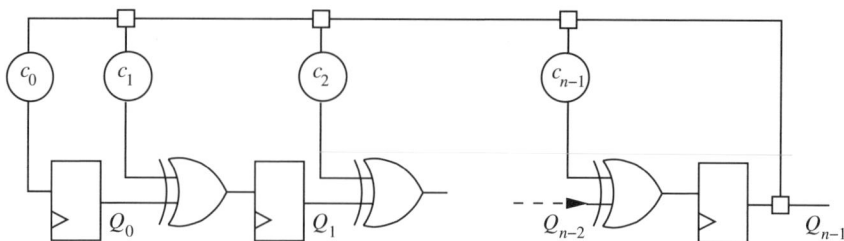

Abbildung 8.2: *LFSR vom modularen Typ*

Häufigkeit von 0- oder 1-Werten. Daher werden die pseudozufälligen Generatoren (zum Beispiel LFSRs) so abgewandelt, dass ihre einzelnen Ausgänge bestimmte vordefinierte Signalwahrscheinlichkeiten aufweisen. Generierung gewichteter pseudozufälliger Sequenzen wird in Abschnitt 8.1.2 behandelt, auch die industriell relevante STUMPS-Architektur wird dort vorgestellt.

Modifizierte pseudozufällige Sequenzen [TM06, WK96] Einen alternativen Ansatz zur Erhöhung der Überdeckung von schwer entdeckbaren Fehlern stellt die zielgerichtete Modifikation einzelner Bits in der pseudozufälligen Testsequenz dar. Wird etwa ein spezielles Testmuster t benötigt, welches nicht am Anfang der pseudozufälligen Sequenz vorkommt, so kann ein anderes Testmuster vom Anfang der Sequenz auf t abgebildet werden. Die entsprechenden Ansätze kamen in der industriellen Praxis zum Einsatz, haben sich aber nicht breitflächig durchgesetzt, so dass auf ihre detaillierte Darstellung an dieser Stelle verzichtet wird.

8.1.1   Pseudozufällige Testerzeugung mit LFSRs

Ein *n-Bit Linear Feedback Shift Register* (LFSR) besteht aus n Speicherelementen mit Ausgängen $Q_0, \ldots, Q_{n-1}$ und einigen XOR-Gattern. Abbildung 8.2 zeigt den allgemeinen Aufbau eines LFSRs vom modularen Typ (engl. *Modular LFSR*).[1] Die Werte $c_j \in \{0, 1\}$ geben die Positionen der XOR-Gatter an. Ist $c_j = 1$, so ist zwischen Speicherelementen Q_{j-1} und Q_j ein XOR-Gatter platziert; der Wert am Eingang des Speicherelements Q_j berechnet sich als $Q_{j-1} \oplus Q_{n-1}$. Ist $c_j = 0$, so wird zwischen Speicherelementen Q_{j-1} und Q_j kein XOR-Gatter platziert. Der mathematische Ausdruck für den Wert am Eingang des Speicherelements Q_j ist insgesamt $Q_{j-1} \oplus (c_j \cdot Q_{n-1})$. Das *charakteristische Polynom* eines LFSRs ist

$$x^n + c_{n-1}x^{n-1} + \cdots + c_1 x^1 + c_0.$$

Dabei steht die Addition „+" wie in der Literatur üblich für die XOR-Operation und die Multiplikation „·" für die AND-Operation.

---

[1]Daneben sind sogenannte LFSRs vom Standard-Typ bekannt; ihre Unterschied zu modularen LFSRs werden weiter unten diskutiert.

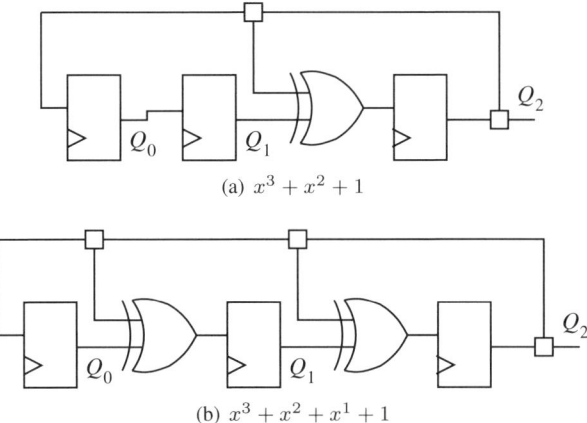

(a) $x^3 + x^2 + 1$

(b) $x^3 + x^2 + x^1 + 1$

Abbildung 8.3: *LFSRs mit charakteristischen Polynomen*

Beispiel 8.1

In Abbildung 8.3(a) ist ein LFSR vom modularen Typ mit drei Speicherelementen ($n = 3$) und $c_0 = 1, c_1 = 0$ und $c_2 = 1$ abgebildet; das charakteristische Polynom ist

$$x^3 + c_2 x^2 + c_1 x^1 + c_0 = x^3 + 1 \cdot x^2 + 0 \cdot x^1 + 1 = x^3 + x^2 + 1.$$

Das LFSR in Abbildung 8.3(b) hat $n = 3$ und $c_0 = c_1 = c_2 = 1$; sein charakteristisches Polynom ist

$$x^3 + 1 \cdot x^2 + 1 \cdot x^1 + 1 \cdot x^1 + 1 = x^3 + x^2 + x^1 + 1.$$

Die Belegung der Speicherelemente des LFSRs wird sein *Zustand* genannt. Da das LFSR keine Eingänge hat, legt der Startzustand des LFSRs Z_0 seinen nächsten und alle nachfolgenden Zustände $Z_1, Z_2, \ldots$ (die Zustandssequenz) fest. Diese Sequenz ist periodisch, weil die Anzahl unterschiedlicher Zustände des LFSRs endlich ist: nach einer bestimmten Anzahl k von Zustandsübergängen wird das LFSR wieder den Zustand Z_0 annehmen und daraufhin erneut die Zustände $Z_1, Z_2, \ldots, Z_k$ durchlaufen. Am Ausgang jedes Speicherelements Q_i wird somit eine periodische Sequenz von Bits $(Q_{i,0}, Q_{i,1}, \ldots, Q_{i,k})^*$ erzeugt, wobei der Stern andeutet, dass sich diese Sequenz wiederholt.

Wird das LFSR als TPG für einen kombinatorischen CUTs eingesetzt, so kann man jeden Ausgang Q_j einer Speicherzelle des LFSRs mit einem primären Eingang vom CUT verbinden; auf diese Weise dienen $Z_0, Z_1, \ldots$ als Testmuster. Ist der CUT sequentiell und verfügt über eine Scan Chain mit m Speicherelementen, so wird der Ausgang Q_{n-1} des LFSRs mit dem Eingang `scan_in` der Scan Chain verbunden. Nach jeweils m Schritten im Schiebemodus (`scan_enable` = 1) ist die Scan Chain mit Werten gefüllt. Daraufhin muss ein funktionaler Taktzyklus (`scan_enable` = 0) erfolgen, um den kombinatorischen Kern zu testen; die Testantworten werden in der Scan Chain aufgenommen. Während des funktionalen Zyklus' ist es sinnvoll, das LFSR anzuhalten, weil die Scan Chain keine Schiebeoperationen durchführt und keine Werte von Q_{n-1} aufnimmt. Danach wird der Schiebemodus für m Taktzyklen wieder aktiv (`scan_enable = 1`); das nächste Testmuster wird vom LFSR-Ausgang Q_{n-1} erzeugt, während die Testantworten gleichzeitig über den Ausgang `scan_out` hinausgeschoben und am TRE zur weiteren Verarbeitung (zum Beispiel Signaturbildung) weiter gereicht werden.

Beispiel 8.2

Im Folgenden werden für die beiden Beispiel-LFSRs aus Abbildung 8.3 ihre Sequenzen vom Startzustand $Z_0 = 001$ und ihr Einsatz zum Test einer Schaltung mit einer Scan Chain mit drei Speicherelementen illustriert. Die Sequenzen der beiden LFSRs werden mit $Z_0^1, Z_1^1, \ldots$ beziehungsweise $Z_0^2, Z_1^2, \ldots$ bezeichnet. Die Werte der Speicherelemente in der Scan Chain sind am Anfang unbekannt (XXX). Wie im Beispiel 7.4 wird angenommen, dass die Werte auf Q_2 jeweils im nächsten Taktzyklus in die Scan Chain übernommen werden. Nach jeweils drei Schritten wird ein funktionaler Zyklus angewendet; dabei wird das LFSR angehalten, und sein Zustand verändert sich nicht. Nach einem funktionalen Zyklus enthält die Scan Chain die Testantworten der kombinatorischen Logik des CUTs, die unbekannt sind und mit RRR (für „responses") bezeichnet werden.

LFSR 1: $x_3 + x_1 + 1$				LFSR 2: $x_3 + x_2 + x_1 + 1$			
Zustand	Q_0	Q_1	Q_2	Scan Chain	Zustand	Q_0	Q_1	Q_2	Scan Chain
Z_0^1	0	0	1	XXX	Z_0^2	0	0	1	XXX
Z_1^1	1	0	1	1XX	Z_1^2	1	1	1	1XX
Z_2^1	1	1	1	11X	Z_2^2	1	0	0	11X
Z_3^1	1	1	0	111	Z_3^2	0	1	0	011
				RRR					RRR
Z_4^1	0	1	1	0RR	$Z_4^2 = Z_0^2$	0	0	1	0RR
Z_5^1	1	0	0	10R	Z_1^2	1	1	1	10R
Z_6^1	0	1	0	010	Z_2^2	1	0	0	110
				RRR					RRR
$Z_7^1 = Z_0^1$	0	0	1	0RR	Z_3^2	0	1	0	0RR
Z_1^1	1	0	1	10R	Z_0^2	0	0	1	00R
Z_2^1	1	1	1	110	Z_1^2	1	1	1	100
				RRR					RRR
Z_3^1	1	1	0	1RR	Z_2^2	1	0	0	1RR
Z_4^1	0	1	1	01R	Z_3^2	0	1	0	01R
Z_5^1	1	0	0	101	Z_0^2	0	0	1	001
				RRR					RRR
Z_6^1	0	1	0	0RR	Z_1^2	1	1	1	1RR
Z_0^1	0	0	1	00R	Z_2^2	1	0	0	11R
Z_1^1	1	0	1	100	Z_3^2	0	1	0	011

Man sieht zunächst, dass die Zustandssequenzen der beiden LFSRs sich trotz des identischen Initialzustands unterscheiden. Die Zustandssequenz von LFSR 1 ist periodisch: Zustand Z_7^1 entspricht Z_0^1, und die Teilsequenz aus sieben Zuständen wiederholt sich immer wieder. Am Ausgang Q_2 wird die Bitsequenz $(1110100)^*$ erzeugt. Die Zustandssequenz von LFSR 2 ist auch periodisch. Die sich wiederholende Teilsequenz hat aber

Länge 4 und die Bitsequenz an Q_2 ist $(1100)^*$. Hätte man einen kombinatorischen CUT betrachtet, dessen primäre Eingänge an die Speicherelemente Q_0, Q_1 und Q_2 angeschlossen sind, so hätte LFSR 1 sieben verschiedene Testmuster (alle 3-Bit-Muster außer 000) und LFSR 2 vier verschiedene Testmuster erzeugt. Dies gilt aber auch für die Testanwendung über die Scan Chain. LFSR 1 erzeugt Muster 111, 010, 110, 101 und 100; würde man ihn weiter laufen lassen, so wären noch Muster 011 und 001 erzeugt worden. LFSR 2 hat Muster 011, 110, 100 und 001 und daraufhin wieder 011 erzeugt. Ab diesem Zeitpunkt wird die Sequenz von LFSR 2 sich wiederholen, und es werden immer wieder die gleichen vier Testmuster erzeugt. Somit ist LFSR 1 sowohl für kombinatorische als auch für sequentielle CUTs besser geeignet.

Der *Nullzustand* (all-zero state) $Q_0 \ldots Q_{n-1} = 0 \ldots 0$ hat sich selbst als Nachfolgezustand; es ist auch offensichtlich, dass kein anderer Zustand den Nullzustand als Nachfolgezustand hat. Somit kann der Nullzustand in keiner Zustandssequenz mit anderen Zuständen auftreten. Die maximale Länge der Zustandssequenz eines n-Bit-LFSRs ohne Zustandswiederholungen beträgt folglich $2^n - 1$ Zyklen (von 2^n möglichen Wertekombinationen ist der Nullzustand ausgeschlossen). Im vorangegangenen Beispiel 8.2 konnte LFSR 1 die Sequenz maximaler Länge $2^3 - 1 = 7$ erzeugen, während die Sequenzlänge bei LFSR 2 vier betrug.

Im Kontext von BIST verwendet man in der Regel LFSRs, die Sequenzen maximaler Länge erzeugen können. Das charakteristische Polynom eines solchen LFSRs heißt *primitiv*. Man kann zeigen, dass ein irreduzibles Polynom (also ein Polynom, welches nur durch sich selbst und durch 1 ohne Rest teilbar ist) dann primitiv ist, wenn es kein $k < 2^n - 1$ gibt, für welches das Polynom $x^k + 1$ ohne Rest teilt. Das charakteristische Polynom von LFSR 2 aus Beispiel 8.2 teilt $x^4 + 1$ ohne Rest und ist daher nicht primitiv, die Nichtexistenz der Sequenz maximaler Länge wurde im Beispiel sichtbar. Um ein n-Bit-LFSR zu spezifizieren, der eine Sequenz maximaler Länge erzeugt, benötigt man also ein primitives Polynom vom Grad n. Es ist möglich, ein solches Polynom zu suchen und seine Teilbarkeits-Eigenschaft zu überprüfen. In der Praxis stehen Tabellen von primitiven Polynomen zur Verfügung, die nützliche Zusatzeigenschaften besitzen, zum Beispiel besonders wenige 1-Koeffizienten haben (und somit LFSRs mit einer geringen Anzahl von benötigten XOR-Gattern entsprechen).

Die Sequenzen maximaler Länge werden pseudozufällig genannt, weil sie einerseits deterministisch (reproduzierbar) sind, andererseits aber bestimmte Eigenschaften von zufälligen Sequenzen aufweisen. Die Anzahl der 1-Werte in der Sequenz ist „fast gleich" der Anzahl der 0-Werte (die Sequenzen haben genau einen 1-Wert mehr, da in ihnen alle Zustände außer dem Nullzustand vorkommen). Die Anzahl der *1- und 0-Läufe* in der Sequenz ist identisch, wobei ein 1-Lauf (0-Lauf) eine Reihe von aneinander folgenden 1-Werten (0-Werten) in der Sequenz, die von keinem 0-Wert (1-Wert) unterbrochen sind, bezeichnet. Dabei hat die Hälfte der Läufe Länge 1, ein Viertel der Läufe Länge 2 usw.

Die oben erwähnten Eigenschaften gelten für vollständige Sequenzen der Länge $2^n - 1$. In der Praxis können aber für größere Werte von n nur Teilsequenzen realistischer Länge verwendet werden. Es kann jedoch davon ausgegangen werden, dass die Zufälligkeits-Eigenschaften auch für solche Teilsequenzen gelten. Um die Länge der zu verwendenden Teilsequenz festzulegen, kann man Fehlersimulation anwenden. Dabei werden neue Testmuster erzeugt und die erreichte Fehlerüberdeckung berechnet, bis entweder die Ziel-Über-

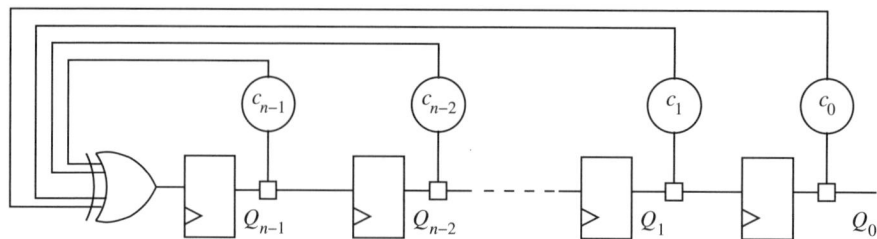

Abbildung 8.4: *Standard Linear Feedback Shift Register*

deckung erreicht oder für eine festgelegte Anzahl von Mustern keine Verbesserung beobachtet wurde. Falls zur Erreichung der benötigten Überdeckung der Nullzustand benötigt wird, kann man das LFSR so modifizieren, dass dieser Nullzustand in seine Sequenz aufgenommen wird.

Neben den LFSRs vom modularen Typ sind auch *LFSRs vom Standard-Typ* (engl. *Standard LFSRs* bekannt, deren allgemeine Form in Abbildung 8.4 dargestellt ist. Standard LFSRs werden auch Typ-1-LFSRs, External-XOR-LFSRs oder Fibonacci-LFSRs genannt; Modular LFSRs werden als Typ-2-LFSRs, Internal-XOR-LFSRs oder Galois-LFSRs bezeichnet. Beide Typen von LFSRs werden durch die Koeffizienten c_i eines charakteristischen Polynoms definiert und erzeugen eine Sequenz maximaler Länge, wenn dieses Polynom primitiv ist. Bei einem Standard LFSR entsteht der nächste Zustand durch eine Schiebeoperation von Speicherelementen $Q_{n-1}, \ldots, Q_0$, wobei Q_{n-1} auf die XOR-Verknüpfung der Speicherelemente mit $c_i = 1$ gesetzt wird (man beachte, dass die Speicherelemente in Standard und Modular LFSRs in unterschiedlicher Reihenfolge nummeriert werden). In der Praxis werden statt eines großen XOR-Gatters oft mehrere XOR2-Gatter eingesetzt, was zu Laufzeiteinbußen gegenüber dem LFSR vom modularen Typ führt.

Ein weiterer Nachteil eines Standard LFSRs ist die vergleichsweise hohe Korrelation zwischen den Sequenzen von benachbarten Speicherelementen Q_i sowie von aufeinanderfolgenden Zuständen, die im Wesentlichen durch eine Schiebeoperationen gewonnen werden. Die Korrelationen lassen sich durch den Einsatz von *Phase Shifters* [BM86] verringern, dies sind XOR-Verknüpfungen von mehreren Q_i. Während die allgemeine Behandlung von Phase Shifters den Rahmen dieses Kapitels sprengen würde, lässt sich das Konzept anhand des Beispiels 8.9 auf der Seite 159 im Abschnitt 8.3.3 nachvollziehen; für Details sei etwa auf [RTT98] verwiesen.

8.1.2   Gewichtete Zufallsmuster

Eine Reihe von Fehlern benötigt spezifische Eingangsmuster um entdeckt zu werden; solche Fehler werden durch Zufallsmuster nur unzureichend abgedeckt. Bei der *gewichteten Zufallsmustergenerierung* (engl. *Weighted Random Pattern Generation*, WRPG) verändert man die Signalwahrscheinlichkeiten an den Ausgängen des TPGs und somit die Häufigkeiten, mit welchen die 0- und 1-Werte an den Ausgängen auftreten. Dafür kann man in ein LFSR zusätzliche Logikgatter integrieren, die aus den Sequenzen an den Ausgängen der

Speicherelemente Q_j, die eine Signalwahrscheinlichkeit nahe 0,5 haben, neue Sequenzen mit anderen Signalwahrscheinlichkeiten erzeugen.

Beispiel 8.3

Das LFSR 1 aus Beispiel 8.2 soll zum Testen eines CUTs verwendet werden, der aus einem einzigen OR4-Gatter besteht. Um alle Fehler im CUT zu entdecken, müssen die folgenden Testmuster angewendet werden: 0000 für sämtliche 1-Haftfehler und 0001, 0010, 0100 und 1000 für die 0-Haftfehler. Die Sequenz am Ausgang Q_2 ist $(1110100)^*$; von den sieben ersten erzeugten Mustern 1110; 1001; 1101; 0011; 1010; 0111; 0100 ist ein einziges für den Test brauchbar. Führt man nun einen neuen Ausgang hinzu, der die AND-Verknüpfung von Q_2 und Q_1 berechnet, so wird an diesem Ausgang die folgende Sequenz ausgerechnet: $(0010100)^*$. In den ersten Taktzyklen werden die folgenden sieben Testmuster erzeugt: 0010; 1000; 0101; 0000; 1010; 0001; 0100, darunter alle benötigten Testmuster. Man beachte, dass die Signalwahrscheinlichkeit[2] von Q_2 (sowie Q_0 und Q_1) den Wert $4/7 \approx 0{,}5$ hat, während die Signalwahrscheinlichkeit des neuen Ausgangs $2/7 \approx 1/4 = 1/2 \cdot 1/2$ besitzt.

Um eine Signalwahrscheinlichkeit von der Form $1/2^k$ zu erzeugen, benutzt man ein ANDk-Gatter, das an k Signale mit der Signalwahrscheinlichkeit $1/2$ angeschlossen ist. Sind die Signale voneinander unabhängig, so entspricht die Signalwahrscheinlichkeit am Ausgang des neuen Gatters dem Produkt der k einzelnen Signalwahrscheinlichkeiten, also dem gewünschten Wert $1/2^k$. In der Praxis benutzt man die Ausgänge Q_j der Speicherelemente des LFSRs. Dabei werden zwei vereinfachende Annahmen gemacht: dass die Signalwahrscheinlichkeit an diesen Ausgängen $1/2$ beträgt (in Wirklichkeit ist diese Wahrscheinlichkeit in einem n-Bit-LFSR gleich $2^{n-1}/(2^n - 1)$, also etwas größer als $1/2$) und dass diese Ausgänge unabhängig sind. Diese Ungenauigkeiten nimmt man in Kauf, um die Vorteile einer effizienten Hardware-Realisierung zu nutzen.

Für eine Signalwahrscheinlichkeit der Form $1 - 1/2^k$ schließt man ein ORk-Gatter an Signalen mit der Signalwahrscheinlichkeit $1/2$ an. Um weitere Signalwahrscheinlichkeiten zu erzeugen, können die folgenden Regeln verwendet werden: haben zwei Signale die Signalwahrscheinlichkeit p_1 beziehungsweise p_2 und sind diese unabhängig, so hat ihre AND-Verknüpfung die Wahrscheinlichkeit $p_1 \cdot p_2$ und ihre OR-Verknüpfung die Wahrscheinlichkeit $p_1 + p_2 - p_1 \cdot p_2$. In der Praxis ist wegen der erwähnten Fehlerquellen keine hohe Genauigkeit erreichbar und es werden relativ einfache Strukturen, zumeist einzelne Gatter, verwendet. Ist etwa eine Signalwahrscheinlichkeit von 0,11 gewünscht, so wird statt dessen (mit Hilfe eines AND3-Gatters) die Signalwahrscheinlichkeit von 0,125 erzeugt.

Komplexere Schaltungen können unterschiedliche Fehler mit unverträglichen Entdeckungsanforderungen besitzen. Ein Beispiel ist in Abbildung 8.5 zu sehen. Für das AND4-Gatter sind Testmuster 1111, 1110, 1101, 1011, 0111, und für das OR4-Gatter Testmuster 0000, 0001, 0010, 0100 und 1000 notwendig. In einer solchen Situation können mehrere Sätze

---

[2]Die Signalwahrscheinlichkeit ist die Wahrscheinlichkeit, dass ein Signal den Wert 1 annimmt, wenn eine Gleichverteilung der Eingabewerte angenommen wird.

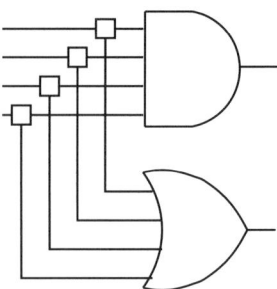

Abbildung 8.5: *Schaltung mit unterschiedlichen Sätzen von Gewichten*

von Wahrscheinlichkeitsgewichten zum Einsatz kommen [Wun90]. Dabei können auch unterschiedliche Gewichte für verschiedene Eingänge der Schaltung definiert werden. Nachfolgend wird zur Festlegung mehrerer Sätze von Gewichten $(p_1^1, \ldots, p_n^1), (p_1^2, \ldots, p_n^2), \ldots$ ein systematisches Verfahren für einen kombinatorischen CUT mit n Eingängen skizziert.

Gegeben sei eine Menge von Fehlern F und eine zu erreichende Fehlerüberdeckung $FC_{\min}$. Zunächst wird deterministische Testmustergenerierung für F durchgeführt. Diese resultiere in m Testmustern $t_1, \ldots, t_m$. Sei $t_i[j]$ der Wert des j.-ten Eingangs der Schaltung unter Test t_i. Für jeden Eingang j wird der Mittelwert $\tilde{p}_j = (t_1[j] + \cdots + t_m[j])/m$ aller erzeugten Testmuster gebildet. Der Satz von Gewichten $(p_1, \ldots, p_n)$ wird aus $(\tilde{p}_1, \ldots, \tilde{p}_n)$ gewonnen, indem zu jedem $\tilde{p}_j$ ein durch AND- oder OR-Gatter effizient erzeugbarer Wert p_j der Form $1/2^k$ oder $1 - 1/2^k$ ausgewählt wird, der zu $\tilde{p}_j$ besonders nahe ist. Die gewichteten Zufallsmuster auf der Basis von $(p_1, \ldots, p_n)$ werden erzeugt und einer Fehlersimulation unterzogen. Die entdeckten Fehler werden aus der Menge F entfernt. Wurde das Fehlerüberdeckungziel $FC_{\min}$ nicht erreicht, so wird für die in F verbleibenden Fehler eine neue Testmenge erzeugt und auf ihrer Basis ein neuer, zweiter Satz von Gewichten bestimmt. Dies wird bis zum Erreichen von $FC_{\min}$ iteriert.

Beispiel 8.4

Die Fehlermenge F bestehe aus 20 Fehlern $f_1, \ldots, f_{20}$, und $FC_{\min}$ betrage 90%. Für die 20 Fehler werde die folgende Testmenge aus sieben Mustern erzeugt:

$$
\begin{array}{ccccccc}
t_1 = & 1 & 0 & 1 & 1 & 1 \\
t_2 = & 0 & 1 & 1 & 1 & 1 \\
t_3 = & 0 & 1 & 1 & 0 & 1 \\
t_4 = & 0 & 0 & 1 & 1 & 0 \\
t_5 = & 0 & 0 & 1 & 0 & 0 \\
t_6 = & 0 & 0 & 1 & 1 & 0 \\
t_7 = & 0 & 0 & 1 & 1 & 1 \\
\end{array}
$$

Für jede Bitposition werden die Durchschnittswerte berechnet:

$$(\tilde{p}_1, \tilde{p}_2, \tilde{p}_3, \tilde{p}_4, \tilde{p}_5) = (1/7, 2/7, 7/7, 5/7, 4/7) = (0{,}14; 0{,}29; 1; 0{,}71; 0{,}57).$$

Danach werden hinreichend nahe, effizient erzeugbare Werte gesucht. Bei den o. g. Größen kommen die Werte $0{,}5 = 1/2$; $0{,}25 = 1/2^2$; $0{,}125 = 1/2^3$; $0{,}75 = 1 - 1/2^2$, $0{,}875 = 1 - 1/2^3$ sowie 1 und 0 in Frage. Dies ergibt den ersten Satz von Gewichten

$$(p_1^1, p_2^1, p_3^1, p_4^1, p_5^1) = (0{,}125; 0{,}25; 1; 0{,}75; 0{,}5).$$

Dieser Satz von Gewichten wird verwendet, um eine pseudozufällige Testsequenz zu erzeugen, die daraufhin für alle Fehler $f_1, \ldots, f_{20}$ simuliert wird. Seien alle Fehler außer f_2, f_7, f_{16} und f_{19} entdeckt. Die Fehlerüberdeckung beträgt $16/20 = 80\%$, das Ziel von 90% wurde noch nicht erreicht. Daher wird für die verbleibenden Fehler eine neue Testmustermenge erzeugt:

$$
\begin{array}{cccccc}
t_1 = & 1 & 0 & 1 & 1 & 1 \\
t_2 = & 1 & 0 & 0 & 0 & 0
\end{array}
$$

Man beachte, dass das erste Muster bereits in der früheren Testmenge enthalten war. Die Durchschnittsbildung ergibt

$$(\tilde{p}_1, \tilde{p}_2, \tilde{p}_3, \tilde{p}_4, \tilde{p}_5) = (1, 0, 1/2, 1/2, 1/2).$$

Alle diese Werte sind bereits effizient erzeugbar, so dass der zweite Satz von Gewichten ohne Approximation berechnet werden kann:

$$(p_1^2, p_2^2, p_3^2, p_4^2, p_5^2) = (1, 0, 1/2, 1/2, 1/2).$$

Auch für diesen Satz von Gewichten wird eine Sequenz erzeugt und für Fehler f_2, f_7, f_{16} und f_{19} simuliert. Seien Fehler f_2, f_7 und f_{19} entdeckt und f_{16} immer noch nicht entdeckt. Die Fehlerüberdeckung beträgt insgesamt 19 / 20 = 95%. Das Ziel von 90% wurde somit übertroffen, und zwei Sätze von Gewichten p^1 und p^2 sind hinreichend.

In der industriellen Praxis wird gewichtete Zufallsmustererzeugung intensiv eingesetzt. Abbildung 8.6 zeigt die *STUMPS-Architektur* (*Self-Testing Using MISR and Parallel SRSG*, wobei MISR für einen weiter unter diskutierten Baustein zur Kompaktierung von Testantworten und SRSG wiederum für „Shift Register Sequence Generator" steht), die von einer Vielzahl von Unternehmen verwendet wird. Die kombinatorische Logik ist zwischen mehreren Scan Chains platziert, die von einem *Pseudozufallsmustergenerator* (PRPG) getrieben sind. Es kann prinzipiell ein beliebiger PRPG zum Einsatz kommen, in der Praxis benutzt man aber in der Regel einen WRPG-Baustein (mit mehrfachen Gewichten). Die primären Eingänge der kombinatorischen Blöcke können zwar von außen gesteuert werden, oftmals werden sie jedoch in die Scan Chains integriert, so dass der CUT ausschließlich von den Scan Chains gesteuert wird. Die Ausgänge der Scan Chains gehen in einen MISR (vgl. nächsten Abschnitt), der als TRE fungiert.

8.2 Ausgangskompaktierung

Besitzt der kombinatorische CUT m Ausgänge und werden k Testmuster angewendet, so bestehen die Testantworten aus insgesamt $k \cdot m$ Bits. Bei einem sequentiellen CUT steht

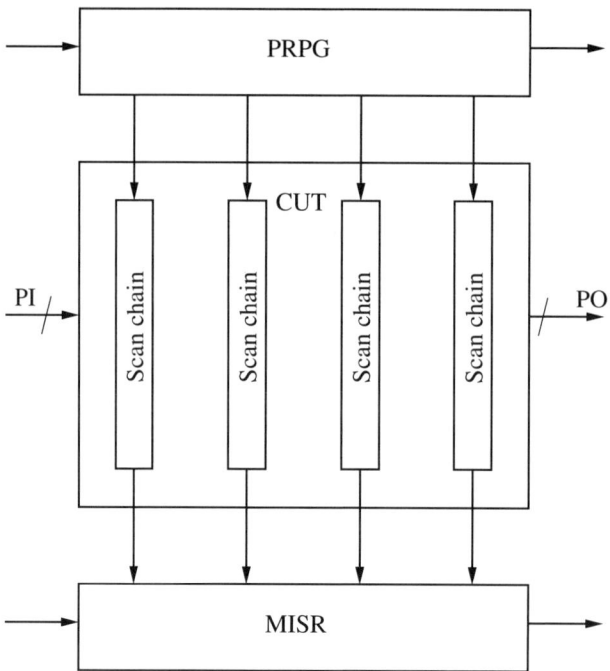

Abbildung 8.6: *STUMPS-Architektur*

m für die Anzahl von Speicherelementen in sämtlichen Scan Chains, da die Testantworten für jedes Testmuster in die Scan Chains geschrieben und von dort hinaus geschoben werden. In einem typischen BIST-Szenario erzeugt TPG lange pseudozufällige Sequenzen von Eingaben; daher kann m und insbesondere k sehr groß werden.

Es ist nicht praktikabel, die kompletten $k \cdot m$ Bits der erwarteten Testantwort auf dem Chip abzuspeichern. Daher ist es die Aufgabe des TREs, die Testantworten zu kompaktieren und eine Signatur zu berechnen. Die Eingänge des TREs sind mit den Ausgängen des CUTs verbunden und empfangen in jedem Taktzyklus einen neuen Teil der Testantwort.

Ausgangskompaktierung hat die Reduktion der Testantwort zum Ziel. Man unterscheidet zwischen unterschiedlichen Arten der Kompaktierung.

Zeitkompaktierung (Time Compaction) Für jeden Eingang des TREs wird der Strom der Testantworten durch einzelne Daten repräsentiert. Auf diese Weise wird die Anzahl der beobachteten Bits pro Eingang (k) reduziert. Eine einfache Technik stellt *Ones Counting* dar. Dabei wird für jeden Eingang des TRE ein Zähler definiert, der für jeden empfangenen 1-Wert um 1 erhöht wird.

Raumkompaktierung (Space Compaction) Die Werte, die zum gleichen Zeitpunkt an unterschiedlichen Eingängen des TREs anliegen, werden zusammengefasst. Dies reduziert die Anzahl der zu betrachtenden Eingänge (m). Ein typischer Ansatz ist die Bereitstellung eines XOR-Gatters, das von mehreren Eingängen getrieben wird.

Kombinierte Raum- und Zeitkompaktierung Die Signatur wird sowohl über die unterschiedlichen Eingänge als auch für die verschiedenen Zeitpunkte berechnet. Eine klassische Methode stellt das *Multiple Input Signature Register* (MISR) dar, das weiter unten genauer erörtert wird.

Alle Kompaktierungsverfahren sind potenziell vom *Aliasing*, also dem Verlust von Fehlerentdeckungen, betroffen. Dies wird im nachfolgenden Beispiel für die beiden oben angedeuteten Techniken, Ones Counting und XOR, illustriert.

Beispiel 8.5

Auf eine Schaltung mit $m = 4$ Ausgängen o_1, o_2, o_3 und o_4 werden $k = 5$ Testmuster t_1, t_2, t_3, t_4 und t_5 angewendet. Die Testantworten der fehlerfreien Schaltung und der selben Schaltung mit den Fehlern f_1 und f_2 sind angegeben (die Fehlerentdeckungen sind fett markiert):

Testmuster	fehlerfrei				Fehler f_1				Fehler f_2			
	o_1	o_2	o_3	o_4	o_1	o_2	o_3	o_4	o_1	o_2	o_3	o_4
t_1	0	0	1	0	0	0	1	0	0	0	1	0
t_2	1	1	1	0	1	**0**	1	0	1	**0**	**0**	0
t_3	0	1	0	0	0	1	**1**	0	**1**	1	**1**	0
t_4	0	1	1	1	0	**0**	**0**	1	0	1	1	1
t_5	1	0	1	1	1	0	1	1	**0**	1	1	1

Wird Ones Counting angewendet, so wird die Anzahl von Werten an jedem Ausgang gezählt. Die Werte in den drei betrachteten Situationen sind wie folgt:

	fehlerfrei				Fehler f_1				Fehler f_2			
	o_1	o_2	o_3	o_4	o_1	o_2	o_3	o_4	o_1	o_2	o_3	o_4
Anzahl 1-Werte	2	3	4	2	2	**1**	4	2	2	3	4	2

Wird eine Schaltung mit Fehler f_1 getestet, so werden am Ausgang o_2 ein statt der erwarteten drei 1-Werte gezählt, und der Fehler wird entdeckt. Am Ausgang o_3 hingegen werden trotz zweier Fehlerentdeckungen genauso wie im fehlerfreien Fall zwei 1-Werte beobachtet; es kommt zu Aliasing. Für Fehler f_2 kommt Aliasing an jedem der drei Ausgänge mit Fehlerentdeckungen vor; insgesamt wird der Fehler f_2 durch Ones Counting nicht entdeckt.

Werden XORs über alle vier Ausgänge eingesetzt, so werden die folgenden Werte beobachtet:

Testmuster	fehlerfrei	Fehler f_1	Fehler f_2
	$o_1 \oplus o_2 \oplus o_3 \oplus o_4$	$o_1 \oplus o_2 \oplus o_3 \oplus o_4$	$o_1 \oplus o_2 \oplus o_3 \oplus o_4$
t_1	1	1	1
t_2	1	**0**	1
t_3	1	**0**	1
t_4	1	1	1
t_5	1	1	1

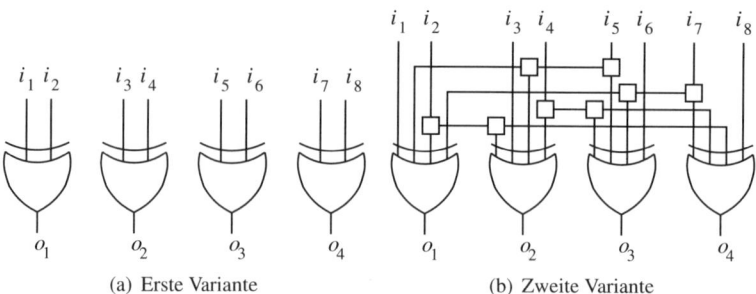

(a) Erste Variante   (b) Zweite Variante

Abbildung 8.7: *Zwei Kompaktoren mit 8 Eingängen und 4 Ausgängen*

Fehler f_1 wird von Mustern t_2 und t_3 entdeckt, die Entdeckungen durch t_3 heben sich bei der XOR-Berechnung gegenseitig auf und rufen Aliasing hervor. Bei Fehler f_2 wird Aliasing bei allen drei Testmustern mit Entdeckungen beobachtet. Somit ist f_2 trotz der insgesamt sechs Entdeckungen durch die einzelnen Testmuster auch durch die Raumkompaktierung mit einem XOR-Gatter nicht entdeckt.

Wird zur Kompaktierung ein XOR-Gatter eingesetzt, so betrifft das Aliasing alle Fehler, die sich an einer geraden Zahl von Schaltungsausgängen niederschlagen. Um Aliasing bei der Raumkompaktierung zu verhindern, werden Netzwerke von mehreren XOR-Gattern eingesetzt. Diese Netzwerke haben M Eingänge $i_1, \ldots, i_M$ und P Ausgänge $o_1, \ldots, o_p$, wobei M der Anzahl von Ausgängen des CUTs entspricht. Das Verhältnis M/P wird *Kompressionsrate* (engl. *Compression Rate*) genannt und in der Regel mit dem hinten angestellten Buchstaben X angegeben. Jeder Ausgang wird von einem XOR-Gatter getrieben, welches an eine Untermenge der Eingänge $i_1, \ldots, i_M$ angeschlossen ist. Man kann die Struktur des Kompaktors durch eine $M \times P$-Matrix C repräsentieren, in der $C_{jl} = 1$ ist, wenn Eingang i_j mit dem XOR-Gatter verbunden ist, welches den Ausgang o_l treibt.

Beispiel 8.6

In Abbildung 8.7 sind zwei Kompaktoren mit jeweils acht Eingängen $i_1, \ldots, i_8$, (die an die Schaltungsausgänge angeschlossen sind, und vier Ausgängen $o_1, \ldots, o_4$ abgebildet. Ihre Kompressionsrate ist jeweils 2X, sie reduzieren also die Testantworten um den Faktor zwei. Die Matrizen der beiden Kompaktoren sind

$$
\begin{pmatrix}
1 & 0 & 0 & 0 \\
1 & 0 & 0 & 0 \\
0 & 1 & 0 & 0 \\
0 & 1 & 0 & 0 \\
0 & 0 & 1 & 0 \\
0 & 0 & 1 & 0 \\
0 & 0 & 0 & 1 \\
0 & 0 & 0 & 1
\end{pmatrix}
\qquad
\begin{pmatrix}
1 & 0 & 0 & 0 \\
1 & 1 & 0 & 1 \\
0 & 1 & 0 & 0 \\
0 & 1 & 1 & 1 \\
1 & 1 & 1 & 0 \\
0 & 0 & 1 & 0 \\
1 & 0 & 1 & 1 \\
0 & 0 & 0 & 1
\end{pmatrix}
$$

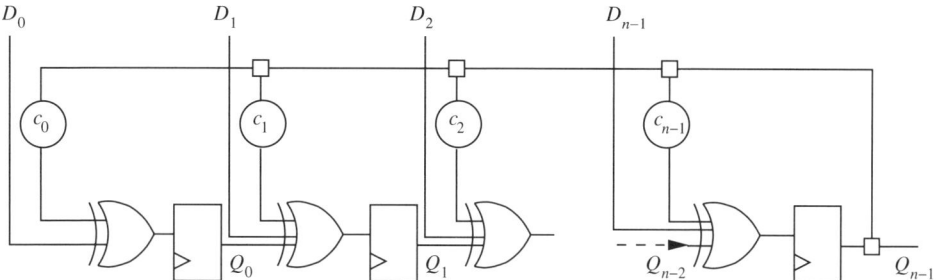

Abbildung 8.8: *Multiple Input Signature Register*

Man sieht leicht, dass im Kompaktor aus Abbildung 8.7(a) bei manchen Doppelfehlern (zum Beispiel an den Eingängen i_1 und i_2) Aliasing auftritt, während etwa der Doppelfehler an den Eingängen i_2 und i_3 an die Ausgänge o_1 und o_2 propagiert worden ist. Im Kompaktor aus Abbildung 8.7(b) kommt es hingegen bei keinem Doppelfehler zu Aliasing.

Man kann beweisen, dass ein Kompaktor die Entdeckung von Doppelfehlern garantiert, wenn alle Zeilen seiner Matrix paarweise verschieden sind. Ferner wird die Entdeckung von Einzel-, Doppel-, Dreifach- und allen anderen Fehlern ungerader Parität durch einen Kompaktor sichergestellt, wenn die Zeilen seiner Matrix paarweise verschieden sind und jeweils eine ungerade Anzahl von 1-Einträgen enthalten. Der Kompaktor aus Abbildung 8.7(b) erfüllt diese Eigenschaft.

Ein TRE, welcher die Raum- und die Zeitkompaktierung verbindet und in der Praxis eine große Rolle spielt, ist das *Multiple Input Signature Register* (MISR). Dieser Baustein ist in Abbildung 8.8 dargestellt; er entspricht einem LFSR mit je einem zusätzlichen primären Eingang D_j an jedem Speicherelement Q_j. Die Eingänge werden entweder von den primären Ausgängen eines kombinatorischen CUTs oder, wie in der STUMPS-Architektur aus Abbildung 8.6 von den `scan_out`-Ausgängen der Scan Chains getrieben. In jedem Taktzyklus werden Teile der Testantwort mit dem aktuellen Zustand des MISRs XOR-verknüpft. Entdeckte Fehler manifestieren sich somit zunächst im abweichenden Zustand des MISRs.

Um die Fehlerentdeckung festzustellen, muss daher der Zustand des MISRs beobachtet werden. Dies ist auf unterschiedliche Weisen möglich. Steht während der Testanwendung ein Testgerät mit einem hinreichend großen Speicher zur Verfügung, so kann der Zustand laufend aus dem Ausgang Q_{n-1} des MISRs hinaus geschoben werden. Pro Taktzyklus werden somit n Testdatenbits auf ein Bit reduziert, die Kompressionsrate ist n X. Wird die Schaltung einem Selbsttest im laufenden Betrieb unterzogen, so bietet sich die Verwendung des MISR-Zustands am Ende der Testanwendung als Signatur dar. Diese besteht aus lediglich n Bits; es ist somit praktikabel, die für den fehlerfreien Fall erwartete Signatur auf dem Chip in einem nichtflüchtigen Speicher vorzuhalten. Nach dem Abschluss der Testanwendung wird der Zustand des MISRs über Q_{n-1} hinaus geschoben und Bit für Bit mit den erwarteten Werten verglichen; stimmen diese nicht überein, so wurde ein Fehler entdeckt.

Selbstverständlich ist auch ein MISR von Aliasing gefährdet. Tritt ein einziger Fehler während der ganzen Testanwendung auf, so weicht der tatsächliche Zustand des MISRs ab dem nächsten Taktzyklus vom fehlerfreien Zustand ab, der Fehler wird also sicher entdeckt. Diese Abweichung kann jedoch wieder aufgehoben werden, wenn der Fehler von nachfolgenden Testmustern ebenfalls entdeckt wird und diese den fehlerbehafteten Zustand wieder in den fehlerfreien Zustand überführen. Dies ist jedoch nicht sehr wahrscheinlich, da sich der Fehlereffekt in einem MISR schnell fortpflanzt und mehrere Speicherzellen gleichzeitig betrifft. Für Aliasing aufgrund einer erneuten Fehlerentdeckung durch ein späteres Testmuster müssten sich die Effekte dieser Fehlerentdeckung an genau denjenigen MISR-Eingängen manifestieren, die den Speicherzellen mit dem fehlerbehafteten Wert entsprechen. Unter vereinfachenden Annahmen kann man beweisen, dass die Wahrscheinlichkeit für Aliasing in einem n-Bit MISR den Wert 2^{-n} hat [WDGS87, DOF$^+$89]. Im Vergleich dazu führt Ones Counting für eine Sequenz der Länge n zu Aliasing mit Wahrscheinlichkeit bis zu $\sqrt{2/\pi n}$ [BMS87].

Eine große Herausforderung stellen bei der Kompaktierung Schaltungen dar, die *unbekannte Werte* an den Ausgängen erzeugen. Diese können von uninitialisierten Speicherelementen, Bussen, eingebetteten Analogblöcken oder Schnittstellen zwischen verschiedenen Zeitdomänen herrühren. Beim konventionellen Testen werden solche Werte (die mit U oder nicht ganz korrekt mit X bezeichnet werden) einfach ignoriert: wird in einem bestimmten Bit einer Testantwort ein U erwartet, so wird weder die Beobachtung des Wertes 0 noch des Wertes 1 als Fehlerentdeckung interpretiert. Bei der Kompaktierung ist aber die Wirkung solcher U-Werte verheerend. Wird etwa am Eingang i_2 des Kompaktors aus Abbildung 8.8b ein U erwartet, so können auf allen von i_2 abhängigen Kompaktorausgängen (o_1, o_2 und o_4) beide Werte auftreten, ohne dass dies auf einen Fehler hindeuten würde. Somit wäre nur der Ausgang o_3 für die Fehlerentdeckung nutzbar, lediglich Einfach- und Dreifachfehler auf Eingängen i_4, i_5, i_6 und i_7 wären noch entdeckbar. In einem MISR führen U-Werte bereits nach wenigen Takten zu einer vollständigen Invalidierung seines Zustands.

Eine Reihe von Ansätzen wurde zur Behandlung von U-Werten während der Kompaktierung vorgeschlagen. Einerseits kann man zusätzliche Logik definieren, die U-Werte maskiert und an der Aufnahme in den TRE hindert [TWE$^+$06]. Dies geht mit Zusatzkosten für die Logik und, je nach Auslegung, mit Überdeckungsverlusten einher. Andererseits gibt es spezielle Kompaktoren, die U-Werte an den Eingänge tolerieren können [MK04]. Dies wird durch eine schlechtere Kompressionsrate erkauft.

8.3 Testdatenkompression

Verfahren zur *Testdatenkompression* (engl. *Test Compression*) verfolgen das Ziel, die Testkomplexität besser zwischen dem Testgerät und den schaltungsinternen DFT-Strukturen aufzuteilen. Das allgemeine Schema der Testdatenkompression ist in Abbildung 8.9 abgebildet. Die Testdaten werden in komprimierter Form auf dem Testgerät (ATE) abgespeichert und beim Testen auf den zu testenden Schaltkreis (CUT) übertragen. Die Testantworten werden (wie bei BIST) komprimiert und dann zurück auf den ATE übertragen und dort ausgewertet. Ähnlich wie in Abschnitt 8.2 wird das Verhältnis zwischen der unkomprimierten und der komprimierten Testmenge als Kompressionsrate (*Compression Ratio*, *CR*) bezeichnet.

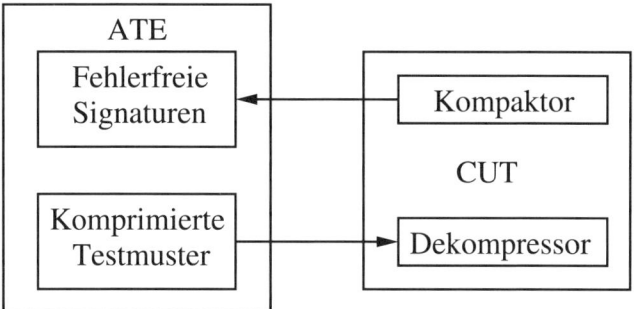

Abbildung 8.9: *Testdatenkompression: Allgemeines Schema*

Testdatenkompression ist zwischen der konventionellen Testanwendung über das Testgerät und einer reinen BIST-Lösung, bei der ein Testgerät nur für die Strom- und Zeitgebersignalversorgung der zu testenden Schaltung benötigt wird, einzuordnen. Sie weist gegenüber diesen beiden Alternativen eine Reihe von prinzipiellen Vorteilen auf und hat sich in den letzten ca. 10 Jahren in der Industrie weitgehend durchgesetzt.

Verglichen mit einer rein testgerätgestützten Lösung müssen bei der Testdatenkompression deutlich weniger Daten im Speicher des Testgeräts vorgehalten und an den Schaltkreis übertragen werden. Vor allem die Testdatenübertragung war für den Erfolg der Testdatenkompression entscheidend. Während die zu testende Logik exponentiell gewachsen ist, erhöht sich die Anzahl der zur Verfügung stehenden Anschlüsse einer Schaltung nur unterproportional langsam. Die immer größeren Mengen der benötigten Testdaten müssen durch dieses Nadelöhr transportiert werden. Werden etwa Scan Chains eingesetzt, so ist ihre Anzahl und somit die benötigte Testanwendungszeit von der Zahl der verfügbaren Anschlüsse für die Eingänge `scan_in` and Ausgänge `scan_out` abhängig. Wachsen etwa die Testdatenvolumina um Faktor 10 und die Zahl der verfügbaren Anschlüsse um 20%, so kann die Zahl der parallel betriebenen Scan Chains lediglich um 20% erhöht werden, und die Testanwendungszeit steigt um ca. den Faktor 8. Wird hingegen Testdatenkompression mit $CR = 10X$ eingesetzt, dann müssen lediglich die komprimierten Daten eingeschoben werden, die dann auf dem Chip entkomprimiert werden; dies ist ohne Testzeiteinbußen möglich.

Im Vergleich mit einer puren BIST-Lösung ermöglicht die Testdatenkompression die Anwendung von gewünschten deterministischen Testmustern mit geringem Hardwareaufwand. Kostengünstige BIST-Ansätze basieren auf Generatoren von pseudozufälligen Bitsequenzen. Diese sind oft nicht in der Lage, benötigte Fehlerüberdeckungen zu erreichen oder erfordern dafür sehr lange Sequenzen und somit eine hohe Testanwendungszeit. Maßnahmen wie das Abspeichern von zusätzlichen Testmustern auf dem Chip gehen mit einem hohen Flächenbedarf einher. Das Einfügen von Testpunkten ist oft nicht erwünscht, da es eine erneute Optimierung der Schaltung nach sich ziehen kann. Gleichzeitig sind die Vorteile einer reinen BIST-Architektur im Kontext von Fertigungstest überschaubar: Ein Testgerät (samt der entsprechenden Räumlichkeiten und Infrastruktur) ist nach wie vor vorhanden, und die Testanwendungszeit ist in der Regel sogar höher als beim Einsatz der Testdatenkompression.

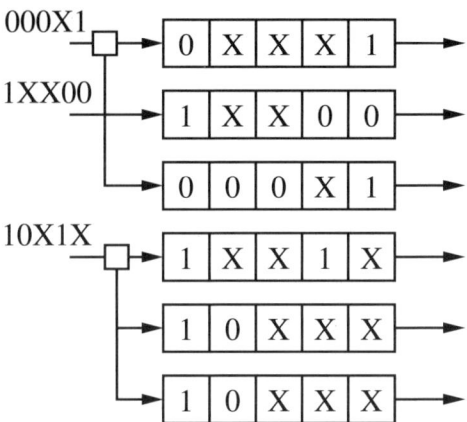

Abbildung 8.10: *Testanwendung mittels Illinois Scan*

Moderne Testdatenkompressionsverfahren können Kompressionsraten von zwei Größenordnungen (100X) und mehr erreichen. Einen Schlüssel zu dieser Leistungsfähigkeit stellen die Eigenschaften von Testdaten heutiger Schaltungen dar: Die meisten Testmuster bestehen zu einem sehr großen Teil (über 95%, oft deutlich über 99%) aus *nichtspezifizierten (Don't Care)* Werten. Die Kompressionsverfahren nutzen die Flexibilität aus, an diesen Stellen entweder den Wert 0 oder 1 platzieren zu können.

Im Folgenden werden drei Verfahren zur Testdatenkompression vorgestellt, die alle im industriellen Einsatz sind. Bei *Illinois Scan* werden schaltungsintern mehr Scan Chains definiert als Anschlüsse zu ihrer Ansteuerung vorhanden sind. Bei *LFSR Reseeding* [Kö91, HRT$^+$95] wird die Anzahl der abzuspeichernden Bits pro Scan Chain reduziert. Schließlich wird mit *Embedded Deterministic Test* eine Kombination dieser beiden Ansätze beschrieben und anhand eines industriell eingesetzten Verfahrens demonstriert [RTKM04].

8.3.1   Illinois Scan

Wie bereits oben angedeutet, werden bei Illinois Scan die Speicherelemente des CUTs in mehr Scan Chains organisiert als die Zahl der verfügbaren Anschlüsse `scan_in` eigentlich zulassen würde. Dafür werden mehrere Scan-Chain-Eingänge am selben Anschluss betrieben [HP99]. So können k Scan Chains an $m < k$ Schaltungseingängen betrieben werden; die Kompressionsrate beträgt dann k/m. Das Prinzip wird anhand eines Beispiel deutlich.

Beispiel 8.7

Eine Schaltung mit 30 Speicherzellen habe drei während des Tests nutzbare Eingänge. Ohne Testdatenkompression könnten drei Scan Chains mit jeweils 10 Speicherelementen definiert werden; pro Testmuster müssten 30 Bits auf dem Testgerät gespeichert werden, und ihr Einschieben dauerte 10 Takte. Nun verwendet man sechs Scan Chains der Länge 5, die, wie in Abbildung 8.10 dargestellt, an die drei Eingänge angeschlossen sind.

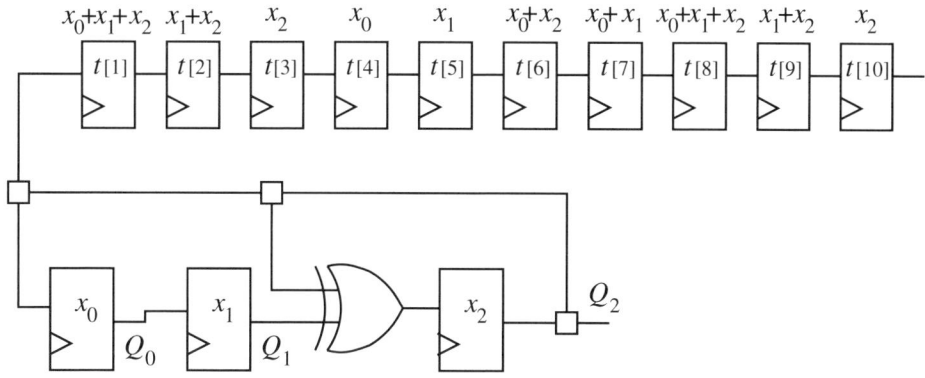

Abbildung 8.11: *LFSR Reseeding für eine Scan Chain der Länge 10*

Um das Testmuster 0XXX11XX00000X11XX1X10XXX10XXX auf die Schaltung anzuwenden, müssen an den drei Eingängen jeweils fünf Werte angelegt werden, die ebenfalls in Abbildung 8.10 gezeigt sind. Auf den Speicherelementen stehen Werte aus dem Testmuster; man sieht leicht, dass sie alle mit den angelegten Werten kompatibel sind. Es sind 15 statt 30 Bits abzuspeichern, und das Einschieben benötigt 5 statt 10 Takte, somit beträgt die Kompressionsrate 2X.

Die Illinois-Scan-Architektur aus Abbildung 8.10 erlaubt nicht die Anwendung beliebiger Testmuster. Ersetzt man etwa das erste Bit des Testmusters (0) durch 1, so entsteht ein Konflikt zwischen der ersten und der dritten Scan Chain. Offensichtlich ist die Wahrscheinlichkeit eines Konflikts umso höher, je weniger Don't Care Bits ein Testmuster enthält. Im obigen Beispiel waren 15 der 30 Testmusterbits Don't-Care-Bits, in der Praxis ist dieser Anteil in der Regel weit höher. Deswegen können normalerweise eine große Anzahl von Scan Chains zusammengefasst werden, ohne dass Konflikte auftreten. Dies resultiert in hohen Kompressionsraten.

Die genaue Struktur einer Illinois-Scan-Architektur (also welche Scan Chains von welchem Schaltungseingang getrieben werden) wird in der Regel in Abhängigkeit von Testmustern festgelegt. Um die Anwendbarkeit beliebiger Muster sicherzustellen, kann ein zusätzlicher *serieller Modus* definiert werden. In diesem Modus bilden sämtliche Speicherelemente der Schaltung eine lange Scan Chain. Wird etwa, nachdem die Struktur der Scan Chains festgelegt worden ist, noch ein Testmuster zur Testmenge hinzugefügt, welches mit dieser Struktur im Konflikt steht, kann dieses im seriellen Modus angewendet werden. Dieser Modus kann auch zum Einsatz kommen, falls eine gute Struktur mit einer hohen Kompressionsrate gefunden wurde und nur einige wenige Testmuster mit dieser im Konflikt sind.

8.3.2   LFSR Reseeding

Bei *LFSR Reseeding* werden LFSR-Sequenzen (vgl. Abschnitt 8.1.1) zur Erzeugung von gewünschten Testmustern eingesetzt. Zu diesem Zweck wird der Initalzustand (seed) des

LFSR berechnet, der zur Erzeugung des Testmusters führt; der LFSR fungiert somit als Dekompressor. Zur Berechnung des Initialzustands $(x_1, \ldots, x_n)$ eines n-Bit-LFSRs wird jeder Wert in der Scan Chain symbolisch als eine Funktion von $x_1, \ldots, x_n$ dargestellt. Für das zu erzeugende Testmuster t wird für jedes spezifizierte Bit eine lineare Gleichung über $x_1, \ldots, x_n$ aufgestellt; falls eine Lösung des gesamten Gleichungssystems existiert, so ergibt diese den gesuchten Initialzustand.

Beispiel 8.8

Abbildung 8.11 zeigt das LFSR aus Abbildung 8.3(a), dessen Ausgang Q_2 eine Scan Chain der Länge 10 treibt. Die Variablen x_0, x_1 und x_2 bezeichnen die Bits des Initialzustands. Die ersten 10 Takte werden wie folgt berechnet (hier bezeichnet + wieder die XOR-Operation):

Zyklus	Q_0	Q_1	Q_2
1	x_0	x_1	x_2
2	x_2	x_0	$x_1 + x_2$
3	$x_1 + x_2$	x_2	$x_0 + x_1 + x_2$
4	$x_0 + x_1 + x_2$	$x_1 + x_2$	$x_0 + x_1$
5	$x_0 + x_1$	$x_0 + x_1 + x_2$	$x_0 + x_2$
6	$x_0 + x_2$	$x_0 + x_1$	x_1
7	x_1	$x_0 + x_2$	x_0
8	x_0	x_1	x_2
9	x_2	x_0	$x_1 + x_2$
10	$x_1 + x_2$	x_2	$x_0 + x_1 + x_2$

In jedem Taktzyklus wird der Wert auf Q_2 in die Scan Chain hinein geschoben: Im ersten Zyklus ist dies x_2, im zweiten $x_1 + x_2$ usw. Der erste eingeschobene Wert steht am Ende des Einschiebens in der letzten Speicherzelle $t[10]$, der zweite in der zweitletzten Zelle $t[9]$; die (symbolisch ausgedrückten) Werte am Ende des Schiebevorgangs sind in Abbildung 8.11 über jeder Speicherzelle angegeben.

Ist nun das Testmuster t = 1XXXXXXX01 anzuwenden, so wird für jede der drei Positionen $t[1]$, $t[9]$ und $t[10]$ mit einem spezifizierten Wert je eine lineare Gleichung definiert:

$$1 = t[1] = x_0 + x_1 + x_2$$
$$0 = t[9] = x_1 + x_2 \qquad\qquad (8.1)$$
$$1 = t[10] = x_2$$

Offensichtlich ist dieses Gleichungssystem lösbar; die Lösung lautet $x_0 = x_1 = x_2 = 1$. Tatsächlich erzeugt das LFSR mit dem Initialzustand 111 auf dem Ausgang Q_2 die Sequenz 1; 0; 1; 0; 0; 1; 1; 0; 1; 1; 1; 0; 1 (vgl. Beispiel 8.2); wird diese in die Scan Chain eingeschoben, so stehen dort die Werte 1011101100101, die mit dem Testmuster t = 1XXXXXXX01 kompatibel sind. Man hat somit 10 Testmusterbits durch drei LFSR-Zustandsbits repräsentiert, dies entspricht einer Kompressionsrate von $10/3 \approx 3{,}3$.

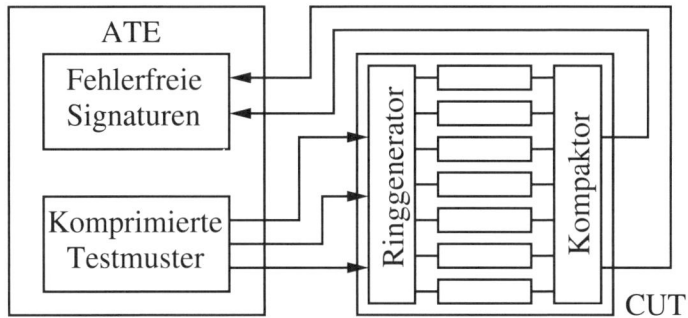

Abbildung 8.12: *Embedded Deterministic Test*

Steht für jedes Testmuster der entsprechende Intitalzustand fest, so genügt es, nur diese Initialzustände im Testgerät zu speichern und diese zur Testanwendung zu übertragen. Dazu kann das LFSR mit einem zusätzlichen Schiebemodus und einem Eingang versehen werden.

Das aufgestellte Gleichungssystem ist nicht in allen Fällen lösbar. Wäre im vorangegangenen Beispiel das Testmuster $t = 1XXXXX1X01$ zu erzeugen, so käme zu den drei Gleichungen (8.1) die Gleichung $1 = t[7] = x_0 + x_1$ hinzu, die nicht gleichzeitig mit den anderen Gleichungen gelten kann. In diesem Fall ist das Reseeding mit dem gegebenen LFSR nicht möglich, es sollte entweder ein (idealerweise größeres) LFSR verwendet werden, oder es sollte ein alternatives Testmuster mit mehr Don't-Care-Werten erzeugt werden. Unter vereinfachenden Annahmen kann man zeigen, dass die Wahrscheinlichkeit einer erfolgreichen Kodierung eines Testmusters mit s spezifizierten Bits durch ein LFSR mit k Speicherzellen

$$\prod_{i=0}^{s-1} \frac{2^k - 2^i}{2^k - i - 1}$$

beträgt. Um die Erfolgswahrscheinlichkeit von $1 - 10^6$ zu erreichen, ist $k = s + 20$ hinreichend. Daher arbeitet man in der Praxis oft mit LFSRs der Größe $s_{\max} + 20$, wobei $s_{\max}$ die größte Anzahl von spezifizierten Bits in einem der Testmuster ist.

8.3.3 Embedded Deterministic Test

Als Illustration für kombinierte Raum- und Zeitkompression wird die Lösung vorgestellt, die unter der Bezeichnung *Embedded Deterministic Test* (EDT) dem kommerziellen Werkzeug *TestKompress* der Firma Mentor Graphics[3] zu Grunde liegt. Dieses Produkt beinhaltet eine Reihe von Erweiterungen, um etwa die Fehlerdiagnose zu erleichtern oder die Stromaufnahme während der Testanwendung zu kontrollieren. An dieser Stelle steht jedoch die prinzipielle Umsetzung des Grundprinzips der Testdatenkompression im Mittelpunkt.

Der grundsätzliche Aufbau von EDT ist in Abbildung 8.12 dargestellt. Wie bei Illinois Scan werden im CUT mehr interne Scan Chains definiert als primäre Eingänge zur Verfügung

---

[3]Neben diesem Werkzeug sind im Bereich der Testdatenkompression unter anderem die Produkte *DFTMAX* von Synopsys Inc. sowie *Encounter True-Time ATPG* von Cadence verfügbar.

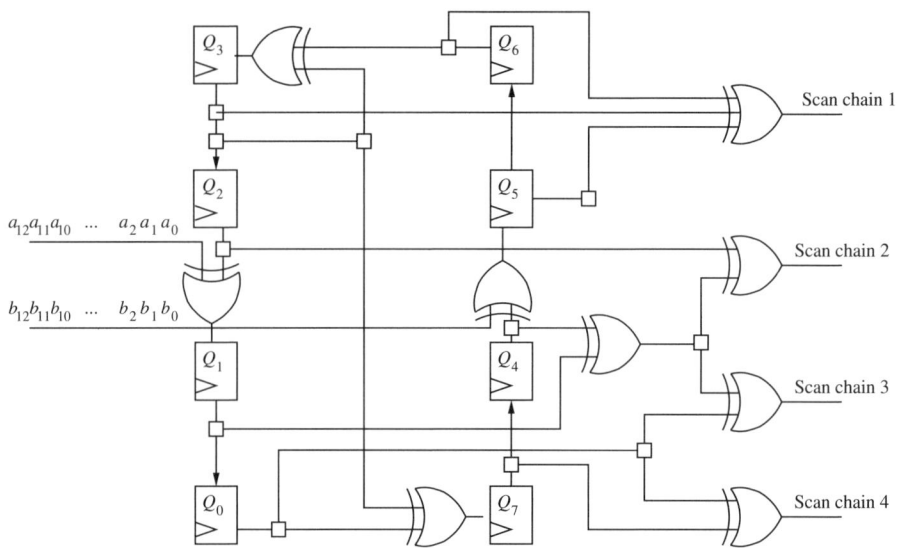

Abbildung 8.13: *Beispiel eines EDT-Ringgenerators*

stehen; betragen diese Zahlen k beziehungsweise m, so ist die Kompressionsrate k/m. Auf der Ausgangsseite kommen zur Kompression von Testantworten sowohl die im Abschnitt 8.2 diskutierten kombinatorischen XOR-Bäume als auch spezielle sequentielle Bausteine in Frage. In Abbildung 8.12 sind drei Eingänge, zwei Ausgänge und sieben Prüfketten angedeutet; somit beträgt die Kompressionsrate bei den Testmustern $7/3 \approx 2{,}3\mathrm{X}$ und bei den Testantworten $7/2 = 3{,}5\mathrm{X}$.

Die m primären Eingänge treiben einen *Ringgenerator*, einen LFSR-ähnlichen Baustein mit n Speicherelementen. Die m Eingänge des Ringgenerators können flexibel vor jeder der n Speicherzellen angeschlossen werden. Die Verschaltung erinnert dabei an ein MISR (vgl. Abbildung 8.8), dieses besitzt aber stets genauso viele Eingänge wie Speicherelemente. Die k Ausgänge des Ringgenerators treiben die schaltungsinternen Scan Chains. Diese Ausgänge stellen XOR-Verknüpfungen der einzelnen Speicherelemente des Ringgenerators dar. Diese werden so gewählt, dass Korrelationen zwischen den einzelnen Ausgangsströmen möglichst gering sind, und setzen den weiter oben erwähnten Prinzip von Phase Shifters um.

Der Ringgenerator wird über die Eingänge *kontinuierlich* mit Werten versorgt, während er gleichzeitig die Testdaten in die Scan Chains einschiebt. In jedem Taktzyklus kommen m Werte vom Testgerät an und es werden k Werte für die Scan Chains erzeugt. Dies stellt einen grundlegenden Unterschied etwa zu LFSR Reseeding dar, bei dem die Testanwendung erst dann beginnen konnte, wenn ein Initialzustand vollständig übertragen worden ist. Durch die kontinuierliche Testanwendung ist die optimale Ausnutzung der primären Eingänge der Schaltung, des „Nadelöhrs" bei der Testanwendung, gewährleistet. Die Funktionsweise von EDT wird nun anhand des Beispiels aus der Originalpublikation [RTKM04] vorgestellt.

Beispiel 8.9

In Abbildung 8.13 ist ein EDT-Ringgenerator mit zwei Eingängen und vier Ausgängen abgebildet, er wird also von zwei Schaltungseingängen betrieben und versorgt vier Scan Chains mit Werten. Der Ringgenerator besteht aus acht Speicherelementen $Q_0, \ldots, Q_7$, die mit Rückkopplungen versehen sind. Vor Beginn der Testanwendung beinhalten alle Speicherzellen den Wert 0. An den Ausgängen des Ringgenerators werden XOR-Verknüpfungen der Ausgänge einzelner Speicherzellen bereit gestellt.

Im Beispiel bestehen alle vier Scan Chains aus jeweils neuen Speicherelementen, das komplette Testmuster hat somit 36 Bits. Um dieses Testmuster zu erzeugen, werden an den beiden Eingängen je 13 Bits $a_{12}, \ldots, a_0$ und $b_{12}, \ldots, b_0$ verwendet, wobei jedes a_j und b_j frei gewählt werden kann. Die ersten jeweils vier Bits $a_3, \ldots, a_0$ und $b_3, \ldots, b_0$ sind nötig, um den acht Speicherzellen des Ringgenerators auf definierte Werte zu setzen. Während dieser ersten vier Takte sind die vier getriebenen Scan Chains inaktiv. In den nachfolgenden neun Takten werden die Prüfketten aktiviert. Der Ringgenerator verarbeitet pro Takt zwei Eingangswerte a_j, b_j und erzeugt vier Ausgangswerte, die parallel in die Scan Chains eingeschoben werden.

Für jedes spezifizierte Bit eines Testmusters wird, ähnlich zum LFSR Reseeding, eine lineare Gleichung aufgestellt, die dieses Bit als Funktion von $a_{12}, \ldots, a_0$ und $b_{12}, \ldots, b_0$ ausdrückt. Insgesamt erhält man ein lineares Gleichungssystem mit 26 Variablen und so vielen Gleichungen wie es spezifizierte Bits gibt. Ist diese Gleichung lösbar, so gibt die Lösung die anzuwendenden (und somit abzuspeichernden) Werte a_j und b_j an.

Für eine erfolgreiche Testdatenkompression mit einer hohen Kompressionsrate sollten die Muster eine möglichst niedrige Dichte der spezifizierten Bits aufweisen. In der Praxis ist jedoch das folgende Phänomenen zu beobachten: die zuerst erzeugten Testmuster haben vergleichsweise viele spezifizierte Bits, während der Großteil weiterer Testmuster überwiegend aus Don't-Care-Bits bestehen. Dies liegt an der Zielsetzung der Testmustergenerierungs-Werkzeuge (ATPG-Werkzeuge), eine möglichst kompakte Testmenge zu erzeugen. Zu diesem Zweck versuchen sie ein bereits generiertes Testmuster so zu verfeinern, dass es noch weitere Fehler entdeckt (siehe Abschnitt 5.7); dies geht mit der Spezifikation der noch unbelegten Don't-Care-Bits einher. Somit entdecken die ersten Testmuster sehr viele (zumeist einfache) Fehler. Bereits nach wenigen erzeugten Testmustern sind die meisten einfachen Fehler überdeckt, und nur schwer entdeckbare Fehler sind übrig. Für diese Fehler sind spezifische Muster nötig, die kaum andere verbliebene Fehler mit überdecken, so dass diese Muster lediglich einen oder ganz wenige Fehler entdecken und daher wenige spezifizierte Bits haben. Im Ergebnis ist die Dichte der spezifizierten Bits insgesamt niedrig und für einige Testmuster relativ hoch. Diese wenigen Testmuster sind schwierig zu komprimieren und erfordern entweder eine Reduktion der Kompressionsrate oder eine ineffiziente spezielle Behandlung wie den seriellen Modus bei Illinois Scan.

Um diese Problematik in den Griff zu bekommen, kann bereits bei der Testmustergenerierung angesetzt werden. So kann dem ATPG-Werkzeug etwa die maximale Dichte der spezifizierten Bits vorgegeben werden, zum Beispiel 3%. Die Kompaktierung der Testmuster wird nicht fortgesetzt, wenn sie diese Dichtevorgabe verletzt. Man kann die Testmustererzeugung und die Lösung der linearen Gleichungssysteme eng miteinander verzahnen [RTKM04]. Zuerst wird für einen Fehler f ein Testmuster t erzeugt. Für dieses Testmuster wird die Testdatenkompression versucht: die Gleichungssysteme werden aufgestellt und gelöst. Ist dies erfolglos, so ist der Fehler mit der momentan betrachteten Kompressionsrate nicht testbar. Er wird entweder als Überdeckungsverlust akzeptiert, oder die Architektur wird zu Gunsten einer geringeren Kompressionsrate verändert: entweder wird die Anzahl der Eingänge erhöht oder die Anzahl der internen Scan Chains verringert.

Konnte das Muster t für den Fehler f komprimiert werden, so wird eine Verfeinerung von t gesucht, die neben f noch weitere Fehler entdeckt. Sei die Menge der noch nicht entdeckten Fehler $f_1, f_2, \ldots$. Für einen Fehler f_i aus dieser Liste wird versucht, die unspezifizierten Bits von t so zu belegen, dass das resultierende Testmuster t' sowohl f als auch f_j entdeckt. Gelingt dies, so wird t' komprimiert (vgl. Abschnitt 5.7.2). Da t' alle spezifizierten Bits von t hat, muss das (lösbare) Gleichungssystem zur Kompression von t lediglich um Gleichungen, die neuen spezifizierten Bits von t' entsprechen, erweitert werden. Es gibt spezielle *inkrementelle* Verfahren, die schnell von der Lösung des alten Gleichungssystems auf die Lösung des erweiterten Gleichungssystems schließen können. Falls t' komprimiert werden kann, wird t durch t' ersetzt und die Hinzunahme weiterer Fehler versucht. Hat sich das Gleichungssystem für t' als nicht lösbar heraus gestellt, so wird t' verworfen und versucht, f mit anderen Fehlern als f_j zu kombinieren und das ursprüngliche Testmuster t entsprechend zu modifizieren.

8.4   Einordnung und weitere Themen

BIST und Testdatenkompression stellen streng genommen DFT-Techniken dar, weil sie die Testbarkeit der Schaltung erhöhen sollen. Somit gelten die im Abschnitt 7.8 gemachten Aussagen über die Abwägung von Vor- und Nachteilen von DFT-Ansätzen ebenso für Selbsttest und Testdatenkompression. Sie gehen mit einem erhöhten Flächenbedarf und potentiellen Performanzeinbuï¿½en einher und können zum unrealistischen Stromverbrauch während der Testanwendung führen. Bausteine wie LFSRs oder MISRs weisen oft sehr hohe Schaltaktivität auf und können „Hot Spots" auf der Schaltung bilden, die besonders viel Strom aufnehmen und folglich eine besonders hohe Temperatur entwickeln. Es können ferner Einschränkungen des Entwurfsstils, beispielsweise der Ausschluss von U-Werten bei der Verwendung von Ausgangskompaktierung, erforderlich sein; man spricht in diesem Zusammenhang von „BIST-ready Designs".

Besonders kritisch sind die Auswirkungen von Testdatenkompressions- und vor allem Selbsttest-Varianten, die mit der Ausgangskompaktierung arbeiten, auf die Diagnoseverfahren (vgl. folgendes Kapitel 9). Die Diagnose ist bereits bei genauer Kenntnis der vollständigen Testantworten herausfordernd, durch die Kompaktierung geht aber ein Teil dieser Information verloren. Wird etwa zur Kompaktierung ein XOR-Gatter verwendet und zeigt dieses einen Fehler an, so kann das Diagnoseverfahren daraus nicht schließen, auf welchem Ausgang oder welchen Ausgängen der Schaltung sich der Fehler manifestierte. Es gibt spezielle Verfahren für Diagnose basierend auf komprimierten Testantworten. Einige Architekturen bieten auch spezielle Diagnosemodi, in welchen keine Kompaktierung durchgeführt und die vollständigen Testantworten beobachtbar gemacht werden.

Andererseits bringen BIST und Testdatenkompression enorme Vorteile. Dank Testdatenkompression kann ein leistungsfähiges Testgerät gegen ein kostengünstiges Modell mit einer
deutlich kleineren Anzahl von Kanälen (ein Kanal betreibt einen Schaltungseingang) und einem um ein Vielfaches kleineren Speicher ersetzt werden. Bei Schaltungen, deren Größe
und Komplexität die Möglichkeiten erhältlicher Testgeräte übersteigen, macht Testdatenkompression eine wirtschaftliche Testanwendung erst möglich. Die Selbsttestfunktionalität
kann auch ein eigenständiges Produktmerkmal darstellen, welches von den Kunden nach-
gefragt wird. So kann eine Anforderung an eine Komponente eines sicherheitskritischen
Systems lauten, Selbsttest im laufenden Betrieb durchführen zu können. In diesem Zusammenhang sind Industriestandards wichtig, die eine einfache Integration von Schaltungen unterschiedlicher Hersteller in ein übergeordnetes System ermöglichen.

Interessant (und nicht vollständig verstanden) ist die Wechselwirkung zwischen dem Einsatz von BIST- und Testdatenkompressionsverfahren mit der Sicherheit der intern in der
Schaltung verarbeiteten vertraulichen Daten. Einerseits basieren die genannten Methoden
auf einem vereinfachten Zugang zu den Schaltungsstrukturen, was die Integrität der Daten
beeinträchtigt [DEG$^+$13].

Andererseits steigern reine BIST-Lösungen, bei welchen der Signaturvergleich direkt auf
dem Chip geschieht und lediglich das Testergebnis (bestanden / nicht bestanden) nach außen
kommuniziert wird, die Sicherheit. Andererseits wurden vor kurzem Angriffe veröffentlicht,
welche die erwartete Signatur manipulieren und so unentdeckt bleiben [BRPB13]. Solche
Lösungen gehen außerdem mit einem Verzicht auf jegliche Diagnosefähigkeit der betreffen-
den Blöcke einher. Die klassische Ausgangskompaktierung bietet hingegen keinen wirksa-
men Schutz gegen gezielte Angriffe, da sämtliche praktisch eingesetzten Kompaktoren linear
sind und einfache Rückschlüsse auf die ursprünglichen Informationen erlauben.

9 Diagnose

Die Aufgabe der *Fehlerdiagnose* (engl. *Fault Diagnosis*) ist die Identifikation des Defekts, welcher den Ausfall verursacht hat. Diese Fragestellung geht über die reine Fehlerentdeckung im Kontext von Testverfahren hinaus. Dort genügt es, abweichende Testantworten zu beobachten, um eine Schaltung als defektbehaftet zu identifizieren. Bei der Diagnose interessiert man sich dafür, *welcher* Fehler oder Defekt zum Ausfall geführt hat. Mit dieser Information lassen sich systematische Defektmechanismen aufdecken, die zielgerichtet abgestellt werden können, um so die Ausbeute zu steigern. Stellt man etwa bei einer Vielzahl von Schaltungen eine bestimmte Leitung l als Ausfallursache fest, so kann man den genauen Verlauf der Leitung untersuchen und bedenkliche Stellen, zum Beispiel mögliche Überspracheffekte mit anderen Leitungen oder Durchkontaktierungen (Vias), die durch viele Metallisierungsschichten hindurch gehen, identifizieren. Hat man eine Erklärung für die gehäuften Ausfälle gefunden, so kann entweder die Schaltung modifizert werden (zum Beispiel indem größere Abstände zwischen Signalleitungen eingefordert werden) oder der Fertigungsprozess kann verbessert werden, etwa indem das Verfahren zur Herstellung von Vias durch ein anderes ersetzt wird.

Die Fehlerdiagnose ist nicht der einzige Schritt im Schaltungs- und Systementwurf, der auf die Identifikation der Ausfallursache abzielt. Nachfolgend werden einige weitere Aktivitäten kurz diskutiert und ihre Abgrenzung zur Fehlerdiagnose herausgestellt.

System- und Board-Diagnose: Bei der System-Diagnose wird ein gesamtes System (zum Beispiel ein nicht fehlerfrei funktionierendes Auto in einer Werkstatt) untersucht, um zunächst den Fehlereffekt auf eine hierarchisch kleinere Einheit, beispielsweise ein Steuergerät oder einen Kommunikationsbus, einzugrenzen. Bei der Board-Diagnose wird für ein fehlerhaft arbeitendes Board versucht, eine oder mehrere Schaltungen auf dem Board als Ausfallursache zu bestimmen. Hat die System- und/oder die Board-Diagnose auf eine bestimmte Schaltung hingedeutet, so wird diese Schaltung als Kundenrückgabe an den Hersteller zurück geschickt. Dieser wird zunächst der Frage nachgehen, ob und warum die vor der Auslieferung angewendeten Testverfahren den Ausfall nicht identifiziert haben und dann den Ausfallmechanismus genauer verstehen wollen. Zu diesem Zweck werden die Methoden der Fehlerdiagnose aus diesem Kapitel eingesetzt.

Post-Silicon Validation: Bei komplexen mikroelektronischen Schaltungen wird vor Beginn der Massenfertigung eine kleine Vorserie von einigen hundert oder tausend Schaltungen hergestellt, um ihre Funktionalität zu überprüfen [MSN10]. Dabei werden zum Einen subtile Entwurfsfehler identifiziert, die etwa von komplexen Interaktionen bei der asynchronen Kommunikation zwischen mehreren Rechenkernen verursacht werden und die von traditionellen simulativen oder formalen Verifikationsmethoden nicht gefunden werden. Solche Ausfälle betreffen, wie alle Entwurfsfehler, grundsätzlich sämtliche gefertigte Schaltungen. Außerdem werden sogenannte *Marginalitäten* identifiziert, die aufgrund von Parametervariationen nur einen Teil aller gefertigten Schaltungen betreffen. Ein Beispiel dafür sind Spannungsschwankungen im Versorgungsnetzwerk der Schaltung [Pol10]. Durch kurzzeitige Spannungsabfälle wird die Schaltzeit von Logikgattern leicht erhöht; in einigen Schaltungen führt dies zu Verzögerungsfehlern und in anderen nicht.

Ausfallanalyse: Einzelne hergestellte Schaltungen können detaillierten Untersuchungen im Labor unterzogen werden. Viele Techniken der *Ausfallanalyse* (engl. *Failure Analysis*, FA) [Wag99] erfordern das Aufbrechen des Schaltungsgehäuses und das Abtragen einzelner Schichten, sie sind somit destruktiv. Bei der *Electrical Failure Analysis* (E-FA) werden nicht- oder leicht-invasive Verfahren eingesetzt, wie zum Beispiel das Vermessen der Temperatur oder der Photonenemission an verschiedenen Stellen einer laufenden Schaltung. *Physical Failure Analysis* (P-FA) umfasst visuelle Inspektion durch unterschiedliche Arten von Mikroskopie (Scanning Electronic Microscopy, Transmission Electronic Microscopy usw.), Probing (Herstellung der elektrischen Verbindung mit gewünschten Stellen der Schaltung und Auslesen von Spannungen und Strömen an diesen Stellen) und chemische Analyse (Feststellung der chemischen Zusammensetzung eines Teils der Schaltung durch Spektroskopieverfahren). Ein zentrales Instrument bei P-FA ist das *Focused Ion Beam* (FIB), welches zum Auftrennen der Schaltung, zum Abschneiden von Leitungen sowie zur nachträglichen Herstellung von Verbindungen, so wie sie etwa für Probing notwendig sind, eingesetzt wird.

Die in diesem Kapitel beschriebenen Verfahren zur Fehlerdiagnose laufen automatisch ab und können im Prinzip auf jede hergestellte Schaltung angewendet werden. In der Industrie spricht man in diesem Fall von „*Volumendiagnose*". Eine Alternative besteht darin, auf einige ausgewählte ausgefallene Schaltungen aufwändigere Testmengen anzuwenden und komplexere Diagnoseverfahren einzusetzen. So ist es aus der Sicht der reinen Testanwendung sinnvoll, nach dem ersten beobachteten Ausfall einer Schaltung unter einem Testmuster den Test abzubrechen und die verbliebenen Testmuster nicht anzuwenden. Dadurch wird die Testanwendungszeit reduziert, man muss jedoch auf die diagnostische Information aus den nicht angewendeten Mustern verzichten. Möchte man Volumendiagnose einsetzen, so muss man entweder die vollständige Testmenge anwenden (und so die erhöhte Testanwendungszeit in Kauf nehmen) oder die Diagnose mit unvollständiger Information und einer höheren Wahrscheinlichkeit von inkorrekt bestimmten Ausfallursachen durchführen.

In der Praxis werden E-FA und P-FA nach der automatischen Fehlerdiagnose durchgeführt, um die Diagnoseergebnisse zu validieren oder um nicht aufgelöste Ausfallursachen zu finden. E-FA einer Schaltung kann mehrere Stunden, und P-FA kann Tage oder sogar Wochen in Anpruch nehmen. Daher wird E-FA in den meisten Fällen auf einige hundert oder tausend Schaltungen und P-FA auf einige dutzend oder hundert Schaltungen angewendet.

Im Kontext der Diagnose ist es wichtig, zwischen der physikalischen untersuchten Schaltung und dem Simulationsmodell dieser Schaltung sauber zu unterscheiden. Um Verwechslungen auszuschließen, wird in diesem Kapitel die Schaltung selbst mit *DUD* (engl. *Device Under Diagnosis*) und das Simulationsmodell mit C bezeichnet. Annahmegemäß ist *DUD* während der Testanwendung ausgefallen. Es können beliebige Testmuster an die Eingänge des *DUD* angelegt und die Testantworten an den Ausgängen des *DUD* beobachtet werden. Die internen Leitungen des *DUD* sind allerdings nicht zugänglich. Das Simulationsmodell $\mathcal{C}$ kann beliebig, etwa durch Einsetzen von Fehlern aus einem Fehlermodell, modifiziert werden. Es können Werte an den internen Leitungen berechnet werden, ihre Übereinstimmung mit den Werten auf den entsprechenden Leitungen im *DUD* kann jedoch nicht direkt überprüft sondern höchstens geschlussfolgert werden.

Die meisten modernen Diagnoseabläufe arbeiten in zwei Schritten. Zuerst wird im Rahmen der *Scan-Chain-Diagnose* festgestellt, ob die Speicherelemente der Schaltungen und ihre Verschaltung in Scan Chains von Defekten betroffen sind, von welchem Typ diese Defekte gegebenenfalls sind und wo sie sich befinden. Im zweiten Schritt werden dann, unter Annahme von fehlerfrei arbeitenden Scan Chains, durch die *Logikdiagnose* mögliche Ausfallursachen in der kombinatorischen Logik der Schaltung identifiziert. Von zentraler Bedeutung ist dabei die Wahl des zugrundeliegenden Fehlermodells. Im weiteren Verlauf dieses Kapitels wird sowohl die Scan-Chain-Diagnose als auch die Logikdiagnose vorgestellt; anschließend wird auf die Erzeugung von Testmustern kurz eingegangen, die für die Diagnose geeignet sind.

9.1   Scan-Chain-Diagnose

Bei der Scan-Chain-Diagnose nimmt man an, dass die Speicherelemente (Flipflops oder Latches) der Schaltung in Prüfpfaden beziehungsweise Scan Chains (vgl. Abschnitt 7.2) organisiert sind. Der hier vorgestellte Ablauf der Scan-Chain-Diagnose orientiert sich am Vorgehen, welches von der Firma Intel veröffentlicht wurde [GV06] und eine Vielzahl von bis dahin publizierten Techniken integriert. Andere Halbleiterunternehmen setzen ähnliche Verfahren ein. Die Darstellung konzentriert sich auf methodische Aspekte und lässt einige in der Praxis wichtige Gesichtspunkte außer Acht, wie zum Beispiel die Behandlung von Scan Chains mit invertierenden Speicherelementen oder Vermeidung von *Bus Contention* während der Diagnose; für diese sei auf die Originalarbeit verwiesen.

Das Diagnoseverfahren in [GV06] läuft in drei Schritten ab:

1. Zuerst wird festgestellt, ob und welche Scan Chain vom *DUD* überhaupt fehlerbehaftet ist und welcher Fehlertyp den Ausfall erklärt. Es werden an Fehlertypen Haftfehler, Transitionsfehler und ein weiteres Fehlermodell, die sogenannten *Hold-Time Faults* unterstützt. Bei diesem Schritt wird ausschließlich die Schiebefunktionalität der Scan Chains genutzt; dementsprechend ist sein Erfolg unabhängig davon, ob die kombinatorische Logik des *DUD* (weitere) Fehler enthält. Werden im ersten Schritt keine Fehler beobachtet, so werden die Prüfpfade als fehlerfrei angenommen; die Scan-Chain-Diagnose ist in diesem Fall abgeschlossen, und man kann zur Logikdiagnose übergehen.

2. Im zweiten Schritt wird die zuvor ermittelte fehlerbehaftete Scan Chain betrachtet. Das Ziel besteht darin, die Menge der in Frage kommenden Fehlerorte auf möglichst wenige Speicherzellen einzuschränken. Bei diesem Schritt wird angenommen, dass

Tabelle 9.1: Typ des Fehlers in Abhängigkeit der Testantwort einer Scan Chain

	Muster 1	Muster 2	Muster 3
Geladene Werte	00000000	11111111	11001100
Fehlerfreie Testantwort	00000000	11111111	11001100
Stuck-at-0	00000000	00000000	00000000
Stuck-at-1	11111111	11111111	11111111
Slow-to-rise	00000000	11111111	10001000
Slow-to-fall	00000000	11111111	11011101
Fast-to-rise	00000000	11111111	11101110
Fast-to-fall	00000000	11111111	01000100
Hold-time	00000000	11111111	01100110

die kombinatorische Logik der Schaltung fehlerfrei ist (somit ist das Vorgehen ungenau, wenn eine Schaltung Fehler sowohl in Prüfpfaden als auch in der kombinatorischen Logik enthält). Gegebene Testmuster werden unter der Berücksichtigung der möglichen Fehlereffekte in C simuliert und die Ergebnisse mit den am Testgerät beobachteten Werten vom *DUD* verglichen.

3. Im letzten Schritt werden alle im zweiten Schritt verbliebenen Kandidaten (betroffene Speicherzellen und Typ des Fehlers) einzeln simuliert. Für jeden Kandidaten wird anhand der Übereinstimmung von Simulations- und Testgerätdaten eine Bewertung (Score) berechnet, und die Kandidaten werden gemäß dieser Bewertung sortiert (Ranking).

Die sortierte Kandidatenliste stellt das Ergebnis der Scan-Chain-Diagnose dar. Sie kann etwa während der elektrischen oder physikalischen Ausfallanalyse verwendet werden: zuerst wird die Speicherzelle mit der höchsten Bewertung untersucht, dann die Speicherzelle mit der zweithöchsten Bewertung usw. Da die Ausfallanalyse sehr aufwändig ist, kann sie im Allgemeinen nur für eine relativ kleine Anzahl von Kandidaten pro Schaltung durchgeführt werden. Die Scan-Chain-Diagnose ist dann praktisch nutzbar, wenn der tatsächlich für den Ausfall verantwortliche Defekt an einer der ersten 5–10 Positionen der sortierten Liste steht. Im Folgenden werden die einzelnen Schritte der Scan-Chain-Diagnose detailliert beschrieben.

9.1.1 Test der Prüfpfade

Beim ersten Schritt der Scan-Chain-Diagnose werden im Testmodus (scan_enable = 1) durch jeden Prüfpfad drei Testmuster der Form 00000000..., 11111111... und 11001100... geschoben, das heißt am scan_in-Eingang angewendet und am scan_out-Ausgang wieder ausgelesen. Die zu erwartenden Werte je nach angenommenem Fehlertyp sind für einen Prüfpfad der Länge 8 in Tabelle 9.1 zusammen gefasst. Dabei wird angenommen, dass der scan_in-Eingang sich links befindet: um 11001100 einzuschieben werden zwei Werte 0, anschließend zwei Werte 1, dann zwei Werte 0 und schließlich zwei Werte 1 an diesem Eingang angewendet. Sind in der Scan Chain überhaupt keine Fehler vorhanden, so werden für alle drei Testmuster am scan_out-Ausgang vom *DUD* genau die eingeschobenen Werte beobachtet. Ist eine der Speicherzellen von einem 0- beziehungsweise 1-Haftfehler (Stuck-at 0 beziehungsweise 1) betroffen, so wird jeder eingeschobene Wert beim Passieren dieser Speicherzelle den Fehlerwert annehmen; am Ausgang wird dann 00000000 beziehungsweise 11111111 gelesen. Beobachtet man ein solches Muster am `scan_out`-Ausgang vom *DUD*, kann man auf einen Haftfehler irgendwo im Prüfpfad schließen, man weiß jedoch noch nicht, welches Speicherelement betroffen ist.

In [GV06] wird zwischen vier Arten von Transitionsfehlern unterschieden: Slow-to-rise, Slow-to-fall, Fast-to-rise and Fast-to-fall. Bei einem Slow-to-rise-Fehler wird der Übergang von 0 zu 1 verzögert, statt 0 gefolgt von 1 wird 0 gefolgt von 0 gelesen. Bei Muster 11001100 werden zwei 0-Werte gefolgt von zwei 1-Werten eingeschoben; ein Slow-to-rise-Fehler verfälscht den dritten (und auch den siebten) Wert. Entsprechend wird bei einem Slow-to-fall-Fehler 1 gefolgt von 1 statt 1 gefolgt von 0 gelesen; 11001100 ändert sich zu 11011101. (Der erste Eintrag ist 1, weil direkt zuvor das Muster 11111111 angewendet worden ist.) Fast-to-rise-Fehler beeinträchtigt den Übergang von 0 zu 1, indem statt der ersten 0 bereits der neue Wert 1 gelesen wird; aus 11001100 wird 11101110. Bei einem Fast-to-fall-Fehler findet die Transition von 1 zu 0 zu schnell statt; 11001100 wird in 01000100 transformiert. Schließlich beschreiben Hold-time-Fehler Signalübergänge, die grundsätzlich, also unabhängig von der Richtung der Transition, zu schnell sind; statt 11001100 wird somit 01100110 gelesen. Wie bei den Haftfehlern erlauben diese Angaben lediglich Rückschlüsse über die Existenz des Fehlers in einer Scan Chain aber nicht über den Fehlerort.

Mit Hilfe der drei Muster aus Tabelle 9.1 lassen sich die neun modellierten Fehlertypen zuverlässig unterscheiden. Die ersten beiden Testmuster sind notwendig, um Haftfehler und Mehrfach-Transitionsfehler zu unterscheiden. Sind zum Beispiel Speicherelemente 3, 4, 7 und 8 von Slow-to-fall-Fehlern betroffen, so wird 11001100 zu 11111111 verändert. Mit Hilfe des Musters 00000000 lässt sich dieser Fehler vom 1-Haftfehler unterscheiden. Insgesamt ist nach dem ersten Schritt der Scan-Chain-Diagnose der betroffene Prüfpfad und der Fehlertyp gemäß der neun unterstützten Fehlertypen bekannt. Die Aufgabe der nachfolgenden Schritte besteht darin, wahrscheinliche Positionen der ausgefallenen Speicherzelle in der Scan Chain zu bestimmen.

9.1.2 Berechnung oberer und unterer Schranken

Im zweiten Schritt der Scan-Chain-Diagnose wird die Position der ausgefallenen Speicherzelle auf einen Bereich eingegrenzt. Zu diesem Zwecke werden die Speicherelemente der im ersten Schritt identifizierten fehlerbehafteten Scan Chain mit $S_n, S_{n-1}, \ldots, S_0$ durchnummeriert, wobei S_n mit dem `scan_in`-Eingang und S_0 mit dem `scan_out`-Ausgang verbunden sind. Das Ergebnis des Verfahrens aus diesem Abschnitt ist ein Bereich der *potentiell fehlerbehafteten Speicherzellen*. Dieser hat die Form $S_u, S_{u-1}, \ldots, S_{l+1}, S_l$, wobei $S_u \leq S_n$ die *obere Schranke* (engl. *upper bound*) und $S_l \leq S_0$ die *untere Schranke* (engl. *lower bound*) darstellt. Für eine Speicherzelle S_c werden alle Speicherzellen mit einem im Vergleich mit S_c höheren Index als *oberhalb liegend* (engl. *upstream*) und alle Zellen mit einem niedrigeren Index als *unterhalb liegend* (engl. *downstream*) bezeichnet.

Zur Bestimmung möglichst enger oberer und unterer Schranken werden vorhandene Testmuster am *DUD* angewendet und simulativen Vorhersagen über $\mathcal{C}$ gegenüber gestellt. Dabei wird ein Testmuster, wie in Abschnitt 7.3 im Detail dargestellt wurde, zunächst in die Scan Chains hineingeschoben, dann auf die kombinatorische Logik der Schaltung funktional angewendet, und schließlich werden die Testantworten über die Scan Chains hinausgeschoben. Die Ermittlung der potentiell fehlerbehafteten Speicherzellen nutzt das Verhalten des untersuchten Prüfpfads während des Ausschiebevorgangs aus.

In einem fehlerfreien Schaltkreis stimmen die am Testgerät beobachteten Werte mit den Simulationsergebnissen überein. Bei der Simulation von $\mathcal{C}$ muss jedoch berücksichtigt werden, dass eine Scan Chain vom *DUD* fehlerbehaftet ist und die Einschiebevorgänge über diese Scan Chain möglicherweise nicht zuverlässig funktioniert. Diese Annahme setzt man durch, indem man in $\mathcal{C}$ in sämtlichen Speicherelementen der betroffenen Scan Chain nach dem Einschieben und vor dem funktionalen Testzyklus unbekannte Werte (X) annimmt und bei der Simulation die dreiwertige Logik $\{0, 1, X\}$ verwendet. Unter bestimmten Voraussetzungen kann für einige Speicherzellen statt X ein bekannter Wert angenommen werden. Ist der Fehlertyp etwa Stuck-at-1 und wurde bereits eine untere Schranke S_l berechnet, so müssen alle Zellen zwischen S_l und S_0 den Wert 1 annehmen.

Nach der Simulation von $\mathcal{C}$ ist jedem Speicherelement des Prüfpfads $S_c \in \{S_n, \ldots, S_0\}$ ein Wert $V[S_c] \in \{0, 1, X\}$ zugewiesen, der hinausgeschoben werden soll; außerdem ist aus dem ersten Schritt der Scan-Chain-Diagnose der Fehlertyp bekannt. Handelt es sich beim Fehlertyp um Haftfehler, so werden die Speicherelemente, für welche im *DUD* der entgegengesetzte Wert $\overline{V[S_c]}$ beobachtet wurde, zur Identifikation von potentiell fehlerbehafteten Speicherzellen verwendet. Ist zum Beispiel der Fehlertyp Stuck-at-0 und ist der simulierte Wert $V[S_c] = 1$, so lässt der am Testgerät beobachtete hinausgeschobene Wert von S_c Rückschlüsse über die Position des Stuck-at-0-Fehlers im Prüfpfad zu. Ist der beobachtete Wert 1, also fehlerfrei, dann muss sich der Stuck-at-0-Fehler oberhalb der Zelle S_c, also zwischen S_n und S_{c+1} befinden, denn sonst hätte der Fehler beim Ausschieben den Wert von S_c verändert. Ist der beobachtete Wert hingegen 0, so ist entweder S_c selbst oder eines der Speicherelemente unterhalb S_c vom 0-Haftfehler betroffen. Im ersten Fall hat man eine untere, im zweiten Fall eine obere Schranke berechnet. Führt man diese Analyse für mehrere Testmuster durch, erhält man verfeinerte, engere Schranken. Man beachte, dass Zellen mit $V[S_c] = X$ bei dieser Analyse keinen Nutzen haben.

Um die Schrankenberechnung für den Fall von Transitionsfehlern durchzuführen werden Paare von benachbarten Speicherzellen S_{c-1} und S_c betrachtet, deren Werte den Fehler aktivieren. Ist der im ersten Schritt bestimmte Fehlertyp Slow-to-rise und sind die in $\mathcal{C}$ simulierten Werte $V[S_{c-1}] = 0$ und $V[S_c] = 1$, so ist der am Testgerät beobachtete Wert von S_c für die Schrankenberechnung relevant. Ist dieser 1 (also nicht vom Fehler beeinträchtigt), so muss der Fehler oberhalb von S_c sein, S_{c+1} ist eine untere Schranke. Ist der beobachtete Wert 0, so hat sich der Fehler beim Ausschieben ausgewirkt; er muss sich also unterhalb von S_c befinden, und S_c stellt eine obere Schranke dar.

Beispiel 9.1

Tabelle 9.2 zeigt eine Scan Chain aus 7 Elementen S_6 bis S_0, die einen Slow-to-fall-Fehler auf S_2 enthält. Nach Schritt 1 ist die Existenz eines Slow-to-fall-Fehlers irgendwo in der Scan Chain bekannt. Um seine Position zu bestimmen, wird zunächst das

Tabelle 9.2: *Beispiel für Schrankenberechnung bei Scan-Chain-Diagnose (Slow-to-fall-Fehler auf S_2)*

Scan chain	scan_in $\to S_6 \to S_5 \to S_4 \to S_3 \to$				S_2	$\to S_1 \to S_0 \to$ scan_out	
Muster 1 mit X-Werten							
Simulierte Werte	1	0	1	0	X	X	1
Beobachtete Werte	1	1	1	0	0	0	1
Schranken		$S_u = S_4$					
Muster 1 ohne X-Werte							
Simulierte Werte	1	0	1	0	0	0	1
Beobachtete Werte	1	1	1	0	0	0	1
Schranken		$S_u = S_4$			$S_l = S_1$		
Muster 2							
Simulierte Werte	X	X	0	0	1	0	1
Beobachtete Werte	1	1	0	1	1	0	1
Schranken				$S_u = S_2$	$S_l = S_1$		

Testmuster 1010XX1 verwendet. Man beachte, dass dieses Testmuster durch die kombinatorische Logik erzeugt wurde. Beim Ausschieben werden wie in der Abbildung gezeigt an den entsprechenden Positionen die Werte 1110001 beobachtet; in S_5 tritt 1 statt 0 auf. Eine mögliche Erklärung dafür wäre ein Slow-to-fall-Fehler auf S_4: das Ersetzen des ursprünglichen Wertes in S_4, nämlich 1, durch den Wert von S_5, also 0, ist nicht schnell genug erfolgt. Genauso hätte aber auch ein Fehler auf S_3, S_2, S_1 oder S_0 zu diesem Effekt führen können; somit wurde die obere Schranke $S_u = S_4$ bestimmt.

Nun nehme man an, dass man durch weitere Berechnungen in der Lage ist, dasselbe Testmuster genauer zu bestimmen und die X-Werte durch definierte Werte zu ersetzen. Das simulierte Testmuster ist nun 1010001, und das beobachtete Testmuster ist 1110001. Wie vorhin ist $S_u = S_4$ eine obere Schranke. Es gibt jedoch eine weitere Aktivierung des Slow-to-fall-Fehlers, nämlich 1 in S_0 gefolgt von 0 in S_1. Anders als beim Wert in S_5 wird aber nunmehr nicht der fehlerhafte Wert 1 sondern der richtige Wert 0 beobachtet. Das bedeutet, dass der Übergang problemlos durch die Zelle S_0 propagiert wird und dort definitiv kein Slow-to-fall-Fehler vorhanden ist; dies entspricht einer unteren Schranke $S_l = S_1$. Insgesamt hat man den potentiellen Ort auf Speicherelemente S_4, S_3, S_2 und S_1 eingegrenzt. Durch die Anwendung eines weiteren Testmusters XX00101 lässt sich die obere Schranke weiter auf $S_u = S_2$ verringern, so dass insgesamt zwei Speicherzellen als Fehlerorte in Frage kommen.

9.1.3 Vergleichende Bewertung von Fehlerkandidaten

Jeder Fehlerkandidat wird in $\mathcal{C}$ simuliert, und anschließend vergleicht man die auf dem Testgerät beobachteten Testantworten vom *DUD* mit den vorhergesagten simulierten Werten. Entspricht der in *DUD* tatsächlich aufgetrete Ausfallmechanismus einem der Fehlerkandidaten, so werden die beobachteten und die vorhergesagten Werte genau übereinstimmen. Um den Grad der Übereinstimmung zu quantifizieren, werden die folgenden Größen berechnet:

Intersection: Die Testmuster aus der Testmenge fallen auf dem Testgerät genau an den durch den Fehlerkandidaten vorhergesagten Stellen aus.

Misprediction: Die Simulation des Fehlerkandidaten sagt einen Fehlereffekt voraus, auf dem Testgerät wird dieser jedoch nicht beobachtet.

Nonprediction: Ein Ausfall auf dem Testgerät lässt sich durch die Simulation nicht nachvollziehen.

Die nach dem zweiten Schrittt verbliebenen Kandidaten werden nach Intersection sortiert; erklärt ein Fehler vollständig das auf dem Tester beobachtete Verhalten, so beschreibt dieser mit hoher Wahrscheinlichkeit den tatsächlichen Defekt. Im Allgemeinen betrachtet man auch die Fehlerkandidaten mit unvollständiger Übereinstimmung. Solche Fehler können auf einen Defekt hindeuten, der keinem der neun modellierten Fehlermodelle aus Tabelle 9.1 entspricht, zum Beispiel einem Kurzschluss oder einem Überspracheffekt (Crosstalk). Bei Fehlerkandidaten mit geringen Misprediction- und Nonprediction-Werten kann man mit einer gewissen Wahrscheinlichkeit davon ausgehen, dass der Fehlerort (also die betroffene Speicherzelle) zumindest in räumlicher Nähe des Defekts auf der hergestellten Schaltung platziert ist.

9.2   Logikdiagnose

Bei der Logikdiagnose soll aus den auf dem Testgerät beobachteten Testantworten auf den Defekt in der kombinatorischen Logik geschlossen werden, der den Ausfall verursacht hatte. Hier schränken wir uns auf den Fall von kombinatorischen sowie sequentiellen Full-Scan-Schaltungen ein. Unter einer Full-Scan-Schaltung versteht man eine Schaltung mit Speicherelementen, die in Scan Chains organisiert sind und somit aus der Sicht der Testanwendung vollständig steuerbar und beobachtbar sind. Des Weiteren wird angenommen, dass die Scan Chains selbst getestet worden sind und fehlerfrei sind (ansonsten sollte Scan-Chain-Diagnose und nicht Logikdiagnose durchgeführt werden). Somit sind die Eingangsvektoren (Testmuster) sowie die am Testgerät jeweils beobachteten Testantworten gegeben.

Der Erfolg der Logikdiagnose ist in besonderem Maße vom verwendeten Fehlermodell abhängig. Bei der reinen Fehlerentdeckung ist es unkritisch, wenn ein Defekt keinem der modellierten Fehler entspricht, solange er überhaupt entdeckt wird. Generiert man die Testmuster etwa unter der Annahme des Haftfehlermodells, so kann man diese durchaus zum Testen eines Schaltkreises mit einem Defekt verwenden, dessen Verhalten keinem Haftfehler entspricht, zum Beispiel ein Kurzschluss zwischen zwei Signalleitungen. Wird dieser Defekt nämlich von einem Testmuster entdeckt, welches für einen Haftfehler erzeugt worden ist, so wird die defektbehaftete Schaltung aussortiert und der Test war erfolgreich. Man spricht in diesem Zusammenhang von einer Zufallsentdeckung (engl. *Fortuitous Detection*). Bei der Diagnose möchte man hingegen so genau wie möglich den tatsächlichen Verursacherdefekt oder zumindest Hinweise darauf, zum Beispiel den Fehlerort, ermitteln. Eine besondere Herausforderung stellen Mehrfachfehler dar. Im Kontext der Fehlerentdeckung sind Testmengen, die für Einzelfehler generiert worden sind, in der Regel auch für Mehrfachfehler

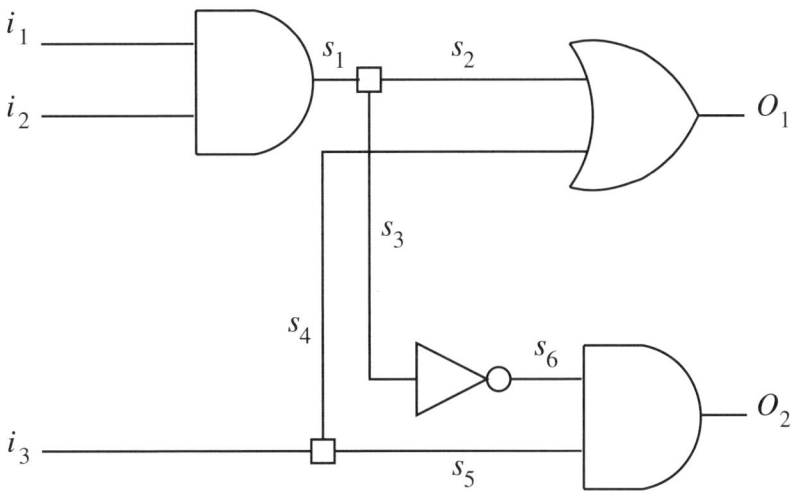

Abbildung 9.1: *Beispielschaltkreis zur Illustration der Logikdiagnose*

effektiv. Diagnose unter der Einzelfehlerannahme führt aber für Schaltungen mit Mehrfachfehlern zu inkonsistenten Ergebnissen.

Da die Menge aller möglichen Defekte unpraktikabel groß ist, wird bei der modernen Diagnose zwischen *modellierten* und *abhängigen Fehlern* unterschieden. Modellierte Fehler werden von den Diagnosealgorithmen explizit berücksichtigt, für abhängige Fehler lassen sich ohne eine ausdrückliche Betrachtung Aussagen herleiten. In der Praxis können etwa Haftfehler als modellierte und Transitionsfehler oder Brückenfehler als abhängige Fehler eingesetzt werden. Im Folgenden werden zunächst die grundlegenden Diagnoseverfahren unter der Annahme erklärt, dass die Schaltung ausschließlich Haftfehler enthalten kann. Im Abschnitt 9.2.3 werden dann Erweiterungen auf andere Fehler diskutiert.

9.2.1   Antwortabgleich für Haftfehler

Bei der *Diagnose durch Antwortabgleich* (besser unter der englischen Bezeichnung *Cause-effect Diagnosis* bekannt) betrachtet man einzelne Fehlerkandidaten, ermittelt simulativ ihre Auswirkungen auf die Ausgänge der Schaltung und vergleicht diese mit den am Testgerät beobachteten Testantworten vom *DUD*. Im einfachsten Fall simuliert man alle modellierten Fehler, hier die Haftfehler, explizit.

Beispiel 9.2

Auf das *DUD*, dessen Simulationsmodell $\mathcal{C}$ in Abbildung 9.1 zu sehen ist, werden vier Testmuster 000, 001, 100 und 110 angewendet. Statt der erwarteten fehlerfreien Ausgangsvektoren 00, 11, 00 und 10 werden Testantworten 01, 11, 01 und 10 beobachtet. Um den Verursacherfehler zu finden, werden alle möglichen 22 Haftfehler der Schaltung unter den vier Vektoren simuliert; die Ergebnisse sind in Tabelle 9.3 zusammen gestellt.

Tabelle 9.3: *Simulationsbasierte Diagnose*

Testmuster	f. frei	$i_1/1$	$i_1/0$	$i_2/1$	$i_2/0$	$i_3/1$	$i_3/0$	$s_1/1$	$s_1/0$	$s_2/1$	$s_2/0$	$s_3/1$
000	00	00	00	00	00	11	00	10	00	10	00	00
011	11	10	11	11	11	11	00	10	11	11	11	10
100	00	00	00	10	00	11	00	10	00	10	00	00
110	10	10	00	10	00	10	10	10	00	10	00	10

Testmuster	f. frei	$s_3/0$	$s_4/1$	$s_4/0$	$s_5/1$	$s_5/0$	$s_6/1$	$s_6/0$	$o_1/1$	$o_1/0$	$o_2/1$	$o_2/0$
000	00	00	10	00	**01**	00	00	00	10	00	01	00
011	11	11	11	01	**11**	10	11	10	11	01	11	10
100	00	00	10	00	**01**	00	00	00	10	00	01	00
110	10	10	10	10	**10**	10	10	10	10	00	11	10

Ein einziger Fehler, $s_5/1$, erklärt alle vier beobachteten Testantworten. Dieser Fehler stellt das eindeutige Ergebnis der Diagnose dar.

Fordert man eine vollständige Übereinstimmung zwischen Simulations- und Testdaten, so kann man die Simulation abbrechen, sobald ein abweichender Wert aufgetreten ist. So könnte man im vorangegangenen Beispiel die Simulation von den ersten 14 Fehlern $i_1/1$ bis $s_4/0$ sofort nach dem ersten Testmuster 000 abbrechen, da die Simulation Testantworten 00, 10 oder 11 voraussagt und nicht die tatsächlich beobachtete Ausgangskombination 01. Fehler $o_2/1$ erfordert die Simulation aller vier Testmuster, da erst für das letzte Testmuster 110 eine Abweichung (11 statt der beobachteten 10) auftritt. Ist mit unmodellierten Fehlern zu rechnen, die keinem Haftfehler entsprechen, so kann man die Simulation vollständig und ohne Abbrüche ausführen. Auf diese Weise können Haftfehler bestimmt werden, deren Auswirkungen Ähnlichkeiten mit dem tatsächlichen Defekt aufweisen.

Das beschriebene Vorgehen erfordert eine Simulation der verwendeten Testmenge pro diagnostizierter Schaltung. Es ist vor allem dann praktikabel, wenn nur einige wenige *DUD*s der Diagnose unterzogen werden. Andernfalls kann man die Simulation für alle Fehler und Testmuster vorab durchführen und in einem *Wörterbuch* (engl. *Dictionary*) abspeichern. Anstatt wie in Tabelle 9.3 alle Ausgaben explizit aufzulisten, werden in einem Wörterbuch *Syndrome* abgespeichert. Unter einem Syndrom versteht man die Markierung von Ausgängen, an welchen sich das Verhalten der Schaltung vom fehlerfreien Fall unterscheidet, mit einer 1 und der übrigen Ausgänge mit einer 0. Sind etwa die fehlerfreien Ausgangswerte 1010 und die fehlerbehafteten Werte 1000, so ist das Syndrom 0010. Die Verwendung von Syndromen führt zu Wörterbüchern, die tendenziell relativ wenige 1-Einträge haben und so speziellen Verfahren zur Kompression dünn besetzter Matrizen unterzogen werden können.

Beispiel 9.3

Tabelle 9.4 zeigt das Wörterbuch für das vorangegangene Beispiel 9.2. Zum Beispiel führt Fehler $i_1/1$ unter Muster 110 laut Tabelle 9.3 zu Ausgangswerten 10, die genau dem fehlerfreien Fall entsprechen. Im Wörterbuch lautet der entsprechende Eintrag 00:

Tabelle 9.4: *Vollständiges Wörterbuch für den Schaltkreis aus Abbildung 9.1*

Testmuster	f. frei	$i_1/1$	$i_1/0$	$i_2/1$	$i_2/0$	$i_3/1$	$i_3/0$	$s_1/1$	$s_1/0$	$s_2/1$	$s_2/0$	$s_3/1$
000	00	00	00	00	00	11	00	10	00	10	00	00
011	11	01	00	00	00	00	11	01	00	00	00	01
100	00	00	00	10	00	11	00	10	00	10	00	00
110	10	00	10	00	10	00	00	00	10	00	10	00

Testmuster	f. frei	$s_3/0$	$s_4/1$	$s_4/0$	$s_5/1$	$s_5/0$	$s_6/1$	$s_6/0$	$o_1/1$	$o_1/0$	$o_2/1$	$o_2/0$
000	00	00	10	00	01	00	00	00	10	00	01	00
011	11	00	00	10	00	01	00	01	00	10	00	01
100	00	00	10	00	01	00	00	00	10	00	01	00
110	10	00	00	00	00	00	00	00	00	10	01	00

Tabelle 9.5: *Pass-Fail-Wörterbuch für den Schaltkreis aus Abbildung 9.1*

Testmuster	f. frei	$i_1/1$	$i_1/0$	$i_2/1$	$i_2/0$	$i_3/1$	$i_3/0$	$s_1/1$	$s_1/0$	$s_2/1$	$s_2/0$	$s_3/1$
000	00	0	0	0	0	1	0	1	0	1	0	0
011	11	1	0	0	0	0	1	1	0	0	0	1
100	00	0	0	1	0	1	0	1	0	1	0	0
110	10	0	1	0	1	0	0	0	1	0	1	0

Testmuster	f. frei	$s_3/0$	$s_4/1$	$s_4/0$	$s_5/1$	$s_5/0$	$s_6/1$	$s_6/0$	$o_1/1$	$o_1/0$	$o_2/1$	$o_2/0$
000	00	0	1	0	1	0	0	0	1	0	1	0
011	11	0	0	1	0	1	0	1	0	1	0	1
100	00	0	1	0	1	0	0	0	1	0	1	0
110	10	0	0	0	0	0	0	0	0	1	1	0

an keinem der beiden Ausgänge findet eine Fehlerentdeckung statt. Unter dem selben Muster führt Fehler $i_1/1$ zum fehlerhaften Wert 00 statt 10; der Wörterbuch-Eintrag 10 sagt aus, dass am ersten Ausgang eine Fehlerentdeckung stattfindet. Man beachte, dass in den Simulationsergebnissen in der Tabelle 9.3 nur 69, also etwas weniger als die Hälfte aller 176 Einträge den Wert 1 hat, während die Anzahl der 1-Werte im Wörterbuch mit 33 deutlich geringer ist. In großen Schaltungen mit vielen Ausgängen ist die Dichte der 1-Einträge in den Syndromen in der Regel klein.

Der Speicherbedarf eines Wörterbuchs kann für große Schaltungen und Testmengen exzessiv sein, daher verwendet man manchmal kleinere Wörterbücher mit unvollständiger Information. Die wichtigste Klasse solcher Wörterbücher sind *Pass-Fail Dictionaries*. Bei einem solchen Wörterbuch wird für jedes Testmuster abgespeichert, welche Fehler es entdeckt, nicht aber an welchen Schaltungsausgängen. Damit wird eine Platzeinsparung um einen Faktor realisiert, welcher der Anzahl der Ausgänge entspricht. Andererseits sind mit reduzierter Information ungenauere Entscheidungen möglich – man spricht von einer verringerten *diagnostischen Auflösung*.

Tabelle 9.6: SOFE-Wörterbuch für den Schaltkreis aus Abbildung 9.1

	$i_1/1$	$i_1/0$	$i_2/1$	$i_2/0$	$i_3/1$	$i_3/0$	$s_1/1$	$s_1/0$	$s_2/1$	$s_2/0$	$s_3/1$
Testmuster	011	110	100	110	000	011	000	110	000	110	011
Syndrom	01	10	10	10	11	11	10	10	10	10	01

	$s_3/0$	$s_4/1$	$s_4/0$	$s_5/1$	$s_5/0$	$s_6/1$	$s_6/0$	$o_1/1$	$o_1/0$	$o_2/1$	$o_2/0$
Testmuster	–	000	011	000	011	–	011	000	011	000	011
Syndrom	–	10	10	01	01	–	01	10	10	01	01

Beispiel 9.4

Tabelle 9.5 zeigt ein Pass-Fail Dictionary für den Schaltkreis aus den vorangegangenen Beispielen. Die Gesamtanzahl der abzuspeichernden Werte für vier Muster und 22 Fehler beträgt 88, also die Hälfte der Größe des vollständigen Wörterbuchs aus Tabelle 9.4. Andererseits ist der – soeben noch eindeutig diagnostizierbare – Fehler $s_5/1$ nunmehr nicht von den Fehlern $i_3/1$, $s_2/1$, $s_4/1$ und $o_1/1$ zu unterscheiden.

Weitere Klassen von kompakten Wörterbüchern, die eine Abwägung zwischen Speicherbedarf und diagnostischer Auflösung erlauben, wurden in der Literatur vorgeschlagen [PR97]. Von praktischer Bedeutung sind ferner *Stop On First Error Dictionaries* oder abgekürzt SOFE-Wörterbücher. In einem SOFE-Wörterbuch wird die erste Entdeckung des Fehlers durch ein Testmuster aus der Testmenge vermerkt. Damit bildet man die Testanwendung mit Abbruch nach der ersten Fehlerentdeckung nach. In diesem Fall stehen für die Diagnose nur das am Testgerät beobachtete Syndrom des ersten Testmusters, für welchen das *DUD* ausgefallen ist, zur Verfügung, Syndrome von weiteren Testmustern wurden nicht erhoben.

Beispiel 9.5

In der Tabelle 9.6 ist das SOFE-Wörterbuch für den Beispielschaltkreis dieses Kapitels zu sehen. So wird etwa für den Fehler $i_1/1$ das erste (und einzige) Testmuster 011 eingetragen, welches diesen Fehler entdeckt. Aus diesem Wissen kann hergeleitet werden, dass das vorherige Testmuster 000 diesen Fehler nicht entdeckt hatte, über die darauf folgenden Muster 100 und 110 ist jedoch keine Aussage möglich. Für Fehler $s_1/1$ ist das erste entdeckende Testmuster 000 eingetragen; die Information, dass auch Testmuster 011 und 100 diesen Fehler ebenfalls entdecken, ist im Wörterbuch nicht enthalten. Somit kann der Fehler $s_1/1$ nicht von Fehlern $s_2/1$, $s_4/1$ und $o_1/1$ unterschieden werden, obwohl das vollständige Wörterbuch in Tabelle 9.4 eine solche Unterscheidung erlaubt hätte. Fällt das *DUD* für Muster 000 am Testgerät mit Syndrom 10 aus, so werden keine weiteren Testmuster angewendet, die eine Unterscheidung zwischen $s_1/1$ und anderen Fehlern ermöglicht hätten. Die Reduktion der diagnostischen Auflösung ist somit nicht auf das Wörterbuch sondern auf die Art der Testanwendung zurück zu führen.

Tabelle 9.7: *Rückwärtsimplikationen im Schaltkreis aus Abbildung 9.1*

Testmuster	Fehlerfreie Testantwort	Beobachtete Testantwort	Implikationen
011	11	11	$s_5 = s_6 = 1$
110	10	00	$s_2 = s_4 = 0$
111	10	11	$s_5 = s_6 = 1$

9.2.2   Syndrom-Rückverfolgung für Haftfehler

Ein alternatives Diagnoseverfahren stellt die *Syndrom-Rückverfolgung* (engl. *Effect-cause Diagnosis*) [AB80, CR88] dar. Im einfachsten Fall wird angenommen, dass jede Leitung des Schaltkreises entweder fehlerfrei (FF) oder von einem 1-Haftfehler (SA1) beziehungsweise einem 0-Haftfehler (SA0) betroffen sein kann. Auf jeder Leitung l wird zunächst ein *Zustand* (engl. *Fault Status*) $fs(l) \subseteq \{FF, SA0, SA1\}$ definiert, der angibt, welche dieser drei Optionen für die Leitung l in Frage kommt. Am Anfang der Diagnose sind für alle Leitungen sämtliche Optionen möglich: $fs(l) := \{FF, SA0, SA1\}$. Danach werden ausgehend von den beobachteten Testantworten Werte auf den Leitungen hergeleitet und die Zustände angepasst: wird für eine Leitung l der Wert 1 beziehungsweise 0 hergeleitet, so wird SA0 beziehungsweise SA1 auf $fs(l)$ entfernt. Sind für eine Leitung beide Fehlerwerte ausgeschlossen worden, ist diese Leitung fehlerfrei.

Die Herleitung von Werten geschieht mittels Rückwärtsimplikationen (vgl. Kapitel 5) beginnend mit Schaltungsausgängen. Wird etwa am Ausgang eines AND-Gatters eine 1 beobachtet, so müssen alle seine Eingänge diesen Wert besitzen. Voraussetzung für diese Herleitung ist jedoch, dass der Ausgang des AND-Gatters fehlerfrei ist. Würde sein Zustand nämlich den 1-Haftfehler SA1 beinhalten, so könnte der beobachtete Wert auf diesen Fehler und nicht auf Werte an den Gattereingängen zurück zu führen sein.

Beispiel 9.6

Die Schaltung aus Abbildung 9.1 soll der Diagnose mit Hilfe von drei Testmustern 011, 110 und 111 unterzogen werden. Die erwarteten Testantworten einer fehlerfreien Schaltung sowie die tatsächlich am Testgerät beobachteten Testantworten sind in der Tabelle 9.7 zusammen getragen. Nach der Anwendung des ersten Musters 011 ist auf beiden Ausgängen o_1 und o_2 der Wert 1 zu beobachten, somit wird der 0-Haftfehler SA0 aus ihrem Zustand entfernt, und es gilt $fs(o_1) = fs(o_2) = \{FF, SA1\}$. Nach der Anwendung des zweiten Testmusters wird an beiden Ausgängen der Wert 0 beobachtet, und der 1-Haftfehler wird aus den Zuständen ebenfalls entfernt; somit sind beide Ausgänge fehlerfrei: $fs(o_1) = fs(o_2) = \{FF\}$.

Nun können für das erste Testmuster aus $o_2 = 1$ die Werte an den beiden Eingängen des AND-Gatters geschlussfolgert werden: $s_5 = s_6 = 1$. Man beachte, dass diese Implikation nur deswegen möglich ist, weil o_2 vorhin als fehlerfrei identifiziert worden ist. Wäre das zweite Testmuster 110 nicht in der Testmenge enthalten gewesen und wäre SA1 somit immer noch in $fs(o_2)$ enthalten, so könnte der beobachtete 1-Wert durch den 1-Haftfehler auf o_2 und nicht durch Werte auf s_5 und s_6 erklärt werden. Würde nun fest stehen, dass s_5 und s_6 ebenfalls fehlerfrei sind, so könnte man $i_1 = 1$ und $s_3 = 0$

schlussfolgern; da dies aber nicht der Fall ist, sind keine weiteren Implikationen möglich. Für Testmuster 110 erhält man in analoger Weise die Werte $s_2 = s_4 = 0$. Für die Zustände der Leitungen gilt $fs(s_5) = fs(s_6) = \{FF, SA1\}$, $fs(s_2) = fs(s_4) = \{FF, SA0\}$ und $fs(i_1) = fs(i_2) = fs(i_3) = fs(s_1) = fs(s_3) = \{FF, SA0, SA1\}$.

Um die Genauigkeit der Diagnose zu erhöhen, wird das Konzept der *erzwungenen Werte* (engl. *Forced Values*) eingesetzt. Eine Leitung l hat einen erzwungenen Wert $FV(l, t)$ unter Testmuster t genau dann, wenn für eine beliebige Kombination von Fehlern die folgende Eigenschaft gilt:

(1) Entweder nimmt Leitung l unter Testmuster t den Wert $FV(l, t)$ ein,

(2) oder Leitung l nimmt unter Testmuster t sowie allen anderen Testmustern den entgegengesetzten Wert $\overline{FV(l, t)}$ ein.

Im Kontext der Diagnose werden erzwungene Werte in der folgenden Weise eingesetzt. Ist für eine Leitung l ein erzwungener Wert $c = FV(l, t)$ bestimmt worden und widerspricht er einem für die selbe Leitung l vorhin hergeleiteten Wert, so trifft Teil (2) der Definition zu. Man kann also für sämtliche Testmuster aus der Testmenge den Wert $\overline{c}$ auf l annehmen.

Beispiel 9.7

Eine Schaltung beinhalte ein AND2-Gatter, wobei sein Ausgang mit einem primären Ausgang o, sein erster Eingang mit einem primären Eingang i und sein zweiter Eingang mit einer internen Leitung s der Schaltung verbunden ist. Wird auf dem Eingang i unter Testmuster t_1 der Wert 0 angewendet, so stellt dieser einen erzwungenen Wert dar: $FV(i, t_1) = 0$. Der einzige Fall, in dem auf der Leitung i der Wert 1 anliegen könnte, wäre ein 1-Haftfehler auf Leitung i, und in diesem Fall würde der Fehler die Leitung unter allen Testmustern beeinflussen.

Ist der Ausgang o fehlerfrei und wird dort für t_1 der Wert 1 beobachtet, so muss $i = s = 1$ gelten, diese Werte sind mit $FV(i, t_1)$ inkonsistent. Somit kann für sämtliche Testmuster auf Leitung i der Wert $\overline{FV(i, t_1)} = 1$ geschlussfolgert werden. Wird etwa unter einem anderen Testmuster t_2 auf o der Wert 0 beobachtet, so kann man aufgrund von $i = 1$ den Wert 0 auf Leitung s implizieren.

Zur Berechnung von erzwungenen Werten unter einem Testmuster t kann das folgende Verfahren eingesetzt werden:

- Der erzwungene Wert an einem primären Eingang entspricht dem Wert an der entsprechenden Stelle von t.

- Hat ein Verzweigungsstamm einen erzwungenen Wert, so haben sämtliche Verzweigungsäste den selben erzwungenen Wert.

- Haben sämtliche Eingänge eines Gatters den selben erzwungenen Wert c, so hat auch sein Ausgang den erzwungenen Wert c, falls das Gatter nichtinvertierend ist (AND, OR, BUF) und den erzwungenen Wert $\overline{c}$, falls es invertierend ist (NAND, NOR, INV).

Tabelle 9.8: *Erzwungene Werte im Schaltkreis aus Abbildung 9.1*

Testmuster	i_1	i_2	i_3	s_1	s_2	s_3	s_4	s_5	s_6	o_1	o_2
011	0	1	1	–	–	–	1	1	–	–	–
110	1	1	0	1	1	1	0	0	1	–	–
111	1	1	1	1	1	1	1	1	0	1	0

Man beachte, dass nicht alle Leitungen einer Schaltung unter jedem Testmuster einen erzwungenen Wert haben. Das nachfolgende Beispiel illustriert die Berechnung der erzwungenen Werte und ihren Einsatz zur Diagnose.

Beispiel 9.8

(Fortsetzung von Beispiel 9.6) Die erzwungenen Werte für den Schaltkreis aus Abbildung 9.1 auf Seite 171 und für die Testmuster aus Tabelle 9.7 sind in Tabelle 9.8 angegeben. So entsprechen für Testmuster 011 die erzwungenen Werte auf i_1, i_2 und i_3 den Einträgen des Testmusters. Die erzwungenen Werte auf den Verzweigungsästen s_4 und s_5 werden vom Verzweigungsstamm i_3 übernommen. Am Ausgang s_1 des AND-Gatters existiert kein erzwungener Wert, da die erzwungenen Werte an seinen Eingängen nicht übereinstimmen. Somit können auch keine erzwungenen Werte weiter auf s_2 und s_3 propagiert werden.

Für das Muster 110 stimmen die erzwungenen Werte an den Eingängen des AND-Gatters i_1 und i_2 überein, somit existiert ein erzwungener Wert an seinem Ausgang s_1:

$$FV(s_1, 110) = FV(i_1, 110) = FV(i_2, 110) = 1.$$

Dieser erzwungene Wert wird auf s_2 und s_3 propagiert. Damit erhält man eine Inkonsistenz zwischen $FV(s_2, 110) = 1$ und dem vorhin berechneten Wert $s_2 = 0$. Nach der Eigenschaft (2) der erzwungenen Werte muss somit s_2 unter sämtlichen Testmustern den Wert 0 annehmen.

Betrachtet man nun Muster 011, so kann man aus dem bisherigen Wissen $o_1 = 1$ und $fs(o_1) = \{FF\}$ sowie dem neuen Wissen $s_2 = 0$ schlussfolgern, dass $s_4 = 1$ gelten muss. Damit wird aus dem vorhin berechneten Zustand $fs(s_1) = \{FF, SA0\}$ der 0-Haftfehler entfernt, und s_4 ist fehlerfrei. Da s_4 fehlerfrei ist, muss der 1-Wert auf dieser Leitung von i_3 stammen; somit ist $i_3 = 1$ und $fs(i_3) = \{FF, SA1\}$.

Nun betrachte man wieder das Testmuster 110, für welches $s_4 = 0$ gilt. Da s_4 nun als fehlerfrei bekannt ist, muss $i_3 = 0$ sein. Der 1-Haftfehler ist aus $fs(i_3)$ zu löschen, und i_3 steht ebenfalls als fehlerfrei fest.

Für Testmuster 111 ist der erzwungene Wert $FV(s_6, 111) = 0$ mit dem hergeleiteten Wert $s_6 = 1$ inkonsistent. Das bedeutet, dass für alle Muster $s_6 = 1$ gelten muss. Kehrt man zum Testmuster 110 zurück, so lässt sich aus $o_2 = 1$, $fs(o_2) = \{FF\}$ und $s_6 = 1$ die neue Implikation $s_5 = 0$ und somit $fs(s_5) = \{FF\}$ herleiten. Insgesamt können auf Leitungen i_3, s_2, s_4, o_1 und o_2 Fehler ausgeschlossen werden. Auf Leitung s_2 ist der 0-Haftfehler, auf Leitung s_6 der 1-Haftfehler möglich. Über Leitungen i_1, i_2 und i_3, die vor den potentiell fehlerhaften Leitungen s_2 und s_6 liegen, kann keine Aussage getroffen werden.

Ein Blick auf das vollständige Wörterbuch in Tabelle 9.4 zeigt, dass Einzelhaftfehler $i_1/0$, $i_2/0$ und $s_3/0$ den Ausfall erklären. Diese drei Fehler sind untereinander und auch zu den Doppelfehlern $\{s_2/0, s_3/0\}$ sowie $\{s_2/0, s_6/1\}$ äquivalent (vgl. Abschnitt 3.5.1) und können grundsätzlich durch keine Logikdiagnosemethode unterschieden werden. Die Syndrom-Rückverfolgung hat somit die Suche eingeschränkt, die endgültige Identifikation des Verursacherdefekts muss aber mittels anderer Methoden, etwa der Ausfallanalyse, geschehen.

9.2.3   Diagnose komplexer Fehler

Wie bereits eingangs erwähnt, werden nicht alle Defekte durch Haftfehler adäquat beschrieben, und die Diagnose könnte durch die Haftfehlerannahme fehlgeleitet werden. Sind die zu erwartenden Ausfallmechanismen bekannt und mittels eines Fehlermodells formalisiert, so können simulations- und wörterbuchbasierte Diagnoseansätze grundsätzlich auf der Basis dieser komplexeren Fehlermodelle anstelle von Haftfehlern angewendet werden. Allerdings scheitert dieses Vorgehen in der Praxis an der hohen Komplexität. Damit ist zum einen die schiere Anzahl von Defekten gemeint, die berücksichtigt werden müssten. So wären etwa für resistive Kurzschlussdefekte mehrere unterschiedliche Widerstandswerte zu modellieren. Betrachtet man Pfadverzögerungsfehler, so ist ihre Anzahl in vielen praktisch bedeutsamen Schaltungen exponentiell in der Größe der Schaltung. Andererseits sind die Simulationsmethoden selber oft aufwändig und sprengen den zeitlichen Rahmen, der für die Diagnose zur Verfügung steht.

Aus diesem Grund ist es vorteilhaft, komplexe Fehlermodelle implizit durch ihre Beziehung zu einfacheren Modellen, in der Regel Haftfehlern, in die Diagnose einzubinden. Die komplexeren Modelle werden in diesem Zusammenhang als *abhängige Fehler* bezeichnet. An dieser Stelle wird das grundsätzliche Vorgehen am Beispiel von Haftfehlern als modellierten Fehlern und Transitionsfehlern als abhängigen Fehlern illustriert. Ähnliche Schemata lassen sich für andere Fehlertypen, etwa Brückenfehler, definieren.

Die Entdeckungsbedingungen von Transitionsfehlern sind im Abschnitt 3.3 beschrieben worden. Ein *Slow-to-rise* (STR) Transitionsfehler am Gatter g, als $g/t \uparrow$ bezeichnet, wird durch ein Testpaar, also zwei aufeinanderfolgende Testmuster (a, b) entdeckt, wobei das Muster a am Gatterausgang den Wert 0 induziert und Muster b den Haftfehler $g/0$ entdeckt. Analog entdeckt ein Testpaar (a', b') genau dann den *Slow-to-fall* (STF) Transitionsfehler $g/t \downarrow$, wenn a' den Ausgang von g auf den Wert 1 setzt und b' den Fehler $g/1$ entdeckt. Somit stellen die Entdeckungsbedingungen eines STR-Fehlers eine echte Obermenge der Entdeckungsbedingungen des 0-Haftfehlers dar.

Wenn ein Testmuster den 0-Haftfehler entdeckt, so kann es den korrespondierenden STR-Fehler entdecken oder auch nicht, je nach dem welches Muster im vorherigen Takt angewendet worden ist. Die entsprechende Aussage gilt für STF-Fehler und 1-Haftfehler. Man beachte, dass, falls das Muster den STR- beziehungsweise STF-Fehler entdeckt, das Syndrom genau mit dem Syndrom des entsprechenden Haftfehlers übereinstimmen muss, also die Fehlereffekte an den gleichen Schaltungsausgängen sichtbar sein müssen. Der STR-Fehler

$g/t \uparrow$ ist ein abhängiger Fehler des 0-Haftfehlers $g/0$, der STF-Fehler $g/t \downarrow$ ein abhängiger Fehler des 1-Haftfehlers $g/1$.

Diese Überlegungen führen zum folgenden abgewandelten Verfahren zur simulationsbasierten Diagnose von Haft- und Transitionsfehlern. Gegeben sind die Testmuster und die am Testgerät beobachteten Testantworten; die Fehlerliste besteht aus Haftfehlern. Für jeden 0-Haftfehler aus der Liste wird ein abhängiger STR-Fehler, für jeden 1-Haftfehler ein abhängiger STF-Fehler erzeugt. Daraufhin wird jeder Haftfehler einer Simulation mit den angewendeten Testmustern unterzogen. Hat ein Testmuster t zu einem fehlerbehafteten Wert auf dem Testgerät geführt, welches von der Simulation nicht nachvollzogen werden kann (das heißt, die Syndrome stimmen nicht überein), so kann weder der Haftfehler noch der abhängige Transitionsfehler den Ausfall verursacht haben. Beide Fehler werden aus der Fehlerliste entfernt, und der nächste Haftfehler wird simuliert.

Sagt die Simulation eine Fehlerentdeckung voraus, die beobachteten Testantworten entsprechen aber den fehlerfreien Werten, so kommt der Haftfehler zur Erklärung des Ausfalls nicht in Frage. Der abhängige Transitionsfehler kann aber das Verhalten der Schaltung erklären: die mangelnde Fehlerentdeckung könnte am ungeeigneten Wert auf der Fehlerstelle unter dem vorangegangenen Testmuster liegen. Somit wird der Haftfehler aus der Fehlerliste entfernt beziehungsweise als entfernt markiert, der abhängige Transitionsfehler verbleibt aber in der Liste. Die Simulation weiterer Testmuster wird mit dem Haftfehler fortgesetzt, der aus der Fehlerliste entfernt worden ist. Man beachte, dass keine Simulation von Transitionsfehlern stattfindet.

Beispiel 9.9

Auf die Schaltung aus Abbildung 9.1 werden, wie in Tabelle 9.3, Testmuster 000, 011, 100 und 110 angewendet; auf dem Testgerät werden die Testantworten 00, 11, 01 und 10 beobachtet. Die Fehlerliste besteht aus 22 Haftfehlern aus Tabelle 9.3 und 22 abhängigen Transitionsfehlern. Simuliert man den Fehler $i_1/1$, so stimmt die erste Ausgangskombination (00) mit der beobachteten Testantwort überein; sowohl der Fehler $i_1/1$ als auch sein abhängiger Transitionsfehler $i_1/t \downarrow$ verbleiben in der Fehlerliste. Die zweite Ausgangskombination 10 stimmt jedoch nicht mit der beobachteten Testantwort (11) überein; $i_1/1$ und $i_1/t \downarrow$ werden beide aus der Liste entfernt und die Simulation von $i_1/1$ wird unterbrochen.

Betrachtet man nun den Fehler $s_5/1$, so stimmt die erste vorhergesagte Ausgangskombination 01 nicht mit der beobachteten Testantwort 00 überein. Der Fehler $s_5/1$ wird aus der Fehlerliste entfernt. Da aber die Testantwort dem fehlerfreien Wert entspricht, verbleibt der abhängige STF-Fehler $s_5/t \downarrow$ in der Fehlerliste, und die Simulation des modellierten Haftfehlers $s_5/1$ wird fortgesetzt. Bei den drei nachfolgenden Testmustern kommt es zu keiner Abweichung, somit verbleibt der abhängige STF-Fehler $s_5/t \downarrow$ als ein Fehlerkandidat.

In analoger Weise wird der abhängige Fehler von $s_6/1$, nämlich $s_6/t \downarrow$ identifiziert: für Testmuster 000, 011 und 110 ist eine genaue Übereinstimmung gegeben, und für das dritte Muster 100 wird der fehlerfreie Wert 00 statt des vorhergesagten Wertes 01 beobachtet. Damit ist die Diagnose abgeschlossen, und $s_5/t \downarrow$ sowie $s_6/t \downarrow$ sind die

Fehlerkandidaten. Führt man nun eine Simulation der beiden Transitionsfehler durch (unter Annahme, dass die Leitung s_5 vor der Anwendung des ersten Testmusters den Wert 0 hatte), so wird der Fehler $s_5/t \downarrow$ für das dritte Testmuster 100 aktiviert und die berechneten Ergebnisse stimmen genau mit den beobachteten Werten überein. Für $s_6/t \downarrow$ findet die Fehleraktivierung für das vierte Testmuster 110 statt; es werden die fehlerfreien Ausgabewerte 00, 11, 00 und 10 erzeugt. Somit hat die Diagnose einen korrekten und einen inkorrekten Fehlerkandidaten geliefert.

In der gleichen Weise kann man die Unterstützung von abhängigen Fehlern in wörterbuchbasierte Ansätze integrieren.

Auch wenn mit Techniken zur impliziten Fehlermodellierung eine gewisse diagnostische Auflösung erreichbar ist, bleiben diese approximativ. Um das Potential von Methoden zu nutzen, die auf Einzelhaftfehlern basieren und die Eigenschaften dieses Modells verwenden, wurde in [BHHS01] das Konzept von *Single Location At-a-Time Patterns* (SLAT-Testmuster) eingeführt. Ein SLAT-Muster führt am Testgerät zu einem Syndrom, das sich mit (mindestens einem) Einzelhaftfehler im Simulationsmodell deckt. Solche Muster lassen sich auch dann einsetzen, wenn die Schaltung Mehrfachhaftfehler oder komplexere Fehler enthält.

9.2.4 Diagnostische Testmustergenerierung

In der bisherigen Darstellung waren die zur Diagnose eingesetzten Testmuster als vorgegeben angenommen worden. Es lassen sich aber auch zielgerichtet Testmuster erzeugen, die für diagnostische Zwecke besonders gut geeignet sind. Die entsprechenden Verfahren sind unter dem Begriff *Diagnostische Testmustergenerierung* (engl. *Diagnostic Test Pattern Generation*, DTPG) bekannt. Sie weisen große methodische Ähnlichkeiten mit ATPG-Verfahren zur Erzeugung von Tests zur Fehlerentdeckung auf, die im Kapitel 5 diskutiert worden sind.

DTPG-Verfahren nehmen ein festes Fehlermodell an, in der Regel das Einzelhaftfehlermodell. Somit ist für einen Schaltkreis $\mathcal{C}$ eine Fehlerliste $F = \{g_1, \ldots, g_k\}$ definiert.[1] Das Ziel von DTPG besteht nun in der Erzeugung einer Testmenge, so dass für möglichst viele Paare von Fehlern (g_i, g_j) ein Testmuster t in der Testmenge enthalten ist, welches zwischen den Fehlern *unterscheiden* kann. Um dies zu formalisieren sei (wie im Abschnitt 5.1) die Funktion des Schaltkreises mit Fehler g als $f_{\mathcal{C}_g}$ bezeichnet. Das Muster t unterscheidet zwischen g_i und g_j, wenn $f_{\mathcal{C}_{g_i}}(t) \neq f_{\mathcal{C}_{g_j}}(t)$ ist.

Diesem Vorgehen liegt die Vorstellung zu Grunde, dass alle Fehlerkandidaten *Ununterscheidbarkeitsklassen* (engl. *Indistinguishability Classes*) bilden. Eine Ununterscheidbarkeitsklasse ist eine Teilmenge von F, die Fehler enthält, welche von keinem bereits erzeugten Testmuster unterschieden werden können. Durch Generierung von weiteren Testmustern werden Ununterscheidbarkeitsklassen in kleinere Klassen aufgeteilt. Äquivalente Fehler (vgl. Abschnitt 3.5) gehören grundsätzlich zu einer Ununterscheidbarkeitsklasse. Die Auflösung von Logikdiagnoseverfahren ist durch die Ununterscheidbarkeitsklassen begrenzt:

---

[1] Die Fehler werden hier, abweichend vom Rest des Buches, nicht mit f_i bezeichnet, um Verwechslungen mit der Schaltungsfunktion $f_{\mathcal{C}}$ auszuschließen.

wurde ein Fehler gefunden, welcher den auf dem Testgerät beobachteten Ausfall erklärt, so kommen alle anderen Fehler aus der gleichen Ununterscheidbarkeitsklasse ebenfalls als Erklärung in Frage.

Beispiel 9.10

Man betrachte wieder den Beispielschaltkreis aus Abbildung 9.1. Auf diesen Schaltkreis werde das Testmuster 000 angewendet, die Werte sind in Tabelle 9.3 zu finden. Es sind vier Testantworten möglich: 00, 01, 10 und 11. Dementsprechend wird die Fehlerliste F in vier Ununterscheidbarkeitsklassen partitioniert:

$$F_{00} = \{i_1/1, i_1/0, i_2/1, i_2/0, i_3/0, s_1/0, s_2/0, s_3/1, s_3/0, s_4/0, s_5/0,$$
$$s_6/1, s_6/0, o_1/0, o_2/0\},$$
$$F_{01} = \{s_5/1, o_2/1\},$$
$$F_{10} = \{s_1/1, s_2/1, s_4/1, o_1/1\}$$
$$F_{11} = \{i_3/1\}$$

Wendet man nun das zweite Muster 011 an, so werden die Ununterscheidbarkeitsklassen weiter partitioniert. Beispielsweise wird für Fehler $s_1/1 \in F_{10}$ die Testantwort 10 und für die übrigen drei Fehler die Testantwort 11 beobachtet. Die Menge F_{10} wird in zwei Teilmengen zerlegt: $F_{10,10} = \{s_1/1\}$ und $F_{10,11} = \{s_2/1, s_4/1, o_2/1\}$. Führt man eine Diagnose mit zwei Testmustern 000 und 011 durch und beobachtet man am Testgerät die Testantworten 10 und 11, so weiß man, dass nur einer von den drei Fehlern aus $F_{10,11}$ als Erklärung für den Ausfall in Frage kommt, man weiß aber nicht, welcher. In diesem Beispiel ist keine weitere Unterscheidung möglich, da die drei 1-Haftfehler $s_2/1$, $s_4/1$ und $o_2/1$ an den Anschlüssen eines OR-Gatters äquivalent sind und immer zu einer Ununterscheidbarkeitsklasse gehören.

Somit lässt sich die diagnostische Testmustergenerierung auf die Erzeugung von einer Reihe von Unterscheidungsmustern für Fehlerpaare zurückführen. Zunächst werden für eine gegebene Testmenge, zum Beispiel die Testmuster zur Entdeckung aller Haftfehler im Schaltkreis, die Ununterscheidbarkeitsklassen bestimmt. Für Paare von Fehlern, die sich in der gleichen Ununterscheidbarkeitsklasse befinden, werden Unterscheidungsmuster erzeugt. Dies wird fortgesetzt, bis die Ununterscheidbarkeitsklassen hinreichend klein sind. Um ein Unterscheidungsmuster für Fehler g_i und g_j zu finden, kann man die Gleichung $f_{c_{g_i}}(t) \oplus f_{c_{g_j}}(t)$ nach t auflösen. Dies entspricht dem Vorgehen im Abschnitt 5.1, wobei dort die Boolesche Differenz eines fehlerbehafteten und eines fehlerfreien und hier die Boolesche Differenz zweier fehlerbehafteter Schaltkreise betrachtet wird.

Da die Auflösung der Booleschen Differenz für große Schaltungen aufwändig sein kann, wurden in der Literatur auch vereinfachte, teils heuristische DTPG-Ansätze vorgestellt. Die erste Arbeit zur diagnostischen Testmustergenerierung aus dem Jahr 1967 [RBS67] nutzt aus, dass ein entdeckter und ein unentdeckter Fehler definitiv unterschieden werden. Dort wird versucht, ein Entdeckungsmuster für einen Fehler zu finden, der *so wenig wie möglich* andere Fehler überdeckt. Hierzu kommen Techniken zum Einsatz, die „Deadening " genannt werden. Während der Testmustererzeugung für Fehler g_i wird versucht, an jedem Gatter der Schaltung mindestens zwei Eingänge mit dem kontrollierenden Wert zu belegen, solange diese Zuweisungen die Entdeckung von g_i nicht verhindern. Dadurch wird die zufällige Entdeckung anderer Fehler unterdrückt. Eine weitere einfache DTPG-Heuristik besteht darin, bei der Testmustergenerierung für Fehler g_i den Fehlereffekt möglichst zu Schaltungsausgängen zu propagieren, zu welchen kein Pfad vom Fehlerort des zweiten Fehlers g_j existiert.

Es sind auch dedizierte Verfahren zur Generierung von Unterscheidungsmustern vorgeschlagen worden, wie zum Beispiel DIATEST [GMK91]. Dort wird angenommen, dass g_i nicht von Werten auf der Leitung von g_j beeinflusst werden kann. Ist dem nicht so, so werden die beiden Fehler vertauscht. Danach wird kombinatorische Testmustergenerierung (vgl. Kapitel 5) für g_i durchgeführt, wobei statt der fehlerfreien und fehlerbehafteten Schaltung nunmehr eine Schaltung mit Fehler g_j und eine mit Fehler g_i modelliert wird. Um die Effekte des zweiten Fehlers g_j zu berücksichtigen, wird die neunwertige Logik verwendet, die bereits im Kapitel 6 für sequentielles ATPG zum Einsatz kam, um die Wechselwirkungen eines Fehlers mit seinen eigenen Effekten in den vorherigen Taktzyklen zu modellieren. Des Weiteren werden in DIATEST eine Reihe von fortschrittlichen ATPG-Techniken wie Dominatoren oder Dynamisches Lernen verwendet, die ebenfalls bereits im Kapitel 5 thematisiert worden.

Als besonders aufwändig stellt sich bei der diagnostischen Testmustergenerierung die Behandlung von äquivalenten Fehlern heraus. Für solche Fehler wird nach einem Unterscheidungsmuster gesucht, welches jedoch nicht existieren kann. Dieser Aufwand lässt sich verringern, wenn vor der Generierung die Identifikation äquivalenter Fehler durchgeführt wird.

9.2.5   Einordnung und weitere Themen

Fehlerdiagnose ist eine Schlüsselkomponente der Qualitätssicherung von Integrierten Schaltungen. Durch Fehlerdiagnose, in der Regel in Verbindung mit elektrischer oder physikalischer Ausfallanalyse, lässt sich der Fertigungsprozess und somit die Ausbeute und die Wirtschaftlichkeit der hergestellten Schaltung verbessern. Einfache Diagnosemethoden können in Echtzeit während des Fertigungstests ablaufen und so sehr schnell statistisch relevante Aussagen über alle gefertigten Schaltkreise und somit Hinweise auf systematische Qualitätsprobleme liefern. Die Genauigkeit der Diagnoseergebnisse lässt sich steigern, wenn man Mehraufwand bei der Testanwendung in Kauf nimmt und beispielsweise den Test über den ersten Ausfall hinaus fortführt. Auf kleine Populationen von einigen hundert oder tausend Schaltungen lassen sich spezielle diagnostische Tests anwenden, die etwa von DTPG-Verfahren generiert worden sind.

Eine zentrale Herausforderung bei der Diagnose stellen nach wie vor unmodellierte Defekte dar. Neben dem hier vorgestellten Prinzip der abhängigen Fehler wurden alternative Ansätze zur Behandlung solcher Fehler vorgeschlagen. So wird in [HW09] eine generische Modellierung mittels Haftfehlern mit flexiblen Zusatzbedingungen (Conditional Stuck-at Faults) verwendet, wobei die Zusatzbedingungen während der Diagnose aus den beobachteten Testantworten hergeleitet werden. Eine weitere Möglichkeit stellt die Integration von physikalischen Informationen von unteren Abstraktionsebenen in den Diagnoseablauf dar.

Dies können Angaben über die Platzierung einzelner Fehlerorte in der Schaltung sein, etwa um mögliche Kurzschlüsse zu identifizieren. Auch können elektrische Parameter, welche das Verhalten der fehlerbehafteten Schaltung beeinflussen, für die Diagnose nützlich sein. So wurde in der Publikation [SYY$^+$02] von der Firma Hitachi eine Methode vorgestellt, um Unterbrechungsdefekte auf langen Verbindungsleitungen zu diagnostizieren. Für diese Methode werden die Werte von parasitären Kapazitäten zwischen der betroffenen Leitung und ihren Nachbarleitungen benötigt, die von dem entsprechenden Parameterextraktionswerkzeug an die Diagnoseroutine weiter geleitet werden müssen.

Ebenfalls schwierig ist die Diagnose sequentieller Schaltungen ohne Scan Chains oder sonstige DFT-Strukturen. Bereits eine saubere Definition einer Sequenz, die zwischen zwei Fehlern in einer Schaltung unterscheidet, ist im allgemeinen Fall durchaus nicht trivial [HBPF97]. Das von der Firma Intel entwickelte Logikdiagnose-Werkzeug POIROT behandelt zumindest den eingeschränkten Fall von Partial-Scan-Schaltungen [VD00].

Wie bereits im Abschnitt 8.4 erwähnt wurde, wird die diagnostische Auflösung von Selbsttest- und Testdatenkompressionsverfahren beeinträchtigt. Durch Ausgangskompaktierung (Abschnitt 8.2) gehen Entdeckungsinformationen verloren und können nicht vollständig rekonstruiert werden. Bei der Minimierung von Aliasing achtet man zwar darauf, dass die modellierten Fehler immer noch von mindestens einem Testmuster entdeckt werden. Dabei lässt sich aber oftmals nicht mehr sagen, auf welchen Ausgängen der Schaltung die Fehlerentdeckung stattgefunden hat, diese Information ist aber, wie weiter oben gesehen, für die Diagnose relevant.

Um die Diagnose dennoch durchzuführen, kann man zuerst die Werte an den Ausgängen der Schaltung so gut wie möglich aus den kompaktierten Daten zurück rechnen und dann auf die rekonstruierten Werten die Diagnosemethoden, etwa solche aus diesem Kapitel, anwenden [RT99]. Es gibt auch Verfahren, die Diagnose direkt auf der Basis von kompaktierten Werten durchführen [CSR$^+$06, CHW12].

Für kryptografische Schaltungen und andere Schaltkreise, die geschützte Daten verarbeiten, stellt eine gute Diagnostizierbarkeit eine potentielle Anfälligkeit während des späteren Betriebs dar. Die vertraulichen Daten wie zum Beispiel geheime Schlüssel sind zumindest zeitweise auf den internen Leitungen der Schaltung verfügbar. Hat ein Angreifer physikalischen Zugriff auf die Schaltung, so kann er Testmuster seiner Wahl an ihre Eingänge anlegen und die Testantworten beobachten. Kennt er die Schaltungsstruktur, so kann er Diagnoseverfahren einsetzen, um Rückschlüsse über Werte an den internen Leitungen zu ziehen. Überhaupt stehen gute Testbarkeit und Diagnostizierbarkeit einerseits und Sicherheit und Datenintegrität andererseits miteinander in einem Konflikt, welcher derzeit noch nicht vollständig aufgelöst ist.

10 Speichertest

Speicher kommen in heutigen elektronischen Systemen sowohl in Form von eigenständigen Speicherbausteinen als auch in Form von *eingebetteten Speichern* (engl. *Embedded Memories*) vor, die in größere ICs integriert sind. Da ein signifikanter Anteil der gesamten Chipfläche durch Speicherfelder belegt wird, tragen Defekte im Speicher maßgeblich zur Verringerung der Ausbeute bei. Um solche Defekte zu identifizieren, stehen spezielle Testverfahren bereit, die sich von den Methoden für kombinatorische und sequentielle Logik unterscheiden. Daher ist Speichertest eher außerhalb des traditionellen Testmethoden-Kanons zu sehen. Wegen der hohen und weiter steigenden Bedeutung von Speichern ist allerdings ein Grundverständnis der Testmethoden für diese Klasse von Schaltungen für Testingenieure unerlässlich.

Das Ziel dieses Kapitels besteht darin, einen Überblick über Speichertest und die dafür verwendeten Modelle und Methoden zu vermitteln. Es gibt eine Vielzahl von Technologien, die zur Fertigung von Speichern eingesetzt werden können [Sha13], und die elektrotechnisch fundierte Betrachtung von spezifischen Ausfallmechanismen für diese konkreten Technologien würde den Rahmen dieses Buches sprengen. Allerdings basieren die gängigen Ansätze ohnehin auf einer abstrakten Modellierung von Speichern als Feldern von Speicherzellen, wobei der interne Aufbau einer Speicherzelle nicht betrachtet wird. Neben elektrotechnischen Details verzichten wir ferner auf vollständige Beweise einiger Aussagen, etwa in Bezug auf hinreichende oder vollständige Bedingungen zur Entdeckung von bestimmten Fehlern durch Klassen von Tests. Ausführliche Abhandlungen über Aspekte des Speichertests sind in der (englischsprachigen) Literatur zu finden: im klassischen Buch [vdG98] und in komprimierter Form im Kapitel 14 des Buches [JG03].

10.1 Fehlermodelle für Speichertest

Ein Speicher besteht grundsätzlich aus einem *Feld von Speicherzellen* (engl. *Memory Cell Array*) und der *Zugriffslogik*, die es, je nach Art des Speichers, erlaubt, auf die einzelnen Zellen lesend und/oder schreibend zuzugreifen. Die Zugriffslogik kann, abhängig von der logischen Organisation des Speichers, Blöcke wie Adressdecoder, Verstärker, Treiber und Register zur Zwischenspeicherung von gelesenen oder zu schreibenden Daten enthalten. Im Kontext des Speichertests betrachtet man das *reduzierte funktionale Modell* des Speichers, welches aus dem Speicherfeld, dem Adressdecoder und der Lese-/Schreiblogik besteht. Außerdem kann man zeigen, dass Fehler im Adressdecoder und in der Lese-/Schreiblogik von Tests, die für Fehler im Speicherfeld erzeugt worden sind, entdeckt werden. Somit reicht es aus, sich auf Fehler im Speicherfeld zu konzentrieren. Das Speicherfeld kann als eine Menge von n Speicherzellen $M[1], \ldots, M[n]$ aufgefasst werden.

Zur Beschreibung von Ausfallmechanismen wurde eine Reihe von Fehlermodellen vorgeschlagen. Die wichtigsten Modelle werden in diesem Kapitel vorgestellt. Die Auswahl richtet sich in etwa nach [HvR02, HAvR03, JG03]; eine chronologische Einordnung dieser und einiger neuerer Fehlermodelle findet sich beispielsweise in [Ham13]. Alle Fehlermodelle werden grundsätzlich auf Englisch benannt, da ihre deutschen Bezeichnungen nicht gebräuchlich sind. Zur Darstellung wird zunächst die Standard-Notation, sogenannte Fehlerprimitive [vA00], eingeführt; anschließend werden Fehlermodelle vorgestellt, die eine beziehungsweise mehrere Speicherzellen betreffen.

10.1.1   Allgemeine Beschreibung von Fehlern im Speicher

Fehler im Speicher können durch *Fehlerprimitive* (FP, engl. *Fault Primitives*) [vA00] beschrieben werden. Ein FP $\langle S/F/P \rangle$ besteht aus drei Teilen:

- S beschreibt die *Sensibilisierungsbedingungen* des Fehlers, also die Werte von Speicherzellen sowie die Operation oder die Folge von Operationen, die zur Aktivierung des Fehlers führen. Für einen Fehler, der genau eine Speicherzelle betrifft, kann S aus Folgen von den folgenden sechs Elementen zusammengesetzt sein: 0, 1, $w0$, $w1$, $r0$ und $r1$. Dabei bezeichnen die Elemente 0 und 1 die Bedingung, dass der Fehler sich nur in einer Speicherzelle manifestieren kann, die den Wert 0 beziehungsweise 1 gespeichert hat. $w0$ und $w1$ fordern, dass die betroffene Speicherzelle zur Fehleraktivierung mit dem Wert 0 beziehungsweise 1 beschrieben wird. $r0$ und $r1$ geben an, dass der Fehler dann aktiviert wird, wenn der Wert 0 beziehungsweise 1 aus dem Speicher gelesen wird. Für Fehler, die mehrere (k) Speicherzellen betreffen, besteht S im allgemeinen aus k Teilen, die zu den unterschiedlichen Zellen gehören.

- F beschreibt das fehlerhafte Verhalten der betroffenen Speicherzelle. Mögliche Werte sind 0, 1, ↑ (Übergang von 0 nach 1) und ↓ (Übergang von 1 nach 0).

- R spezifiziert den Wert, der aus der Speicherzelle gelesen wird. Dieser muss nicht notwendigerweise mit dem Wert überein stimmen, der laut F in die Zelle gespeichert worden ist. Falls S nicht mit einer Leseoperation $r0$ oder $r1$ endet, kann keine Überprüfung stattfinden und R wird mit − angegeben.

Im Folgenden werden konkrete Fehlermodelle vorgestellt und dabei auch ihre Repräsentation durch FPs erklärt.

10.1.2   Fehler, die eine Speicherzelle betreffen

Die Fehlermodelle aus diesem Abschnitt sind in der Tabelle 10.1 zusammen gefasst.

Unter einem *Stuck-at Fault* (SAF) bleibt die Speicherzelle, ähnlich einem Haftfehler in der kombinatorischen Logik, stets auf dem selben Wert, egal welcher Wert in sie geschrieben wird. Der Stuck-at-0-Fehler wird durch den FP $\langle S/F/R \rangle = \langle 1/0/- \rangle$ beschrieben: $S = 1$, weil der Fehler immer dann aktiviert wird, wenn die fehlerfreie Speicherzelle den entgegengesetzten Wert 1 enthalten sollte; $F = 0$, weil sich der Fehler durch den fehlerbehafteten

Tabelle 10.1: *Fehlermodelle, die eine Speicherzelle betreffen [HvR02]*

Bezeichnung	Abkürzung	FP-Notation
Stuck-at Fault	SAF	$\langle 1/0/-\rangle$, $\langle 0/1/-\rangle$
Transition Fault	TF	$\langle 0w1/0/-\rangle$, $\langle 1w0/1/-\rangle$
Write Disturb Fault	WDF	$\langle 0w0/\uparrow/-\rangle$, $\langle 1w1/\downarrow/-\rangle$
Read Destructive Fault	RDF	$\langle r0/\uparrow/1\rangle$, $\langle r1/\downarrow/0\rangle$
Deceptive Read Destructive Fault	DRDF	$\langle r0/\uparrow/0\rangle$, $\langle r1/\downarrow/1\rangle$
Incorrect Read Fault	IRF	$\langle r0/0/1\rangle$, $\langle r1/1/0\rangle$

Wert 0 manifestiert, und $R = -$, weil die Speicherzelle nicht gelesen wird. Der FP zum Stuck-at-1-Fehler ist $\langle 0/1/-\rangle$.

Ein *Transition Fault* (TF) beschreibt eine Speicherzelle, die nicht vom 0- in den 1-Zustand (oder umgekehrt) wechseln kann. Um den ersten genannten („Slow-to-rise") Fall zu modellieren, benutzt man den FP $\langle 0w1/0/-\rangle$: der Fehler tritt auf, wenn die Zelle im Zustand 0 mit dem Wert 1 überschrieben wird ($S = 0w1$), und im Ergebnis behält sie den Wert 0 ($F = 0$). Der symmetrische „Slow-to-fall"-Fehler wird durch $\langle 1w0/1/-\rangle$ dargestellt.

Bei einem *Write Disturb Fault* (WDF) wird in die Zelle der Wert geschrieben, der in ihr bereits enthalten war ($0w0$ beziehungsweise $1w1$); daraufhin kippt ihr Wert. Bei einem *Read Destructive Fault* (RDF) [AC96] wird durch eine Leseoperation die Werteänderung verursacht, und die Leseoperation liefert den neuen, fehlerhaften Wert. Ein *Deceptive Read Destructive Fault* (DRDF) [AC96] unterscheidet sich vom RDF nur dadurch, dass die Leseoperation noch den alten, korrekten Wert als Ergebnis liefert, obwohl ihr Inhalt bereits mit dem fehlerhaften Wert überschrieben wurde. Schließlich beschreibt der *Incorrect Read Fault* (IRF) die Verfälschung des Resultats einer Leseoperation ohne eine Beeinträchtigung des gespeicherten Werts.

Die bislang beschriebenen Fehlermodelle werden von höchstens einer Lese- oder Schreiboperation sensibilisiert; solche Fehler heißen *statisch*. Daneben sind *dynamische Fehlermodelle* bekannt, bei denen Folgen von mehreren Operationen notwendig sind, um den Fehler zu aktivieren [HAvR03]. So wird beim *Dynamic RDF* gefordert, dass eine Schreiboperation *unmittelbar* von einer Leseoperation gefolgt wird; dies wird durch vier FPs $\langle 0w0r0/\uparrow/1\rangle$, $\langle 0w1r1/\downarrow/0\rangle$, $\langle 1w0r0/\uparrow/1\rangle$, $\langle 1w1r1/\downarrow/0\rangle$ beschrieben. Experimente zeigen, dass solche Fehler zunehmend an industrieller Bedeutung gewinnen [HWRv04].

Es ist möglich, die FP-Notation um weitere Elemente für S, F und R zu erweitern. So sind einige Fehlereffekte explizit zeitabhängig. Bei einem *Data Retention Fault* (DRF) [DBT90] verliert die betroffene Speicherzelle nach einer Zeit T ihren Wert und nimmt den entgegengesetzten Wert an. Dies kann man durch die Einführung von neuen Elementen 1_T und 0_T formalisieren, welche angeben, dass die Zelle den Wert 1 beziehungsweise 0 mindestens T Zeiteinheiten beinhalten muss, damit der Fehler aktiviert wird. Dann beschreiben die folgenden beiden FPs einen DRF: $\langle 0_T/\uparrow/-\rangle$ und $\langle 1_T/\downarrow/-\rangle$.

Tabelle 10.2: *Coupling Faults*

Bezeichnung	Abkürzung	FP-Notation
State Coupling Fault	CFst	$\langle 1; 0/1/-\rangle$, $\langle 0; 1/0/-\rangle$, $\langle 1; 1/0/-\rangle$, $\langle 0; 0/1/-\rangle$
Idempotent Coupling Fault	CFid	$\langle 0w1; 0/1/-\rangle$, $\langle 1w0; 1/0/-\rangle$, $\langle 0w1; 1/0/-\rangle$, $\langle 1w0; 0/1/-\rangle$

10.1.3   Fehler, die mehrere Speicherzellen betreffen

Fehlermodelle, die unerwünschte Wechselwirkungen zwischen zwei Speicherzellen beschreiben, werden *Coupling Faults* (CFs) [NTA78] genannt. Diese Fehlermodelle können auf Fehler, die eine größere Anzahl m von Speicherzellen betreffen, verallgemeinert werden. Dabei wird zwischen $(m-1)$ *Aggressorzellen* (engl. *Aggressor Cells*) $a_1, \ldots, a_{m-1}$ und einer *Opferzelle* (engl. *Victom Cell*) v unterschieden. Um die Anzahl von zu betrachtenden Zellenkombinationen überschaubar zu halten, wird in der Regel eine einzige Aggressorzelle a angenommen. Als FP-Notation wird für einen Coupling Fault das Format $\langle S_a; S_v/F/R\rangle$ verwendet. Anders als vorhin werden zwei Sensibilisierungsbedingungen angegeben: S_a für die Aggressor- und S_v für die Opferzelle. Das fehlerbehaftete Verhalten F und das Ergebnis der Leseoperation R beziehen sich grundsätzlich auf die Opferzelle v. Soll ein Verhalten von mehreren Opferzellen modelliert werden, so sind mehrere FPs zu spezifizieren.

Es lassen sich viele Arten von Coupling Faults definieren; so sind in [HvR02] sieben verschiedene Fehlermodelle angegeben. In diesem Überblickskapitel werden lediglich zwei Modelle betrachtet: *State Coupling Faults* (CFst) und *Idempotent Coupling Faults* (CFid). Ihre FPs sind in der Tabelle 10.2 zusammengefasst. Bei einem CFst legt der Wert der Aggressorzelle a den Wert der Opferzelle v fest. Ein CFst hat vier Ausprägungen. Die erste Ausprägung (FP $= \langle S_a; S_v/F/R\rangle = \langle 1; 0/1/-\rangle$) besagt, dass v immer auf den Wert 1 gesetzt wird, wenn a den Wert 1 hat. Der Fehler wird aktiviert, wenn a den Wert 1 und v den Wert 0 hat ($S_a = 1$, $S_v = 0$). Der Fehlereffekt besteht im Setzen von v auf den Wert 1 ($F = 1$). Da keine Leseoperation durchgeführt wird, ist $R = -$. Die anderen drei Ausprägungen sind für die verbliebenen Kombinationen von Werten auf a und v definiert.

Bei einem CFid findet auf v fehlerhafterweise eine Transition statt, wenn auf a eine Transition durchgeführt wird. Auch hier gibt es vier Ausprägungen; die erste wird durch FP $\langle 0w1; 0/1/-\rangle$ spezifiziert. $S_a = 0w1$ gibt an, dass der Wert von a anfangs 0 beträgt und mit einer 1 überschrieben wird; somit findet auf der Aggressorzelle eine steigende Transition statt. $S_v = 0$ fordert, dass die Opferzelle dabei den Wert 0 hat. Der Fehlereffekt $F = 1$ beschreibt eine steigende Flanke auf v. Die übrigen drei Ausprägungen in der Tabelle 10.2 beziehen sich auf andere Kombinationen von Transitionsrichtungen.

Von der Betrachtung ausgeschlossen waren bisher die Fehler im Adressdecoder (engl. *Address decoder Faults*, AFs) und weiterer Peripherieschaltungen des Speichers (*Peripheral circuit Faults*, PFs) [vHW04]. Für diese Fehler lassen sich relativ einfache Entdeckungsbedingungen herleiten, die von vielen der im nächsten Kapitel eingeführten Testmethoden erfüllt sind. Daher gehen wir auf die Modellierung von AFs und PFs an dieser Stelle nicht näher ein und verweisen auf die Literatur, etwa [vdG98, vHW04].

Algorithmus 13 GALPAT-Test für Speicher M der Größe n

 1: **for** $d := 0$ **to** 1 **do**
 2:     Schreibe $M[1] := M[2] := \cdots := M[n] := d$;
 3:     **for** $b := 1$ **to** n **do**
 4:         $M[b] := \neg d$;
 5:         **for** $c := 1$ **to** $b - 1$, $b + 1$ **to** n **do**
 6:             Lese $M[c]$; falls nicht Wert d gelesen, ist Zelle c fehlerhaft;
 7:             Lese $M[b]$; falls nicht Wert $\neg d$ gelesen, ist Zelle c fehlerhaft;
 8:         **end for**
 9:         $M[b] := d$;
10:     **end for**
11: **end for**

10.2   Speichertestmethoden

Die größte Bedeutung beim Speichertest kommt den *March-Tests* zu, die über eine umfassende garantierte Überdeckung bestimmter Fehlermodelle verfügen. Bereits vor der Einführung von March-Tests wurden Ad-Hoc-Testmethoden eingesetzt, die in der industriellen Praxis immer noch eine Rolle spielen. In diesem Abschnitt werden zuerst diese frühen Ansätze dargestellt, dann die March-Tests und ihre Entdeckungseigenschaften diskutiert.

10.2.1   Frühe Speichertestmethoden

Die wichtigsten Ad-Hoc-Speichertestmethoden sind in der folgenden Auflistung zusammen gefasst.

Zero-one Test Dieser Test läuft in vier Schritten ab.

1. Allen Speicherzellen wird der Wert 0 zugewiesen: $M[1] := \cdots := M[n] := 0$.

2. Aus allen Speicherzellen $M[1], \ldots, M[n]$ wird der Wert gelesen; wird nicht 0 gelesen, so ist der Speicher fehlerbehaftet.

3. Allen Speicherzellen wird der Wert 1 zugewiesen: $M[1] := \cdots := M[n] := 1$.

4. Aus allen Speicherzellen $M[1], \ldots, M[n]$ wird der Wert gelesen; wird nicht 1 gelesen, so ist der Speicher fehlerbehaftet.

Es kann gezeigt werden, dass dieser Test die Entdeckung aller Fehler im Adressdecoder nicht garantieren kann. Steht fest, dass der Adressdecoder fehlerfrei ist, so werden alle SAFs und ein Teil von TFs und CFs durch diesen Test entdeckt. Der Zero-one Test läuft in $4n$ Schritten ab, seine Komplexität ist also $O(n)$.

Checkerboard Test Dieser Test hat Ähnlichkeiten mit dem Zero-one Test, basiert aber auf einem „Schachbrettmuster", bei dem benachbarte Speicherzellen abwechselnde Werte annehmen.

1. Weise allen ungeraden Speicherzellen den Wert 1 und allen geraden Speicherzellen den Wert 0 zu: $M[1] := M[3] := \cdots := M[n-1] := 1$, $M[2] := \cdots := M[n] := 0$.

2. Aus allen Speicherzellen $M[1], \ldots, M[n]$ wird der Wert gelesen; wird für eine ungerade (gerade) Stelle i nicht 1 (0) gelesen, so ist der Speicher fehlerbehaftet.

3. Weise allen ungeraden Speicherzellen den Wert 0 und allen geraden Speicherzellen den Wert 1 zu: $M[1] := M[3] := \cdots := M[n-1] := 0$, $M[2] := \cdots := M[n] := 1$.

4. Aus allen Speicherzellen $M[1], \ldots, M[n]$ wird der Wert gelesen; wird für eine ungerade (gerade) Stelle i nicht 0 (1) gelesen, so ist der Speicher fehlerbehaftet.

Die Entdeckungseigenschaften und die Komplexität dieses Tests entsprechen dem Zero-one Test.

GALPAT Test Dieser nach „GALlopping PATtern" benannte Test ist in Algorithmus 13 dargestellt. Der Test hat zwei Durchläufe, $d = 0$ und $d = 1$. Im ersten Durchlauf werden Speicherbelegungen mit $(n-1)$ 0-Werten und einem einzigen 1-Wert an der Stelle b, (Basiszelle) betrachtet. Alle n möglichen Speicherbelegungen für unterschiedliche Positionen von b werden erzeugt. Für jede erzeugte Speicherbelegung werden alle Speicherzellen ausgelesen und ihr Wert auf die Korrektheit überprüft, wobei nach jedem Lesen einer Speicherzelle $c \neq b$ die Basiszelle gelesen wird. Im zweiten Durchlauf werden Belegungen mit $(n-1)$ 1-Werten und einem 0-Wert in analoger Weise verarbeitet. Der GALPAT Test kann alle SAFs, TFs, CFids und Fehler im Adressdecoder entdecken. Darüber hinaus wird die Position der betroffenen Speicherzelle bestimmt; dieses Wissen wird etwa für die Selbstreparatur (vgl. Abschnitt 10.3) benötigt. Der GALPAT Test benötigt $4n^2 + 2n$ Schritte, was der Komplexität $O(n^2)$ entspricht; diese ist für die meisten praxisrelevanten Speicher zu groß. Es existieren eingeschränkte Versionen von GALPAT mit Komplexität $O(n\sqrt{n})$.

10.2.2   March-Tests

March-Tests [SR81] bestehen aus Folgen von Lese- und Schreibzugriffen, die „durch den Speicher hindurchmarschieren". Ein solcher Test ist aus *March-Elementen* zusammengesetzt, wobei jedes March-Element wiederum aus der Angabe einer *Anwendungsrichtung* ⇑, ⇓ oder ⇕ und einer Folge von *March-Operationen* ist. Die vier möglichen March-Operationen w0, w1, r0 und r1 beziehen sich auf eine einzelne Speicherzelle; ihre Bedeutung ist im einzelnen:

w0, w1: In die Speicherzelle wird der Wert 0 (w0) beziehungsweise 1 (w1) geschrieben.

r0, r1: Der Wert der Speicherzelle wird gelesen; ist dieser nicht gleich 0 (r0) beziehungsweise 1 (r1), so ist der Speicher fehlerhaft.

Die March-Operationen eines March-Elements werden auf sämtliche Zellen eines Speichers in der Reihenfolge gemäß der Anwendungsrichtung angewendet. Ist diese ⇑, so werden die

---

Algorithmus 14 March-Test $\{\Updownarrow(w0); \Uparrow(r0, w0); \Downarrow(r1, w0, r0)\}$ für Speicher M der Größe n

---

1: **for** $i := 1$ **to** n **do**
2:    $M[i] := 0$;
3: **end for**
4: **for** $i := 1$ **to** n **do**
5:    Lese $M[i]$; wird nicht 0 gelesen, so ist der Speicher fehlerhaft;
6:    $M[i] := 1$;
7: **end for**
8: **for** $i := n$ **to** 1 **do**
9:    Lese $M[i]$; wird nicht 1 gelesen, so ist der Speicher fehlerhaft;
10:    $M[i] := 0$;
11:    Lese $M[i]$; wird nicht 0 gelesen, so ist der Speicher fehlerhaft;
12: **end for**

Speicherzellen in der Reihenfolge $M[1], M[2], \ldots, M[n]$ durchlaufen. Lautet die Anwendungsrichtung $\Downarrow$, so ist die Reihenfolge $M[n], M[n-1], \ldots, M[1]$. Die Anwendungsrichtung $\Updownarrow$ gibt an, dass die Reihenfolge gleichgültig ist.

Beispiel 10.1

Algorithmus 14 zeigt den sogenannten MATS++-Test, dessen March-Notation $\{\Updownarrow(w0); \Uparrow(r0, w0); \Downarrow(r1, w0, r0)\}$ lautet. Der Test besteht aus drei Elementen. Das erste Element $\Updownarrow(w0)$ gibt an, dass alle Speicherzellen mit dem Wert 0 beschrieben werden müssen, wobei die Reihenfolge der Schreibzugriffe irrelevant ist; dies ist in den Zeilen 1 bis 3 des Algorithmus' umgesetzt. Das zweite March-Element $\Uparrow(r0, w0)$ legt zunächst die Reihenfolge des Durchlaufs durch den Speicher von $M[1]$ bis $M[n]$ fest. Für jede Speicherzelle wird zunächst durch die Operation r0 überprüft, dass sie vom ersten Element auch wirklich auf 0 gesetzt wurde, und anschließend wird sie mit 1 überschrieben. Im Algorithmus findet dies in Zeilen 4 bis 7 statt. Das dritte March-Element des Tests, $\Downarrow(r1, w0, r0)$, geht den Speicher von $M[n]$ bis hinunter zu $M[1]$ durch. Für jede Speicherzelle wird mittels Operation r1 der Erfolg des vorangegangenen Schreibzugriffs sicher gestellt, danach wird der Wert 0 hinein geschrieben und sofort überprüft. Die Umsetzung dieser Vorgänge ist in Zeilen 8 bis 12 von Algorithmus 14 zu finden.

Eine Reihe von March-Tests sind aus der Literatur bekannt, es ist aber auch möglich, solche Tests automatisch zu konstruieren [BCNP06]. Einige grundlegende March-Tests sind in Tabelle 10.3 zusammen gefasst. Neben der Testlänge, die der Testanwendungszeit entspricht, sind für die Auswahl des geeigneten Testverfahrens vor allem die jeweils garantiert überdeckten Fehler von Bedeutung. Diese sind in der letzten Spalte der Tabelle eingetragen. Die angegebenen Algorithmen sind *nichtredundant*, das heißt, man kann sie nicht verkürzen, ohne Verluste der Fehlerüberdeckung in Kauf zu nehmen. Nachfolgend werden die Bedingungen für die Entdeckung einzelner Fehlermodelle erläutert und auf die Erfüllung dieser Bedingungen durch Tests aus der Tabelle 10.3 eingegangen. Zunächst werden zwei Fehlermodelle aus Abschnitt 10.1.2 betrachtet, die eine Speicherzelle betreffen: Stuck-at Faults und

Tabelle 10.3: *Übersicht wichtiger March-Tests*

Test	March-Notation	Länge	Überdeckte Fehler
MATS+	{⇕(w0); ⇑(r0, w1); ⇓(r1, w0)}	$5n$	AF, SAF, RDF, IRF
March C–	{⇕(w0); ⇑(r0, w1); ⇑(r1, w0); ⇓(r0, w1); ⇓(r1, w0); ⇕(r0)}	$10n$	AF, SAF, TF, RDF, IRF, CFst
March A	{⇕(w0); ⇑(r0, w1, w0, w1); ⇑(r1, w0, w1); ⇓(r1, w0, w1, w0); ⇓(r0, w1, w0)}	$15n$	AF, SAF, TF, RDF, IRF, CFid, CFid#CFid
March B	{⇕(w0); ⇑(r0, w1, r1, w0, r0, w1); ⇑(r1, w0, w1); ⇓(r1, w0, w1, w0); ⇓(r0, w1, w0)}	$17n$	AF, SAF, TF, RDF, IRF, CFid, TF#CFid, CFid#CFid
March SS	{⇕(w0); ⇑(r0, r0, w0, r0, w1); ⇑(r1, r1, w1, r1, w0); ⇓(r1, r1, w1, r1, w0); ⇓(r1, r1, w1, r1, w0); ⇕(r0)}	$22n$	AF, SF, TF, RDF, IRF, WDF, DRDF CFst, CFid, weitere CF
March SL	⇕(w0); ⇑(r0, r0, w1, w1, r1, r1, w0, w0, r0, w1) ⇑(r1, r1, w0, w0, r0, r0, w1, w1, r1, w0) ⇓(r0, r0, w1, w1, r1, r1, w0, w0, r0, w1) ⇓(r1, r1, w0, w0, r0, r0, w1, w1, r1, w0) }	$41n$	Alle Verknüpfungen von statischen Fehlern auf einer oder zwei Speicherzellen

Transition Faults, und dann die Coupling Faults aus Anschnitt 10.1.3. Überdeckung weiterer Fehler ist ohne weitere Begründung in der Tabelle 10.3 vermerkt.

Überdeckung von einfachen Fehlermodellen

Um alle *Stuck-at Faults (SAFs)* zu entdecken, muss jede Speicherzelle mindestens einmal auf 0 gesetzt und anschließend gelesen werden, und einmal auf 1 gesetzt und anschließend gelesen werden. Diese Bedingung ist für alle Tests in Tabelle 10.3 erfüllt. Dies sei am Beispiel der Entdeckung des SA0-Fehlers in der Speicherzelle $M[8]$ durch den MATS+-Test[1] [Nai79, AR83] erläutert. Diese Speicherzelle wird vom March-Element ⇑(r0, w1) auf 1 gesetzt; aufgrund des SA0-Fehlers wird vom Element ⇓(r1, w0) der Wert 0 statt 1 gelesen und der Fehler wird entdeckt.

Zur Entdeckung von *Transition Faults* (TFs) muss jede Zelle für beide Werte von $c \in \{0, 1\}$ einem $\bar{c} \to c$-Übergang mit anschließendem (ohne weitere Schreiboperationen auf dieser Zelle) Lesevorgang unterzogen werden. So wird ein „Slow-to-fall"-TF $\langle 0w1/0/- \rangle$ in der Speicherzelle $M[8]$ vom Test March-C– [Mar82] entdeckt: Element ⇑(r1, w0) erzeugt eine $1 \to 0$-Transition, und Element ⇓(r0, w1) liest den fehlerhaften 1-Wert. Der MATS+-Test entdeckt diesen Fehler hingegen nur dann, wenn die Speicherzelle vor der Testanwendung den Wert $M[8] = 1$ hatte und so vom March-Element ⇕(w0) eine fallende Transition generiert wurde. Somit kann von einer Entdeckung nicht ausgegangen werden.

Es kann gezeigt werden [vV90], dass *Fehler in der Lese- und Schreiblogik* des Speichers von jedem Algorithmus entdeckt werden, der SAFs überdeckt. Für die Entdeckung von *Fehlern im Adressdecoder* durch einen March-Test gilt die folgende Bedingung. Der March-Test muss zwei aufeinanderfolgende Elemente ⇑(r$\bar{c}$, ..., wc); ⇓(rc, ..., w$\bar{c}$) enthalten, wobei c

---

[1]MATS+ ist eine Weiterentwicklung der früheren ATS- und MATS-Algorithmen, wobei die Abkürzung für „Modified Algorithmic Test Sequence" steht.

entweder 1 oder 0 ist und „..." für eine beliebige Folge von Lese- und Schreiboperationen steht. Die letzte Schreiboperation ist notwendig, weil damit die Werte in den nachfolgend besuchten Zellen beeinflusst werden können. In der Praxis wird nach der letzten Operation oft noch ein Lesezugriff rc beziehungsweise r$\bar{c}$ angewendet und manchmal h mal wiederholt; diese Technik nennt man „Hammer" [vHW04]. Alle March-Tests in Tabelle 10.3 erfüllen diese Bedingung und entdecken somit sowohl Fehler in der Lese- und Schreiblogik als auch im Adressdecoder. Dies wird durch den Eintrag „AF" verdeutlicht.

Verknüpfte Fehler und Überdeckung von komplexen Fehlermodellen

Für die Diskussion der Entdeckung von Coupling Faults (CFs) wird der Begriff der *verknüpften Fehler* (engl. *Linked Faults*) [vGMY96] (eingeführt in [PS85] unter der Bezeichnung „Interacting Faults") benötigt. Ein Fehler ist mit einem anderen Fehler verknüpft, wenn er das Verhalten und somit die Entdeckungseigenschaften des zweiten Fehlers beeinflusst. Zwei CFs können verknüpft sein, wenn sie die gleiche Opferleitung haben und auf dieser entgegengesetzte Effekte verursachen können. Zunächst betrachten wir die Entdeckungseigenschaften von unverknüpften CFs.

Der Test March C– entdeckt alle unverknüpften CFids und CFsts. Um exemplarisch die Entdeckung von CFids zu zeigen, sind acht Fälle zu unterscheiden: vier mögliche Ausprägungen laut Tabelle 10.2 (jede davon besagt, welche Transition auf der Aggressorzelle a welche Transition auf der Opferzelle v verursacht) jeweils unter der Annahme, dass a im Speicher vor oder nach v platziert ist. Hier sei die Ausprägung $\langle 1w0; 0/1/- \rangle$ (eine fallende Transition auf a führt zu einer steigenden Transition auf v) und $a < v$ betrachtet. Das vorletzte Element von March C–, $\Downarrow$(r1, w0), setzt zunächst $M[v]$ auf 0. Sobald dieses Element aber $M[a]$ erreicht, wird auf $M[a]$ die fallende Transition erzeugt, der Fehler aktiviert und auf Speicherzelle $M[v]$, die bereits den Wert 0 hat, eine steigende Flanke erzeugt. Der fehlerhafte Wert 1 wird vom letzten March-Element $\Updownarrow$(r0) entdeckt. Man beachte, dass $M[v]$ nach $M[a]$ besucht wird, da das March-Element $\Downarrow$(r1, w0) den Speicher in absteigender Reihenfolge besucht und annahmegemäß $a < v$ gilt. Die übrigen sieben Fälle können in einer ähnlichen Weise nachvollzogen werden.

Sind zwei CFs miteinander verknüpft, kann ihre Entdeckung durch die letzten zwei Elemente von March C– nicht garantiert werden, wie das folgende Beispiel zeigt.

Beispiel 10.2

Der Speicher enthalte die folgenden beiden verknüpften CFids: $\text{CFid}_1 = \langle 1w0; 0/1/- \rangle$ mit $a = M[6]$ und $v = M[8]$ sowie $\text{CFid}_2 = \langle 1w0; 1/0/- \rangle$ mit $a = M[7]$ und $v = M[8]$. Der Fehler CFid_1 wird somit von der fallenden Transition auf $M[6]$ aktiviert und erzeugt eine steigende Transition auf $M[8]$, und CFid_2 wird von der fallenden Transition auf $M[7]$ aktiviert und erzeugt eine *fallende* Transition auf $M[8]$. Seien alle Speicherzellen auf 1 gesetzt. Das vorletzte Element von March C–, $\Downarrow$(r1, w0), setzt zunächst alle Speicherzellen $M[8] = M[9] = \cdots = M[n] = 0$. Beim Beschreiben von $M[7]$ wird der Fehler CFid_2 aktiviert, und $M[8]$ ändert den Wert auf 1. Beim anschließenden Beschreiben von $M[6]$ wird jedoch CFid_1 aktiviert, und der Ihnalt von $M[8]$ ändert sich wieder auf den fehlerfreien Wert 0. Das letzte Element $\Updownarrow$(r0) von March C– kann somit keinen der beiden Fehler entdecken.

Ein CF kann auch mit einem Transition Fault verknüpft sein und seine Entdeckung verhindern. Das folgende Beispiel zeigt eine solche Situation.

Beispiel 10.3

Der Speicher enthalte den „Slow-to-fall" TF $\langle 1w0/0/-\rangle$ auf der Speicherzelle $M[8]$ und außerdem den CFid $\langle 1w0; 1/0/-\rangle$ mit $a = M[7]$ und $v = M[8]$. Der TF wird in Abwesenheit des verknüpften CFs vom March C– Test zweimal aktiviert: einmal vom dritten Element $\Uparrow(r1, w0)$ und einmal vom vorletzten Element $\Downarrow(r1, w0)$. Beim Durchlaufen von $M[7]$ wird aber der CFid aktiviert und $M[8]$ wird auf 0 gesetzt. In $\Uparrow(r1, w0)$ findet das statt noch bevor $M[8]$ besucht wird, $M[8]$ hat zum Zeitpunkt der vorgesehenen Aktivierung des TF bereits den fehlerfreien Wert 0. In $\Downarrow(r1, w0)$ wird der TF beim Durchlaufen von $M[8]$ aktiviert und der fehlerbehaftete Wert 1 bleibt im Speicher stehen, bei der Betrachtung von $M[7]$ überschreibt der aktivierte CFid diesen Wert jedoch wieder mit 0. In beiden Fällen wird der Fehler vom anschließenden March-Element nicht entdeckt. Im Gegensatz dazu entdeckt das zweite Element von March B $\Uparrow(r0, w1, r1, w0, r0, w1)$ die TFs, selbst wenn sie mit CFs verknüpft sind, da der geschriebene Wert unmittelbar und ohne Schreiboperationen auf anderen Zellen überprüft wird.

Der March A Test [SR81] entdeckt verknüpfte CFids (aber nicht alle CFsts) unter der Annahme der Abwesenheit von SAFs, TFs und AFs. Der March B Test [SR81] entdeckt, wie im Beispiel 10.3 angedeutet wurde, darüber hinaus noch die TFs, die mit CFids verknüpft werden. Auf den formalen Beweis dieser Zusammenhänge wird an dieser Stelle verzichtet. In der Tabelle 10.3 werden die Entdeckungen der verknüpften Fehler mit CFid#CFid beziehungsweise TF#CFid bezeichnet.

Zwei Beispiele für komplexere March-Tests finden sich in den letzten beiden Zeilen von Tabelle 10.3. Der March SS Test [HvR02] entdeckt alle statischen Fehler, die eine Speicherzelle betreffen sowie alle Coupling Faults zwischen zwei Speicherzellen, jedoch keine verknüpften Fehler. Der March SL Test [HAvR04] entdeckt alle verknüpften Fehler, die aus statischen Fehlern auf einer oder zwei Speicherzellen zusammen gesetzt sind.[2] Der guten Fehlerüberdeckung dieser Tests, welche auch durch industrielle Experimente [HvR02, HAvR04] unterfüttert ist, steht ihre große Länge und somit lange Anwendungszeit entgegen.

10.3   Selbsttest und Selbstreparatur

Eingebauter Selbsttest (BIST, vgl. Kapitel 8) spielt im Kontext des Speichertests unter der Bezeichnung *Memory BIST* oder MBIST [YH85, ABF$^+$03] eine Schlüsselrolle. Dies hat drei wesentliche Gründe. Zum Einen sind die Vorteile einer eingebauten Lösung sehr groß, gerade bei von außen schlecht zugänglichen eingebetteten Speichern. Durch den Verzicht auf die Interaktion mit dem Testgerät können auch mehrere Speicher gleichzeitig getestet werden, was zu einer drastischen Reduktion der Testanwendungszeit führt; in der Praxis ist die Anzahl von parallel zu testenden Speichern durch den Gesamtstromverbrauch beschränkt.

---

[2]Die Benennungen March SS und March SL gehen auf „Static Simple" und „Static Linked" zurück, wobei „Simple" für „unverknüpft" steht.

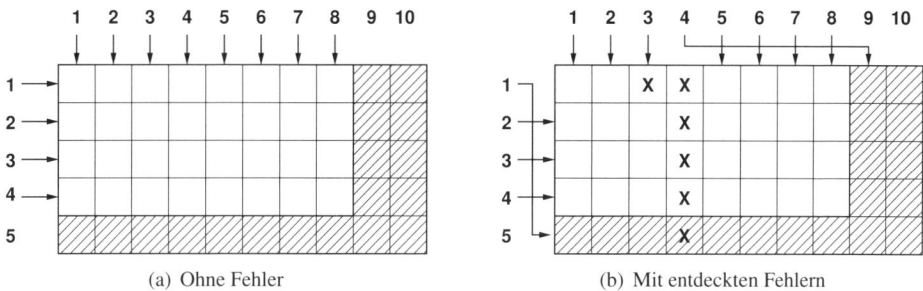

(a) Ohne Fehler   (b) Mit entdeckten Fehlern

Abbildung 10.1: *Rekonfiguration in einem Speicherfeld mit zwei Ersatzspalten und einer Ersatzzeile*

Der zweite Grund für den Erfolg von MBIST ist die hochgradig strukturierte Organisation von Speichertest-Algorithmen. So kann mit überschaubarem Aufwand eine Testlogik entworfen werden, die flexibel unterschiedliche March-Elemente erzeugen und so je nach Bedarf zwischen verschiedenen March-Tests schalten kann [DMCR06, vHK11].

Der dritte Grund für den Einsatz von MBIST ist die Eignung von Speichern zur *Selbstreparatur* (engl. *Self-Repair*), die sowohl sofort nach der Fertigung als auch im laufenden Betrieb angewendet werden kann [Day85, MY90, ZS03]. In der Regel ist ein Speicher als eine zweidimensionale Matrix in k Zeilen und l Spalten organisiert. Um Selbstreparatur zu ermöglichen, wird ein Speicher mit $k' > k$ Zeilen und $l' > l$ Spalten gefertigt. Kommt es zu Fehlern in einer der l Spalten, kann diese Spalte deaktiviert und stattdessen eine der $(l' - l)$ zusätzlichen Zeilen verwendet werden. Hierfür findet eine Rekonfiguration statt, die speicherintern abläuft und transparent ist: wird auf die defekte Zeile zugegriffen, lenkt die Kontrollogik des Speichers den Zugriff automatisch auf die Ersatzzeile um [KZK+98]. Dasselbe Prinzip kann auf defekte Spalten oder einzelne Speicherzellen angewendet werden [OHW07]. MBIST kann verwendet werden, um während des Betriebs die ausgefallenen Zeilen, Spalten und/oder Speicherzellen zu identifizieren und die Rekonfiguration anzustoßen; in diesem Zusammenhang spricht man von *Built-in Self-Repair* (BISR) [CS93]. Das Finden einer kostenminimalen Reparatur entspricht einem Überdeckungsproblem und ist NP-vollständig.

Beispiel 10.4

Ein 32-Bit-Speicher M mit $k = 4$ Zeilen und $l = 8$ Spalten sei mit $k' = 5$ Zeilen und $l' = 10$ Spalten implementiert (Abbildung 10.1(a)). Laut MBIST ist die komplette vierte Spalte (Zellen $M[1,4]$, $M[2,4]$, $M[3,4]$, $M[4,4]$ und $M[5,4]$) und außerdem die Zelle $M[1,3]$ fehlerhaft. Die Positionen der entdeckten Fehler sind in Abbildung 10.1(b) durch Kreuze angedeutet. Um diese Fehler zu reparieren, wird Spalte 4 auf Spalte 9 und Zeile 1 auf Zeile 5 umkonfiguriert. Wird dann etwa auf Zelle $M[2,4]$ zugegriffen, findet der Zugriff automatisch auf Zelle $M[2,9]$ statt, wie ebenfalls in Abbildung 10.1(b) dargestellt ist. Um $M[1,3]$ zu reparieren, wäre es auch möglich gewesen, Spalte 3 auf Spalte 10 statt Zeile 1 auf Zeile 5 umzukonfigurieren.

Die Selbstreparatur einer Schaltung kann sowohl direkt nach der Fertigung und im laufenden
Betrieb vorgenommen werden. Im ersten Fall erzielt man eine bessere Ausbeute, weil Schaltungen, die Defekte enthalten, durch Rekonfiguration ihre Spezifikation erfüllen und ausgeliefert werden können. Selbstreparatur im laufenden Betrieb behebt Fehler, die nach der
Inbetriebnahme des Speichers durch Alterungseffekte entstehen. Die Fähigkeit einer Schaltung, Alterungseffekte durch MBIST zu erkennen und mittels Rekonfiguration zu beheben,
stellt ein eigenes Produktmerkmal dar und wird in einigen Anwendungen verlangt. Selbstverständlich können die zur Selbstreparatur benötigten Ressourcen (Ersatzzeilen und Ersatz-
spalten) nicht mehrfach vergeben werden: hat ein Speicherbaustein etwa drei Ersatz-Spalten
und wurden zwei davon nach der Fertigung zur Steigerung der Ausbeute eingesetzt, so steht
für die Reparatur im laufenden Betrieb nur noch eine Ersatzspalte zur Verfügung. Ferner ist
zwischen Alterungseffekten und *transienten Fehlern* (engl. *Soft Errors*) zu unterscheiden.
Alterungseffekte sind ab dem Zeitpunkt ihrer Manifestation permanent im Speicher vorhanden und können durch periodischen Aufruf von MBIST identifiziert werden. Transiente
Fehler hingegen sind nicht reproduzierbar und müssen mittels spezieller fehlererkennden
Kodierungen entdeckt werden.

10.4   Einordnung und weitere Themen

Wie die kombinatorische Logik profitieren auch die Speicher vom Fortschritt der Fertigungstechnologie, der allerdings auch neue Herausforderungen mit sich bringt. Zu nennen sind
neuartige Defektmechanismen, sehr hohe Dichte, die mit der erhöhten Leistungsaufnahme
und Problemen beim Abfuhr der entwickelten Hitze einhergehen sowie heterogene Integration der eingebetteten Speicher mit kombinatorischer Logik und anderen Strukturen, die
Kompromisse bei den einzelnen Fertigungsschritten aufzwingt. Derzeit sind wirtschaftliche
Ausbeuten in vielen Fällen nur dann erreichbar, wenn Bausteine, deren einzelne Speicherzellen fehlerbehaftet sind, ausgeliefert werden können. Wegen der hohen und steigenden
Anzahl von Speicherzellen pro Baustein wird dieses Vorgehen künftig eher an Bedeutung
gewinnen. Voraussetzung dafür sind effektive Verfahren zum Selbsttest, Selbstreparatur und
Rekonfiguration sowohl nach dem Fertigungstest als auch im laufenden Betrieb. Insbesondere für den letztgenannten Zweck sind sogenannte *transparente Tests* [Nic92] relevant, die
nach ihrer Anwendung die ursprüngliche Speicherbelegung wieder herstellen.

In den vergangenen Jahren wurden einige neue Arten des Speichers, etwa die Flash-Speicher,
eingeführt, die spezielle Testmethoden erfordern [MS01]. Außerdem wurden grundlegend
neue physikalische Prinzipien von Datenspeicherung vorgeschlagen, wie zum Beispiel fer-
roelektrische Speicher (FeRAM), magnetische Speicher (MRAM), resistive Speicher (Mem-
ristors) oder Phasenwechselspeicher (PCRAM) [Xie14]. Wenn die entsprechenden Architekturen industrielle Reife erreichen und Speicherbausteine in großen Stückzahlen gefertigt
werden, muss ihre Qualitätssicherung mittels geeigneter Testmethoden erfolgen, wobei nicht
klar ist, ob die heute bekannten Verfahren zu diesem Zweck ausreichend sind.

11 Aktuelle Themen

In den vorherigen Kapiteln wurden Basisverfahren und bekannte Techniken eingeführt, die für den Test digitaler Schaltkreise genutzt werden. Auf dieser Basis ist ein gutes Verständnis wissenschaftlicher Arbeiten zu den Themen möglich und es ist die Grundlage vorhanden um Testaspekte beim Entwurf digitaler Schaltkreise zu verstehen. Im aktuellen Kapitel soll ein kurzer Ausblick auf aktuelle Themen im Testbereich gegeben werden, die neue Aspekte berücksichtigen. Diese ist zum Beispiele durch die stetige Weiterentwicklung der Fertigungstechnologie oder die zunehmende Systemintegration in einzelnen Chips bedingt.

In Abschnitt 11.1 werden aktuelle, moderne Fehlermodelle dargestellt, welche über die bisher im Buch benutzten klassischen Modelle hinaus gehen. Der Energieverbrauch aktueller Chips ist ein kritischer Aspekt, welche auch besonders im Test berücksichtigt werden muss. Ein Überblick über die Problematik gibt Abschnitt 11.2. Die Test-Herausforderungen für eine relativ neue Art von Schaltkreisen – 3D-integrierte Schaltungen – werden in Abschnitt 11.3 kurz behandelt.

11.1 Moderne Fehlermodelle

Neuere Fehlermodelle werden vor allem deshalb notwendig, weil mit fortschreitender Miniaturisierung von Bauteilen neue physikalische Defekte relevant werden, die zuvor ignoriert werden konnten. Gleichzeitig steigen die Anforderungen an die Qualität insbesondere von Schaltungen, die in sicherheitskritischen Systemen, etwa Kraftfahrzeugen oder Industrieanlagen, eingesetzt werden. Die auf der Grundlage von konventionellen Haft- oder Transitionsfehlermodellen generierten Testmengen sind zunehmend nicht mehr in der Lage, die benötigte Qualität zu gewährleisten. Daher werden Nichtstandardfehlermodelle eingesetzt. Die wesentlichen Stoßrichtungen der Entwicklung werden in den nachfolgenden Abschnitten zusammen gefasst.

11.1.1 Mehrfache Entdeckung und erschöpfende Testmuster

Bei der Mehrfach-Entdeckungsstrategie, die im Abschnitt 3.4 vorgestellt wurde, muss jeder Fehler von mehreren Testmustern entdeckt werden. Erweiterungen dieses Konzepts betreffen die Auswahl der Pfade, über welche der Fehlereffekt zum Ausgang propagiert wird [GLD+99] sowie die Festlegung von unterschiedlichen Anzahlen der geforderten Entdeckungen für verschiedene Fehler [PPRB04].

Einen verwandten Ansatz stellen *Erschöpfende Testmuster* für Bibliothekszellen dar (engl. *Gate-exhaustive Testing*) [CMM05]. Dabei wird gefordert, dass jeder Fehler an einem Logikgatter unter sämtlichen Wertekombinationen an den Eingängen des Gatters getestet wird, welche den Fehler aktivieren. Betrachtet man etwa einen 1-Haftfehler am Ausgang eines AND2-Gatters, so müssen in der Testmenge drei Testmuster enthalten sein. Das erste Muster entdeckt den Fehler, indem er an den Eingängen des AND2-Gatters die Kombination 01 einstellt und den Fehlereffekt zu einem Ausgang propagiert. Das zweite Muster stellt die Kombination 10 und das dritte Muster die Kombination 00 ein. Von solchen Testmustern erhofft man sich eine gute Überdeckung von internen Defekten innerhalb der Zellen, etwa Kurzschlüssen zwischen den einzelnen Transistoren. Gleichzeitig arbeitet man auf Gatterebene und betrachtet die Transistoren nicht explizit. Der Preis dafür kann ein starkes Anwachsen der Testmenge sein; so wären bereits zum Testen des 1-Haftfehlers am Ausgang eines AND8-Gatters 255 Testmuster notwendig.

11.1.2   Defektbasierter Test

Ein radikal anderer Ansatz ist der *defektbasierte Test* [SKC$^+$99] (engl. *Defect-based Test*) (DBT). Dabei wird versucht, die Defektmechanismen auf elektrischer Ebene möglichst genau durch Modelle nachzubilden und die Testmuster für diese Modelle zu erzeugen. Defektbasierte Modelle sind unter anderem für Übersprechungseffekte (engl. Crosstalk) [CGB97], Unterbrechungsdefekte [RC92], widerstandsbehaftete Kurzschlüsse [RHB95] und Rauschen auf Stromversorgungsleitungen [Pol10] vorgeschlagen worden. Hier soll auf zwei repräsentative Klassen von Defekten näher eingegangen werden: Übersprechungseffekte und widerstandsbehaftete Kurzschlüsse.

Unter einem *Übersprechungseffekt* wird im einfachsten Fall das folgende Verhalten verstanden [KZCT05]. Verlaufen zwei Signalleitungen in der physischen Nähe zueinander und wird über beide Leitungen eine steigende Flanke propagiert, so kann es zu einer Beschleunigung der Propagation kommen. Genauso kommt es zu einer Beschleunigung, wenn über beide Leitungen eine fallende Flanke propagiert wird. Gegensätzliche Flanken führen hingegen zu einer Verlangsamung und damit letztlich zu einem Verzögerungsfehler. Ein solcher Fehler kann während der Testmustergenerierung berücksichtigt werden, indem ein Signal als *Opfer* (engl. *Victim*) und ein oder mehrere Signale als *Aggressoren* definiert werden. Auf der Opferleitung wird ein Verzögerungsfehler angenommen, der nur dann auftritt, wenn auf den Aggressoren bestimmte Signalübergänge beobachtet werden [GK10]. Typischerweise wird dabei die Anzahl der modellierten Aggressoren klein gehalten, um das Modell trotzdem so kompakt wie möglich zu halten.

Widerstandsbehaftete Brückenfehler (engl. *Resistive Bridges*) modellieren einen Kurzschluss zwischen Signalleitungen etwa aufgrund von schwach leitenden Partikeln, die unerwünschterweise beide Leitungen berühren. Das elektrische Verhalten des Schaltkreises mit einem solchen Kurzschluss ist vom Widerstandswert R_{sh} des Kurzschlusses abhängig. Dieses Verhalten lässt sich mittels eines parametrischen Modells auf logisches Verhalten zurückführen [EBR$^+$09]. Dabei entstehen mehrere Boolesche Funktionen, die unterschiedliche Widerstandsintervalle repräsentieren; auf dieser Basis ist Testmustergenerierung für widerstandsbehaftete Brückenfehler möglich [EPRB06]. Für diese Fehler ist ferner die explizite Aufnahme der Testparameter Spannungsversorgung und Temperatur möglich [EPR$^+$08].

Um für eine gegebene Schaltung relevante Defekte zu erhalten, kann ihr Layout betrachtet werden. Eine systematische Methode hierfür ist die *induktive Fehleranalyse* [FS88]. Dabei wird für Paare von Leitungen die *kritische Fläche* (engl. *Critical Area*) berechnet. Damit wird der Bereich bezeichnet, in dem ein als kreisförmig angenommenes leitendes Partikel mit Radius r deponiert werden kann, so dass es beide Leitungen berührt und somit einen Kurzschluss verursacht. Die kritische Fläche $CA(r)$ wird für unterschiedliche Defektradien $r_1, \ldots, r_K$ bestimmt und zur *gewichteten kritischen Fläche* (engl. *Weighted Critical Area*)

$$WCA := \frac{1}{K} \sum_{i=1}^{K} CA(r_i) \cdot DSD(r_i)$$

aggregiert. Dabei bezeichnet *DSD* die *Defektgrößenverteilung* (engl. *Defect Size Distribution*), die die Häufigkeit von Partikelgrößen in der Fertigungslinie beschreibt [Sta83]. Leitungspaare mit hoher *WCA* sind die primären Kandidaten für Kurzschlussdefekte. Effiziente Verfahren zur Berechnung der krtischen Fläche finden sich etwa in [SW94].

Einen Schritt weiter geht *Inductive Contamination Analysis* [KM96]. Dabei wird die Deposition eines Partikels während des Fertigungsprozesses explizit simuliert und das elektrische Verhalten der resultierenden Schaltung extrahiert. Dadurch können sehr komplexe Defektmechanismen erfasst werden, der Nachteil des Ansatzes ist jedoch der immense Aufwand.

Das *Cell-Aware Fault Model* berücksichtigt den strukturellen Aufbau einzelner Bibliothekszellen [HKBG+09]. Dazu wird für jede einzelne Bibliothekszelle untersucht, welche Testmuster notwendig sind, um einen vollständigen strukturellen Test der Zelle bezüglich eines gegebenen Fehlermodells zu erreichen. Dafür wird eine analoge Simulation der einzelnen Zellen und Berücksichtigung des genauen elektrischen Verhaltens genutzt. Bei der anschließenden Testmustergenerierung wird wieder nur der Schaltkreisgraph berücksichtigt. Allerdings werden nun Testmuster generiert, die garantieren, dass an jeder eingesetzten Bibliothekszelle alle benötigten Tests durchgeführt werden. Im Resultat wird eine hohe Überdeckung der internen Fehler einer Zelle erreicht, die Anzahl der notwendigen Testmuster wird aber nicht viel größer als beim Haftfehlermodell.

11.1.3 Kleine Verzögerungsfehler und Parametervariationen

Kleine Verzögerungsfehler (engl. *Small Delay Defects*) [LTW+06] sind zwischen den defektbasierten Testmethoden und den konventionellen Ansätzen einzuordnen. Zusätzlich zur logischen Information werden die Schaltzeiten von Gattern mit berücksichtigt. Im einfachsten Fall nimmt man eine einheitliche Verzögerung von einer Einheit pro Gatter an. Es sind aber auch komplexere Modelle möglich, bei welchen die verschiedene Gatter unterschiedliche Verzögerungen haben, die auch vom betrachteten Eingang oder den gleichzeitig stattfindenden Transitionen auf Seiteneingängen abhängen können [CGB01]. Ein kleiner Verzögerungsfehler ist ähnlich einem Transitionsfehler an einem Gatter g für eine Transitionsrichtung ($\downarrow$ oder $\uparrow$) definiert, weist jedoch zusätzlich eine *Fehlergröße* d auf, die in Zeiteinheiten, etwa Picosekunden, ausgedrückt wird. Die Übergänge am Ausgang von g in die betroffene Transitionsrichtung werden durch den Fehler um d Zeiteinheiten verzögert.

Um einen kleinen Verzögerungsfehler zu entdecken, muss ein Testmusterpaar (t_1, t_2) mindestens einen Pfad von einem Schaltungseingang zu einem Schaltungsausgang sensibilisieren, der durch den Fehlerort g geht. Außerdem muss die Länge des Pfades, also die Gesamtverzögerung aller Gatter auf dem Pfad, mindestens $T - d$ betragen, wobei T die Taktperiode der Schaltung und d die Fehlergröße bezeichnet. Man kann einen Pfad geeigneter Länge strukturell bestimmen [Kun94] und dann ein Testmusterpaar suchen, welches diesen Pfad sensibilisiert; dieses Problem entspricht der Testmustergenerierung für Pfadverzögerungsfehler (siehe Abschnitt 3.2). Schlägt die Sensibilisierung allerdings fehl, so bedeutet dies noch nicht, dass der betrachtete Fehler untestbar wäre, denn es könnten weitere hinreichend lange und sensibilisierbare Pfade existieren. Es ist möglich, die Suche nach einem Pfad mit der Prüfung der Sensibilisierbarkeit zu koppeln [QW03]. Auch SAT-basierte Ansätze wurden hierzu vorgeschlagen [SJC$^+$11, EYC12]. Eine sehr neue Methode zum Test von kleinen Verzögerungsfehlern, die Signalübergänge („Waveforms") an den einzelnen Leitungen der Schaltung modelliert und keine explizite Pfadsensibilisierung vornimmt, ist WaveSAT [SCPB12]. Diese Methode erlaubt eine Identifikation von untestbaren kleinen Verzögerungsfehlern.

Der Test von Verzögerungsfehlern wird von statistischen Parametervariationen beeinflusst, welche durch Variabilitäten im Fertigungsprozess, Veränderungen der Umgebungstemperatur, Fluktuationen der Betriebsspannung sowie Alterungseffekten bedingt sind und insbesondere die Verzögerungen einzelner Gatter verändern [BKN$^+$03]. Die Länge der zum Test von kleinen Verzögerungsfehlern geeigneten Pfade ist von diesen Variationen betroffen: sie unterscheidet sich zwischen den verschiedenen gefertigten Exemplaren der selben Schaltung. Da unter Variationen nicht feststeht, welcher Pfad durch den Fehlerort der längste ist, wird eine Anzahl von K längsten sensibilisierbaren Pfaden bestimmt; das entsprechende Verfahren heißt K *Longest Path Generation* (KLPG). Die oben genannten Arbeiten [QW03, SJC$^+$11] unterstützen KLPG; ein optimales KLPG-Verfahren ist in [JSC$^+$12] zu finden. Metriken zur systematischen Bewertung einer Testmenge unter Parametervariationen schlägt [CIJ$^+$12] vor.

11.1.4   Allgemeine Fehlermodellierung

Angesichts der Vielzahl von alternativen Fehlermodellen, von welchen nur ein kleiner Teil in diesem Abschnitt beziehungsweise in Kaptiel 3 vorgestellt werden konnte, bestand bereits früh das Interesse, Fehler unterschiedlicher Art in einer einheitlichen Art und Weise zu repräsentieren. Damit verfolgt man insbesondere das Ziel, die Basisalgorithmen zur Fehlersimulation und Testmustergenerierung von den konkreten Fehlermodellen zu trennen und eine Neuentwicklung von Werkzeugen für jedes neue Modell zu vermeiden. Den ersten Ansatz dieser Art stellten die *Fault Tuples* dar, die an der Carnegie Mellon University entwickelt wurden [DDB00]. Ein Fehler wurde durch Kombination von Dreiertupeln beschrieben, die jeweils die betroffene Leitung, die Art des Fehlereffekts und die betroffenen Taktzyklen beinhalteten. Später hat die Firma Intel ein „Generalized Fault Model" entwickelt, um Übersprechungseffekte und andere nichttriviale Defektmechanismen auszudrücken [KZCT05]. Eine weitere industrielle Entwicklung aus diesem Bereich sind die „User-defined Fault Models" der Firma Mentor Graphics. Diese stellen eine allgemeine Schnittstelle der Software-Werkzeuge des Unternehmens zur Beschreibung des Defektverhaltens an die Endnutzer bereit.

Eine Option, um unterschiedliche Fehlermodelle zu subsumieren, bieten *Bedingte Haftfehler* (engl. *Conditional Stuck-At Faults*). Diese sind Einzel- oder Mehrfach-Haftfehler, die nur unter definierten Bedingungen auf dem selben oder anderen Leitungen aktiviert werden.

Diese wurden im Kontext der SAT-basierten Testmustergenerierung [CPL⁺09] und der Fehlerdiagnose [HW09] eingesetzt. Eine neuere Erweiterung, das *Enhanced Conditional Multiple Stuck-at*-Modell (ECMS@) erlaubt die Definition von optionalen Bedingungen, die die Entdeckbarkeit von Fehlern verbessern [CSS⁺12]. Neben Testmethoden können allgemeine Fehlermodelle auch in anderen Bereichen eingesetzt werden, etwa zur Überprüfung von Sicherheitseigenschaften von fehlertoleranten Schaltungen [HHC⁺09].

11.2   Energieverbrauch in der Testanwendung

Ein kritischer Parameter während des Produktionstests ist der Energieverbrauch beziehungsweise die Abfuhr der entstehenden Wärme. Während des Tests benötigt der Chip wesentlich mehr Energie als während des funktionalen Modus.

Schon während des normalen Betriebs ist der Energieverbrauch eines Chips eine kritisch und muss während des Entwurfs berücksichtigt werden, um zuverlässiges Funktionieren zu gewährleisten. Insbesondere (aber nicht nur) der Anstieg an mobilen Geräten verursacht eine starke Nachfrage an Schaltungen, die wenig Energie verbrauchen. Für den Entwurf dieser Art von Schaltungen steht eine Vielzahl von Techniken bereit, die den Energieverbrauch senken können. Beispielhaft seien hier das *Clock Gating* [TFS95, BD96], das dynamische Anpassen von Verbrauchsspannung und Taktfrequenz [MFMB02] oder das Anpassen der Prozessorarchitektur [ZPN⁺09] genannt.

Die Maßnahmen zur Senkung des Energieverbrauchs müssen allerdings auch während des Tests berücksichtigt werden. Generell ist der Energieverbrauch während des Tests um ein Vielfaches höher als während des funktionalen Modus [Gir02, SS08]. Dies kann dazu führen, dass ein Chip aufgrund der thermischen Effekte im Test versagt, obwohl er unter normalen Betriebsbedingungen korrekt arbeiten würde. Es ist sogar möglich, dass der Chip durch den exzessiven Energieverbrauch nachhaltig beschädigt wird. Daher kann die Nichtberücksichtigung von thermischen Effekten während des Tests zu *Yield Loss*, also zu einer schlechten Ausbeute der Fertigung, führen. Insbesondere folgende Gründe sind für den erhöhten Energieverbrauch verantwortlich [KS09]:

- Hohe Schaltaktivität – Um hohe Testkosten zu vermeiden, wird der Schaltkreis typischerweise nicht im funktionalen Modus getestet. Stattdessen werden Scan Chains und andere DFT Architekturen (vgl. Kapitel 7) intensiv genutzt, um eine akzeptable Testzeit und Testabdeckung gewährleisten zu können. Sowohl das Einstellen des Zustands durch die DFT-Strukturen als auch die Anwendung des Scan Tests führt zu höherer Schaltaktivität als im funktionalen Betrieb. Weiterhin versuchen aktuelle ATPG-Verfahren die Testmustermenge durch Kompaktierungstechniken zu verringern, da die Testkosten auch durch die Menge der Testdaten bestimmt werden. Dies führt nochmals zu einer Steigerung der Schaltaktivität. Auch der für *System-on-Chips* genutzte parallele Test verschiedener Kerne führt zu erhöhter Schaltaktivität.

- Abgeschaltete Energieverwaltung – Maßnahmen, die während des Normalbetriebs eine Senkung des Energieverbrauchs ermöglichen, werden im Test abgeschaltet. Zum Beispiel wird *clock gating* deaktiviert, um die Beobachtbarkeit an internen Punkten zu erhöhen. Auch die Anpassung der Versorgungsspannung und der Taktfrequenz wird typischerweise nicht durchgeführt, da dies unter Umständen den Test bedeutungslos macht. Um die Abwesenheit von Verzögerungsfehlern auch bei der vorgesehenen (hohen) Taktfrequenz zu garantieren, muss unter dieser Taktfrequenz der Test durchgeführt werden.

Grundsätzlich wird zwischen zwei Arten von Energie während des Tests unterschieden. Die Energie, die während des Einstellens der Testmuster via Scan Chains benötigt wird, wird *Shift Power* genannt. Die während der Anwendung des Tests benötigte Energie heißt *Capture Power*.

Exzessiver Shift Power kann durch spezielle Low-Power DFT Techniken begegnet werden. So kann die unnötige Schaltaktivität entlang des Scan Pfades durch spezielle Low-Power Scan Zellen verhindert werden. Diese Art von Zellen können selektiv durch *Scan Clock Gating* ausgeschaltet werden [GW00]. Auch eine Neuanordnung der Scan Zellen in Scan Chains kann zu einer Reduzierung des Energieverbrauchs führen.

Um die hohe Schaltaktivität während der Anwendung des Tests zu reduzieren, wurden spezielle *Low-Power-ATPG-Techniken* entwickelt. Verbreitet sind sogenannte *X-filling* Techniken wie *Preferred-fill* [RLR+07] oder *Double-Capture X-filling* [WMS+08]. Hier werden die vom ATPG-Verfahren gesetzten X-Werte eines Test Cubes derart mit Werten belegt, so dass möglichst wenig Schaltaktivität entsteht. Andererseits werden diese X-Werte vom ATPG-Verfahren benutzt, um weitere Fehler zu finden. Deshalb vergrößert sich typischerweise die Testmustermenge durch die Anwendung der Low-Power-Techniken.

Für die Reduzierung der Testdatenmenge werden typischerweise Verfahren zur Testdatenkompression und zum Selbsttest genutzt (vgl. Kapitel 8). Hierfür existieren auch spezielle Verfahren, welche neben der Reduzierung der Testdaten speziell zur Reduzierung des Energieverbrauchs entwickelt wurden. Diese werden im Detail in [GC09] beschrieben.

Trotz der Fortschritte im Bereich des *Power-aware Test* bleiben thermische Effekte nicht zuletzt durch die stetige Weiterentwicklung der Entwurfs- und Fertigungstechniken im Test ein kritisches Problem.

11.3 Test 3D-integrierter Schaltungen

Die Fertigung von 3D-integrierten Schaltungen verspricht das Beseitigen von einigen Barrieren, die das Entwerfen von aktuellen 2D Schaltungen vor Probleme stellen. Ein großes Problem sind beispielsweise die Verbindungslängen der Leitungen zwischen verschiedenen Schaltungsteilen, der sogenannten *Interconnects*. Abhilfe schafft hier die Einführung einer vertikalen Dimension. Verschiedene Dies werden gestapelt und in einem *Stack* meist durch *Micro-Bumps* miteinander verbunden. Eine verbreitete Möglichkeit des Signalaustausches zwischen den einzelnen Dies sind *Through-Silicon-Vias* (TSVs). Durch den vertikalen Signalaustausch per TSV können höhere Geschwindigkeiten sowie ein geringerer Energieverbrauch erreicht werden [MCKV12]. Die Nutzung der vertikalen Dimension erlaubt auch die Integration von heterogenen Fabrikationsprozessen in einem Chip.

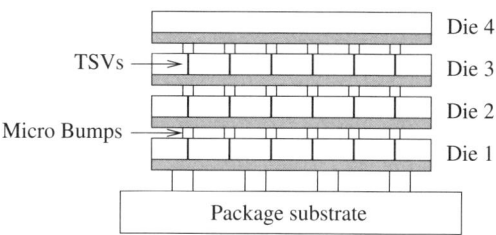

Abbildung 11.1: *Stack eines 3D-integrierten Schaltkreises*

Allerdings ist, anders als zum Beispiel der Herstellungsprozess, vor allem der Test von 3D-integrierten Schaltungen ein großes Problem. Nachfolgend werden einige große Herausforderungen für den Test kurz beschrieben [LC09, MZ09]:

- Test-Architektur Anforderungen – Der Testzugang in einem Die-Stapel geschieht ausschließlich über die unterste Ebene des Stapels. Daher werden neue DFT Methoden benötigt, um die Testdaten kosteneffizient durch die verschiedenen Ebenen zu den einzelnen Logikkernen zu transportieren und auch die Testantworten wieder zum Tester zurückzubringen. Es existieren modulare Testzugangs-Mechanismen (engl. *Test Access Mechanisms*, TAM) für konventionelle *System-on-Chips*, welche mit wenigen Pins auskommen und eingebettete Kerne durch einen entsprechenden Schnittstellen-Block (engl. *Wrapper*) (IEEE Standard 1500) ansprechen können. Theoretisch sind diese auch für 3D-Chips verwendbar.

  Doch in 3D-integrierten Schaltungen können diese Kerne über mehrere Ebenen verteilt sein. Zusätzlich ist die Anzahl der TSVs begrenzt. Daher werden neue Methoden benötigt, die den Testzugang speziell für Kerne auf mehreren Ebenen optimieren und einen kosteneffizienten Test für 3D-integrierte Schaltungen ermöglichen.

- Neue Defekte – Durch die neuen Prozessschritte bei der Fertigung von 3D-integrierten Schaltungen kann es zu neuen Defekttypen kommen, die im Test adressiert werden müssen. Insbesondere an den Verbindungen zu anderen Dies können diese auftreten, wenn sich zum Beispiel während des Zusammenfügens Partikel zwischen den Dies festsetzen. Durch eine fehlerhafte Ausrichtung der TSVs kann es zu Defekten kommen. Speziell im Bereich von TSVs kann es auch zu thermo-mechanischen Stress kommen, welcher die Schaltzeiten der Gatter verändert. Daher können die auf herkömmliche Weise generierten Testmuster die Defekte unter Umständen nicht entdecken.

- *Known Good Dies* – Generell gilt, je später ein Fehler entdeckt wird, desto höher ist der Verlust. Wird zum Beispiel ein korrekter Die mit einem fehlerhaften verbunden und der Fehler wird erst hinterher entdeckt, so müssen beide Dies aussortiert werden. Dies führt zu *Yield Loss*. Daher sollten nur getestete und für fehlerfrei befundene Dies (*Known Good Dies*) verbunden werden (*Bonding*). Der Test auf Known Good Dies wird im Allgemeinen auch als *Pre-bond Test* bezeichnet. Speziell *Wafer Probing*, wobei der Chip auf dem *Wafer* durch eine Hardware Schnittstelle, eine sogenannte *Probe*

Card, getestet wird. Die Performanz wird durch die Verbindungen zwischen Probe Card und Wafer limitiert. Zusätzlich ist Wafer Probing sehr kosten-intensiv.

Durch das Zusammenfügen können allerdings selbst wieder Defekte entstehen, so dass ein weiterer Test notwendig ist (*Post-bond Test*). Schließlich wird nach dem *Packaging* ein finaler Test notwendig. Die Vielzahl an möglichen Tests nach jedem Bonding-Schritt würde die Testkosten extrem nach oben steigen lassen, so dass ein Weg gefunden werden muss, wie sich ein hoher Ausstoß an korrekten Chips möglichst kosten-günstig realisieren lässt.

• Hitzeentwicklung – Durch die Fertigung als Stapel kann es aufgrund der begrenzten Möglichkeiten zur Wärmeabfuhr verstärkt zu *Hot Spots* kommen. Insbesondere im Bereich der TSVs können die hohen Temperaturen zu Fehlverhalten führen. Obwohl dies ein generelles Problem von 3D-integrierten Schaltungen ist, ist dies beim Test nochmals gravierender, da die Schaltaktivität beim Testen ungleich höher ist, als im normalen Betrieb. Hier besteht ein enger Zusammenhang zum Power-Aware Test. Eine große Herausforderung ist daher die Entwicklung von effektiven Gegenmaßnahmen, wie zum Beispiel die Generierung von Testmustern speziell für bekannte Hot Spots.

11.4   Einordnung und weitere Themen

Die stetige Weiterentwicklung der mikro- und nanoelektronischen Schaltungen, der Systeme auf ihrer Basis und der Halbleiter-Fertigungstechnologie bedingen einen nachhaltigen Fortschritt bei den Testverfahren. Einige aktuelle Entwicklungen wurden in diesem Kapitel angerissen, andere sollen an dieser Stelle kurz erwähnt werden.

Eine zentrale Herausforderung dabei ist der Übergang vom Schaltungs- zum Systemtest. Ein komplexes Produkt besteht, wie beispielsweise ein Smartphone oder ein Fahrzeug, besteht aus einer Vielzahl von elektronischen Komponenten. Neben den digitalen Schaltkreisen und Speichern, die in diesem Lehrbuch abgehandelt wurden, handelt es sich dabei auch um *analoge und gemischt analog-digitale* (engl. *Analog Mixed-Signal*, AMS) Schaltungen. Ihnen liegt eine völlig andere Modellierung zu Grunde als den digitalen Schaltkreisen, und deswegen unterscheiden sich auch die anwendbaren Testmethoden grundlegend [RTB11]. Eine weitere hochrelevante Klasse von Bausteinen sind Mikroprozessoren. Um diese zu testen, werden neben den konventionell angewendeten Testmustern auch Sequenzen von Befehlen in der Maschinensprache verwendet [PGSS10]. Die automatische Generierung solcher Befehlssequenzen für komplexe Mikroprozessoren stellt nach wie vor ein nur teilweise gelöstes Problem dar. Insgesamt werden für die Zukunft Ansätze benötigt, welche das System als Ganzes betrachten und eine Teststrategie sowohl für die einzelnen Komponenten als auch für ihre Integration formulieren.

Des Weiteren entwickeln sich derzeit neue wissenschaftliche Gebiete, die mit Testmethoden stark verwandt sind. Ein solches Gebiet stellt *Post-silicon Validation* dar [MSN10]. Dabei wird eine kleine Vorserie von gefertigten Schaltkreisen verwendet, um schwer entdeckbare Entwurfsfehler und auch elektrische Anfälligkeiten zu identifizieren. Diese Verfahren sind zwischen den modellbasierten Methoden zum Nachweis von Entwurfskorrektheit (engl. *Pre-*

silicon Verification) und den Test- und Diagnoseverfahren einzuordnen, die in der Volumenfertigung eingesetzt werden.

Ein weiteres relativ neues Gebiet ist die *Hardware-Sicherheit* (engl. *Hardware Security*) [TW11]. Dabei wird die Anfälligkeit von Hardware-Schaltungen gegenüber gezielten Angriffen untersucht und Schutzmaßnahmen gegen solche Angriffe entwickelt. Wichtige Themen sind in diesem Kontext unter anderem Seitenkanalangriffe, Hardware-Trojaner, Herstellung rechtswidriger Imitate und Fehlerangriffe auf kryptografische Schaltungen. Bei einem *Seitenkanalangriff* werden die von der Schaltung verarbeiteten geschützten Daten, beispielsweise geheime kryptografische Schlüssel, aus den Beobachtungen von Messwerten wie beispielsweise der Leistungsaufnahme der Schaltung [KJJ99] oder ihrem Zeitverhalten [Koc96] abgeleitet. *Hardware-Trojaner* [TW11] sind gezielte Manipulationen einer Schaltung durch einen nicht vertrauenswürdigen Dritthersteller, der mit der Fertigung der Schaltung beauftragt ist. Herstellung von Imitaten einer Schaltung zum Verkauf unter Umgehung des Rechteinhabers (engl. *Counterfeiting* beziehungsweise *Overbuilding*) wird durch Maßnahmen des *Hardware Metering* verhindert [KQ01]; eine aktuelle Technik ist *EPIC* („Ending Piracy of Integrated Circuits") [RKM10]. Bei einem *Fehlerangriff* werden Fehl er in eine kryptografische Schaltung eingeschleust, um aus den verfälschten Verschlüsselungsergebnissen mittels differentieller Kryptoanalyse den geheimen Schlüssel zu rekonstruieren [BBKN12]. Testverfahren können zur Aufdeckung von Sicherheitsschwächen dienen; andererseits können insbesondere durch DFT- und BIST-Maßnahmen Anfälligkeiten begründet werden, die in den entsprechenden Kapiteln kurz diskutiert wurden.

A   Symboltabelle

$\Uparrow, \Downarrow, \Updownarrow$	Anwendungsrichtung eines March-Tests: aufsteigend, absteigend oder beliebig (Speichertest)
ω	Klausel, Bestandteil einer KNF
Φ	KNF, Boolesche Formel in Konjunktiver Normalform
τ	Anzahl der Taktschritte, über die abgerollt wird
$\mathcal{C} = (\mathcal{G}, \mathcal{S})$	(fehlerfreier) Schaltkreis als Graph mit Knotenmenge (Gattern) $\mathcal{G}$ und Kantenmenge (Signalen) $\mathcal{S}$
$\mathcal{C}_f = (\mathcal{G}_f, \mathcal{S}_f)$	mit Fehler f behafteter Schaltkreis
DUD	Device Under Diagnosis, physikalische zu diagnostizierende Schaltung
f_g	Funktion des Gatters g
$F = \{f_1, \ldots, f_k\}$	Fehlerliste
$F_{\mathrm{det}}, F_{\mathrm{unt}}$	Mengen der entdeckten bzw. unentdeckbaren Fehler
$FC(T)$	Fehlerüberdeckung (Fault Coverage) der Testmenge T
$\mathrm{FP} = \langle S/F/P \rangle$	Fehlerprimitiv für einen Fehler im Speicher
$\mathrm{FP} = \langle S_a; S_v/F/P \rangle$	Fehlerprimitiv für einen Coupling Fault im Speicher zwischen Aggressorzelle a und Opferzelle v
$fs(l) \subseteq \{\mathrm{FF}, \mathrm{SA0}, \mathrm{SA1}\}$	Zustand (Fault Status) einer Leitung bei der Syndrom-Rückverfolgung
$FV(l, t)$	Erzwungener Wert (Forced Value) auf Leitung l unter Test t
$\mathcal{G}$	Menge der Gatter eines Schaltkreises
$g_1, \ldots, g_l$	Gatter im Schaltkreis
$g/t \downarrow, g/t \uparrow$	Transitionsfehler an Gatter g bei fallender/steigender Flanke
G_i, H_i	Mengen von Steuerungs- und Beobachtungspunkten
$i_1, \ldots, i_n$	Primäre Eingänge
$\mathcal{L}_5$	Fünfwertige Logik mit den Werten $\{0, 1, X, D, \overline{D}\}$
$\mathcal{L}_9$	Neunwertige Logik mit den Werten $\{0, 1, X, D, \overline{D}, F0, F1, G0, G1\}$
$\mathcal{L}_\mathcal{B}$	Boolesche Logik mit den Werten $\{0, 1\}$
L_s	Liste aller Fehler, die sich auf der Leitung s auswirken (bei der deduktiven Fehlersimulation)
$M[1], \ldots, M[n]$	Speicherfeld mit n Speicherzellen
$o_1, \ldots, o_m$	Primäre Ausgänge
$p = \{g_1, \ldots, g_j\}$	Pfad im Schaltkreis
$p/d \downarrow, p/d \uparrow$	Pfadverzögerungsfehler entlang des Pfades p bei fallender/steigender Flanke

r0, r1	Leseoperationen eines March-Tests (Speichertest)
$\mathcal{S}$	Menge der Signale eines Schaltkreises
$s_1, \ldots, s_n$	Signalleitungen
$s/0$	0-Haftfehler auf dem Signal s
$s/1$	1-Haftfehler auf dem Signal s
s^f, b^f	Fehlerhafte Signalleitung s^f mit fehlerhaftem Wert b^f
$S_n, S_{n-1}, \ldots, S_0$	Zu diagnostizierende Prüfkette
$T = \{t_1, \ldots, t_m\}, t_i \in \mathcal{L}_{\mathcal{B}}^n$	Menge von Testmustern
Z	Zustand des Schaltkreises
z_i	Zustandsvariablen
$V[s]$	Wert der Signalleitung s
$\dot{\mathbf{V}}[s], \tilde{\mathbf{V}}[s]$	W-Bit-Wort auf der Leitung s bei musterparalleler bzw. fehlerparalleler Fehlersimulation
$V[S_c] \in \{0, 1, X\}$	Simulierter Wert eines Speicherelements einer Prüfkette
w0, w1	Schreiboperationen eines March-Tests (Speichertest)
Z	Zustand einer sequentiellen Schaltung

Literaturverzeichnis

[AB80]   M. Abramovici and M. A. Breuer. Multiple fault diagnosis in combinational circuits based on an effect-cause analysis. *IEEE Transactions on Computers*, C-29(6):451–460, 1980.

[ABF90]   M. Abramovici, M. A. Breuer, and A. D. Friedman. *Digital Systems Testing and Testable Design*. Computer Science Press, 1990.

[ABF+03]   D. Appello, P. Bernardi, A. Fudoli, M. Rebaudengo, M. Sonza Reorda, V. Tancorre, and M. Violante. Exploiting programmable BIST for the diagnosis of embedded memory cores. In *International Test Conference*, pages 379–385, 2003.

[AC96]   R. D. Adams and E. S. Cooley. Analysis of a deceptive read destructive memory fault model and recommended testing. In *IEEE North Atlantic Test Workshop*, 1996.

[Ake78]   S. B. Akers. Binary decision diagrams. *IEEE Transactions on Computers*, 27:509–516, 1978.

[AMM83]   M. Abramovici, P. R. Menon, and D. T. Miller. Critical path tracing – an alternative to fault simulation. In *Design Automation Conference*, pages 214–220, 1983.

[AR83]   M. S. Abadir and H. K. Reghbati. Lsi testing techniques. *IEEE Micro*, 3(1):34–51, 1983.

[Arm72]   D. B. Armstrong. A deductive method for simulating faults in logic circuits. *IEEE Transactions on Computers*, 21(5):464–471, 1972.

[BBC+05]   M. Bozzano, R. Bruttomesso, A. Cimatti, T. Junttila, P. v. Rossum, S. Schulz, and R. Sebastiani. The MathSAT 3 System. In *International Conference on Automated Deduction*, pages 315–321, 2005.

[BBKN12]   A. Barenghi, L. Breveglieri, I. Koren, and D. Naccache. Fault injection attacks on cryptographic devices: Theory, practice and countermeasures. *Proc. IEEE*, 100(11):2056–3076, 2012.

[BBL89]   D. Bryan, F. Brglez, and R. Lisanke. Redundancy identification and removal. In *International Workshop on Logic & Synthesis*, pages 1–14, 1989.

[BCCZ99]   A. Biere, A. Cimatti, E. Clarke, and Y. Zhu. Symbolic model checking without BDDs. In *Tools and Algorithms for the Construction and Analysis of Systems*, volume 1579 of *Lecture Notes in Computer Science*, pages 193–207, 1999.

[BCNP06]   A. Benso, S. Di Carlo, G. Di Natale, and P. Prinetto. Automatic March tests generations for static linked faults in SRAMs. In *Design, Automation and Test in Europe*, pages 1–6, 2006.

[BD96]   L. Benini and G. De Micheli. Automatic synthesis of low-power gated-clock finite-state machines. *IEEE Transactions on Computer-Aided Design of Integrated Circuits and Systems*, 15(6):630–643, 1996.

[BF76]   M. A. Breuer and A. D. Friedman. *Diagnosis & reliable design of digital systems*. Computer Science Press, 1976.

[BHHS01]   T. Bartenstein, D. Heaberlin, L. M. Huisman, and D. Sliwinski. Diagnosing combinational logic designs using the single location at-a-time (SLAT) paradigm. In *International Test Conference*, pages 287–296, 2001.

[BHvMW09]   A. Biere, M. Heule, H. v. Maaren, and T. Walsh, editors. *Handbook of Satisfiability*. Frontiers in Artificial Intelligence and Applications. IOS Press, 2009.

[Bie08]   A. Biere. PicoSAT essentials. *Journal of Satisfiability, Boolean Modeling and Computation*, 4(2–4):75–97, 2008.

[BKN+03]   S. Borkar, T. Karnik, S. Narendra, J. Tschanz, A. Keshavarzi, and V. De. Parameter variations and impact on circuits and microarchitecture. In *Design Automation Conference*, pages 338–342, 2003.

[BM86]   P. H. Bardell and W. H. McAnney. Pseudorandom arrays for built-in tests. *IEEE Transactions on Computers*, C-35(7):653–658, 1986.

[BMS87]   P. H. Bardell, W. H. McAnney, and J. Savir. *Built-in test for VLSI: pseudorandom techniques*. Wiley-Interscience, 1987.

[Bra83]   D. Brand. Redundancy and don't cares in logic synthesis. *IEEE Transactions on Computers*, 32(10):947–952, 1983.

[Bra11]   A. R. Bradley. SAT-based model checking without unrolling. In *International Conference on Verification, Model Checking, and Abstract Interpretation*, volume 6538 of *Lecture Notes in Computer Science*, pages 70–87, 2011.

[BRPB13]   G. T. Becker, F. Regazzoni, C. Paar, and W. P. Burleson. Stealthy dopant-level hardware Trojans. In *Workshop on Cryptographic Hardware and Embedded Systems*, pages 197–214, 2013.

[Bry91]   R. E. Bryant. On the complexity of VLSI implementations and graph representations of Boolean functions with application to integer multiplication. *IEEE Transactions on Computers*, 40:205–213, 1991.

[CDK91] K.-T. Cheng, S. Devadas, and K. Keutzer. A partial enhanced-scan approach to robust delay-fault test generation for sequential circuits. In *International Test Conference*, pages 403–410, 1991.

[CGB97] W. Chen, S. K. Gupta, and M. A. Breuer. Analytic models for crosstalk delay and pulse analysis under non-ideal inputs. In *International Test Conference*, pages 809–818, 1997.

[CGB01] L. C. Chen, S. K. Gupta, and M. A. Breuer. A new gate delay model for simultaneous switching and its applications. In *Design Automation Conference*, pages 289–294, 2001.

[CGJ⁺00] E. Clarke, O. Grumberg, S. Jha, Y. Lu, and H. Veith. Counterexample-guided abstraction refinement. In *International Conference on Computer Aided Verification*, volume 1855 of *Lecture Notes in Computer Science*, pages 154–169, 2000.

[CGP01] E. M. Clarke, O. Grumberg, and D. Peled. *Model checking*. MIT Press, 2001.

[Che88a] W.-T. Cheng. The BACK algorithm for sequential test generation. In *International Conference on Computer Design*, pages 66–69, 1988.

[Che88b] W.-T. Cheng. Split circuit model for test generation. In *Design Automation Conference*, pages 96–101, 1988.

[CHW12] A. Cook, S. Hellebrand, and H.-J. Wunderlich. Built-in self-diagnosis exploiting strong diagnostic windows in mixed-mode test. In *IEEE European Test Symposium*, pages 1–6, 2012.

[CIJ⁺12] A. Czutro, M. E. Imhof, J. Jiang, A. Mumtaz, M. Sauer, B. Becker, I. Polian, and H.-J. Wunderlich. Variation-aware fault grading. In *IEEE Asian Test Symposium*, pages 344–349, 2012.

[CKY03] E. M. Clarke, D. Kroening, and K. Yorav. Specifying and verifying systems with multiple clocks. In *International Conference on Computer Design*, pages 48–55, 2003.

[CMM05] K. Y. Cho, S. Mitra, and E. J. McCluskey. Gate exhaustive testing. In *International Test Conference*, pages 1–7, 2005.

[Coo71] S. A. Cook. The complexity of theorem proving procedures. In *ACM Symposium on Theory of Computing*, pages 151–158, 1971.

[CPL⁺09] A. Czutro, I. Polian, M. Lewis, P. Engelke, S. M. Reddy, and B. Becker. TIGUAN: Thread-parallel integrated test pattern generator utilizing satisfiability analysis. In *International Conference on VLSI Design*, pages 227–232, 2009.

[CR88] H. Cox and J. Rajski. A method of fault analysis for test generation and fault diagnosis. *IEEE Transactions on Computer-Aided Design of Integrated Circuits and Systems*, 7(7):813–833, 1988.

[Cra57]   W. Craig. Linear reasoning. a new form of the herbrand-gentzen theorem.
            Journal of Symbolic Logic, 22(3):250–268, 1957.

[CS93]   T. Chen and G. Sunada. Design of a self-testing and self-repairing structure
            for highly hierarchical ultra-large capacity memory chips. *IEEE Transactions
            on VLSI Systems*, 1(2):88–97, 1993.

[CSR+06]   W.-T. Cheng, M. Sharma, T. Rinderknecht, L. Lai, and C. Hill. Signature
            based diagnosis for logic BIST. In *International Test Conference*, pages 1–9,
            2006.

[CSS+12]   A. Czutro, M. Sauer, T. Schubert, I. Polian, and B. Becker. SAT-ATPG using
            preferences for improved detection of complex defect mechanisms. In *VLSI
            Test Symposium*, pages 170–175, 2012.

[Day85]   J. R. Day. A fault-driven comprehensive redundancy algorithm. *IEEE Design
            & Test of Computers*, 2(2):35–44, 1985.

[DBT90]   R. Dekker, F. Beenker, and L. Thijssen. A realistic fault model and test algo-
            rithms for static random access memories. *IEEE Transactions on Computer-
            Aided Design of Integrated Circuits and Systems*, 9(6):567–572, 1990.

[DDB00]   R. Desineni, K. N. Dwarkanath, and R. D. Blanton. Universal test generation
            using fault tuples. In *International Test Conference*, pages 812–819, 2000.

[DEF+08]   R. Drechsler, S. Eggersglüß, G. Fey, A. Glowatz, F. Hapke, J. Schloeffel, and
            D. Tille. On acceleration of SAT-based ATPG for industrial designs. *IEEE
            Transactions on Computer-Aided Design of Integrated Circuits and Systems*,
            27(7):1329–1333, 2008.

[DEFT09]   R. Drechsler, S. Eggersglüß, G. Fey, and D. Tille. *Test Pattern Generation
            using Boolean Proof Engines*. Springer, 2009.

[DEG+13]   A. Das, B. Ege, S. Ghosh, L. Batina, and I. Verbauwhede. Security analysis of
            industrial test compression schemes. *IEEE Transactions on Computer-Aided
            Design of Integrated Circuits and Systems*, 32(12):1966–1977, 2013.

[DMCR06]   X. Du, N. Mukherjee, W.-T. Cheng, and S. M. Reddy. A field-programmable
            memory BIST architecture supporting algorithms with multiple nested loops.
            In *IEEE Asian Test Symposium*, pages 287–292, 2006.

[DOF+89]   M. Damiani, P. Olivo, M. Favalli, S. Ercolani, and B. Ricco. Aliasing in si-
            gnature analysis testing with multiple input shift registers. *IEEE Transactions
            on Computer-Aided Design of Integrated Circuits and Systems*, 9(12):1344–
            1353, 1989.

[DS91]   B. I. Dervisoglu and G. E. Stong. Design for testability: Using scanpath tech-
            niques for path-delay test and measurement. In *International Test Conference*,
            pages 365–374, 1991.

[EBR⁺09]   P. Engelke, B. Becker, M. Renovell, J. Schlöffel, B. Braitling, and I. Polian. SUPERB: Simulator utilizing parallel evaluation of resistive bridges. *ACM Transactions on Design Automation of Electronic Systems*, 14(4):56:1–56:21, 2009.

[EC95]   L. A. Entrena and K.-T. Cheng. Combinational and sequential logic optimization by redundancy addition and removal. *IEEE Transactions on Computer-Aided Design of Integrated Circuits and Systems*, 14(7):909–916, 1995.

[ED11]   S. Eggersglüß and R. Drechsler. As-robust-as-possible test generation in the presence of small delay defects using pseudo-Boolean optimization. In *Design, Automation and Test in Europe*, pages 1291–1296, 2011.

[ED12]   S. Eggersglüß and R. Drechsler. *High Quality Test Pattern Generation and Boolean Satisfiability*. Springer, 2012.

[EFD05]   R. Ebendt, G. Fey, and R. Drechsler. *Advanced BDD Optimization*. Springer, 2005.

[EPR⁺08]   P. Engelke, I. Polian, M. Renovell, S. Kundu, B. Seshadri, and B. Becker. On detection of resistive bridging defects by low-temperature and low-voltage testing. *IEEE Transactions on Computer-Aided Design of Integrated Circuits and Systems*, 27(2):327–338, 2008.

[EPRB06]   P. Engelke, I. Polian, M. Renovell, and B. Becker. Automatic test pattern generation for resistive bridging faults. *Journal of Electronic Testing: Theory and Applications*, 22(1):61–69, 2006.

[ES03]   N. Eén and N. Sörensson. Temporal induction by incremental SAT solving. In *International Workshop on Bounded Model Checking*, volume 89 of *Electronic Notes in Theoretical Computer Science*, pages 543–560, 2003.

[EYC12]   S. Eggersglüß, M. Yilmaz, and K. Chakrabarty. Robust timing-aware test generation using pseudo-Boolean optimization. In *IEEE Asian Test Symposium*, pages 290–295, 2012.

[FFA⁺12]   S. Frehse, G. Fey, E. Arbel, K. Yorav, and R. Drechsler. Complete and effective robustness checking by means of interpolation. In *Formal Methods in Computer-Aided Design*, pages 82–90, 2012.

[FS83]   H. Fujiwara and T. Shimono. On the acceleration of test generation algorithms. *IEEE Transactions on Computers*, 32(12):1137–1144, 1983.

[FS88]   F. J. Ferguson and J. Shen. Extraction and simulation of realistic CMOS faults using inductive fault analysis. In *International Test Conference*, pages 475–484, 1988.

[FSFD11]   G. Fey, A. Sülflow, S. Frehse, and R. Drechsler. Effective robustness analysis using bounded model checking techniques. *IEEE Transactions on Computer-Aided Design of Integrated Circuits and Systems*, 30(8):1239–1252, 2011.

[FT82]   H. Fujiwara and S. Toida. The complexity of fault detection problems for combinational logic circuits. *IEEE Transactions on Computers*, 31(6):555–560, 1982.

[GC09]   S. K. Goel and K. Chakrabarty. Power-aware test data compression and BIST. In P. Girard, N. Nicolici, and X. Wen, editors, *Power-Aware Testing and Test Strategies for Low Power Devices*, pages 147–173. Springer, 2009.

[GG07]   M. K. Ganai and A. Gupta. Efficient BMC for multi-clock systems with clocked specifications. In *ASP Design Automation Conference*, pages 310–315, 2007.

[Gir02]   P. Girard. Survey of low-power testing of VLSI circuits. *IEEE Design & Test of Computers*, 19(3):82–92, 2002.

[GK91]   N. Gouders and R. Kaibel. PARIS: a parallel pattern fault simulator for synchronous sequential circuits. In *International Conference on Computer-Aided Design*, pages 542–545, 1991.

[GK08]   K. Gulati and S. P. Khatri. Towards acceleration of fault simulation using graphics processing units. In *Design Automation Conference*, pages 822–827, 2008.

[GK10]   K. P. Ganeshpure and S. Kundu. On ATPG for multiple aggressor crosstalk faults. *IEEE Transactions on Computer-Aided Design of Integrated Circuits and Systems*, 29(5):774–787, 2010.

[GKNS07]   M. Gebser, B. Kaufmann, A. Neumann, and T. Schaub. Conflict-driven answer set solving. In *International Joint Conference on Artificial Intelligence*, pages 386–392, 2007.

[GLD⁺99]   M. R. Grimaila, S. Lee, J. Dworak, K. M. Butler, B. Stewart, H. Balachandran, B. Houchins, V. Mathur, J. Park, Li-C. Wang, and M. R. Mercer. REDO-random excitation and deterministic observation–first commercial experiment. In *VLSI Test Symposium*, pages 268–274, 1999.

[GMK91]   T. Gruning, U. Mahlstedt, and H. Koopmeiners. DIATEST: a fast diagnostic test pattern generator for combinational circuits. In *International Conference on Computer-Aided Design*, pages 194–197, 1991.

[Goe81]   P. Goel. An implicit enumeration algorithm to generate tests for combinational logic. *IEEE Transactions on Computers*, 30(3):215–222, 1981.

[Gol81]   S. W. Golomb. *Shift Register Sequences*. Aegean Park Press, 1981.

[GR79]   P. Goel and B. C. Rosales. Test generation and dynamic compaction of tests. In *International Test Conference*, pages 189–192, 1979.

[GT80]   L. H. Goldstein and E. L. Thigpen. SCOAP: Sandia controllability/observability analysis program. In *Design Automation Conference*, pages 190–196, 1980.

[GV06]   R. Guo and S. Venkataraman. An algorithmic technique for diagnosis of faul-
            ty scan chains. *IEEE Transactions on Computer-Aided Design of Integrated
            Circuits and Systems*, 25(9):1861–1868, 2006.

[GW00]   S. Gerstendoerfer and H.-J. Wunderlich. Minimized power consumption for
            scan-based BIST. *Journal of Electronic Testing: Theory and Applications*,
            16(3):203–212, 2000.

[Ham13]   S. Hamdioui. Testing embedded memories: A survey. In *Mathematical and
            Engineering Methods in Computer Science*, volume 7721 of *Lecture Notes in
            Computer Science*, pages 32–42, 2013.

[HAvR03]   S. Hamdioui, Z. Al-Ars, A. J. van de Goor, and M. Rodgers. Dynamic faults in
            random-access-memories: Concept, fault models and tests. *Journal of Elec-
            tronic Testing: Theory and Applications*, 19(2):195–205, 2003.

[HAvR04]   S. Hamdioui, Z. Al-Ars, A. J. van de Goor, and M. Rodgers. Linked faults
            in random access memories: Concept, fault models, test algorithms, and in-
            dustrial results. *IEEE Transactions on Computer-Aided Design of Integrated
            Circuits and Systems*, 23(5):737–757, 2004.

[HBPF97]   I. Hartanto, V. Boppana, J. H. Patel, and W. K. Fuchs. Diagnostic test pattern
            generation for sequential circuits. In *VLSI Test Symposium*, pages 196–202,
            1997.

[HFB$^+$04] D. Hely, M.-L. Flottes, F. Bancel, B. Rouzeyre, N. Berard, and M. Renovell.
            Scan design and secure chip. In *IEEE International On-Line Testing Sympo-
            sium*, pages 219–224, 2004.

[HHC$^+$09] M. Hunger, S. Hellebrand, A. Czutro, I. Polian, and B. Becker. ATPG-based
            grading of strong fault-secureness. In *IEEE International On-Line Testing
            Symposium*, pages 269–274, 2009.

[HKBG$^+$09] F. Hapke, R. Krenz-Baath, A. Glowatz, J. Schloeffel, H. Hashempour, S. Ei-
            chenberger, C. Hora, and D. Adolfsson. Defect-oriented cell-aware ATPG
            and fault simulation for industrial cell libraries and designs. In *International
            Test Conference*, pages 1–10, 2009.

[HP99]   I. Hamzaoglu and J. H. Patel. Reducing test application time for full scan
            embedded cores. In *International Symposium on Fault-Tolerant Computing*,
            pages 260–267, 1999.

[HRT$^+$95] S. Hellebrand, J. Rajski, S. Tarnick, S. Venkataraman, and B. Courtois. Built-
            in test for circuits with scan based on reseeding of multiple-polynomial linear
            feedback shift registers. *IEEE Transactions on Computers*, 44(2):223–233,
            1995.

[HvR02]   S. Hamdioui, A. J. van de Goor, and M. Rodgers. March SS: A test for
            all static simple ram faults. In *IEEE International Workshop on Memory
            Technology, Design and Testing*, pages 95–100, 2002.

[HW09]   S. Holst and H.-J. Wunderlich. Adaptive debug and diagnosis without fault
            dictionaries. *Journal of Electronic Testing: Theory and Applications*, 25(4-
            5):259–268, 2009.

[HWRv04]   S. Hamdioui, B. Wadsworth, J. D. Reyes, and A. J. van de Goor. Memory
            fault modeling trends: A case study. *Journal of Electronic Testing: Theory
            and Applications*, 20(3):245–255, 2004.

[IRW90]   V. S. Iyengar, B. K. Rosen, and J. A. Waicukauski. On computing the sizes
            of detected delay faults. *IEEE Transactions on Computer-Aided Design of
            Integrated Circuits and Systems*, 9(3):299–312, 1990.

[IS75]   O. H. Ibarra and S. K. Sahni. Polynomially complete fault detection problems.
            IEEE Transactions on Computers, 24:242–249, 1975.

[JG03]   N. K. Jha and S. Gupta. *Testing of Digital Systems*. Cambridge University
            Press, 2003.

[JSC+12]   J. Jiang, M. Sauer, A. Czutro, B. Becker, and I. Polian. On the optimality of
            k longest path generation algorithm under memory constraints. In *Design,
            Automation and Test in Europe*, pages 418–423, 2012.

[KC98]   A. Krstić and K.-T. Cheng. *Delay Fault Testing for VLSI Circuits*. Kluwer
            Academic Publishers, Boston, MA, 1998.

[KJJ99]   P. Kocher, J. Jaffe, and B. Jun. Differential power analysis. In *Annual Inter-
            national Cryptology Conference (LNCS 1666)*, pages 388–397, 1999.

[KM96]   J. Khare and W. Maly. *From contamination to defects, faults and yield loss*.
            Kluwer Academic Publisher, 1996.

[Kö91]   B. Könemann. LFSR-coded test patterns for scan designs. In *European Test
            Conference*, pages 237–242, 1991.

[Koc96]   P. Kocher. Timing attacks on implementations of Diffie-Hellman, RSA, DSS
            and other systems. In *Annual International Cryptology Conference (LNCS
            1109)*, pages 104–113, 1996.

[KP93]   W. Kunz and D. K. Pradhan. Accelerated dynamic learning for test pattern
            generation in combinational circuits. *IEEE Transactions on Computer-Aided
            Design of Integrated Circuits and Systems*, 12(5):684–694, 1993.

[KQ01]   F. Koushanfar and G. Qu. Hardware metering. In *Design Automation Confe-
            rence*, pages 490–493, 2001.

[KS09]   S. Kundu and A. Sanyal. Power issues during test. In P. Girard, N. Nicolici,
            and X. Wen, editors, *Power-Aware Testing and Test Strategies for Low Power
            Devices*, pages 31–63. Springer, 2009.

[KSWZ10]   M. A. Kochte, M. Schaal, H.-J. Wunderlich, and C. G. Zoellin. Efficient fault simulation on many-core processors. In *Design Automation Conference*, pages 380–385, 2010.

[Kub68]   H. Kubo. A procedure for generating test sequences to detect sequential circuit failures. *NEC Research and Development*, 12(4):69–78, 1968.

[Kun94]   S. Kundu. An incremental algorithm for identification of longest (shortest) paths. *Integration, the VLSI Journal*, 17:25–31, 1994.

[KW90]   A. Kunzmann and H.-J. Wunderlich. An analytical approach to the partial scan problem. *Journal of Electronic Testing: Theory and Applications*, 1(2):163–174, 1990.

[KZCT05]   S. Kundu, S. T. Zachariah, Y.-S. Chang, and C. Tirumurti. On modeling crosstalk faults. *IEEE Transactions on Computer-Aided Design of Integrated Circuits and Systems*, 24(12):1909–1915, 2005.

[KZK+98]   I. Kim, Y. Zorian, G. Komoriya, H. Pham, F. P. Higgins, and J.L. Lewandowsky. Built in self repair for embedded high density SRAM. In *International Test Conference*, pages 1112–1119, 1998.

[Lar92]   T. Larrabee. Test pattern generation using Boolean satisfiability. *IEEE Transactions on Computer-Aided Design of Integrated Circuits and Systems*, 11(1):4–15, 1992.

[LC09]   H.-H. S. Lee and K. Chakrabarty. Test challenges for 3D integrated circuits. *IEEE Design & Test of Computers*, 26(5):26–35, 2009.

[LKS93]   J. Leenstra, M. Koch, and T. Schwederski. On scan path design for stuck-open and delay fault detection. In *European Test Conference*, pages 201–210, 1993.

[LLC06]   Y.-C. Lin, F. Lu, and K.-T. Cheng. Pseudofunctional testing. *IEEE Transactions on Computer-Aided Design of Integrated Circuits and Systems*, 25(8):1535–1546, 2006.

[LR87]   C.-J. Lin and S. M. Reddy. On delay fault testing in logic circuits. *IEEE Transactions on Computer-Aided Design of Integrated Circuits and Systems*, 6(5):694–703, 1987.

[LTW+06]   X. Lin, K.-H. Tsai, C. Wang, M. Kassab, J. Rajski, T. Kobayashi, R. Klingenberg, Y. Sato, S. Hamada, and T. Aikyo. Timing-aware ATPG for high quality at-speed testing of small delay defects. In *IEEE Asian Test Symposium*, pages 139–146, 2006.

[MAKB96]   P. C. Maxwell, R. C. Aitken, K. R. Kollitz, and A. C. Brown. IDDQ and AC scan: The war against unmodelled defects. *International Test Conference*, pages 250–258, 1996.

[Mar82]   M. Marinescu. Simple and efficient algorithms for functional RAM testing. In *International Test Conference*, pages 236–239, 1982.

[Mar86]   R. A. Marlett. An efficient test generation system for sequential circuits. In *Design Automation Conference*, pages 250–256, 1986.

[MBD03]   R. Madge, B. R. Benware, and W. R. Daasch. Obtaining high defect coverage for frequency-dependent defects in complex ASICs. *IEEE Design & Test of Computers*, 20(5):46–53, 2003.

[MC93]   W. Meyer and R. Camposano. Fast hierarchical multi-level fault simulation of sequential circuits with switch-level accuracy. In *Design Automation Conference*, pages 515–519, 1993.

[McC84]   E. J. McCluskey. Verification testing – a pseudoexhaustive test technique. *IEEE Transactions on Computers*, C-33(6):541–546b, 1984.

[MCKV12]   E. J. Marinissen, C.-C. Chi, M. Konijnenburg, and J. Verbree. A DfT architecture for 3D-SICs based on a standardizable die wrapper. *Journal of Electronic Testing: Theory and Applications*, 28(1):73–92, 2012.

[McM03]   K. L. McMillan. Interpolation and SAT-based model checking. In *International Conference on Computer Aided Verification*, volume 2725 of *Lecture Notes in Computer Science*, pages 1–13, 2003.

[Mea55]   G. H. Mealy. A method for synthesizing sequential circuits. *Bell System Technical Journal*, 34(5):1045–1079, 1955.

[MFM95]   S. C. Ma, P. Franco, and E. J. McCluskey. An experimental chip to evaluate test techniques experimental results. In *International Test Conference*, pages 663–672, 1995.

[MFMB02]   S. M. Martin, K. Flautner, T. Mudge, and D. Blaauw. Combined dynamic voltage scaling and adaptive body biasing for lower power microprocessors under dynamic workloads. In *International Conference on Computer-Aided Design*, pages 721–725, 2002.

[MK04]   S. Mitra and K.-S. Kim. X-Compact: An efficient response compaction technique. *IEEE Transactions on Computer-Aided Design of Integrated Circuits and Systems*, 23(3):421–432, 2004.

[MMZ⁺01]   M. W. Moskewicz, C. F. Madigan, Y. Zhao, L. Zhang, and S. Malik. Chaff: Engineering an efficient SAT solver. In *Design Automation Conference*, pages 530–535, 2001.

[MS99]   J. P. Marques-Silva and K. A. Sakallah. GRASP: A search algorithm for propositional satisfiability. *IEEE Transactions on Computers*, 48(5):506–521, 1999.

[MS01]   M. G. Mohammad and K. Saluja. Flash memory disturbances: modeling and test. In *VLSI Test Symposium*, pages 218–224, 2001.

[MSN10]   S. Mitra, S. Seshia, and N. Nicolici. Post-silicon validation: Opportunities, challenges and recent advances. In *Design Automation Conference*, pages 12–17, 2010.

[Mut76]   P. Muth. A nine-valued circuit model for test generation. *IEEE Transactions on Computers*, 25(6):630–636, 1976.

[MY90]   P. Mazumder and J.S. Yih. A novel built-in self-repair approach to VLSI memory yield enhancement. In *International Test Conference*, pages 833–841, 1990.

[MZ09]   E. J. Marinissen and Y. Zorian. Testing 3D chips containing through-silicon-vias. In *International Test Conference*, pages 1–11, 2009.

[Nai79]   R. Nair. Comments on an optimal algorithm for testing stuck-at faults in random access memories. *IEEE Transactions on Computers*, C-28(3):258–261, 1979.

[NB80]   H. N. Nham and A. K. Bose. A multiple delay simulator for MOS LSI circuits. In *Design Automation Conference*, pages 610–617, 1980.

[Nic92]   M. Nicolaidis. Transparent BIST for RAMs. In *International Test Conference*, pages 598–607, 1992.

[NP73]   Laurence W. Nagel and D. O. Pederson. Spice (simulation program with integrated circuit emphasis). Technical Report UCB/ERL M382, EECS Department, University of California, Berkeley, Apr 1973.

[NTA78]   R. Nair, S. M. Thatte, and J. A. Abraham. Efficient algorithms for testing semiconductor random-access memories. *IEEE Transactions on Computers*, C-27(6):572–576, 1978.

[OHW07]   P. Oehler, S. Hellebrand, and H.-J. Wunderlich. An integrated built-in test and repair approach for memories with 2D redundancy. In *IEEE European Test Symposium*, pages 91–96, 2007.

[PB03]   I. Polian and B. Becker. Multiple scan chain design for two-pattern testing. *Journal of Electronic Testing: Theory and Applications*, 19(1):37–48, 2003.

[PF07]   I. Polian and H. Fujiwara. Functional constraints vs. test compression in scan-based delay testing. *Journal of Electronic Testing: Theory and Applications*, 23(5):445–455, 2007.

[PGSS10] M. Psarakis, D. Gizopoulos, E. Sanchez, and M. Sonza Reorda. Microprocessor software-based self-testing. *IEEE Design & Test of Computers*, 27(3):4–19, 2010.

[Pol10]   I. Polian. Power supply noise: causes, effects, and testing. *ASP Journal on Low-Power Electronics*, 6(2):326–338, 2010.

[PPRB04]   I. Polian, I. Pomeranz, S. M. Reddy, and B. Becker. On the use of maximally dominating faults in n-detection test generation. *IEE Proceedings Computers and Digital Techniques*, 151(3):235–244, 2004.

[PR71]   G. R. Putzolu and J. P. Roth. A heuristic algorithm for the testing of asynchronous circuits. In *IEEE Transactions on Computers*, pages 639–647, 1971.

[PR97]   I. Pomeranz and S. M. Reddy. On dictionary-based fault location in digital circuits. *IEEE Transactions on Computers*, C-46(1):48–59, 1997.

[PR98]   I. Pomeranz and S. M. Reddy. Static test compaction for scan-based designs to reduce test application time. In *IEEE Asian Test Symposium*, pages 198–203, 1998.

[PS85]   C. A. Papachristou and N. B. Sahgal. An improved method for detecting functional faults in semiconductor random access memories. *IEEE Transactions on Computers*, C-34(2):110–116, 1985.

[QW03]   W. Qiu and D. M. H. Walker. An efficient algorithm for finding the K longest testable paths through each gate in a combinational circuit. In *International Test Conference*, pages 592–601, 2003.

[RBS67]   J. P. Roth, W. G. Bouricius, and P. R. Schneider. Programmed algorithms to compute tests to detect and distinguish between failures in logic circuits. *IEEE Transactions on Electronic Computers*, 16(5):567–580, 1967.

[RC92]   M. Renovell and G. Cambon. Electrical analysis and modeling of floating-gate fault. *IEEE Transactions on Computer-Aided Design of Integrated Circuits and Systems*, 11(11):1450–1458, 1992.

[Rea01]   J. Rearick. Too much delay fault coverage is a bad thing. In *International Test Conference*, pages 624–633, 2001.

[RHB95]   M. Renovell, P. Huc, and Y. Bertrand. The concept of resistance interval: A new parametric model for resistive bridging fault. In *VLSI Test Symposium*, pages 184–189, 1995.

[RKM10]   J. Roy, F. Koushanfar, and I. Markov. Ending piracy of integrated circuits. *IEEE Computer*, 43(10):30–38, 2010.

[RLR+07]   S. Remersaro, X. Lin, S. M. Reddy, I. Pomeranz, and J. Rajski. Scan-based tests with low switching activity. *IEEE Design & Test of Computers*, 24(3):268–275, 2007.

[Rot66]   J. P. Roth. Diagnosis of automata failures: A calculus and a method. *IBM Journal of Research and Development*, 10:278–281, 1966.

[RT99]   J. Rajski and J. Tyszer. Diagnosis of scan cells in BIST environment. *IEEE Transactions on Computer-Aided Design of Integrated Circuits and Systems*, 48(7):724–731, 1999.

[RTB11]   G. W. Roberts, F. Taenzler, and M. Burns. *An Introduction to Mixed-Signal IC Test and Measurement*. Oxford University Press, 2011.

[RTKM04]   J. Rajski, J. Tyszer, M. Kassab, and N. Mukherjee. Embedded deterministic test. *IEEE Transactions on Computer-Aided Design of Integrated Circuits and Systems*, 23(5):776–792, 5 2004.

[RTT98]   J. Rajski, N. Tamarapali, and J. Tyszer. Automated synthesis of large phase shifters for built-in self-test. In *International Test Conference*, pages 1047–1056, 1998.

[SA89]   M. H. Schulz and E. Auth. Improved deterministic test pattern generation with applications to redundancy identification. *IEEE Transactions on Computer-Aided Design of Integrated Circuits and Systems*, 8(7):811–816, 1989.

[SBS96]   P. Stephan, R. K. Brayton, and A. L. Sangiovanni-Vincentelli. Combinational test generation using satisfiability. *IEEE Transactions on Computer-Aided Design of Integrated Circuits and Systems*, 15(9):1167–1176, 1996.

[SCPB12]   M. Sauer, A. Czutro, I. Polian, and B. Becker. Small-delay-fault ATPG with waveform accuracy. In *International Conference on Computer-Aided Design*, pages 30–36, 2012.

[Ses65]   S. Seshu. On an improved diagnosis program. *IEEE Transactions on Electronic Computers*, EC-14(2):76–79, 1965.

[SF62]   S. Seshu and D. N. Freeman. The diagnosis of asynchronous sequential switching systems. *IRE Transactions on Electronic Computers*, EC-11(4):459–465, 1962.

[Sha13]   A. K. Sharma. *Semiconductor Memories: Technology, Testing, and Reliability*. Wiley, 2013.

[SHB68]   F. F. Sellers, M. Y. Hsiao, and L. W. Bearnson. Analyzing errors with the Boolean difference. *IEEE Transactions on Computers*, 17(7):676–683, 1968.

[Sht01]   O. Shtrichman. Pruning techniques for the SAT-based bounded model checking problem. In *Correct Hardware Design and Verification Methods*, volume 2144 of *Lecture Notes in Computer Science*, pages 58–70, 2001.

[SJC+11]   M. Sauer, J. Jiang, A. Czutro, I. Polian, and B. Becker. Efficient SAT-based search for longest sensitisable paths. In *IEEE Asian Test Symposium*, pages 108–113, 2011.

[SKC+99]   S. Sengupta, S. Kundu, S. Chakravarty, P. Paravathala, R. Galivanche, G. Kosonocky, M. Rodgers, and T. M. Mak. Defect-based test: A key enabler for successful migration to structural test. *Intel Technology Journal*, 1, 1999.

[SKC+12]   M. Sauer, S. Kupferschmid, A. Czutro, I. Polian, S. Reddy, and B. Becker. Functional test of small-delay faults using SAT and Craig interpolation. In *International Test Conference*, pages 1–8, 2012.

[SLC75]   H. D. Schnurmann, E. Lindbloom, and R. G. Carpenter. The weighted random
           test-pattern generator. *IEEE Transactions on Computers*, C-24(7):695–700,
           1975.

[Smi85]   G. L. Smith. Model for delay faults based upon paths. In *International Test
           Conference*, pages 342–349, 1985.

[SP93]   J. Savir and S. Patil. Scan-based transition test. *IEEE Transactions on
           Computer-Aided Design of Integrated Circuits and Systems*, 12(8):1232–
           1241, 1993.

[SP94]   J. Savir and S. Patil. Broad-side delay test. *IEEE Transactions on Computer-
           Aided Design of Integrated Circuits and Systems*, 13(8):1057–1064, 1994.

[SR81]   D. S. Suk and S. M. Reddy. A march test for functional faults in semi-
           conductor random access memories. *IEEE Transactions on Computers*, C-
           30(12):982–985, 1981.

[SS08]   S. Sde-Paz and E. Salomon. Frequency and power correlation between at-
           speed scan and functional tests. In *International Test Conference*, pages 1–8,
           2008.

[SSS00]   M. Sheeran, S. Singh, and G. Stålmarck. Checking safety properties using
           induction and a SAT-solver. In *Formal Methods in Computer-Aided Design*,
           volume 1954 of *Lecture Notes in Computer Science*, pages 108–125. Springer,
           2000.

[Sta83]   C. Stapper. Modeling of integrated circuit defect sensitivities. *IBM Journal
           of Research and Development*, 27:549–557, 1983.

[STS88]   M. H. Schulz, E. Trischler, and T. M. Sarfert. SOCRATES: A highly efficient
           automatic test pattern generation system. *IEEE Transactions on Computer-
           Aided Design of Integrated Circuits and Systems*, 7(1):126–137, 1988.

[SW94]   O. Stern and H.-J. Wunderlich. Simulation results of an efficient defect ana-
           lysis procedure. In *International Test Conference*, pages 729–738, 1994.

[SYY+02]   Y. Sato, I. Yamazaki, H. Yamanaka, T. Ikeda, and M. Takakura. A persistent
           diagnostic technique for unstable defects. In *International Test Conference*,
           pages 242–249, 2002.

[TFS95]   G. E. Tellez, A. Farrahi, and M. Sarrafzadeh. Activity-driven clock design for
           low power circuits. In *International Conference on Computer-Aided Design*,
           pages 62–65, 1995.

[TM06]   N. Touba and E. J. McCluskey. Altering a pseudo-random bit sequence for
           scan-based BIST. In *International Test Conference*, pages 167–155, 2006.

[Tri83]   E. Trischler. Testability analysis and incomplete scan path. In *International
           Conference on Computer-Aided Design*, 1983.

[Tse68]   G. S. Tseitin. On the complexity of derivation in the propositional calculus. *Studies in Constructive Mathematics and Mathematical Logic*, Part II:115–125, 1968.

[TW11]   M. Tehranipoor and C. Wang, editors. *Introduction to Hardware Security and Trust*. Springer, 2011.

[TWE⁺06]   Y. Tang, H.-J. Wunderlich, P. Engelke, I. Polian, B. Becker, J. Schlöffel, F. Hapke, and M. Wittke. X-masking during logic BIST and its impact on defect coverage. *IEEE Transactions on VLSI Systems*, 14(2):193–202, 2006.

[UAA94]   E. G. Ulrich, V. D. Agrawal, and J. H. Arabian. *Concurrent and Comparative Discrete Event Simulation*. Kluwer Academic Publishers, 1994.

[Ulr69]   E. G. Ulrich. Exclusive simulation of activity in digital networks. *Communications of the ACM*, 12(2):102–110, 1969.

[vA00]   A. J. van de Goor and Z. Al-Ars. Functional memory faults: a formal notation and a taxonomy. In *VLSI Test Symposium*, pages 281–289, 2000.

[VD00]   S. Venkataraman and S. B. Drummonds. POIROT: a logic fault diagnosis tool and its applications. In *International Test Conference*, pages 253–262, 2000.

[vdG98]   A. J. van der Goor. *Testing Semiconductors Memories, Theory and Practice*. ComTex Publishing, 1998.

[vGMY96]   A. J. van de Goor, G. N. Gaydadjiev, V. G. Mikitjuk, and V. N. Yarmolik. March LR: a test for realistic linked faults. In *VLSI Test Symposium*, pages 272–280, 1996.

[vHK11]   A. J. van de Goor, S. Hamdioui, and H. Kukner. Generic, orthogonal and low-cost march element memory BIST. In *International Test Conference*, 2011.

[vHW04]   A. J. van de Goor, S. Hamdioui, and R. Wadsworth. Detecting faults in the peripheral circuits and an evaluation of SRAM tests. In *International Test Conference*, pages 114–123, 2004.

[vV90]   A. J. van de Goor and C. A. Verruijt. An overview of deterministic functional RAM chip testing. *ACM Computing Surveys*, 22(1):5–33, 1990.

[Wag99]   L. C. Wagner. *Failure Analysis of Integrated Circuits: Tools and Techniques*. Kluwer Academic Publishers, 1999.

[WDGS87]   T. W. Williams, W. Daehn, M. Gruetzner, and C.W. Starke. Aliasing errors in signature in analysis registers. *IEEE Design & Test of Computers*, 4(2):39–45, 1987.

[WFG⁺07]   R. Wille, G. Fey, D. Große, S. Eggersglüß, and R. Drechsler. Sword: A SAT like prover using word level information. In *IFIP/IEEE International Conference on Very Large Scale Integration*, pages 88–93, 2007.

[WK96]   H.-J. Wunderlich and G. Kiefer. Bit-flipping BIST. In *International Confe-
            rence on Computer-Aided Design*, pages 337–343, 1996.

[WLRI87]   J. A. Waicukauski, E. Lindbloom, B. K. Rosen, and V. S. Iyengar. Transition
            fault simulation. *IEEE Design & Test of Computers*, 4(2):32–38, 1987.

[WMS+08]   X. Wen, K. Miyase, T. Suzuki, S. Kajihara, L.-T. Wang, K. K. Saluja, and
            K. Kinoshita. Low capture switching activity test generation for reducing
            IR-drop in at-speed scan testing. *Journal of Electronic Testing: Theory and
            Applications*, 24(4):379–391, 2008.

[Wun85]   H.-J. Wunderlich. PROTEST: a tool for probabilistic testability analysis. In
            Design Automation Conference, pages 204–211, 1985.

[Wun90]   H.-J. Wunderlich. Multiple distributions for biased random test patterns. *IE-
            EE Transactions on Computer-Aided Design of Integrated Circuits and Sys-
            tems*, 9(6):584–593, 1990.

[Wun95]   H.-J. Wunderlich. *Probabilistische Verfahren zur Verbesserung der Testbar-
            keit synthetisierter digitaler Schaltungen*. PhD thesis, Universität Karlsruhe,
            1995.

[Xie14]   Y. Xie, editor. *Emerging Memory Technologies: Design, Architecture, and
            Applications*. Springer, 2014.

[YH85]   Y. You and J. P. Hayes. A self-testing dynamic RAM chip. *IEEE Journal on
            Solid-State Circuits*, 20(1):428–435, 1985.

[YWK06]   B. Yang, K. Wu, and R. Karri. Secure Scan: A design-for-test architecture for
            crypto chips. *IEEE Transactions on Computer-Aided Design of Integrated
            Circuits and Systems*, 25(10):2287–2293, 2006.

[ZPN+09]   B. Zhai, S. Pant, L. Nazhandali, S. Hanson, J. Olson, A. Reeves, M. Minuth,
            R. Helfand, T. Austin, D Sylvester, and D Blaauw. Energy-efficient subthres-
            hold processor design. *IEEE Transactions on VLSI Systems*, 17(8):1127–
            1137, 2009.

[ZS03]   Y. Zorian and S. Shoukourian. Embedded-memory test and repair: infrastruc-
            ture IP for SoC yield. *IEEE Design & Test of Computers*, 20(3):58–66, 2003.

Index